普通高等教育"十四五"规划教材

ISO 14001 & ISO 45001 环境和职业健康安全管理体系建立与实施

第三版

刘 宏 郑敏学 编著

中国石化出版社

内 容 提 要

本书介绍了环境和职业健康安全管理体系标准产生的背景、实施的意义，以《环境管理体系　要求及使用指南》(GB/T 24001—2016/ISO 14001：2015)和《职业健康安全管理体系　要求及使用指南》(GB/T 45001—2020/ISO 45001：2018)标准为基础，阐述了对术语和定义以及标准条款的理解，介绍了环境因素和危险有害因素的辨识与评价方法，并以大量示例说明建立、实施与保持环境和职业健康安全管理体系的过程与方法。

本书可作为高等院校安全工程、环境工程及相关专业的教材，也可供职业健康安全管理人员、环境管理人员、企业高层管理者、环境与职业健康安全管理者代表以及相关咨询人员和审核人员参考。

图书在版编目(CIP)数据

ISO 14001 & ISO 45001 环境和职业健康安全管理体系建立与实施/刘宏，郑敏学编著.—3 版.—北京：中国石化出版社，2022.4(2024.6 重印)

ISBN 978-7-5114-6634-1

Ⅰ.①I… Ⅱ.①刘… ②郑… Ⅲ.①环境管理-体系-国际标准②劳动保护-体系-国际标准③劳动卫生-卫生管理-体系-国际标准 Ⅳ.①X32-65

中国版本图书馆 CIP 数据核字(2022)第 056297 号

中国石化出版社出版发行

地址：北京市东城区安定门外大街 58 号

邮编：100011　电话：(010)57512500

发行部电话：(010)57512575

http://www.sinopec-press.com

E-mail：press@sinopec.com

北京富泰印刷有限责任公司印刷

全国各地新华书店经销

*

787×1092 毫米 16 开本 24.5 印张 616 千字

2022 年 4 月第 3 版　2024 年 6 月第 2 次印刷

定价：68.00 元

第三版前言

随着经济的高速发展，中国已成为全球制造业大国，对环境和职业健康安全管理工作的要求也越来越高。建立与实施环境和职业健康安全管理体系是企业可持续发展的基础，是企业节能减排、预防环境污染、控制事故风险、减少职业病危害的重要管理方法，对于引导和促进组织更有效地提高环境安全健康意识、构建环境安全健康文化、提升环境安全健康管理水平具有重要推动作用。

为了解决组织开展多个管理体系的整合问题，国际标准化组织发布了针对管理体系标准（MSS）的高阶结构（HLS），2012 年 ISO/IEC 发布了工作导则第一部分，其中附件 SL 的附录 2 为《高层次结构、相同的核心文本、通用术语和核心定义》，要求今后所有制修订的管理体系标准必须遵循该 HLS 的框架结构，除了前言和引言以外，均包括 10 个章节，其编号、章名及共性要求都保持一致。依据该标准要求，国际标准化组织于 2015 年 9 月修订发布 ISO 14001：2015 环境管理体系标准，并于 2018 年 3 月首次发布 ISO 45001：2018 职业健康安全管理体系标准，两个标准均按照 ISO/IEC 导则附件中给出的 ISO 管理体系标准高阶结构进行了编排，以便于组织实施多个 ISO 管理体系标准。

与 OHSAS 18001：2007 相比，ISO 发布的 ISO 45001：2018 采用了 ISO/IEC 导则中的高阶结构；采用了基于风险的思维；更加强调组织环境以及工作人员和其他相关方的需求和期望；强化了领导的作用；强调了工作人员协商和参与；细化了危险源辨识和风险评价的要求；对成文信息的要求更加灵活；细化了运行控制要求；增加了采购控制、承包方控制、外包控制要求；增加变更管理要求；更加关注职业健康安全绩效以及绩效监视和测量。这些变化表明组织的职业健康安全管理方式的重大转变。

为适应 ISO 45001：2018 标准要求，本书在第二版依据 ISO 14001：2015 标准的变化内容进行修订的基础上，重点修订了第二章“环境和职业健康安全管理体系常用术语和定义的理解”；重新编写了第三章“环境和职业健康安全管理体系标准条款的理解”。第三章的修订是以 ISO 45001：2018 为基础，参考了 ISO 9001：2015 相关条款要求，融入 ISO 14001：2015 内容，形成了环境和职业健康安全管理整合体系的要素要求。依据 GB/T 33000—2016《企业安全生产标准化基本规范》调整了第八章“安全生产标准化”相关内容，以便于组织实施综合管理体系。

本书可作为高等院校安全工程、环境工程及相关专业的教材，也可供环境和职业健康安全管理人员以及相关咨询人员参考。

限于作者水平及经验，书中谬误之处在所难免，敬请各位读者批评指正。

目　　录

第一章　绪　论

第一节　环境管理体系标准产生的背景

一、人类面临的环境问题

人类进入21世纪，和平与发展成为当今世界的两大主题。人类发展需要一个和平稳定的国际国内政治环境、良好的社会环境和生态环境。越来越严峻的环境问题不仅影响到人类发展，而且威胁到人类生存，因此，环境保护已成为国际交往中一个重要议题，是当今世界的三大主题之一。

臭氧层破坏、温室效应与气候变迁、酸雨、生物多样性损失与生态危机、水污染与水资源匮乏、水土流失与荒漠化、海洋污染以及热带雨林的减少等，都已成为制约人类生存发展的重要因素，也是当前人类社会共同关注的焦点问题。概而言之，人类当前面临的环境问题可归纳为有着相互关联和影响的四个方面。

1. 人口问题

人口的急剧增长可以认为是当前人类面临的首要环境问题。近百年来，世界人口的增长速度达到了人类历史上的最高峰，2011年全球人口总数突破70亿，2021年全球人口总数近76亿。人口迅猛增加给世界自然资源和生态环境带来压力，也给各国的发展与稳定带来挑战。随着人口的增长、生产规模的扩大，资源消耗急剧增加，污染物排放量不断增大。然而，地球上的资源总量却是有限的，即便是可重复使用的水资源，可再生利用的生物资源，每年中的可供量也是一定的。如果人口急剧增加，超出了环境的合理承载能力，则必将造成生态破坏和环境污染。因此，应根据人类各个阶段的科学技术水平，合理规划和控制人口数量，是实现环境保护和可持续发展的主要措施之一。

2. 资源问题

资源问题是当今人类发展所面临的另一个主要问题。众所周知，自然资源是人类生存与发展不可缺少的物质依托和条件。然而，随着全球人口的增长和经济的发展，对资源的需求与日俱增，人类正经受着资源短缺或耗竭的严重挑战。全球资源匮乏和危机主要表现在：土地资源不断减少和退化，森林资源不断缩小，淡水资源严重不足，某些矿产资源濒临枯竭等。

目前，全球80多个国家约15亿人口面临淡水不足，其中26个国家的3亿人口完全生活在缺水状态。预计到2025年，全世界将有30亿人口缺水，涉及的国家和地区达40多个。此外，由于严重的水污染，更加剧了水资源的紧张程度。水资源短缺已成为许多国家经济发展的障碍，成为全世界普遍关注的问题。当前，世界正面临着水资源短缺和用水量持续增长的双重矛盾。正如联合国早在 1977 年发出的警告："水资源危机将成为继石油危机之后的一项严重的社会危机"。

3. 生态破坏

全球性的生态环境破坏主要包括：森林减少、土地退化、水土流失、荒漠化、物种消失等。

土地退化是当代最为严重的生态环境问题之一，它正在削弱人类赖以生存和发展的基础。土地退化的根本原因在于人口增长、农业生产规模扩大和强度增加、过度放牧以及人为破坏植被，由此导致水土流失、沙漠化、土地贫瘠化和土地盐碱化。

水土流失是当今世界普遍存在的生态环境问题。据估计，全世界有 1/3 的土地受到严重侵蚀，每年有 600 多亿吨肥沃的表土流失，其中耕地土壤流失 250 多亿吨。全球地力衰退和养分缺乏的耕地面积达 29.9 亿公顷，占陆地总面积的 23%。目前，世界水土流失区主要分布在干旱、半干旱和半湿润地区。中国是世界上水土流失最严重的国家之一，全国水土流失面积达 295 万平方公里，占国土面积的 30.7%。

荒漠化是指由于气候变化和人类不合理的经济活动等因素，使干旱、半干旱和具有干旱灾害的半湿润地区的土地发生了退化。荒漠化正影响着世界上 36 亿公顷的土地（占地球陆地总面积的 25%）。每年消失的土地可生产 2000 万吨粮食，威胁着大约 100 个国家 10 亿多人的生活，每年由于土地沙漠化和土地退化造成的经济损失达到 420 亿美元。荒漠化的扩展使可利用土地面积缩小，土地产出减少，降低了养育人口的能力，成为影响全球生态环境的重大问题之一。

生物多样性是指地球上的生物（包括动物、植物、微生物）在所有形式、层次和联合体中生命的多样化，包括生态系统多样性、物种多样性和基因多样性。生物多样性是地球上生命经过几十亿年发展进化的结果，是人类赖以生存的物质基础。人类从生物多样性中得到了所需的全部食品、许多药物和工业原料。物种为人类提供了食物的来源，作为人类基本食物的农作物、家禽和家畜等均源自野生相型。野生物种是培育新品种不可缺少的资源，特别是随着近代遗传工程的兴起和发展，物种的保存有着更深远的意义。

据估计，地球上生物约有 300 万～1000 万种以上，但至今有案可查的仅 150 万种，经人类研究和加以利用的只是其中的一小部分。很多物种还没来得及定名就已灭绝。中国是生物多样性特别丰富的国家，以高等植物为例，中国约有 3 万种，美国及加拿大共约 1.8 万种，整个欧洲仅 1.2 万种。当前，不同类型的生态系统面积锐减，无法再现的基因、物种和生态系统正以前所未有的速度消失。如果不立即采取有效措施，人类将面临能否继续以其固有方式生活的挑战。生物多样性的研究、保护和持续合理利用亟待加强，刻不容缓。1994 年 12 月 29 日，联合国大会 49/119 号决议案宣布 12 月 29 日为"国际生物多样性日"。从 2001 年起，根据第 55 届联合国大会第 201 号决议，国际生物多样性日由原来的每年 12 月 29 日改为 5 月 22 日。这个国际纪念日的确立，说明生物多样性问题已经引起各国政府的广泛关注。生物多样性保护与持续利用已成为人类与环境领域的中心议题。保护生物多样性，就是保护人类自身的未来。

4. 环境污染

环境污染作为全球性的重要环境问题，主要指的是温室气体过量排放造成的气候变化、广泛的大气污染和酸沉降、臭氧层破坏、有毒有害化学物质的污染危害及其越境转移、海洋污染等。与1972年斯德哥尔摩会议对污染防治的乐观态度相比，人类已经意识到污染治理的艰难性。此外，人类在地球之外的外层空间的活动标志着人类的环境问题已经超出了地球的范围。

(1)全球气候变暖

伴随人类生产活动的规模空前扩大，向大气排放了大量温室气体(如CO_2、CH_4、N_2O、HFC_S、PFC_S、SF_6、O_3等)，导致大气微量成分的改变，从而引起温室效应增强，并由此造成全球气候的变化。中国作为世界人口大国和用煤大国，且是《京都议定书》的签约国，所面临的控制排放任务是不容忽视的。控制的方法，一是植树造林，以吸收空气中过量的二氧化碳，减缓温室效应；二是替代化石能源，使用风能、水能、核能、太阳能等清洁能源以代替石油和煤；三是替代水泥材料，因为每生产1吨水泥就会产生0.14吨CO_2。

(2)臭氧层破坏

大气平流层中的臭氧层是地球的一个保护层，它能阻止过量的紫外线到达地球表面，以保护地球生命免遭过量紫外线的伤害。然而，自1958年发现高空臭氧有减少趋势以来，这种臭氧减少趋势越来越明显。1985年在南极上空首次观测到"臭氧空洞"。近来又报道在北极上空也出现臭氧空洞。多年来的研究表明，平流层臭氧浓度减少10%，地球表面的紫外线强度将增加20%，这将对人类和生物产生严重危害。造成臭氧层破坏的主要原因是人类向大气中排放的某些痕量气体如氯化亚氮、四氯化碳、甲烷和氯氟烷烃等与臭氧层中臭氧发生化学反应所致。

(3)酸雨和酸沉降

酸雨或酸沉降导致的环境酸化是20世纪最大的环境污染问题之一。随着工业化的迅猛发展，酸雨和环境酸化问题一直呈发展趋势，影响地域逐渐扩大，由局部地区问题发展成为跨国问题，由工业化国家扩大到发展中国家。目前，世界酸雨主要集中在欧洲、北美和中国西南部三个地区。形成酸雨的主要原因是矿物燃料燃烧产生酸性气体SO_2和NO_x。

(4)海洋污染

海洋污染是目前海洋环境面临的最重大问题。海洋污染主要发生在受人类活动影响广泛的沿岸海域。据估计，海洋污染物有40%是通过河流输入的，30%是由空气输入的，海运和海上倾倒各占10%左右。海洋污染引起浅海或半封闭海域中氮、磷等营养物聚集，促使浮游生物过量繁殖，以致发生赤潮。因此，赤潮的广泛发生可以看作是世界海洋污染范围扩大、污染加重和海洋环境质量退化的一个突出特征。

二、环境管理体系标准的产生与发展

从20世纪60年代起，西方发达国家相继建立了环境保护的政府机构，开始制定一系列法规，直接干预环境保护的管理工作，针对污染源进行治理。1972年6月5~16日，在瑞典首都斯德哥尔摩召开了联合国人类环境会议，通过了《人类环境宣言》和《世界环境行动计划》两个文件，会议提出：保护和改善环境已经成为人类一项紧迫的任务。这次会议唤起了全人类对环境及资源问题的普遍重视，使许多国家公众环境意识逐渐上升为国民的共同意识。

从20世纪70年代起，随着石油危机的出现，各国开始推行清洁生产，进行环境影响的全过程控制，争取最大限度地减少资源消耗，从源头控制污染；而各国环境意识的提高，公众推崇绿色消费，也使得不少企业开发绿色产品，并以获得绿色环境标志认证方式向消费者表明其产品对环境是友善的。

然而，尽管各国对改善环境作了很大的努力，并取得一定成效，但与解决环境问题之间仍有很大差距。20世纪80年代中期在南极上空发现臭氧层空洞，温室效应导致许多地区气候的异常变化，生态环境的不断恶化和生物多样性的减少等，都构成了威胁人类生存、制约经济发展的重要因素。为此，1992年6月，联合国在巴西里约热内卢召开了由103位国家元首和政府首脑及180多个国家代表参加的称为“20世纪地球盛会”的环境与发展大会，会上总结了以往环境保护的经验教训，明确提出了可持续发展战略，制定了《气候变化框架公约》《生物多样性公约》，并产生了《21世纪议程》。会议确立的可持续发展战略已成为国际社会乃至各国制定一切行动的指南，可持续发展的思想已渗透到政治、经济、工业、农业、商业、环境和科技等社会各个领域。ISO 14000系列国际标准正是在这样的背景下产生的。

在20世纪80年代，西欧的一些企业开始制定企业内部的环境管理体系；1992年，世界上首个环境管理体系标准诞生于英国，按其编号方式，被命名为BS 7750。它是自愿性的标准，企业组织可自愿实施并寻求认证。BS 7750的制定和实施在世界各国，尤其是欧盟各国产生了极大的反响。1993年7月10日，欧共体发布《工业企业自愿参加环境管理和环境审核联合体系的规则》(简称EMAS)，并规定于1995年6月开始实施。

各个国家和地区有关环境管理体系标准的出台，无疑对提高组织的环境管理起到积极的作用。但另一方面因其缺乏统一性，容易给国际贸易带来不便。随着乌拉圭回合的结束、关税的降低和非关税的约束，国际贸易壁垒逐渐转向苛刻的技术标准和环境标准，如何既促进国际贸易又保护生态环境，从而实现人类的可持续发展，成为摆在世人面前的重大课题和严峻挑战。

为此，国际需要一种既能统一国际标准又能考虑不同国家和地区的差异，不对贸易产生壁垒的标准，而国际标准化组织(ISO)正是在这样的形势和需要下制定ISO 14000系列标准的。1993年6月，国际标准化组织正式成立了ISO/TC 207环境管理标准化技术委员会，着手制定ISO 14000系列环境管理标准。在总结其他国家、地区的环境管理标准和ISO 9000系列质量管理体系标准的基础上，于1996年9月正式制定并发布了ISO 14001和ISO 14004标准，随后陆续发布了其他标准。

ISO 14000系列标准是国际标准化组织的环境标准化技术委员会(ISO/TC 207)负责编制和发布的环境管理领域的一整套标准。从ISO 14001至ISO 14100，其内容覆盖环境管理体系、环境审核、环境标志、环境绩效评价、生命周期评定和温室气体管理等方面，目前包括7个子系列，每个子系列的制定情况见表1-1。而ISO 14000系列标准的核心是ISO 14001，是唯一可供第三方认证的，其他标准可以说是其技术支持标准。

表 1－1 ISO 14000 系列标准子系列编号分配

分技术委员会	子系列标准名称	标准号
SC1	环境管理体系(EMS)	14001～14009
SC2	环境审核(EA)及相关环境调查	14010～14019
SC3	环境标志(EL)	14020～14029
SC4	环境绩效评价(EPE)	14030～14039
SC5	生命周期评估(LCA)	14040～14044；14047～14049；14071～14079
	产品标准中的环境因素(EPAS)	14045～14046；14060～14063
SC6	术语和定义(T&D)	14050
	物料流成本计算(MFCA)及其他	14051～14059
SC7	温室气体(GHG)管理及相关活动	14064～14069
	备用	14080～14100

1996 版 ISO 14000 系列标准实施之后，各国对标准的适用性及其在实践中与 ISO 9000 族标准的相容性基本持肯定态度。但根据 ISO 标准修订原则，国际标准至少每五年要进行一次复审，以确保标准的内容和思想适应时代的变化，加之 2000 年 ISO 9000 族标准进行了较大程度的修订换版，为了使环境管理体系标准与质量管理体系标准有更好的相容性，并使标准要求更加清晰、适用，2000 年 6 月，ISO/TC 207 启动了 ISO 14000 系列标准的修订工作，并于 2004 年 11 月 15 日正式发布 2004 版 ISO 14001 和 ISO 14004。

ISO 14001：2004 版标准发布 10 余年来，随着环境压力越来越大，法律法规要求日趋严格，管理体系标准不断增多，管理的手段和方法越来越丰富和科学，同时，可持续发展理念已深入人心，民众更加关注组织环境行为的透明度以及组织在履行社会责任方面的成绩和表现。

为了解决组织推行多个管理体系时的整合问题，ISO 发布了针对 MSS(管理体系标准)的 HLS(高阶结构)，2012 年 ISO/IEC 发布了工作导则第一部分，其中附件 SL 的附录 2 为《高层次结构、相同的核心文本、通用术语和核心定义》，要求今后所有制、修订的管理体系标准必须遵循该 HLS 的框架结构，除了前言和引言以外，均包括 10 个章节，其编号、章名及共性要求都保持一致。

ISO/TC 207/SC 1 分委员会遵循 ISO MSS HLS 要求，考虑"环境管理体系未来挑战"研究组发布的报告建议，保持 ISO 14001：2004 的主要原则和核心要求，对 ISO 14001 进行修订，并于 2015 年 9 月 15 日正式发布第 3 版标准(ISO 14001：2015《环境管理体系 要求及使用指南》)。

ISO 14001：2015《环境管理体系 要求及使用指南》在 2004 版标准的基础上做了很大改进，引入了许多新的管理理念和思路。提出战略环境管理的思维，强调将环境管理体系融入组织的业务过程、战略方向和决策制定过程；明确要求组织运用生命周期观点，控制或影响组织的产品和服务的设计、制造、交付、消费和处置的方式，防止环境影响被无意地转移到生命周期的其他阶段；采用基于风险和机遇的环境管理思维和导向；提出"保护环境"的概念，要求组织不仅要关注"污染预防"，还应从全方位有利于环境的角度进行考虑，包括可持续的资源使用、气候变化缓解和适应、生物多样性和生态保护等；强化领导作用，要求最高管理者对环境管理体系的有效性负责；重视对变更的管理，要求组织管理影响环境管理体系的各类变更，增强组织对变更的适应和应对能力，更加强调履行合规义务等。

2016 年 10 月 13 日国家标准化管理委员会正式发布《环境管理体系　要求及使用指南》(GB/T 24001—2016)，2017 年 5 月 1 日实施，该标准等同于 ISO 14001：2015。

第二节　职业健康安全管理体系标准的产生

一、职业健康安全管理体系标准产生的背景

随着生产的发展，职业健康安全问题的不断突出，人们在寻求有效的职业健康安全管理方法，期待有一个系统的、结构化的管理模式；另一面，在世界经济贸易活动中，企业的活动、产品或服务中所涉及的职业健康安全问题受到普遍关注，需要统一的国际标准规范相关的职业健康安全行为，特别是 ISO 9000、ISO 14000 系列标准在世界范围内的成功实施，促进了国际职业健康安全管理体系标准化的发展。

1. 解决现代职业健康安全问题需要系统化的管理方法

据 ILO(国际劳工组织)统计，全球每年发生的各类伤亡事故大约为 2.5 亿起。全世界每年死于工伤事故和职业病的人数约为 110 万(其中约 25% 为职业病引起的死亡)。这比媒体所报道的每年交通事故死亡 99 万人、暴力死亡 56.3 万人、局部战争死亡 50.2 万人和艾滋病死亡 31.2 万人都要多。在这些工伤事故和职业危害中，中国、印度等发展中国家所占比例较高。中国自 1991 年以来，全国各类事故的死亡人数呈上升趋势。据不完全统计，全国有 50 多万个厂矿企业存在不同程度的职业危害，实际接触粉尘、毒物和噪声等职业危害的职工有 2500 万人以上。面对严重的全球化职业健康安全问题，国际劳工组织呼吁，经济竞争加剧和全球化发展不能以牺牲劳动者的职业健康安全利益为代价，而是到了维护劳动者人权、对生命质量提出更高要求的时候了。

现代安全科学理论认为，伤亡事故的发生是由于人的不安全行为和物的不安全状态所致。控制人的不安全行为，需要在总结心理学、行为科学等成果的基础上，通过教育、培训等手段来提高人的意识和能力，物的不安全状态需要采用安全科学技术来进行改善。随着经济的发展、科学技术的进步，出现了很多技术密集的工业复杂系统，如石油、化工、电力、铁路、矿山、核电等工业组织。生产实际表明，对于工业复杂系统，完全依靠安全技术系统的可靠性和人的可靠性，还不足以完全杜绝事故，而直接影响安全技术系统可靠性和人的可靠性的组织管理因素，已成为是否导致复杂系统事故发生的更深层原因。

系统化管理是现代职业健康安全管理的显著特征。系统化的职业健康安全管理是以系统安全的思想为基础，从企业的整体出发，把管理重点放在事故预防的整体效应上，实行全员、全过程、全方位的安全管理，使企业达到最佳安全状态。目前，国际范围内的职业健康安全管理体系标准，都是以系统安全的思想为核心，采用系统化、结构化的管理模

式，为企业提供一种科学、有效的职业健康安全管理规范和指南。

2. 职业健康安全管理体系标准化是国际贸易的需要

职业健康安全问题与生产过程具有紧密的相关性，生产过程导致了职业健康安全问题。因此在国际贸易活动中，各国企业的职业健康安全行为必然受到普遍的关注。关贸总协定乌拉圭回合谈判协议中要求，不应由于各国法规和标准的差异，而造成国际经济活动中的非关税贸易壁垒；强调在可能情况下，尽量采用国际标准。欧、美等工业化国家提出：由于国际贸易的发展和发展中国家在世界经济活动中越来越多地参与，各国职业健康安全的差异使发达国家在成本价格和贸易竞争中处于不利地位。只有在世界范围内采取统一的职业健康安全标准才能从根本上解决这个问题。1990 年 ISO(国际标准化组织)和 IEC(国际电工委员会)联合出版了《展望未来——高新技术对标准的需求》一书，书中认为"环境与安全"是当今世界标准化工作中最紧迫的四个课题之一。ISO 将 1992 年世界标准日的主题定为职业安全。

ISO/TC 176(质量管理和质量保证标准化技术委员会)和 1SO/TC 207(环境管理标准化技术委员会)在制定各自标准的过程中，都涉及了职业健康安全问题，两个标准化技术委员会均有意涉足职业健康安全管理体系标准化工作，但由于职业健康安全范围广且复杂，远远超出这两个技术委员会的工作范围，因而在 ISO 9000 和 ISO 14000 标准中均没有包含职业健康安全的内容。在 ISO 9000 和 ISO 14000 标准发布和成功实施后，世界各国更为关注职业健康安全管理体系标准化进程。

二、职业健康安全管理体系标准的产生与发展

尽管职业健康安全管理体系的标准化与质量、环境管理体系的标准化具有同样的重要性，但在发展进程上却相对落后。所以，职业健康安全管理体系标准化的发展趋势，受到世界各国的密切关注。同时，鉴于人们对职业健康安全管理体系标准化的认识，很多国家或地区都在积极开展职业健康安全管理体系的标准化工作。

1. 职业健康安全管理体系标准化的形成与发展

1995 年，ISO 正式开展职业健康安全管理体系标准化工作，成立了以中、美、英、法、德、日、澳、加、瑞士、瑞典以及 ILO(国际劳工组织)和 WHO(世界卫生组织)为代表组成的特别工作组，并于 1995 年 6 月 15 日召开了第一次特别工作组会议，但由于各方观点不一未形成决议。1996 年 9 月 5 日 ISO 再次召开职业健康安全管理体系标准化研讨会，来自 44 个国家及 IEC、ILO、WHO 等 6 个国际组织的共计 331 名代表与会，讨论是否将职业健康安全管理体系纳入 ISO 的发展标准中，结果各方分歧依然较大。ISO 根据此次会议的研讨结果，于 1997 年 1 月召开的 TMB(技术管理局)会议上做出决定，ISO 目前暂不开展职业健康安全管理体系方面的工作。

尽管如此，世界各国早就认识到职业健康安全管理体系标准化是一种必然的发展趋势，并着手本国或本地区的职业健康安全管理体系标准化工作。一些发达国家率先开展了实施职业健康安全管理体系标准的活动。1996 年英国颁布了 BS 8800《职业健康安全管理体系指南》国家标准；美国工业健康协会制定了关于《职业健康安全管理体系》的指导性文

件；1997年澳大利亚/新西兰提出了《职业健康安全管理体系原则、体系和技术通用指南》草案；日本工业安全健康协会(JISHA)提出了《职业健康安全管理体系导则》；1999年挪威船级社(DNV)等13个组织提出了职业健康安全评价系列(OSHAS)标准，即OHSAS 18001：《职业健康安全管理体系——规范》、OHSAS 18002：《职业健康安全管理体系——OHSAS 18001实施指南》。国际劳工组织(ILO)也在开展职业健康安全管理体系标准化工作，在1999年4月第15届世界职业健康安全大会上，ILO负责人指出，ILO将类似贯彻ISO 9000和ISO 14000一样，研究进行企业职业健康安全管理的评价，并于2001年发布了《职业健康安全管理体系　导则》。

随着OHSAS 18000系列标准的广泛应用，得到了越来越多的认证机构、企业和贸易团体的认可。起草OHSAS 18000系列标准的组织相继增加到43个，其中包括了香港质量保证局(HKQAA)、英国标准化局(BSI)、挪威船级社(DNV)等认证机构，还包括美国工业卫生协会(AIHA)、新加坡国立大学、爱尔兰国家标准局(NSAI)等组织。

职业健康安全管理体系标准同时也迅速被企业所采纳。企业感到实施职业健康安全管理体系标准以后能够极大地提高企业自身的功能，另外，职业健康安全管理体系组织严密、切实可行的文件形式与各企业现存的检审系统(该系统定期评价企业的实施程序是否遵守国家和地方政府的法令、标准)相匹配。从而使得采用职业健康安全管理体系的企业在市场竞争中处于有利地位。

随着全球各个国家职业健康安全管理的不断发展和变化以及各项国际新标准的诞生和推行，1999版OHSAS 18000系列标准已不能完全满足各国实施体系管理的需要，2005年原OHSAS工作小组开始着手修订1999版OHSAS 18000系列标准。OHSAS 18000系列标准修改最初工作草案于2006年1月公开征求意见。2006年10月在西班牙马德里，OHSAS工作小组会议在审阅了500条意见后，第二版工作草案于2006年11月公开征求意见。2007年3月在中国上海，OHSAS工作小组又对征集的有关第二版工作草案的500多条意见进行了审阅并在标准修订的语言上达成共识。2007年7月1日正式发布了OHSAS 18001：2007《职业健康安全管理体系——要求》、OHSAS 18002：2007《职业健康安全管理体系——OHSAS 18001实施指南》两个标准。

随着经济社会的发展和国际社会对职业健康安全管理体系的广泛重视与认可，国际标准化组织希望能够在全球范围内更广泛地推动职业健康安全管理标准的实施，帮助世界各地的企业和组织确保他们员工的健康和安全。为此，国际标准化组织(ISO)成立了职业健康安全管理技术委员会(ISO/TC 283)，负责职业健康安全管理体系国际标准化工作，并于2018年3月发布了国际标准《职业健康安全管理体系》(ISO 45001：2018)。

与OHSAS 18001：2007和OHSAS 18002：2007相比，ISO 45001：2018采用了ISO/IEC导则中的高阶结构；采用了基于风险的思维；更加强调组织环境以及工作人员和其他相关方的需求和期望；强化了领导的作用；强调了工作人员协商和参与；细化了危险源辨识和风险评价的要求；对成文信息的要求更加灵活；细化了运行控制要求；增加了采购控制、承包方控制、外包控制要求；增加变更管理要求；更加关注OH&S绩效、绩效监视和测量。

2. 职业健康安全管理体系标准化的国内开展情况

中国作为ISO的正式成员国，一直十分重视职业健康安全管理体系标准化工作，分别派员参加了1995年和1996年ISO组织召开的两次特别工作组会议。

1996年，我国政府成立了由有关部门组成的“职业健康安全管理体系标准化协调小组”，并召开了三次规模不同的国内研讨会，对职业健康安全管理体系标准化的国际发展趋势、基本原理及内容进行了研究。

1997年中国石油天然气总公司制定了《石油天然气工业健康、安全与环境管理体系》《石油地质队健康、安全与环境管理规范》《石油钻井健康、安全与环境管理体系指南》等三个行业标准。1998年中国劳动保护科学技术学会提出了《职业安全健康管理体系规范及使用指南》(CSSTLP1001：1998)。1999年10月国家经贸委颁布了《职业安全健康管理体系试行标准》。2001年11月12日，国家质量监督检验检疫总局正式颁布了《职业健康安全管理体系 规范》(GB/T 28001—2001)，该标准与OHSAS 18001内容基本一致。2001年12月20日国家经贸委颁布了《职业安全健康管理体系指导意见》和《职业安全健康管理体系审核规范》。国家标准《职业健康安全管理体系 规范》与国家经贸委发布的《职业安全健康管理体系审核规范》内容相近，企业可以依此建立职业健康安全管理体系。

职业健康安全管理体系与质量管理体系(ISO 9000)、环境管理体系(ISO 14000)是并列的三大管理体系，也是目前世界各国广泛推行的一种先进的现代安全生产管理方法，它强调通过系统化的预防管理机制彻底消除各种事故和职业病隐患。自1999年10月国家经贸委颁布《职业安全健康管理体系试行标准》以来，职业健康安全管理体系受到了企业的广泛重视。为适应ISO 14001：2004标准的变化，职业健康安全管理体系推出了OHSAS 18001：2007标准。中国根据新版OHSAS标准于2011年12月30日发布了《职业健康安全管理体系 要求》(GB/T 28001—2011)和《职业健康安全管理体系 实施指南》(GB/T 28002—2011)两个国家标准，并于2012年2月1日正式实施，该标准等同采用OHSAS 18000：2007系列标准。

随着ISO 45001在全球的推广和应用，OHSAS 18001和OHSAS 18002已完成其历史使命并退出历史舞台。鉴于此，国家市场监督管理总局、国家标准化管理委员会于2020年3月发布了《职业健康安全管理体系 要求及使用指南》(GB/T 45001—2020)，该标准等同采用ISO 45001：2018《职业健康安全管理体系 要求及使用指南》，以代替GB/T 28001—2011《职业健康安全管理体系 要求》和GB/T 28002—2011《职业健康安全管理体系 实施指南》。

第三节 环境和职业健康安全管理体系标准的特点

一、系统性

环境和职业健康安全管理体系是全面管理体系的组成部分。环境和职业健康安全管理体系的内容由领导、策划、支持和运行、绩效评价和改进五大功能组成。每一功能模块又由若干要素构成，这些要素之间不是孤立的，而是相互联系的，要素间的相互依存、相互作用，使所建立的体系完成特定功能。环境和职业健康安全管理体系与质量管理体系的运行模式基本相同，某些要素要求相似，组织在建立和实施管理体系时，可结合实际情况，对不同管理体系进行必要的修正和调整，以便于互相兼容。

环境和职业健康安全管理体系标准强调结构化、程序化、文件化的管理手段体现了其系统性，具体表现为：

第一，它强调组织机构方面的系统性，要求在组织的环境和职业健康安全管理中，不仅要有从基层岗位到最高管理层之间的运作系统，同时还要有一个监控系统。组织的最高管理层依靠这两个系统，来确保环境和职业健康安全管理体系的有效运行。

第二，它要求组织实行程序化管理，从而实现对管理过程全面的系统控制。这与我国过分地依赖管理人员平时的主观能动性的传统管理方法有着根本区别。这样既可以避免管理行为的随意性，也可以避免部门之间、岗位之间推卸责任。

第三，文件化的管理依据本身就是一个系统。按照环境和职业健康安全管理体系标准的要求，组织不仅要制定和执行环境和职业健康安全方针，还要有一系列的管理程序，以使该方针在管理活动中得到落实，保证管理、操作和维护按照已制定的手册、程序、作业文件进行，从而符合强制性规定和规则。这些方针、手册、程序和作业文件等文件信息构成了一个层次分明、相互联系的文件信息系统。同时，体系标准又对这些文件信息提出了控制要求，从而使这一文件信息系统更加科学化、规范化。

第四，环境和职业健康安全管理体系标准的逻辑结构为编写环境和职业健康安全管理文件提供了一个系统的结构基础。

二、先进性

按标准建立的环境和职业健康安全管理体系，是改善组织环境和职业健康安全管理的一种先进、有效的管理手段。该体系把组织的环境和职业健康安全工作当作一个系统来研究确定影响环境和健康安全所包含的要素，将管理过程和控制措施建立在科学的环境因素和危险源的辨识与评价基础上。为了保障对环境影响和风险的控制，对每个要素规定了具体要求，并建立和保持一套以文件支持的程序。

此外，环境和职业健康安全管理体系标准应用领域十分广泛，适用于任何类型与规模以及各种地理、文化和社会条件下的组织。任何组织都可以根据标准要求建立并实施环境和职业健康安全管理体系。

三、灵活性

环境和职业健康安全管理体系标准的实施坚持自愿原则。组织是否实施环境和职业健康安全管理体系标准，完全取决于组织自身的意愿，实施环境和职业健康安全管理体系标准不会增加或改变组织的法律责任，政府机关和上级管理部门无权强制实施。实施环境和职业健康安全管理体系标准的目的是帮助组织实现环境和职业健康安全方针和目标，而不是制造贸易壁垒。因此，组织在实施环境和职业健康安全管理体系标准和进行认证时，应基于所在国家、地区、行业的法律法规及其他要求。

环境和职业健康安全管理体系标准只要求组织建立环境和职业健康安全管理体系，遵守合规义务，持续改进管理体系以及环境和职业健康安全绩效，并没有对组织的环境和职业健康安全绩效提出绝对要求。不同组织可根据自身实际情况，量力而行，灵活把握，提出具体可行的环境和职业健康安全绩效指标要求，充分调动组织的积极性，逐渐改善组织及其相关方的环境和职业健康安全行为和绩效。

四、预防性

污染和事故预防是环境和职业健康安全管理体系的精髓所在。实施有效的环境因素与危险源辨识、评价与控制，可实现对污染和事故的预防以及生产作业的全过程控制。对各种作业和生产过程实行评价，并在此基础上进行环境和职业健康安全管理体系策划，形成环境和职业健康安全管理体系运行文件信息，对各种预知的环境影响和危险有害因素做到事前控制，实现预防为主的目的，并对各种潜在事故制定应急准备响应措施，力图使影响和损失最小化。

组织要通过环境和职业健康安全管理体系标准的认证，就必须遵守合规义务。这样便可以把“三同时”和“环境和职业健康安全预评价制度”作为组织建立和实施环境和职业健康安全管理体系的前提。因而通过实施环境和职业健康安全管理体系标准，将促进组织从过去被动地执行法律、法规的要求，转变为主动地履行合规义务，并不断发现和评估自身存在的环境和职业健康安全问题，制定目标并不断改进。完全改变过去那种被动的管理模式，通过建立环境和职业健康安全管理体系，使组织的环境和职业健康安全工作真正有效地走上预防为主的轨道。

五、持续改进

环境和职业健康安全管理体系标准明确要求组织的最高管理者在组织所制定的环境和职业健康安全方针中应包含对持续改进的承诺、对履行合规义务的承诺，并制定切实可行的目标、指标和管理方案，配备相应的各种资源。这些内容是实施环境和职业健康安全管理体系的依据，也是基本保证。同时，在环境和职业健康安全管理体系的管理评审要素中又规定，组织的最高管理者应定期对环境和职业健康安全管理体系进行评审，以确保体系的持续适用性、充分性和有效性，通过评审使体系日臻完善、不断改进，使组织的环境和职业健康安全管理进入一个新水平。

按 PDCA 运行模式所建立的环境和职业健康安全管理体系，就是在环境和职业健康安全方针的指导下，周而复始地进行体系所要求的“领导、策划、支持和运行、绩效评价和改进”活动。体系在运行过程中，也会随着科学技术水平的提高，环境和职业健康安全法律、法规及各项技术标准的完善，组织管理者及全体员工的环境与安全健康意识的提高，而不断自觉地加大环境和职业健康安全工作的力度，强化体系的功能，达到持续改进的目的。

六、全员参与、全过程控制

环境和职业健康安全管理体系标准要求实施全过程控制。环境和职业健康安全管理体系的建立，引进了系统和过程的概念，即把环境和职业健康安全管理作为一项系统工程，以系统分析的理论和方法来控制环境和职业健康安全风险。从分析可能造成事故的环境因素和危险源入手，根据不同情况采取相应的解决方案。为了有效控制整个生产活动过程的环境因素和危险源可能产生的风险，必须对生产的全过程进行控制，采用先进的技术、先进的工艺、先进的设备及全员参与，才能确保组织的环境和职业健康安全状况得到改善。

第四节　实施环境和职业健康安全管理体系标准的意义

一、实现污染和事故预防

企业建立体系后，会对活动中的污染源和危险源进行有效控制，实现污染物达标排放，减少对环境的影响，降低风险，减少事故及其损失。通过改革工艺和材料，更新设备及对废弃物的分类处置，同时可以改进产品的环境性能与安全性能，降低产品在制造或使用中对环境的影响和危险性。

二、提高企业管理水平

体系的建立以文件化为基础。体系建立之后企业的每一项活动都以文件的形式记录下来，成为企业查询的依据，规范了企业的管理行为，同时体系要求企业从产品的开发设计、制造、销售到报废每一环节都进行环境和职业健康安全风险的控制，彻底改善环境影响，降低风险。环境和职业健康安全管理体系标准的规定符合现代管理的组织理论。体系实施后，职能分配制度、培训制度、信息沟通制度、检查评价及监督管理制度等都将得到明显改善。因此，体系的认证对企业的环境和职业健康安全管理及其他方面的管理有明显的促进作用。

三、提高企业的市场竞争能力

进入 21 世纪商品文化的内涵已演变为对商品内在素质的要求，而这种要求在世界环境不断恶化、安全生产形势益发严峻的情况下，已转变为对商品及其生产过程是否环保安全的追求。因此企业建立体系实现的环境和职业健康安全绩效满足了消费者这种追求。同时由于体系的建立为企业树立了良好的企业形象，进而提高市场份额的占有率，提高了企业的市场竞争能力。环境和职业健康安全管理体系标准就如同在企业和公众之间架起了一座桥梁，使企业能更好地关心公众的环保及健康安全要求，公众也能更好地了解企业和企业的产品。

四、提高企业自觉守法意识，促进环境、健康安全法律法规和管理制度的执行

企业实施环境和职业健康安全管理体系之后，就必须自觉履行合规义务。另外，标准还要求组织有相应的制度来跟踪国家法律、法规的变化，及时对照本组织的环境因素、危

险有害因素控制状况，判定其符合性，以保证组织能持续有效地履行合规义务。我国的环境保护法、安全生产法及职业病防治法明确指出，企业在进行生产活动时，必须遵守有关的法律法规、标准、制度和行政要求等，如“三同时”制度、达标排放、目标责任制等。而建立环境和职业健康安全管理体系后，将有利于企业自觉遵守这些要求。

五、节约能源资源，降低能耗，促进清洁生产的实施

ISO 14001 标准强调在实施环境管理体系的过程中控制能源和资源的消耗，主要通过体系控制的环境因素来实现。因此企业在建立环境管理体系时要对本企业的能源消耗和主要材料的消耗进行分析，找出能源或资源消耗中的主要问题。并针对存在的问题制订技术措施或管理措施，提高能源或资源的利用水平。

ISO 14001 标准侧重于管理方面，并且涉及范围十分广泛，不仅包含对污染物和污染源的控制，还包括合理利用资源能源方面；不仅包括对已经产生的环境因素的控制，还包括对潜在的环境因素的控制；不仅包括对企业自身造成的环境因素的控制，还包括对其相关方合理施加影响的控制。ISO 14001 的这一管理方法和模式体现了清洁生产的思想，对生产过程加以控制。因而，清洁生产是实施 ISO 14001 的要求，而实施 ISO 14001 能促进清洁生产的开展。

六、与可持续发展战略相结合，补充现行环境与健康安全管理制度

把经济发展和市场竞争与环境保护和职业健康安全工作相联系是从根本上解决环境和健康安全问题，实现可持续发展的重要方法。实现全社会的可持续发展依赖于社会每一分子尤其是企业的共同努力。环境和职业健康安全管理体系则可通过将企业的环境和职业健康安全绩效与经济发展和市场竞争有机联系起来，增强企业环境和安全的意识与动力，实现企业的可持续发展。

此外，对于一些法规体系不易涉及的领域，如合理利用资源能源，废弃物的回收利用，有利于环境与健康安全的新产品的开发，有害原材料和辅助材料的替代等，通过环境和职业健康安全管理体系能有效地进行管理和控制，这对我国现行的环境保护和职业健康安全管理制度是很好的补充和完善。

七、为克服贸易壁垒参与国际竞争创造条件

目前，环境和职业健康安全问题逐渐成为国际社会日益敏感的话题。很多国家和国际组织把环境和职业健康安全与贸易联系起来，并以此为借口设置障碍，形成贸易壁垒。

企业实施环境管理体系标准（ISO 14001/GB/T 24001）和职业健康安全管理体系标准（ISO 45001/GB/T 45001），从而实现了与国际接轨。一方面，环境和职业健康安全体系标准的实施，使环境和职业健康安全管理系统化、规范化，提高了环境和健康安全管理的有效性；另一方面，也为国际贸易提供了一套适用的环境和健康安全准则。这个准则就是，推行环境和职业健康安全管理体系标准的组织必须建立一套严密的、科学的环境和职业健康安全管理体系，承诺履行相关的合规义务；实现污染与事故预防，采用清洁生产的方式

生产清洁的、有利环境保护的产品，改善作业环境条件，减少事故，降低风险，并不断持续改进环境和职业健康安全绩效。这样，就可满足国际贸易的环境与职业健康安全要求。任何国家都不得以环境影响和职业健康安全为理由设置障碍。

因此，实施环境和职业健康安全管理体系标准不仅能很好地改善我国的环境和职业健康安全状况，同时也为我国在国际贸易中树立良好的国际形象起到重要作用。

八、有利于提高全民的环境和安全意识

实施环境和职业健康安全管理体系标准，建立环境和职业健康安全管理体系，要求对本组织的员工进行系统的培训，使每个员工都参与组织的环境和职业健康安全管理工作。同时，标准还要求被认证组织要对相关方施加影响，提高环境和安全意识。所以，一个组织实施环境和职业健康安全管理体系标准就会以点带面影响一片，随着环境和职业健康安全管理体系标准的推广，将使全民的环境和安全意识得到提高。

第五节　ISO 45001 和 ISO 14001 与 ISO 9001 的联系与区别

无论 ISO 45001 职业健康安全管理体系，还是 ISO 14001 环境管理体系以及 ISO 9001 质量管理体系，都不是封闭的体系，它们具有很强的兼容性，但又各自具有独特的管理要素。事实上，三种体系具有许多相同之处：都是推荐采用管理性质的标准；都遵循相同的管理系统原理，通过实施一套完整的标准体系，在组织内建立起一个完整、有效的文件信息化管理体系；通过管理体系的建立、运行和改进，对组织内的活动、过程及其要素进行控制和优化，实施方针并达到预期目标；在结构和要素等内容上有许多相同或相似之处，环境和职业健康安全管理体系标准很多内容都直接采用了 ISO 9000 系列标准的内容；都含有第三方认证机构审核的内容，因此，体系的实施均涉及诸如审核机构、审核员以及对认证审核机构和审核员的认可等内容；均可能成为贸易的条件，都服务于国际贸易，意在消除贸易壁垒。

ISO 45001 和 ISO 14001 标准与 ISO 9001 本质上的区别集中表现在需方与供方或买方与卖方的定义及其相互关系上。ISO 9001 强调供方对需方质量要求持续满足的承诺，这种关系经常是一对一的有经济利益或服务关系的直接和现实的关系。而 ISO 45001 和 ISO 14001 标准强调各相关方与可能引起环境和职业健康安全问题的组织之间的关系，他们之间可以是直接的关系，也可能是间接的或者潜在的关系。这里相关方的范围很广泛，除员工外，还有产品或服务的接受方，组织周围的居民以及经济活动的牵连方等。

ISO 45001 和 ISO 14001 标准比 ISO 9001 增加了更多的强制性要求，而在 ISO 9001 中，多数条款是指导性的，只有少数是强制性的(如：8.3.4 设计和开发控制；8.7 不符合输出的控制等)。

而 ISO 45001 和 ISO 14001 标准主要有如下一些强制性要求：

(1)征求和收集组织之外相关方的意见和观点(条款 4.2)。即组织在建立体系与进行目标评价时必须征求外部相关方的意见，如所在社区的意见，有关环境和职业健康安全法

律、法规的要求等，而后者在 ISO 9001 中并没有任何特别的要求。

(2) ISO 45001 和 ISO 14001 标准的实施涉及组织所有的部门。建立环境和职业健康安全体系必须覆盖组织的所有部门和活动，也包括市场部、财务部、计划部等。而 ISO 9001 只要求覆盖与指定产品或服务有关的生产环节，不必涉及全部的组织活动。

(3) 制定明确的目标与指标，并将这些目标或指标分解成为有关人员的职责(条款 6.2.2)。即对于各类环境因素和危险有害因素实行目标控制，要制定客观可行的控制目标和期限要求，定责定量，职责任务明确。当然这种目标或指标的确定要符合组织自身的特点和实际条件。标准对目标的高低并无确切要求，具体可参照有关法律、法规、标准、规范。

ISO 14001 和 ISO 45001 与 ISO 9001 的要素比较见表 1－2。

表 1－2　ISO 14001：2015、ISO 45001：2018 与 ISO 9001：2015 要素对应关系

ISO 14001：2015		ISO 45001：2018		ISO 9001：2015	
条款号	条款标题	条款号	条款标题	条款号	条款标题
1	范围	1	范围	1	范围
2	规范性引用文件	2	规范性引用文件	2	规范性引用文件
3	术语和定义	3	术语和定义	3	术语和定义
4	组织所处的环境(仅标题)	4	组织所处的环境(仅标题)	4	组织环境(仅标题)
4.1	理解组织及其所处的环境	4.1	理解组织及其所处的环境	4.1	理解组织及其环境
4.2	理解相关方的需求和期望	4.2	理解工作人员和其他相关方的需求和期望	4.2	理解利益相关方的需求和期望
4.3	确定环境管理体系的范围	4.3	确定职业健康安全管理体系的范围	4.3	确定质量管理体系的范围
4.4	环境管理体系	4.4	职业健康安全管理体系	4.4	质量管理体系及其过程
5	领导作用(仅标题)	5	领导作用和工作人员参与(仅标题)	5	领导作用(仅标题)
5.1	领导作用与承诺	5.1	领导作用和承诺	5.1	领导作用与承诺(仅标题)
5.2	环境方针	5.2	职业健康安全方针	5.2	质量方针
5.3	组织的角色、职责和权限	5.3	组织的角色、职责和权限	5.3	组织的岗位、职责和权限
		5.4	工作人员的协商和参与		
6	策划(仅标题)	6	策划(仅标题)	6	策划(仅标题)
6.1	应对风险和机遇的措施(仅标题)	6.1	应对风险和机遇的措施(仅标题)	6.1	应对风险和机遇的措施
6.1.1	总则	6.1.1	总则		
6.1.2	环境因素	6.1.2	危险源辨识及风险和机遇的评价		
6.1.3	合规义务	6.1.3	法律法规要求和其他要求的确定		
6.1.4	措施策划	6.1.4	措施的策划		

续表

ISO 14001：2015		ISO 45001：2018		ISO 9001：2015	
条款号	条款标题	条款号	条款标题	条款号	条款标题
6.2	环境目标及其实现的策划（仅标题）	6.2	职业健康安全目标及其实现的策划（仅标题）	6.2	质量目标及其实现策划
6.2.1	环境目标	6.2.1	职业健康安全目标		
6.2.2	实现环境目标的措施的策划	6.2.2	实现职业健康安全目标的策划		
				6.3	变更的策划
7	支持（仅标题）	7	支持（仅标题）	7	支持（仅标题）
7.1	资源	7.1	资源	7.1	资源（仅标题）
7.2	能力	7.2	能力	7.2	能力
7.3	意识	7.3	意识	7.3	意识
7.4	信息交流（仅标题）	7.4	沟通	7.4	沟通
7.4.1	总则	7.4.1	总则		
7.4.2	内部信息交流	7.4.2	内部沟通		
7.4.3	外部信息交流	7.4.3	外部沟通		
7.5	文件化信息（仅标题）	7.5	文件化信息（仅标题）	7.5	形成文件的信息（仅标题）
7.5.1	总则	7.5.1	总则	7.5.1	总则
7.5.2	创建和更新	7.5.2	创建和更新	7.5.2	创建与更新
7.5.3	文件化信息的控制	7.5.3	文件化信息的控制	7.5.3	形成文件的信息控制（仅标题）
8	运行（仅标题）	8	运行（仅标题）	8	运行（仅标题）
8.1	运行策划和控制	8.1	运行策划和控制	8.1	运行策划和控制
		8.1.1	总则	8.2	产品和服务的要求（仅标题）
		8.1.2	消除危险源和降低职业健康安全风险	8.3	产品和服务的设计与开发（仅标题）
		8.1.3	变更管理	8.4	外部提供的过程、产品和服务的控制（仅标题）
		8.1.4	采购	8.5	生产和服务的提供（仅标题）
8.2	应急准备和响应	8.2	应急准备和响应	8.6	产品和服务的放行（仅标题）
				8.7	不符合输出的控制（仅标题）
9	绩效评价（仅标题）	9	绩效评价（仅标题）	9	绩效评价（仅标题）
9.1	监视、测量、分析和评价（仅标题）	9.1	监视、测量、分析和评价绩效（仅标题）	9.1	监视、测量、分析和评价（仅标题）
9.1.1	总则	9.1.1	总则	9.1.1	总则
				9.1.2	顾客满意
9.1.2	合规性评价	9.1.2	合规性评价	9.1.3	分析和评价
9.2	内部审核（仅标题）	9.2	内部审核（仅标题）	9.2	内部审核

续表

ISO 14001：2015		ISO 45001：2018		ISO 9001：2015	
条款号	条款标题	条款号	条款标题	条款号	条款标题
9.2.1	总则	9.2.1	总则		
9.2.2	内部审核方案	9.2.2	内部审核方案		
9.3	管理评审	9.3	管理评审	9.3	管理评审（仅标题）
				9.3.1	总则
				9.3.2	管理评审输入
				9.3.3	管理评审输出
10	改进（仅标题）	10	改进（仅标题）	10	改进（仅标题）
10.1	总则	10.1	总则	10.1	总则
10.2	不符合和纠正措施	10.2	事件、不符合和纠正措施	10.2	不符合与纠正措施（仅标题）
10.3	持续改进	10.3	持续改进	10.3	持续改进

第六节　一体化管理体系

现在世界流行的趋势，不是只做一个 ISO 90001 质量管理体系，而是在 ISO 9001 的基础上将 ISO 14001 环境管理体系、ISO 45001 职业健康安全管理体系以及其他体系有机地融合起来，这已成为 ISO 及其成员团体在今后很长一段时间的努力方向。

一、“一体化管理体系”的概念

这里说的“一体化”是指管理体系的一体化，目前还没有统一规定的模式，各国也都在探讨研究之中。

组织管理体系的不同部分，包括其质量管理体系，可以整合成为一个单一的管理体系。当质量管理体系与其他管理体系整合后，与组织的质量、成长、资金、利润率、环境、职业健康和安全、能源、公共安全以及组织其他方面有关的目标、过程和资源，可以更加有效和高效地实现和应用。组织可以依据多个标准的要求，如：ISO 9001、ISO 14001、ISO 45001、ISO/IEC 27001 和 ISO 50001 对其管理体系同时进行整合体系的审核。

当质量和环境等其他管理体系被一起审核时，这种情况称为一体化审核。

GB/T 19004—2000《质量体系　业绩改进指南》标准的 0.4 条这样阐述：“然而本标准使组织能够将自身的质量管理体系与相关的管理体系结合或整合。”

通过上述对“一体化管理体系”“结合”“整合”概念的阐述，我们可以将“一体化管理体系”定义为：“将两种或两种以上的管理体系经过有机地结合，而使用共有要素的管理体系”。根据其结合不同管理体系的数目，可依次称作二元、三元或多元一体化管理体系。

对上述定义解释如下：

(1)必须是两种或两种以上不同的管理体系；

(2)有机地结合不是多种管理体系的简单相加，而是按照系统化原则形成相互统一、相互协调、相互补充、相互兼容的有机整体，才能充分发挥一体化的整体有效性和效率；

(3)使用共有要素，诸多管理体系本来就在一个组织中，本来就使用共有要素，这里强调共有要素是要求不要把那些共有要素人为地分开。

二、构建一体化管理体系的可能性

质量管理体系、环境管理体系、职业健康安全管理体系能否一体化，关键取决于三个体系之间是否存在共性。

1. 三个体系标准具有一致的基本原理

(1)国际标准化组织在制定 ISO 9001 和 ISO 14001 时就留有接口，ISO 45001 的制定也是基于这种原理，而且这些标准都鼓励与其他体系融合，指导思想非常明确；

(2)尽管三个体系有不同的目的，但是通过过程模式的管理与控制，其全过程具有共同宗旨；

(3)系统论、控制(过程)论、信息论是其共同的理论基础；

(4)对不同要素控制的发展史，都是从重视过程终端(输出)逐渐移向过程的前端(输入)，即注重预防，发挥预防功能是其共同特色；

(5)三个体系都坚持持续改进原则；

(6)在对要素管理方面，从注重技术解决发展到从组织上、管理职责上去解决变得更为重要；

(7)都适用 P(策划) - D(实施) - C(检查) - A(处置)循环，如图 1 - 1 所示。

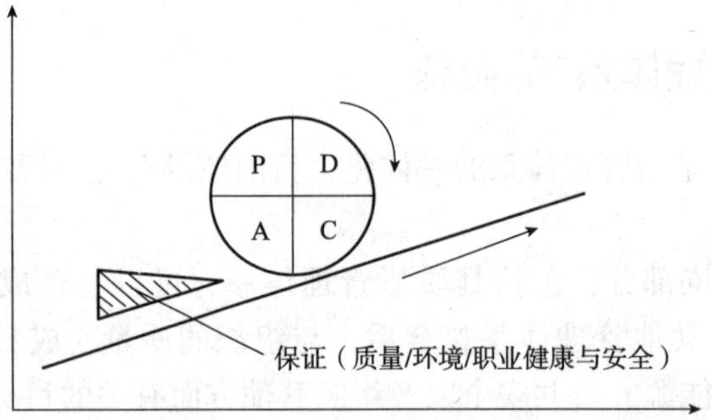

图 1 - 1　P - D - C - A 循环

2. 三个体系具有相同和相似的要素

(1)都需要建立文件体系；

(2)都强调明确职责和权限；

(3)都要求进行策划，建立明确的目标和指标并通过具体的方案加以实施；

(4)都必须对履行相关合规义务作出承诺；

(5)都要求实施持续改进过程；

(6)都要求对不符合进行控制；

(7)都非常重视建立纠正措施、应对风险和机遇的措施；

(8)要求培训，不断增强意识和能力；

(9)要求对文件信息进行控制。

3. 三个体系的结构基本相同

(1)质量管理体系的结构和运行模式如图 1－2 所示。

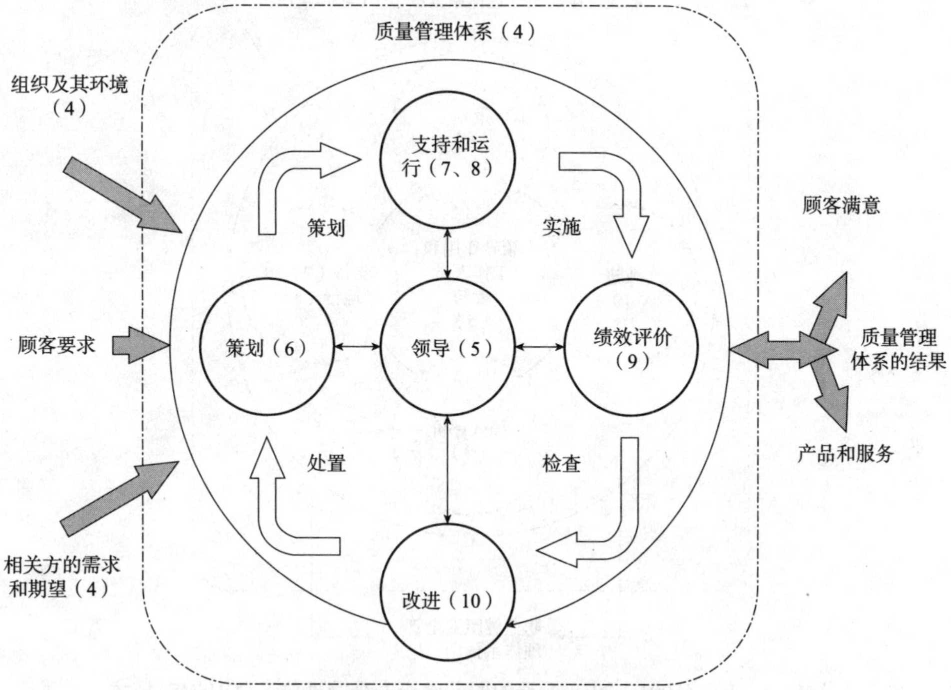

图 1－2　ISO 9001：2015 标准的质量管理体系(QMS)模式

(2)环境管理体系的结构和运行模式如图 1－3 所示。

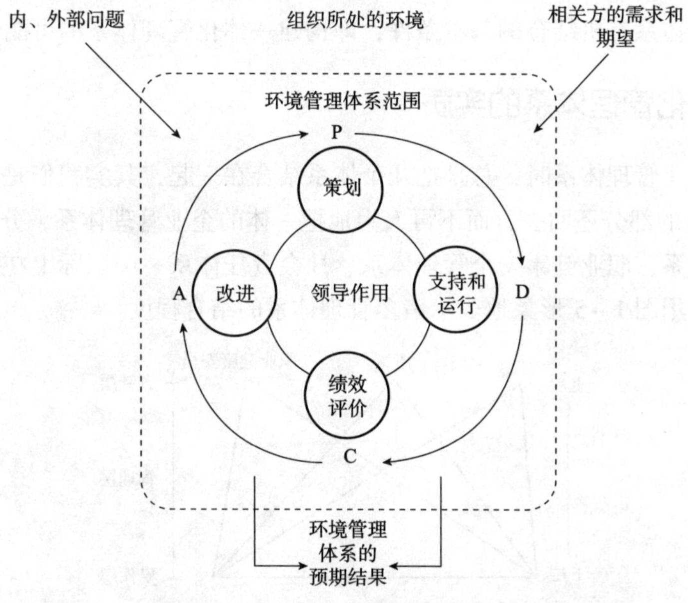

图 1－3　ISO 14001：2015 标准的环境管理体系(EMS)模式

(3)职业健康安全管理体系的结构和运行模式如图 1－4 所示。

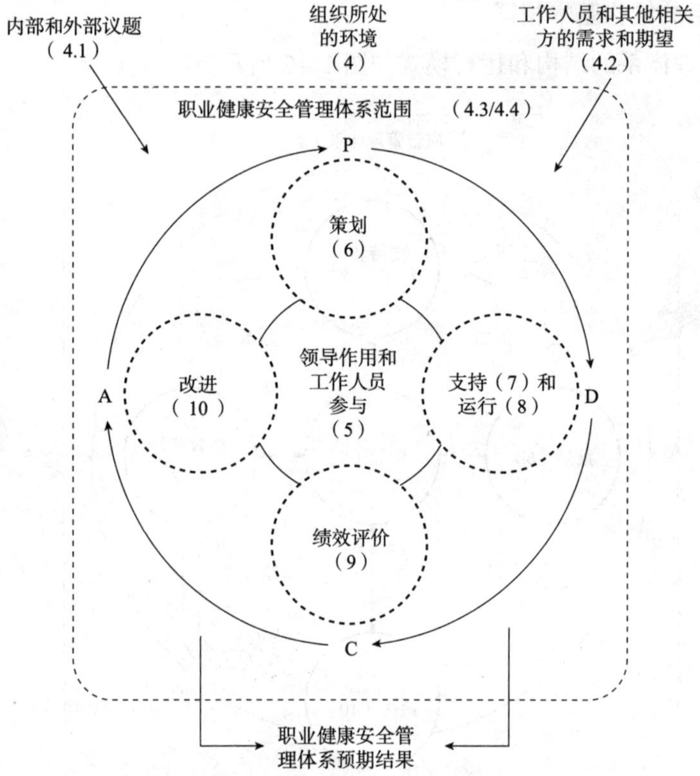

图 1－4 ISO 45001：2018 标准的职业健康安全管理体系(OHSMS)模式

综上所述，质量管理体系、环境管理体系、职业健康安全管理体系在构成的原则上是相互一致的，在构成的要素上大多数是相同或相似的，在体系结构上是可以相互兼容的。这些构成了三个体系有机结合的基本条件，即构建一体化管理体系的可能性。

三、一体化管理体系的实质

在讨论一体化管理体系时，总是把几个体系结合在一起，其实我们是把本来就在一起(企业管理体系)的部分还回去，而不再人为地把一体的企业管理体系，分割为质量管理体系、环境管理体系、职业健康安全管理体系、社会责任体系……国际上在讨论一体化管理体系模型时，曾用图 1－5 形象地表示诸多管理体系的结合程度。

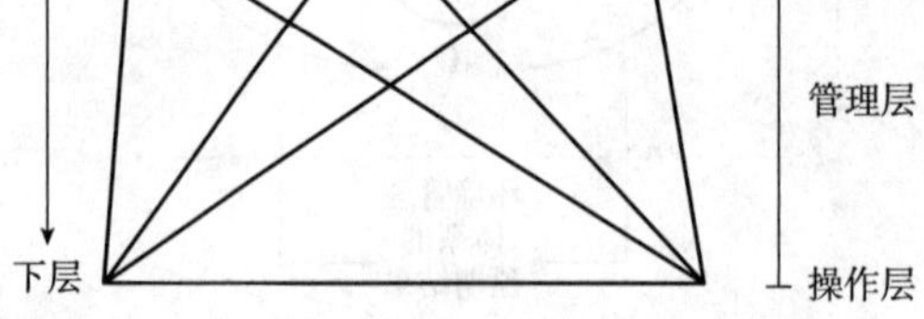

图 1－5 三个管理体系的结合程度

从图 1－5 可清楚地看出：

(1)任何管理体系均寓于企业的全面管理体系之中，它们之间突出的区别是体现管理层以上的方针层，尽管我们可以把质量方针、环境方针和职业健康安全方针合成一个企业管理体系方针，但是这三方面的内容均应包括在合成后的企业管理体系方针内，是不可互相替代的；

(2)所有的管理体系均是基于企业的操作层，任何管理体系的运作和控制没有操作层就不能实现，它们在操作层融合在一起；

(3)根据图 1－5 的理念，我们可以构筑质量管理体系、环境管理体系和职业健康安全管理体系，结合为一体化的管理体系的基本结构和文件体系，用图 1－6 来表示；

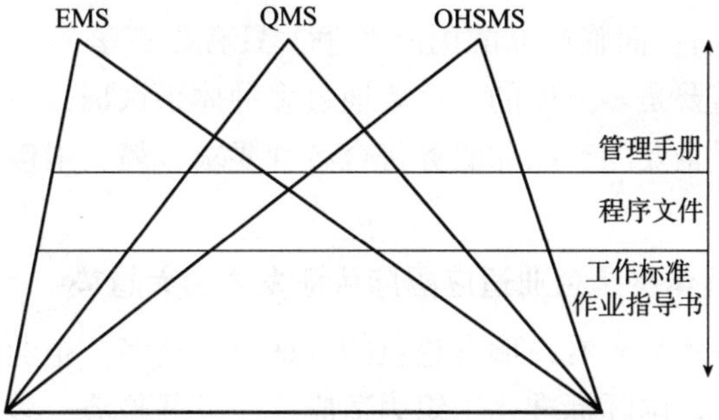

图 1－6　一体化管理体系的文件体系

(4)从图 1－6 可以看出，一体化管理体系文件的构成如下：

①一体化管理体系手册；

②一体化管理体系程序文件；

a. 通用的程序文件；

b. 质量管理体系和环境管理体系共用的程序文件；

c. 质量管理体系和职业健康安全管理体系共用的程序文件；

d. 环境管理体系和职业健康安全管理体系共用的程序文件；

e. 质量管理体系的程序文件；

f. 环境管理体系的程序文件；

g. 职业健康安全管理体系的程序文件；

③工作标准、作业指导书。

四、一体化管理体系的意义

1. 建立一体化管理体系是强化企业管理的需要

企业需要通过认证的体系越来越多，各种体系之间的接口，各要素之间的协调，随着时间的动态变化，会越来越复杂，矛盾会越来越多，问题的解决会越来越困难。一个企业的管理功能和效率发挥得好坏，不能依赖于某一个或某几个体系的有效性，而是取决于企业管理体系的整体有效性。这是系统论的整体性原则。这一点也恰恰说明，我们费了很大力气建立了某一方面的体系，尽管也运行得很好，但是从整体效益来看可能并没有明显提高。更何况现在又有几个管理体系同时作用在企业管理体系之内，如果不能相互协调、相互补充、相互衔接，不仅不能发挥整体功能，而且会相互造成负面影响，其结果势必降低整体有效性。因此现在比以往任何时候都更需要一体化管理体系，这是企业自我发展，自我完善的需要。

2. 建立一体化管理体系是企业提高效益的重要途径

用一套体系文件进行统一控制，使所有的活动和过程都达到规范化，无疑会提高效率。一体化认证审核，无疑会大大降低成本，用较少的投入和较短的时间，达到多个目标，无疑会显著地提高效益。

3. 建立一体化管理体系是增强企业竞争实力的重要手段

我国加入 WTO 以后，面临严酷的国际竞争，只有靠竞争的实力才能取得国际市场的准入证。国际市场的需要是多方面的，需要通过多种体系认证，只有涵盖多种认证的一体化管理体系，才能确保企业的产品和服务符合各种要求，最大限度地满足社会和相关方的需求。

4. 建立一体化管理体系是企业适应国际认证发展的大趋势

从国际认证的发展趋势来看，形形色色的认证越来越多，企业将建立实施多种管理体系，寻求多种体系认证。国际标准化组织为适应这一发展趋势，多年来一直努力促进一体化认证，以提高认证水平，满足需要，实现可持续发展，保持各国认证的强劲势头。

思考题

1. 人类面临的环境问题有哪些？
2. 环境管理体系标准产生的背景是什么？
3. 职业健康安全管理体系标准产生的背景是什么？
4. 与 ISO 14001：2004 标准相比，ISO 14001：2015 标准有哪些突出变化？
5. 与 OHSAS 18001：2007 和 OHSAS 18002：2007 标准相比，ISO 45001：2018 标准有哪些突出变化？
6. 环境和职业健康安全管理体系标准有哪些特点？
7. 组织实施环境和职业健康安全管理体系标准有什么意义？
8. ISO 14001 和 ISO 45001 与 ISO 9001 有哪些联系与区别？
9. 什么是一体化管理体系？
10. 构建一体化管理体系的前提是什么？
11. 建立和实施一体化管理体系有什么意义？

第二章　环境和职业健康安全管理体系常用术语和定义的理解

第一节　环境和职业健康安全管理术语和定义

本节将 ISO 14001：2015 和 ISO 45001：2018 中相关术语和定义进行了整合。

一、环境、环境因素、环境状况、环境影响、污染预防

1. 环境(environment)

(1)定义

组织运行活动的外部存在，包括空气、水、土地、自然资源、植物、动物、人，以及它们之间的相互关系。

注1：外部存在可能从组织内延伸到当地、区域和全球系统。

注2：外部存在可用生物多样性、生态系统、气候或其他特征来描述。

(2)理解要点

环境是水、空气、土地等许多种介质的组合。

环境还应包括受体，即当介质改变时会受到影响的群体，如动物、植物、人等。受体往往是被保护的对象，动物、植物自我保护能力有限，随着人类对环境的影响日益加大，更需要人类的特别保护才能得以继续生存。

自然资源如土地资源、森林资源、淡水资源、矿产资源等，是环境的重要组成部分，是人类生存与发展不可缺少的物质依托和条件。

环境并不是以上几个方面的零散集合，而是一个有机整体，包括以上所有物质与形态的组合，即相互关系。它们共存于环境中，相互依赖、相互制约，并保持着一定的动态平衡。

当组织的外部存在的某个或某几个要素发生变化时，这些变化就可影响组织及其周围地区人类生存的环境，造成该地区的环境变化、生态破坏，使该地区环境处于“异常状态”。

这个定义同时强调人是破坏环境的主体，保护环境也是为了保护人类自己。

环境不仅局限于组织内部和组织周围的外部存在和相互作用，还可能涉及全球系统，如组织燃烧煤排出的废气，废气中的灰尘、二氧化硫(SO_2)和二氧化碳(CO_2)不仅对周围的环境造成影响，还会增加全球系统的温室效应。

2. 环境因素(environmental aspect)

(1)定义

一个组织的活动、产品和服务中能与环境发生相互作用的要素。

注1：一项环境因素可能产生一种或多种环境影响。重要环境因素是指具有或能够产生一种或多种重大环境影响的环境因素。

注2：重要环境因素是由组织运用一个或多个准则确定的。

(2)理解要点

组织向社会提供的产品、服务都是活动或过程的结果，但在进行这些活动或过程时，有些因素会与环境发生相互作用，并对环境产生正面或负面的影响，这些因素即称为环境因素。如造纸厂生产所用的原材料主要是树木等植物，树木资源的消耗对环境产生的效应是水土的流失、大气环流的改变、土地荒漠化、生态失衡等，同时造纸废水的排放会造成自然环境水体恶化，影响动植物和人类的生存，因此树木资源和废水就是环境因素。

在组织的活动或过程中，可能存在着许多环境因素，各种环境因素与环境的效应是不同的，不同的环境因素控制方式不同。可能产生重大环境影响的因素是重要环境因素。对于重要环境因素应重点控制。

"环境因素"能够造成"环境影响"；反之，存在着环境影响的事件，必然需要我们去识别环境因素。

重要环境因素可导致不良的环境影响(威胁)，也可以导致有益的环境影响(机会)。

3. 环境状况(environmental condition)

(1)定义

在某个特定时间点确定的环境的状态或特征。

(2)理解要点

环境状况是指组织所处的某个特定的区域、范围，在某一特定时间点的环境现状，可考虑的领域包括：水体、大气、声环境、土壤、植物、动物、人类、美学、传统与文化等。

描述环境状况的示例包括：地下水位，地下水的补给速度，区域地表水质量等级，特征水污染物，区域空气质量，主要大气污染物，区域声环境等级，组织物理范围内的噪声级，土壤质量等级，区域主要动植物种群，人口密度及健康状况，敏感建筑物和历史建筑等。

环境状况可随时间或特定事件的不同而变化，环境状况的变化能够反映其与组织活动、产品和服务之间相互关系。

在某些情况下，环境状况可能会成为评价组织环境绩效的依据。

组织的行为会影响环境状况，如某印染厂污水的排放会导致河流水体质量下降；环境状况也会对组织产生影响，如某河流水体质量的恶化，可能使以该河流为水源的企业增加生产用水处理成本，甚至影响企业的正常生产。

4. 环境影响(environmental impact)

(1)定义

全部或部分地由组织的环境因素给环境造成的不利或有益的变化。

(2)理解要点

环境影响是一种“变化”：即环境的各组成要素或要素间的相互关系发生改变，也就形成了环境影响。环境因素是环境影响的原因，环境影响是环境因素作用于环境的结果。如河流水质的改变、空气成分的变化、生物种群的减少等都是环境因素产生的结果。这些变化可能是有害的，也可能是有益的。人们更关心的是有害的变化，即负面的环境影响。

组织的活动、产品或服务是造成环境影响的根源。活动可包括组织的生产、采购、后勤、经营等多方面，是人类有目的、有组织进行的活动。产品或服务是组织生产与经营的产出，如汽车及其维护与保养。所有这些活动、产品或服务都可能给环境带来正面或负面的影响。

对环境影响进行量化评价是确定重要环境因素的基础。

环境影响可能发生在所在地、区域或全球范围，同时它们也可能是直接的、间接的或自然积累的影响。

5. 污染预防(prevention of pollution)

(1)定义

为了降低不利的环境影响而采取(或综合采用)过程、惯例、技术、材料、产品、服务或能源以避免、减少或控制任何类型的污染物或废物的产生、排放或废弃。

注：污染预防可包括源消减或消除，过程、产品或服务的更改，资源的有效利用，材料或能源替代，再利用、回收、再循环、再生或处理。

(2)理解要点

污染预防是提高环境绩效、实现持续改进的重要途径，是解决环境问题的基本原则和指导思想。

污染预防一方面是对过程(或活动)实施控制，以提高资源的利用率、减少或避免污染物的产生或排放；另一方面是资源或能源替代、工艺过程的改进、废物的再生和利用、污染物的无害化处理。

污染预防的原则是：不产生污染物为最优；其次是减少污染产出；最后是对产出的污染进行治理。污染预防的具体做法是源头控制，过程管理，末端治理。“源头控制”是指设计开发过程应考虑原材料和能源的有效利用或替代问题，工艺过程的最优化设计，以减少或避免污染物的产生和排放；“过程管理”是指对生产或服务的各过程实施控制性管理(规范化操作)，控制原材料和能源的消耗，减少或避免污染物的排放；“末端治理”是指对产生的污染物或废弃物进行处置或处理，减少或避免污染物对环境的影响。

二、伤害和健康损害、事件

1. 伤害和健康损害(injury and ill health)

(1)定义

对人的生理、心理或认知状况的不利影响。

注1：这些不利影响包括职业疾病、不健康和死亡。

注2：术语“伤害和健康损害”意味着存在伤害和(或)健康损害。

(2)理解要点

伤害和健康损害是由工作活动或工作相关状况引起或加重的，包括了身体和精神的不良状态。伤害和健康损害必须是可查、可确认的。

国家有关部门制定和发布了《职业病目录》，包含了各种与职业相关的病损和疾病。

组织应定期对接触有毒有害因素的员工进行职业健康体检，以确保职工的职业健康。

2. 事件(incident)

(1)定义

由工作引起的或在工作过程中发生的可能或已经导致伤害和健康损害的情况。

注1：发生伤害和健康损害的事件有时被称为“事故”。

注2：未发生但有可能发生伤害和健康损害的事件在英文中称为“near - miss”“near - hit”或“close call”，在中文中也可称为“未遂事件”“未遂事故”或“事故隐患”等。

注3：尽管事件可能涉及一个或多个不符合，但在没有不符合时也可能会发生。

(2)理解要点

事故是造成不良结果的非预期的情况，是已经发生的客观事实。

事件包括事故，事件的发生有可能造成事故，也有可能并未造成任何损失。对于没有造成疾病、伤害、损坏或其他损失的事件一般称为“未遂事件”。

紧急情况如火灾、危化品泄漏等，是一种特殊类型的事件，组织应依照标准的要求建立应急计划和应急预案进行有效控制。

三、危险源、工作场所

1. 危险源(hazard)/危害因素/危害来源

(1)定义

可能导致伤害和健康损害的来源。

注1：危险源可包括可能导致伤害或危险状态的来源，或可能因暴露而导致伤害和健康损害的环境。

注2：考虑到中国安全生产领域现实存在的相关称谓，本标准视“危险源”“危害因素”和“危害来源”同义。但对于中国安全生产领域中那些仅涉及对“物”或“财产”的损害而不涉及对“人”的伤害和健康损害的情况，本标准的术语“危险源”“危害因素”或“危害来源”则不适用。

(2)理解要点

危险源也可解释为可能导致人员伤亡或物质损失等事故的潜在不安全因素。

危险源的存在形式或者是可能导致伤害或疾病等的主体对象，或者是可能诱发主体对象导致伤害或疾病等的状态。例如，液化石油气泄漏发生火灾、爆炸事故，可燃的液化石油气是发生火灾、爆炸的根源，液化石油气泄漏是导致火灾、爆炸的一种不安全状态。

危险源也称危害因素、危害来源，通常为了区别客体对人体不利作用的特点和效果，将危害因素分为危险因素(强调突发性和瞬间作用)和有害因素(强调在一定时间范围内的积累作用)。有时对两者不加区分，统称危险因素。为与安全管理人员的习惯以及相关的法规、标准相一致，本书后面内容将统一使用危险因素和有害因素。

2. 工作场所(workplace)

(1)定义

在组织控制下，人员因工作需要而处于或前往的场所。

注：在职业健康安全管理体系中，组织对工作场所的责任取决于其对工作场所的控制程度。

(2)理解要点

工作场所不仅仅指企业厂区内与生产过程相关的物理区域。组织应考虑在组织控制下的环境影响因素和人员的职业健康安全。

四、风险、风险和机遇

1. 风险(risk)

(1)定义

不确定性的影响。

注1：影响是指对预期的偏离——正面的或负面的。

注2：不确定性是指对事件及其后果或可能性缺乏甚至部分缺乏相关信息、理解或知识的状态。

注3：通常，风险以潜在"事件"和"后果"，或两者的组合来描述其特性。

注4：通常，风险以某事件(包括情况的变化)的后果及其发生的"可能性"的组合来表述。

注5：在本标准中，使用术语"风险和机遇"之处，意指环境和职业健康安全风险、环境和职业健康安全机遇以及管理体系的其他风险和其他机遇。

(2)理解要点

风险是对某种可预见的危险情况发生的可能性及其发生后果的严重程度这两项指标的综合描述。

可能性是指危险情况发生的难易程度，一般用概率来描述。严重性是指危险情况一旦发生所造成的人员伤亡和经济损失的程度和大小，有无风险在很大程度上取决于可能造成多大损失。两个特性中任意一个过高都会使风险变大。如果其中一个特性不存在，或为零，则这种风险不存在。

风险来源于环境因素和危险有害因素，环境因素和危险有害因素的不同特性可能导致不同程度的风险。

2. 风险和机遇(risks and opportunities)

(1)定义

潜在的有害影响(威胁)和潜在的有益影响(机会)。

(2)理解要点

潜在事件存在风险，其发生的影响可能是负面的或正面的，如果是负面的我们称之为"威胁"，如果是正面的我们称之为"机会"。

风险导致的威胁和机会与组织的主要环境因素、危险有害因素、合规性义务或其他问题相关联，并会对环境和职业健康安全管理体系的预期结果产生影响。因此，尽量识别并对威胁和机会加以控制是管理体系策划的重要内容之一。

通过策划及风险分析，可以对"威胁"制定预案、采取措施以确保实现目标；针对"机会”适时采取改进措施以超越目标，提高环境和职业健康安全管理的绩效。

五、方针、目标、指标、参数

1. 方针(policy)

(1)定义

由最高管理者就组织的环境和职业健康安全绩效正式表述的总体意图和方向。

注：环境和职业健康安全方针为采取措施，以及建立环境和职业健康安全目标和指标提供了一个框架。

(2)理解要点

明确职责，环境和职业健康安全方针由最高管理者制定并发布。

环境和职业健康安全方针是组织总方针的一个组成部分，是指导环境和职业健康安全管理工作的行动纲领，为组织建立并保持环境和职业健康安全管理体系提供了总的目的和方向，是组织开展环境和职业健康安全管理工作的行为准则与工作原则的表述，为管理环境因素、防止工作人员受到与工作相关的伤害和健康损害并提供健康安全的工作场所，是组织环境和职业健康安全管理成效与意图的体现。

环境和职业健康安全方针是组织最高管理者对本组织环境和职业健康安全绩效的承诺。

环境和职业健康安全方针的承诺应围绕四个基本承诺加以展开，这四个基本承诺是保护环境、预防事故、履行组织的合规义务和持续改进。

环境和职业健康安全方针为目标、指标的建立提供了框架，是组织制定环境和职业健康安全管理目标与指标的依据和出发点。

2. 目标(objectives)

(1)定义

要实现的结果。

注1：目标可以是战略性的、战术性的或运行层面的。

注2：目标可涉及不同领域(如财务的、健康安全的和环境的目标)，并可应用于不同层面(如战略层面、组织整体层面、项目层面、产品和过程层面)。

注3：目标可按其他方式来表述，例如：按预期结果、意图、运行准则来表述目标；按某环境/职业健康安全目标来表述目标；使用其他近义词(如靶向、追求或目的等)来表述目标。

注4：环境和职业健康安全目标是组织为实现与环境和职业健康安全方针相一致的特定结果而制定的目标。

(2)理解要点

组织所要取得的环境和职业健康安全绩效具体还要通过目标来表达。

① 目标是依据绩效规定的在预定时期内要实现的目的。

② 制定环境和职业健康安全目标时，尤其应考虑重要环境因素、危险有害因素满足法律、法规以及其他相关要求情况，另外还应考虑技术、经济、运行等方面因素，使所定目标切实可行。

③目标可以是定量的，也可以是定性的，但应便于测量，以便于检查和评价其完成情况。

3. 指标(target)

(1)定义

由环境和职业健康安全目标产生，为实现环境和职业健康安全目标所须规定并满足的具体的绩效要求，它们可适用于整个组织或其局部。

(2)理解要点

依据环境和职业健康安全目标确定环境和职业健康安全指标，依据目标确定时限要求。

指标必须是可测量的，并便于检查、比较和评价，以确保指标的可实现性。

指标可以是总体的，也可以是局部的，甚至可以落实到岗位或个人。如某组织在生产过程中产生大量废水，这些废水来自不同车间，应制定各车间排放废水的指标，这是局部指标；还应规定整个组织排放到环境中的废水指标(这应符合相关标准要求)，这是整体指标；整体指标应由水处理部门完成，则整体指标也是水处理部门的指标。

4. 参数(indicator)

(1)定义

对运行、管理或状况的条件或状态的可度量的表述。

(2)理解要点

与组织管理体系有关的运行、管理或状况的条件或状态是一个相对比较抽象、模糊的概念，为清晰地表达有关条件或状态的内涵，以便于准确地理解、交流以及评价，常常需要将它们通过一些具体的项目进行表述，这些项目就是组织设立的参数。

组织应在对有关条件或状态的内涵进行充分分析的基础之上，根据管理的需要并结合组织的实际情况设立恰当的参数。这些参数应能准确、全面地反映拟表达的相关内容，同时这些参数应是可度量的(包括定性和定量的度量)，以确保组织可以开展必要的监视、测量、分析和评价。

组织需要设立的相关参数可能包括环境和职业健康安全绩效评价参数、环境和职业健康安全绩效参数、管理绩效参数、运行绩效参数、环境和职业健康安全状况参数以及监控环境和职业健康安全目标实现进程所需的参数等。

方针、目标、指标之间的相互关系。方针是宏观要求，目标是控制要求，指标是具体要求。如环境方针中包含“节能降耗”，环境目标中应对包括“原材料、水、电、煤”等资源提出控制要求，若总目标设定为：“全厂每年节水10%，全年用电6×10^4kW·h，原材料节约1%”，则需对环境指标提出相应要求：“第一车间用水量30t/d，用电量40kW·h/d；第二车间用水量控制在20t/d以下，用电量10kW·h/d，每吨产品消耗：A材料48～50t，B、C材料均在30t以下，回收废弃的原材料300t/a……”只有完成各岗位指标，才能实现全厂总体目标。

六、绩效、环境和职业健康安全绩效、持续改进

1. 绩效(performance)

(1)定义

可测量的结果。

注1：绩效可能涉及定量或定性的发现。结果可由定量或定性的方法来确定或评价。

注2：绩效可能涉及活动、过程、产品(包括服务)、体系或组织的管理。

(2)理解要点

绩效是组织在特定时间内的可描述的工作行为和可度量的工作结果，可能是定性的或定量的。

例如，获得环境管理体系认证证书、污水处理设施按期建设完成投用、处理后污水COD值30mg/L、全年煤用量60t、接受培训人数为20人等。

将绩效与评价准则比较，获得绩效评价结果。评价准则包括组织的环境和职业健康安全方针、目标，体系管理要求，应遵守的法律法规，其他合规义务等。

2. 环境和职业健康安全绩效(environmental and occupational health and safety performance)

(1)定义

与环境因素管理以及与防止对工作人员的伤害和健康损害以及提供健康安全的工作场所的有效性相关的绩效。

注：对于一个环境和职业健康安全管理体系，可能依据组织的环境和职业健康安全方针、目标或其他准则，运用参数来测量结果。

(2)理解要点

环境和职业健康安全绩效是对环境因素、危险有害因素和风险的控制及环境和职业健康安全管理所取得的成绩与效果的综合评价，不仅表现在对具体环境因素、危险有害因素和风险的控制管理上，也表现在控制管理的结果上。

环境和职业健康安全绩效是环境和职业健康安全管理体系运行的结果与成效，是根据环境和职业健康安全方针、目标和指标的要求控制环境因素、危险有害因素和风险得到的，因此环境和职业健康安全绩效可用对环境和职业健康安全方针、目标和指标的实现程度来描述，并可具体体现在某一或某类环境因素、危险有害因素或风险的控制上。

环境和职业健康安全绩效是可测量的，因而也是可以比较的，可用于组织自身及组织与其他组织间的比较。如：同行业的不同组织之间，其环境因素的控制措施、污染物排放浓度的大小、污染物排放总量的多少以及废水的循环使用率等方面均可体现为环境绩效的量化和比较；同样，同行业的不同组织之间，类似危险源的控制措施、风险的大小、事故和职业病情况、经济损失的大小等也可体现为职业健康安全绩效的量化和比较。

3. 持续改进(continual improvement)

(1)定义

提高绩效的循环活动。

注1：提高绩效涉及使用环境和职业健康安全管理体系，以实现与环境和职业健康安全方针以及环境和职业健康安全目标相一致的整体环境和职业健康安全绩效的改进。

注2：持续并不意味着不间断，因此活动不必同时在所有领域发生。

(2)理解要点

持续改进是环境和职业健康安全管理体系运行的基本要求和基本特点之一。对于已成功建立环境和职业健康安全管理体系的组织而言，仅仅维护和保持现状还不能满足环境和职业健康安全管理体系标准的要求，还必须不断进行改进和完善。

持续改进能提高组织整体的环境和职业健康安全绩效，这种改进是多方面的。有管理体系方面的改进，如对重要环境因素和控制参数增加测量和调试频次，强化相关岗位人员的培训和学习；有原材料和能源方面的改进，如氟利昂制冷剂的替代，无毒物料替代有毒物料，液压传动替代机械传动，水力发电替代火力发电；有工艺过程方面的改进，如为节约能源，工艺改为减少通电加热时间，增加保温时间，为节约用水，工艺上采用逆流洗涤方式等。

组织根据环境和职业健康安全方针、目标的实现情况和人力、财力、技术和运营情况来确定改进的方面，并不要求组织在所有方面同时进行持续改进。

持续改进是周而复始地循环，螺旋形上升运动，正是由于环境和职业健康安全管理体系中包含了持续改进，从而使体系形成 PDCA 循环，不断提高组织的整体环境和职业健康安全绩效。

持续改进并不意味改进活动需要连续地进行或在所有领域同时开展。

七、管理体系、环境和职业健康安全管理体系

1. 管理体系［management system(MS)］

(1)定义

组织用于建立方针、目标以及实现这些目标的过程的一组相互关联或相互作用的要素。

注 1：一个管理体系可以关注单一的或多个领域(例如：质量、环境、职业健康安全、能源、财务管理)。

注 2：体系要素包括组织结构、角色和职责、策划和运行、绩效评估和改进等。

注 3：管理体系的范围可能包括整个组织、其特定的职能、其特定的部门、或跨组织的一个或多个职能。

(2)理解要点

管理体系是一种系统化的有机整体，体系中各要素各有功能，互相联系，组成一个整体，通过要素有序的控制，从而达到有效管理的目的。

组织建立其方针和目标，并将组织内各个过程在建立的方针和目标统一指引下，系统、有序地实施，并有效地运行，以满足预定目标的整个系统。

管理体系可以是组织管理体系的一个单独的领域，如环境管理体系；也可以涉及若干个领域，如质量、环境、职业健康安、能源、财务管理体系。

管理体系的范围由最高管理者确定，并以文件信息规定，可以包括整个组织，也可以是特定的和被组织指定的一个或多个部门。

2. 环境和职业健康安全管理体系［environmental and occupational health and safety management system(EHSMS)］

(1)定义

管理体系的一部分，用来管理环境因素和危险有害因素、履行合规义务，并应对风险和机遇。

(2)理解要点

环境和职业健康安全管理体系是一系列相互联系、相互作用的管理要素和相关活动所

组成的有机整体，包括组织机构与职责、策划与规划活动；也包括组织为环境和职业安全管理提供的资源、惯例、过程等。

环境和职业健康安全管理体系是全面管理体系的一个组成部分，不能将环境和职业健康安全管理与其他管理工作割裂开来，应与组织的生产、供销、行政、质量管理相一致，且尽可能结合起来。

环境和职业健康安全管理体系的实施与运作应围绕环境和职业健康安全方针展开，包括制定、实施、实现、评审和保持环境和职业健康安全方针等内容，以确保组织环境和职业健康安全方针的要求与承诺得以贯彻。

八、组织、最高管理者、工作人员、相关方、外包、承包方

1. 组织(organization)

(1)定义

为实现其目标而具有职责、权限和相互关系构成自身功能的一个人或一组人。

注：组织包括但不限于个体经营者、公司、集团公司、商行、企事业单位、政府机构、合股经营的公司、公益机构、社团、或上述单位中的一部分或其结合体，无论其是否具有法人资格、公营或私营。

(2)理解要点

组织应具有明确的工作职能，如从事某类产品的生产、从事某种服务、从事某类管理活动等。

组织应能在其职能范围内能实施行政管理、能控制和改变这些活动，如有一定的人事权、资金调配权、产品和工艺更改权等。

组织不一定是法人单位，单位的最高管理者不一定具有法人资格。

组织的性质不限，公有或私营。对于拥有多个独立运行单位的组织，如某集团公司下设多个分公司，每一个分公司都具有独立职能与行政管理能力，则各分公司都可以视为一个独立的组织。

2. 最高管理者(top management)

(1)定义

在最高层指挥和控制组织的一个人或一组人。

注1：在保留对环境和职业健康安全管理体系承担最终责任的前提下，最高管理者有权在组织内授权和提供资源。

注2：若管理体系的范围仅覆盖组织的一部分，则最高管理者是指那些指挥和控制组织该部分的人员。

(2)理解要点

如果管理体系的覆盖面仅是组织的一部分，则最高管理者是指那些能指挥和控制组织这一部分的领导者，理解谁是最高管理者应从确定组织的范围开始。

最高层的领导者可以是一个人或一组人，该领导层拥有以下的权利和责任：

①授权给各级管理人员，并明确其职责和权限；

②提供或调动组织的资源，以使获得授权者能顺利行使其职责。

3. 工作人员(worker)

(1)定义

在组织控制下开展工作或与工作相关的活动的人员。

注1：在不同安排下，人员有偿或无偿地开展工作或与工作相关的活动，如定期的或临时的、间歇性的或季节性的、偶然的或兼职的等。

注2：工作人员包括最高管理者、管理类人员和非管理类人员。

注3：根据组织所处的环境，在组织控制下所开展的工作或与工作相关的活动可由组织雇佣的工作人员、外部供方的工作人员、承包方、个人、外部派遣工作人员，以及其工作或与工作相关的活动在一定程度上受组织共同控制的其他人员来完成。

(2)理解要点

工作人员可以是组织的员工，包括最高管理者、管理类人员和非管理类人员，也可以是组织根据工作需要临时雇佣的人员，或者由外部供方、承包方、个人、外部派遣单位提供从事与组织相关活动的人员，无论他们是否获得报酬。

4. 相关方(interested parties)

(1)定义

能够影响决策或活动、受决策或活动影响，或感觉自身受到决策或活动影响的个人或组织。

示例：相关方可包括顾客、社区、供方、监管部门、非政府组织、投资方和员工。

注："感觉自身受到影响"意指组织已知晓这种感觉。

(2)理解要点

相关方可以是团体，也可以是个人，他们的共同特点是关注或影响组织的环境和职业健康安全绩效，或受到组织的环境和职业健康安全绩效的影响。

受组织环境和职业健康安全绩效影响的相关方可能有：股东、供应方、客户、员工、员工家属、与组织相邻的工厂、周围的居民、下风向的企业、河流的下游等。

关注或影响组织环境和职业健康安全状况的相关方可能有：银行、政府部门(如规划部门、环境保护部门、安全生产监督管理、卫生部门等)、环境保护组织、卫生组织、新闻媒体、科研机构等，这些相关方可能间接地受到组织环境和职业健康安全绩效的影响。从这一意义上讲，组织的相关方可以是整个人类社会。

应该说，组织内部员工是组织很重要的相关方。

环境和职业健康安全管理体系的策划和实施，应尽可能考虑满足相关方的要求。

5. 外包(outsource)

(1)定义

安排外部组织承担组织的部分职能或过程。

注：尽管外包的职能或过程在管理体系范围之内，但外部组织是处在管理体系覆盖范围之外。

(2)理解要点

外包是指将组织内部的部分职能或者过程委托给外部组织实施具体的管理和控制，或由外部组织履行组织内的部分职能和对具体过程或其子过程实施控制的安排。

外部组织处于组织的管理体系覆盖范围之外，但外包职能或过程在组织的管理体系覆盖范围之内。

组织实施外包的可能是过程或职能，但不是相关的责任。组织不能通过外包转移应尽的责任。

组织对外包的管理，应确保外包过程受控并对承包者施加影响。包括组织对承包组织沟通本组织的环境和职业健康安全方针以及相关的环境和职业健康安全要求。

6. 承包方(contractor)

(1)定义

按照约定的规范、条款和条件向组织提供服务的外部组织。

注：服务可包括建筑活动等。

(2)理解要点

承包方是向组织提供服务的外部组织。可以向组织提供的服务包括：保洁、设备维修保养、建构筑物施工等。

组织需要针对承包方提供的服务，包括服务涉及的活动，与承包方明确协议规范、期限和条件，以保证服务或服务涉及的活动满足组织的要求。承包方需依据协议规范、期限和条件，向组织提供服务。

九、参与、协商

1. 参与(participation)

(1)定义

参加决策。

注：参与包括使健康安全委员会和工作人员代表(若有)加入。

(2)理解要点

“参与”更多涉及的是工作人员参与组织的职业健康安全管理工作。无论从组织职业健康安全利益者的角度，还是组织职业健康安全行为者的角度，工作人员参与组织的职业健康安全管理，都会有助于组织做出职业健康安全方面的良好决策。

组织的非管理类人员更多地从事具有较高职业健康安全风险的工作活动，因此更需要他们参与职业健康安全管理工作，例如参与危险有害因素的辨识、事故事件调查等工作。

工作人员可以通过加入组织的健康安全委员会或作为工作人员代表参与组织的职业健康安全管理。

2. 协商(consultation)

(1)定义

决策前征询意见。

注：协商包括使健康安全委员会和工作人员代表(若有)加入。

(2)理解要点

工作人员受组织职业健康安全风险的影响，同时也了解组织工作活动开展的细节。因此，在组织做出相关职业健康安全管理决策前，征询工作人员的意见和建议，能够为决策过程提供有益的输入信息。

同样，由于组织的非管理类人员更多地从事具有较高职业健康安全风险的工作活动，因此更加需要与他们进行协商。例如，征询他们的需求和期望、协商可以采取的控制职业健康安全风险的措施等。

工作人员可以通过加入组织的健康安全委员会或作为工作人员代表的方式参与协商组织的职业健康安全管理工作。

第二节　管理体系通用术语和定义

一、生命周期、过程

1. 生命周期(life cycle)

(1)定义

产品(或服务)系统中前后衔接的一系列阶段，从自然界或从自然资源中获取原材料，直至最终处置。

注：生命周期阶段包括原材料获取、设计、生产、运输和(或)交付、使用、寿命结束后处理和最终处置。

(2)理解要点

生命周期是指产品(或服务)从摇篮到坟墓的全部阶段，包括了产品(或服务)所需的原材料获取(如矿石采掘、石油开采等)、提炼、加工、制造、运输、销售、使用、使用后的处理，直至最终的处置等阶段。

产品(或服务)生命周期中各阶段的环境问题彼此密切关联，尽管产品(或服务)生命周期不同阶段的环境问题特点有所不同，但由于环境是由相互作用的环境要素组成的有机整体，这就要求组织应考虑产品(或服务)生命周期各个阶段的环境影响，使产品(或服务)生命周期各阶段对环境的负面影响降到最小、资源和能源的利用率更高，以实现环境效益、社会效益和经济效益的协调和最大化。

生命周期评价是一种有效的环境管理工具，它全程量化从产品(或服务)的原材料开采、获取直至产品报废后的最终处置各阶段的资源消耗、环境排放情况，并评价这些消耗和排放对资源、生态环境和人体健康带来的影响，进而识别、确定可以减少负面影响的机会。

ISO 14001：2015 标准明确提出组织应基于生命周期的观点识别和管理其环境因素。

2. 过程(process)

(1)定义

将输入转化为输出的一系列相互关联或相互作用的活动。

注：过程可以形成文件或不形成文件。

(2)理解要点

输入→活动→输出。过程的核心是活动。

有效的“过程”是一项增值活动，对于环境和职业健康安全管理体系来说，过程活动的增值一方面是组织节约成本的经济效益，另一方面是减少环境污染和事故的社会效益。

为了使过程有效，策划时就应考虑控制过程的关键活动。

环境和职业健康安全管理体系是由多个过程组成，这些过程相互关联，相互作用，一个过程的输出可能是其他过程的输入。如经处理的废水回用，处理后的水是废水处理部门的输出，回用水是其他部门的输入。

3. 程序(procedure)

(1)定义

为执行某活动或过程所规定的途径。

注：程序可以文件化或不文件化。

(2)理解要点

规范的管理所包含的活动或过程一般需要在规定的要求下开展，即在程序要求下开展。程序作为进行某项活动或过程所规定的途径，其中必然包含为活动或过程开展所规定的目的、职责、时间、地点、内容，以及如何开展活动或过程的方法和质量等方面的要求。

程序要求是否需要文件化，取决于组织对以形成文件程序来确保活动或过程开展规范、一致性的需求。

二、符合、不符合、缺陷

1. 符合(合格)(conformity)

(1)定义

满足要求。

(2)理解要点

符合或合格，是指满足明示的、通常隐含的或必须履行的需求和期望。

定义中的“要求”来自环境和职业健康安全管理体系标准、文件、法律法规和其他要求以及相关方等。

2. 不符合(不合格)(nonconformity)

(1)定义

未满足要求。

注：不符合与标准要求及组织自身规定的附加的环境和职业健康安全管理体系要求有关。

(2)理解要点

不符合或不合格通常是指未满足明示的、通常隐含的或必须履行的需求和期望。

不符合有程度上的区分，如严重不符合、一般不符合。

3. 缺陷(defect)

(1)定义

与预期或规定用途有关的不合格。

注1：区分缺陷与不合格的概念是重要的，这是因为其中有法律内涵，特别是在与产品和服务责任问题有关的方面。

注2：顾客希望的预期用途可能受供方所提供的信息的性质影响，如操作或维护说明。

(2)理解要点

缺陷不仅是严重不符合，而且是达不到预期的或规定用途的不符合。

缺陷可能涉及法律责任，如用于装食品的容器，所用的材料不符合食品卫生法要求，达不到规定的用途，这种不符合就是缺陷。与环境、安全、健康有关的产品，如果不关注相关法规的要求，往往就会存在缺陷。

虽然缺陷通常是对产品而言，但与环境和安全是分不开的。有时，产品能够完成其工作性能，但在使用过程中存在着环境影响因素和不安全因素，环境管理体系关注的是产品的整个生命周期，包括产品使用过程和废弃后对环境的影响，这就是预期用途，所以缺陷有时与环境有关。

三、纠正措施、有效性

1. 纠正措施(corrective action)

(1)定义

为消除不符合或事件的原因并防止再次发生而采取的措施。

注：由于“事件”是职业健康安全的关键因素，通过纠正措施来应对事件所需的活动与应对不符合所需的活动相同。一项不符合可能由不止一个原因导致。

(2)理解要点

纠正措施是对已产生的不符合采取的措施。

应针对产生不符合的原因制定措施，这就要求对产生不符合或事件的过程进行调查分析，找出“原因”所在。

当不符合或事件的产生存在系统性原因时，简单地就事论事地消除不符合，并不能防止不符合的再发生；或者不符合或事件的结果虽已消除，但因其根源尚存，还会重复发生。只有针对这些系统性的原因采取措施，才能防止不符合或事件的再发生。因此采取纠正措施是确保管理体系有效性的关键之一。

不符合或事件可以有多个产生原因，必须针对所有不符合或事件的原因采取措施。

纠正与纠正措施的区别。纠正是为消除已发现的不合格(不符合或事件)所采取的措施。纠正的目的是消除已存在不符合或事件，使其符合相关要求。而纠正措施的目的是消除产生不符合或事件的原因，以防再次出现类似的不符合。在发现不符合或事件后，往往纠正和纠正措施一起实施。例如：某公司的废水处理部门，废水处理工艺是间歇式。检测出即将外排的废水污染物浓度超标，超标的原因是新员工当班操作。采取的措施：①废水重新处理；②由老员工带新员工实习一个月。①是纠正；②是纠正措施。

2. 有效性(effectiveness)

(1)定义

完成策划的活动并得到策划结果的程度。

(2)理解要点

有效性包含两个方面：一是完成策划的活动；二是得到策划所期望的结果。有效性是一个相对的概念，一家有效性差的企业可能比一家有效性好的企业，绝对结果高。

“策划”包括诸如管理体系的策划、过程的策划、应对措施的策划、目标的设定和运行控制的策划、应急准备方案和监视测量方法的策划等。

“实现所策划的活动”的程度是指所实施的活动与策划所规定的活动要求相一致的程度。

“达到所策划的结果的程度”是指达到策划所要求的结果的程度(如某指标的计划值实现的状况)，将其实际结果与规定的要求相比较的符合程度就表达了其有效性的高低。

四、文件化信息、规范、可追溯性

1. 文件化信息(documented information)

(1)定义

组织需要控制并保持的信息，以及承载信息的载体。

注1：文件化信息可能以任何形式和承载载体存在，并可能来自任何来源。

注2：文件化信息可能涉及：

①环境和职业健康安全管理体系，包括相关过程；

②为组织运行而创建的信息(可能被称为文件)；

③实现结果的证据(可能被称为记录)。

(2)理解要点

文件信息可以任何格式、任何媒体、任何来源的形式出现，如书面纸张、计算机硬盘、光盘或其他电子媒体、照片、标准样品等实物载体；文件信息也可不以实物载体的方式出现，例如大众熟知的“惯例”等。

文件信息包括：

①管理体系，包括过程；

②组织需要控制的信息及其载体，主要包括指导管理体系，包括相关过程运行的准则或要求；

③组织需要保持(保留)的信息及其载体，主要包括管理体系，包括相关过程输出结果提供证实的信息，在很多时候指导管理体系，包括相关过程运行的准则或要求的信息也是一种证实性信息。

2. 规范(specification)

(1)定义

阐明要求的文件。

示例：质量手册、质量计划、技术图纸、程序文件、作业指导书。

注1：规范可能与活动有关(如：程序文件、过程规范和试验规范)或与产品有关(如：产品规范、性能规范和图样)。

注2：规范通过陈述要求，也可以陈述设计和开发实现的结果。因此，在某些情况下，规范也可以作为记录使用。

(2)理解要点

“规范”是阐明“要求”的一类文件的统称，有的称为“程序文件”，有的称为“作业指导书”“操作规程”，有的称为“产品技术要求”等。

3. 可追溯性(traceability)

(1)定义

追溯客体历史、应用情况或所处场所的能力。

注：当考虑产品或服务时，可追溯性可涉及：

①原材料和零部件的来源；

②加工过程的历史；

③产品或服务交付后的分布和所处位置。

注 2：在计量学领域中，采用 ISO/IEC 导则 99 中的定义。

（2）理解要点

可追溯性表示对某事或某物所经过的历程和现在所处的情况进行追查的可能性。

对历史情况的追溯，通常是追溯重要的活动或过程中人员、机械、材料、方法、环境等情况。例如某组织附近农田植物发生枯黄，经调查是由于该组织排放的废水污染土壤所致。据此组织在内部实施调查，这种调查过程就是追溯过程，应追溯水处理部门当班人员、当时的设备状况、所使用的水处理药剂、当班人员的操作或检验记录、排入水处理设备的水质和水量等情况。

可追溯性是一种能力：一是追溯客体的历史状况的能力，二是追溯客体应用状况的能力，三是追踪客体分布场所的能力。

五、组织结构（organizational structure）

（1）定义

人员的职责、权限和相互关系的安排。

注 1：安排通常是有序的。

注 2：组织结构的正式表达通常在质量手册或项目的质量计划中提供。

注 3：本定义适用于质量管理体系标准。术语“组织”在 ISO/IEC 指南 2 中有不同定义。

（2）理解要点

环境和职业健康安全管理体系可以和质量管理体系整合成组织的一个总管理体系，所以环境和职业健康安全管理体系的组织结构内涵应和质量管理体系相同。

组织结构是表示组织环境和职业健康安全管理体系中各部门或/和岗位间的相互关系和相互作用。

组织结构通常用部门或岗位的组织结构图表示，如图 2－1 所示。

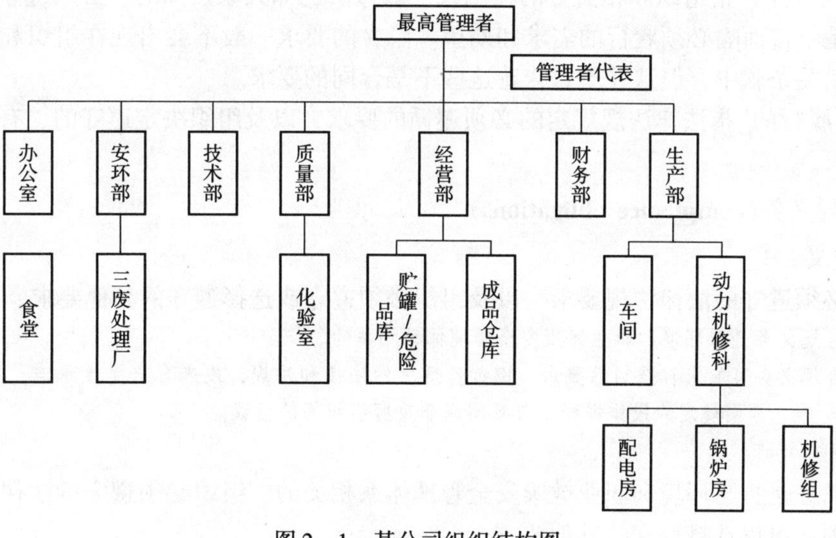

图 2－1 某公司组织结构图

六、能力、要求、合规义务

1. 能力(competence)

(1)定义

运用知识和技能实现预期结果的本领。

(2)理解要点

组织控制下工作的人员应用其所掌握的知识和技能获得预期结果的程度，体现了人员的能力。

“知识和技能”是组织控制下工作的人员胜任其所承担的工作、履行其职责的前提，也是评价人员能力的基本要求或条件。“知识和技能”一般应通过培训、教育和工作经历来获得。

“预期结果”表达了组织打算通过实施其环境和职业健康安全管理体系来实现组织的环境和职业健康安全绩效、合规义务以及环境和职业健康安全管理目标的结果，这是最核心的基本要求。

2. 要求(requirement)

(1)定义

明示的、通常隐含的或必须履行的需求或期望。

注1：“通常隐含的”是指对组织和相关方而言是惯例或一般做法，所考虑的需求或期望是不言而喻的。

注2：规定要求是指明示的要求，例如：文件化信息中规定的要求。

注3：法律法规要求以外的要求一经组织决定遵守即成为义务。

(2)理解要点

要求包含了三个方面的需求和期望，即“明示的”“通常隐含的”“必须履行的”。

“明示的”需求和期望，通常可通过口头、形成文件的信息或其他明确的方式表达，诸如在组织的文件化信息中阐明或相关法律法规规定的要求。

“通常隐含的”指组织和相关方的惯例或一般做法，如大家熟知的、必须遵守执行的做法，或者是不言而喻必须履行的需求和期望。隐含的要求一般不会出现在组织和相关方签订的合同相关条款中，但这并不意味着这些不是合同的要求。

“必须履行的”指法律法规规定的必须遵循的要求，以及组织决定遵守的、有别于法律法规的要求。

3. 合规义务(compliance obligations)

(1)定义

组织必须遵守的法律法规要求，以及组织必须遵守或选择遵守的其他要求。

注1：合规义务是与环境和职业健康安全管理体系相关的。

注2：合规义务可能来自强制性要求，例如：适用的法律和法规，或来自自愿性承诺，例如：组织的和行业的标准、合同规定、操作规程、与社团或非政府组织间的协议。

(2)理解要点

合规义务是指与环境和职业健康安全管理体系相关的、组织必须遵守的法律法规要求和组织必须或可以选择遵守的其他要求。

“组织必须遵守的法律法规要求”指立法机关和政府发布的必须遵循的强制性要求。适用时，与组织环境和职业健康安全相关的强制性法律法规要求可能包括：

①政府机构或其他相关权力机构的要求；

②国际的、国家的和地方的法律法规；

③许可、执照或其他形式授权中规定的要求；

④监管机构颁布的法令、条例或指南；

⑤法院或行政的裁决。

“组织必须或可以选择的其他要求”指行业性的、区域性的强制性规定以及组织按自愿原则有权决定是否采用的义务，如组织相关的标准、合同关系、实践规则、与社会团体或非政府组织的协议等。组织一旦选择坚持执行的义务，即成为组织内强制性的要求，作为组织控制下工作的人员必须予以遵守。适用时，这些要求可能包括：

①与社会团体或非政府组织达成的协议；

②与公共机关或客户达成的协议；

③组织的要求；

④自愿性原则或业务守则；

⑤自愿性环境安全健康标志或环境安全健康承诺；

⑥组织签订的合同约定的义务；

⑦相关的组织标准或行业标准。

七、监视、测量

1. 监视(monitoring)

(1)定义

确定体系、过程、产品、服务或活动的状态。

注1：确定状态可能需要检查、监督或密切观察。

注2：监视通常是在不同的阶段或不同的时间，对客体状态的确定。

(2)理解要点

监视是通过某种工具或方法来确定某个活动、过程或体系的状态。

监视可以采取各种检测技术、统计技术和评价技术。其中技术应用的合理性，往往体现监视结果的正确性和有效性。

监视一般可以从明确信息源、获取信息的渠道、获取信息的方法及其载体、整理并分析获取信息的方法、分析结果的输出内容和形式等步骤来体现。

监视是掌握过程状态的重要一环。过程控制的有效性往往依赖于监视结果的正确性。

2. 测量(measurement)

(1)定义

确定数值的过程。

(2)理解要点

测量是使用设备或其他方法确定某一个活动及其结果的价值的过程。测量的结果可以是定量的，也可以是定性的。

测量作为一个过程，它应有输入和输出。其输入一般为预先规定的要求；输出为测量设备或使用其他方法所反映出来的结果的信息，即测量的结果。

测量手段包括：测量设备(测量指示仪器、软件、测量标准、标准物质、辅助设备或它们的组合)、调查访问(如问卷调查)、审核和测量者的感官等。

测量的对象包括：体系、过程、活动、环境安全健康的状态或特性等。

八、试验、检验、创新

1. 试验(test)

(1)定义

按照要求对特定的预期用途或应用的确定。

注：若试验结果表明合格，则可用于确认的目的。

(2)理解要点

试验是指按照试验规范对客体的规定预期用途或实现其功能的应用要求的能力通过特定的检验，包括应用模拟或实际应用验证等方式进行确定其功能的实际状况的活动。

2. 检验(inspection)

(1)定义

对符合规定要求的确定。

注1：若检验结果表明合格，则可被用于验证的目的。

注2：检验的结果可表明合格、不合格或合格的程度。

(2)理解要点

检验是评价符合性的活动，应有评价准则。

试验、测量均是检验方法之一，检验方法还包括目测、手摸等。

检验是指对客体的一个或多个特性所进行的，诸如测量、检查、试验和度量，并将结果与规定要求相比较，以及确定每项特性与规定要求的符合程度等所进行的确定活动。

检验的结果可以用于验证，或作为验证的客观证据。

3. 创新(innovation)

(1)定义

实现或重新分配价值的、新的或变化的客体。

注1：以创新为结果的活动通常需要管理。

注2：创新在其结果方面通常非常重要。

(2)理解要点

创新是指以现有的思维模式提出有别于常规或常人的见解为导向，利用现有的资源，包括知识，在特定的环境中，从满足顾客和其他相关方的要求，包括满足顾客未来的需求和期望出发，改进或创造新的或变更的客体，包括事物、方法、元素、路径、环境等，进而实现或重新分配价值，获得所期望的结果的行为。

创新是以新思维、新发明和新描述为特征的一种概念化过程，包括三层含义：第一，更新；第二，创造新的东西；第三，改变。创新是人类特有的认识能力和实践能力，是人类主观能动性的高级表现形式，是推动组织进步和发展的不竭动力。组织的存在和发展，离不开创新和创新思维，只有创新，才可能使组织持续发展并持续获得成功。

九、测量设备、计量确认

1. 测量设备(measuring equipment)

(1)定义

实现测量过程所必需的测量仪器、软件、测量标准、标准物质或辅助设备或它们的组合。

(2)理解要点

软件通常称测量软件，通常用于测量数据的自动采集及计算。

测量标准、标准物质通常用于比对测量或校准测量设备，如目视比色法用的一套颜色测量标准——纳氏比色管，校准 COD 测量设备用的邻苯二甲酸氢钾标准物质。

2. 计量确认(metrological confirmation)

(1)定义

为确保测量设备符合预期使用要求所需要的一组操作。

注 1：计量确认通常包括：校准或检定、各种必要的调整或维修及随后的再校准，与设备预期使用的计量要求相比较以及所要求的封印和标签。

注 2：只有测量设备已被证实适合于预期使用并形成文件，计量确认才算完成。

注 3：预期使用要求包括：测量范围、分辨率、最大允许误差等。

注 4：计量确认要求通常与产品要求不同，并不在产品要求中规定。

(2)理解要点

在控制环境因素和危险有害因素时，常需测量与环境因素和危险有害因素有关的各种参数，为了保证测量数据准确，应定期校准或检定计量设备，使其满足所期望的测量要求。

不同的测量设备其校准或检定周期可能不同。部分测量设备有国家标准，也规定了检验周期。在用关键测量设备应按规定周期送检，对于使用频率高的测量设备，可缩短检定周期。对没有国家标准的部分测量设备，组织可根据测量设备特性和使用频次，自行规定检验或校准周期。

校准是指在规定条件下，确定测量装置显示值与被测量物体的已知实际值之间关系的一组操作。计量设备校准后，应根据使用要求确定设备的测量误差是否在允许范围内，可用记录或报告的形式对测量设备的校准状况进行描述。

检定是指国家法定部门(或其他法定授权的组织)为确定或证实测量器具完全满足相关检验标准要求而做的全部工作。国家法定部门对测量设备检定后，按照国家检验标准要求判定其是否合格并出具检定证书或报告。

第三节　审核术语和定义

一、审核、审核准则

1. 审核(audit)

(1)定义

为获得审核证据并对其进行客观的评价，以确定满足审核准则的程度所进行的系统的、独立的并形成文件的过程。

注1：审核的基本要素包括由对被审核客体不承担责任的人员，按照程序对客体是否合格的确定。

注2：审核可以是内部(第一方)审核，或外部(第二方或第三方)审核，也可以是结合审核或联合审核。

注3：内部审核，有时称为第一方审核，由组织自己或以组织的名义进行，用于管理评审和其他内部目的，可作为组织自我合格声明的基础。可以由与正在被审核的活动无责任关系的人员进行，以证实独立性。

注4：通常，外部审核包括第二方和第三方审核。第二方审核由组织的相关方，如顾客或由其他人员以相关方的名义进行。第三方审核由外部独立的审核组织进行，如提供合格认证/注册的组织或政府机构。

注5：这是ISO/IEC导则，第1部分的ISO补充规定的附件SL中给出的ISO管理体系标准中的通用术语及核心定义之一，最初的定义和注释已经被修订，以消除术语“审核准则”与“审核证据”之间循环定义的影响，并增加了注3和注4。

注6：当两个或两个以上管理体系被一起审核时，称为“结合审核”。

注7：当两个或两个以上审核机构合作，共同审核同一个受审核方时，这种情况称为“联合审核”。

(2)理解要点

管理体系审核按审核对象可分为质量管理体系审核、环境管理体系审核、职业健康安全管理体系审核、综合管理体系审核等。

按审核方与受审核方的关系，可分为内部审核和外部审核两种类型。

按实施审核的审核人员来分，有第一方审核、第二方审核和第三方审核。第一方审核，即通常所说的内部审核；第二方审核，即相关方审核；第三方审核，即认证/注册审核。三种类型审核的方法基本相同，目的各不相同。三种审核类型的比较见表2－1。

表2－1　三种审核类型的比较

项目	第一方审核(内部审核)	第二方审核(相关方审核)	第三方审核(认证审核)
执行者	企业内部审核员	相关方或其代表	独立的第三方认证机构或类似机构
目的	评定本组织的管理体系能否持续、稳定有效地达到管理目标的要求	在签订合同前，选择和评价合格的合作方	管理体系认证注册
作用	自我评价管理体系的有效性、符合性； 完善管理体系； 充分发挥控制机制； 为外部审核做准备	满足相关方对管理体系的要求； 为选择合格的合作方提供依据； 改进组织的管理体系；合作双方沟通	评定受审核方对选定的管理体系标准的符合性； 确认保证能力； 减少重复审核，节省费用； 帮助提高竞争力、市场形象等
审核依据	管理体系文件； 法律法规及其他要求； 管理体系标准	合同； 法律法规及其他要求等； 管理体系标准； 管理体系文件	管理体系标准； 管理体系文件； 法律法规及其他要求
范围	所有相关的环节，一般范围较大	视相关方的要求	双方商定，根据组织特点确定
审核后的建议	应分析原因，提出建议	取决于相关方的需求	一般不提建议，只提出不符合项报告、审核报告。但体系认证正在朝着如何为受审核方提供增值服务的方向发展

第一方审核用于内部目标，由组织自己或以组织的名义进行，可作为组织自我合格声明的基础。第一方审核的目标是：保障管理体系正常运行和持续改进；为第二、第三方审核做准备；建立一种管理手段。

第二方审核由组织的相关方(如顾客)或由其他人员以相关方的名义进行。第二方审核的目标是：选择合适的合作伙伴；证实合作方持续满足规定要求；促进合作方改进管理体系。为保证审核的独立性和公正性，内部审核人员应审核与自己无责任关系的部门或要素。

第三方审核由外部独立的组织进行，这类组织通常是经认可的，提供符合要求的认证或注册。第三方审核的目标是：向外界展示组织的管理体系是符合要求的；实施、保持和改进组织的管理体系；满足相关方的要求。

审核是一个系统的、独立的过程，所以在过程实施时应形成系统文件，如审核方案(计划)、审核过程的时间和人员安排、审核报告等。

审核过程通常可分为三个部分：首先是通过观察、提问、检查等方法获得客观证据，然后将获得的客观证据与审核准则相比较，以判定所获得的证据符合准则的程度，形成审核发现，最后以审核发现为依据，综合评价组织建立和运行的环境和职业健康安全管理体系满足审核准则的程度，得出审核结论。

2. 审核准则(audit criteria)

(1)定义

用于与客观证据进行比较的一组方针、程序或要求。

(2)理解要点

确定审核获取的客观证据是否符合要求应有一定的判定依据，这种判定依据就是审核准则。

审核准则应与组织的运行准则相一致。如组织的环境和职业健康安全管理体系运行准则包括：

① ISO 14001 和 ISO 45001 标准；

② 组织的环境和职业健康安全管理体系文件；

③ 适用于组织的法律、法规；

④ 其他要求(行业标准、合同、相关方要求等)。

二、审核证据、审核发现、审核结论

1. 审核证据(audit evidence)

(1)定义

与审核准则有关的并且能够证实的记录、事实陈述或其他信息。

(2)理解要点

在环境和职业健康安全管理体系审核时获取的客观证据应是与管理体系有关的、能被再次证实的事实。证据包括记录、事实陈述、观察到的事实等。

审核证据获取的方式有：与相关人员交谈、查看记录或文件、现场观察实际运行情况等。

2. 审核发现(audit finding)

(1)定义

将收集到的审核证据对照审核准则进行评价的结果。

注1：审核发现表明符合或不符合。

注2：审核发现可导致识别改进的机会或记录良好实践。

注3：在英语中，如果审核准则选自法律要求或法规要求，审核发现可被称为合规或不合规。

(2)理解要点

将所获得的每个客观证据与审核准则进行比较，评价其符合程度，这种评价结果则形成审核发现。

审核发现是一种局部评价，通常应由分工的审核员对其进行评价，若是实习审核员，应由审核组长协助评价。

3. 审核结论(audit conclusion)

(1)定义

考虑了审核目标和所有审核发现后得出的审核结果。

(2)理解要点

审核结论是在审核组系统分析和研究所有的审核发现后，对环境和职业健康安全管理体系总体运行情况做出综合性评价。

审核结论的依据是审核目的。如内部审核的目的通常是进一步完善环境和职业健康安全管理体系，审核结论应包含改进的建议；第三方审核的目的是环境和职业健康安全管理体系认证/注册，审核结论应是能否进行认证/注册。

三、审核员、审核组、技术专家

1. 审核员(auditor)

(1)定义

实施审核的人员。

(2)理解要点

环境和职业健康安全方面的审核能力主要包括：理解 ISO 14001 和 ISO 45001 标准内涵；具备环境和职业健康安全方面的专业知识；了解审核程序且有一定的审核技巧。

具备能力的途径是教育、培训或(和)经验。当组织不具备内部审核能力的人员时，可通过对具有一定文化程度的人员进行培训，使其具备审核能力。

对审核人员的素质要求：除应具备一定的审核能力外，在审核过程中还应遵守审核人员的职业规范，如客观、公正、独立、保密，避免冲突等。

2. 审核组(auditor team)

(1)定义

实施审核的一名或多名审核员，需要时，由技术专家提供支持。

注1：审核组中的一名审核员被指定作为审核组长。

注2：审核组可包括实习审核员。

（2）理解要点

审核组可以由一名审核员组成，但在成立内部审核组时，应考虑审核员不应审核其工作的部门或工作职责涉及的标准条款。

在审核过程中，审核组长一方面要承担一定的审核任务，另一方面要承担安排、指挥、协调与审核有关的各项事宜。

实习审核员可以作为审核组的成员。

3. 技术专家（technical expert）

（1）定义

向审核组提供特定知识或专业技术的人员。

注1：特定知识或专业技术是指与受审核的组织、过程或活动以及语言或文化有关的知识或技术。

注2：在审核组中，技术专家不作为审核员。

（2）理解要点

技术专家是向审核组提供特定技术服务的人员，如提供环境和职业健康安全方面的专业知识咨询，审核过程中的语言翻译。

由于技术专家不一定理解 ISO 14001 和 ISO 45001 标准内涵和审核程序，所以技术专家虽是审核组的成员，但不能进行审核工作。

思考题

1. 什么是环境因素？什么是环境影响？二者之间有什么关系？
2. 什么是事故？什么是事件？二者之间有什么关系？
3. 什么是危险源？什么是危险因素？什么是有害因素？它们之间有什么关系？
4. 什么是风险？什么是风险和机遇？二者之间有什么关系？
5. 方针、目标、指标在环境和职业健康安全管理体系中各有什么作用？
6. 什么是纠正措施？纠正和纠正措施有什么区别？
7. 记录有哪些作用？如何管理记录？
8. 举例说明过程的含义？
9. 审核的含义是什么？审核有哪些类型？各有什么特点？
10. 环境和职业健康安全管理体系的审核准则是什么？
11. 审核发现和审核结论有何区别与联系？
12. 审核员和技术专家有什么关系？

第三章　环境和职业健康安全管理体系标准条款的理解

本章以 GB/T 45001—2020(ISO 45001：2018)条款为基础，融入 GB/T 24001—2016(ISO 14001：2015)内容，从而形成环境和职业健康安全管理整合体系的要素要求。依照环境和职业健康安全管理整合体系的要素要求可建立和实施环境管理体系或职业健康安全管理体系，也可建立和实施环境和职业健康安全管理整合体系。

第一节　组织与领导

一、理解组织及其所处的环境

1. 标准要求

4　组织所处的环境

4.1　理解组织及其所处的环境

组织应确定与其宗旨相关并影响其实现环境和职业健康安全管理体系预期结果的能力的外部和内部问题。这些问题应包括受组织影响的或能够影响组织的环境状况和职业健康安全状况。

2. 理解要点

(1)组织所处的环境是指对组织建立和实现目标的方法有影响的内部和外部因素的组合。组织的环境可以理解为组织所处的一组客观条件，这组客观条件包括可能对组织产生有利和不利影响的外部和内部环境中的相关因素。

(2)组织在建立环境和职业健康安全管理体系时，应通过初始环境和职业健康安全评审，从组织的目的出发，识别组织的环境和职业健康安全管理条件，以及其他背景要素(如法律法规要求、环境健康安全文化和环境与安全隐患治理的科技水平等)，确定哪些是组织影响环境和职业健康安全的，哪些是影响组织实现预期目标能力的。在此基础上确定相关外部和内部问题，作为建立和保持组织环境和职业健康安全管理体系的重要基础。

(3)所谓“环境和职业健康安全管理体系预期结果”是指组织预先期望通过实施环境和职业健康安全管理体系所达到的结果，其预期结果至少应包括：提升环境和职业健康安全绩效、履行合规义务以及达成环境和职业健康安全目标。组织可以对其环境和职业健康安全管理体系设立附加的预期结果，如与组织保护环境和预防事故等相一致的承诺。

(4)环境和职业健康安全状况是指在某个特定时间点确定的环境和职业健康安全状态

或特征，可以包括业已存在的状态，也可能是一种渐变的态势或者一些事件(如极端气候引发的自然灾害)。这些状态或特征可通过测量获得定性或定量的数据，以确定环境因素和危险有害因素的影响程度。

(5)组织只有确定与其宗旨相关并影响其实现环境和职业健康安全管理体系预期结果的能力的外部和内部问题，才能建立有效的环境和职业健康安全管理体系。内部和外部问题可能是正面的，也可能是负面的，包括能够影响环境和职业健康安全管理体系的条件、特征或变化的环境。

与组织环境有关的内部和外部问题可包括，但不限于与气候、空气质量、水质、土地使用、现存的污染、可用的自然资源、生物多样性等环境状况方面的问题；例如组织的内部问题可包括：造成大气、土地和水质的污染，以及危险化学品仓库及使用管理、危险废物管理及处置、温室气体排放、能源等各种资源使用等方面的问题。组织的外部问题可包括：使用法律法规要求、环境监测要求、环境风险评价要求、组织相关方的环境管理要求、组织所在地区的环境要求、组织所在地环境条件、三废处理的科技发展水平，以及组织接受环境风险评价所遗留待解决的问题等。这些问题有的属于组织影响环境条件的问题，有的是影响组织实现环境绩效能力的问题。

与组织职业健康安全有关的外部问题包括：①文化、社会、政治、法律、金融、技术、经济和自然环境，以及市场竞争，无论是国际的、国内的、区域的或地方的；②新竞争对手、承包方、分包方、供方、合作伙伴和提供商、新技术、新法规的引入和新职业的出现；③有关产品的新知识及其对健康和安全的影响；④与行业或部门相关的、对组织有影响的关键推动和趋势；⑤与其外部相关方的关系，及外部相关方的观念和价值观；⑥与上述各项有关的变化。

与组织职业健康安全有关的内部问题包括：①组织治理、组织结构、岗位和责任；②方针、目标及其实现的策略；③能力，可理解为资源、知识和技能(如资金、时间、人力资源、过程、体系和技术)；④信息系统、信息流和决策过程(正式和非正式的)；⑤新产品、材料、服务、工具、软件、场所和设备的引入；⑥与工作人员的关系，以及他们的观念和价值观；⑦组织的文化；⑧组织所采用的标准、指南和模式；⑨合同关系的形式和程度，包括：如外包活动；⑩工作时间安排；⑪工作条件；⑫与上述各项有关的变化。

(6)实现全球系统内环境、经济和社会等三个子系统之间的平衡，已被公认既能满足我们当今的发展需求，又不损害满足后代需求的能力。因而，环境、经济和社会是实现人类可持续发展目标的“三大支柱”。这就导致了组织应采用系统的方法加强管理，从有助于可持续发展的“环境支柱”这一高度去认识建立、实施和保持环境和职业健康安全管理体系重要性，并确保其适宜性、充分性和有效性。

二、理解工作人员和其他相关方的需求和期望

1. 标准要求

4.2　理解工作人员和其他相关方的需求和期望

组织应确定：

a)除工作人员之外的、与环境和职业健康安全管理体系有关的其他相关方；

b)工作人员及其他相关方的有关需求和期望(即要求)；

c)这些需求和期望中哪些是或将可能成为法律法规要求和其他要求。

2. 理解要点

(1)相关方是指能影响、被影响或自身感受到组织的决策或活动影响的个人或组织。

(2)环境和职业健康安全相关方是指与组织的环境因素、危险有害因素相关的个人或组织。组织的工作人员是组织环境和职业健康安全管理体系最主要的利益相关方。除工作人员外的其他相关方可包括组织的合作伙伴、客户、供应商、监管机构、公益机构和社会团体等个人或组织。

(3)组织不是一个孤岛。组织是存在于相互依存、相互影响、相互制约，同时也相互促进和发展的众多相关方之中。这些相关方可能影响组织的工作，也可能被组织的工作所影响。

(4)组织应就环境和职业健康安全管理体系确定其所有相关方的需求和期望，并正确确定哪些要求是组织必须或有选择地履行的合规义务。所谓“义务”是强制性要求，包括适用的法律法规或自愿的承诺。诸如组织的有关标准、合同约定、良好的管控原则，以及社会和道德标准等。

(5)识别所有与环境和职业健康安全管理体系有关的相关方，是理解组织所处的环境的过程之一。有关相关方是指若其需要和期望未能满足，将对组织的持续发展产生重大风险的各方。组织应确定需向相关方提供何种必要的结果以降低风险。组织的成功，依赖于赢得和保持有关相关方的支持。

(6)相关方可能会因他们各自所处的环境，或受其环境变化因素的影响而发生改变，包括有关相关方对组织的要求也可能发生变化。因此，组织需要对这些相关方及其要求的有关相关信息进行监视和评审。必要时，组织应及时作出响应。

三、确定环境和职业健康安全管理体系的范围

1. 标准要求

4.3　确定环境和职业健康安全管理体系的范围

组织应确定环境和职业健康安全管理体系的边界和适用性，以界定其范围。

确定范围时组织应考虑：

a)4.1中所提及的内部和外部问题；

b)4.2中所提及的要求；

c)其组织单元、职能和物理边界；

d)所计划的或实施的与工作相关的活动、产品和服务；

e)其实施控制与施加影响的权限和能力。

范围一经界定，在该范围内组织的所有活动、产品和服务均须纳入环境和职业健康安全管理体系。

范围应作为文件化信息予以保持，并可为相关方所获取。

2. 理解要点

(1)组织应明确环境和职业健康安全管理体系覆盖的范围，这种范围是组织自行决定的。在环境和职业健康安全管理体系覆盖范围内的任何活动、过程和服务都应执行环境和职业健康安全管理体系的要求。当某组织是一个更大组织在给定场所的一部分，明确界定环境和职业健康安全管理体系的范围尤为必要。界定范围时应考虑：

① 组织的人、财、物等管理权限；

② 组织的主要产品和服务类型；

③ 组织实施活动的区域或场所；

④ 组织的环境因素和危险有害因素及其影响范围。

(2)明确环境和职业健康安全管理体系覆盖的范围应注意：

①职业健康安全管理体系覆盖范围仅强调影响作业场所内所有工作人员的安全健康的条件和因素，如热水器生产企业的职业健康安全管理体系不关注产品用户使用热水器中的安全健康问题；建筑公司的职业健康安全管理体系不关注建筑物交付使用后的安全问题。

②环境管理体系则需关注产品全寿命周期的环境影响，应用生命周期的角度来考虑组织的活动、产品和服务所实施能控制或能施加影响的程度。所谓生命周期，是指产品(或服务)系统从原材料的采集或自然资源的生成至最终处置的连续的和相互联系的全部阶段。

(3)环境和职业健康安全管理体系范围不应该用于排除涉及重要环境因素和危险有害因素的活动、产品、服务或设备，或用于规避其合规义务。环境和职业健康安全管理体系范围应是真实存在的，组织声称的运营范围应包含于其环境和职业健康安全管理体系边界之内，且不会误导工作人员和其他相关方。

(4)组织应以文件信息的形式确定环境和职业健康安全管理体系覆盖的范围，即必须具体明确本标准在组织内实施的界面。实施界面包括组织结构层次的界面、产品和服务的界面、职能的界面和物理边界。如该体系是遍及整个组织，还是仅在特定的部门、场所内实施，都可由组织自行决定。但必须结合组织识别内外部环境和职业健康安全问题、合规义务、活动、产品和服务，以及组织实施体系运行控制和施加影响的权限和能力等要素综合予以考虑。当实施界面一经确定时，组织在此范围内的所有活动、产品和服务，均应包括在环境和职业健康安全管理体系之内。

(5)组织在确定环境和职业健康安全管理体系范围时，应注意可信度取决于组织结构、产品和服务、职能及物理边界选取的合理性，以及与其目的的一致性。如果组织的某一部分被排除在环境和职业健康安全管理体系之外，组织应该作出明确和合理的解释。

四、环境和职业健康安全管理体系

1. 标准要求

4.4　环境和职业健康安全管理体系

为实现组织的预期结果，包括提升其环境和职业健康安全绩效，组织应根据本标准的要求建立、实施、保持并持续改进环境和职业健康安全管理体系，包括所需的过程及其相互作用。

组织建立并保持环境和职业健康安全管理体系时，应考虑4.1和4.2中所获得的知识。

2. 理解要点

(1)“建立”是从“无”到“有”的过程。如果组织在环境因素和危险有害因素控制方面没有系统有效的管理体系，可以根据ISO 14001和ISO 45001标准的要求建立环境和职业健康安全管理体系，并以文件形式描述。

(2)“实施”是指按所建立的环境和职业健康安全管理体系要求去做，即按环境和职业健康安全管理体系文件要求运行环境和职业健康安全管理体系。

(3)“保持”一方面要求组织应始终如一地按环境和职业健康安全管理体系的规定运行，另一方面要求组织应持续地改进环境和职业健康安全管理体系，以保持其适宜性、充分性和有效性。例如当组织内部的活动、产品、工艺、组织机构等发生变化，或组织应遵守的外部适用的法律法规及其他要求发生变化时，组织应修改其环境和职业健康安全管理体系，以保持其环境和职业健康安全管理体系适应当前的要求，确保环境和职业健康安全管理体系能够有效地控制组织内的环境因素和危险有害因素。

(4)“持续改进”一方面是“保持”的需要，即保持环境和职业健康安全管理体系有效性和适宜性需要不断改进；另一方面也是提高组织环境和职业健康安全绩效的需要，即组织应不断改进其控制环境因素和危险有害因素的技术和管理方法，以提高其自身的环境和职业健康安全绩效，防止污染和减少事故，为环境保护和员工的安全与健康做出贡献。

(5)环境和职业健康安全管理体系是组织整个管理体系的一个组成部分，用于管理环境因素及危险有害因素，履行合规义务，以及应对风险和机遇。环境和职业健康安全管理体系是在环境和职业健康安全管理方针指引下，通过策划、支持和运行、绩效评价和改进等过程的PDCA循环，实施持续改进。必要时，应将这些过程文件化。对这些过程需分层展开分析，确定所需的过程及其相互作用。

五、领导作用和承诺

1. 标准要求

5　领导作用和工作人员参与

5.1　领导作用和承诺

最高管理者应通过以下方式证实其在环境和职业健康安全管理体系方面的领导作用和承诺：

a)对环境管理体系的有效性负责，对防止与工作相关的伤害和健康损害以及提供健康安全的工作场所和活动全面负责并承担责任；

b)确保建立环境和职业健康安全方针和目标，并确保其与组织的战略方向及所处的环境相一致；

c)确保将环境和职业健康安全管理体系要求融入组织业务过程之中；

d)确保可获得建立、实施、保持和改进环境和职业健康安全管理体系所需的资源；

e)就有效的环境和职业健康安全管理以及符合环境和职业健康安全管理体系要求的重

要性进行沟通；

f)确保环境和职业健康安全管理体系实现其预期结果；

g)指导并支持员工对环境和职业健康安全管理体系的有效性做出贡献；

h)确保并促进持续改进；

i)支持其他相关管理人员证实在其职责范围内的领导作用；

j)在组织内建立、引导和促进支持环境和职业健康安全管理体系预期结果的文化；

k)保护工作人员不因报告事件、环境因素、危险有害因素、风险和机遇而遭受报复；

l)确保组织建立和实施工作人员的协商和参与的过程(见5.4)；

m)支持健康安全委员会的建立和运行[见5.4e)l)]。

注：本标准所提及的“业务”可从广义上理解为涉及组织存在目的的那些核心活动。

2. 理解要点

(1)组织的最高管理者是指在最高层指挥和控制组织的一个人或一组人。最高管理者在组织内有授权和提供资源的权利。如果环境和职业健康安全管理体系的范围仅覆盖组织的一部分，在这种情况下，最高管理者是指组织的这部分的一个人或一组人。

(2)组织是环境和职业健康安全管理的责任主体，最高管理者是这个责任主体的主要负责人和法定责任承担者。最高管理者基于风险的决策，决定和影响着环境和职业健康安全管理体系的有效性。最高管理者明显的支持和参与对于成功实施环境和职业健康安全管理体系很重要。最高管理者率先垂范的作用能够影响和推动全体员工积极参与，也为外部各方有效参与环境和职业健康安全管理体系提供保证。

(3)环境和职业健康安全管理方针和目标起着环境和职业健康安全管理体系运行的导向作用，需要最高管理者确保制定。环境和职业健康安全管理方针应与组织的总方针一致，可以与组织的期望和使命相一致，并为制定环境和职业健康安全目标提供框架。环境和职业健康安全目标是组织在环境和职业健康安全管理方面需要实现的结果。可以说环境和职业健康安全管理方针是组织行进中所需的灯塔，环境和职业健康安全目标是具体的行进要求，包括了相关职能、层级和过程的行进要求。

(4)最高管理者负责确保将环境和职业健康安全管理体系要求与组织的业务过程相整合。组织应在充分理解环境和职业健康安全管理体系要求的基础上，对各项活动进行评审和分析，寻找差距和不足，进而将环境和职业健康安全管理体系要求镶嵌在业务经营活动之中。

(5)沟通是信息的传递、处理和反馈活动的集合。最高管理者应确保在环境和职业健康安全管理体系中构建沟通机制，通过沟通实现有效地传递组织的战略意图，认识有效的环境和职业健康安全管理和符合环境和职业健康安全管理体系要求的重要性，提升组织环境和职业健康安全管理体系运行的效率和有效性。

(6)最高管理者通过以下活动实现对环境和职业健康安全管理体系的适宜性、充分性和有效性的承诺，包括：

① 对组织环境和职业健康安全管理体系有效运行负责；

② 组织制定和批准发布环境和职业健康安全管理方针和目标，使其符合组织的战略方向和组织的背景、环境和职业健康安全管理体系预期结果能力；

③ 将环境和职业健康安全管理体系各项要求纳入组织的各项业务过程；

④ 负责提供环境和职业健康安全管理体系所需的资源；

⑤ 在组织内部沟通实现环境和职业健康安全管理体系要求的重要性；

⑥ 为确保环境和职业健康安全管理体系实现预期结果采取相应的管理措施，如管理评审等；

⑦ 倡导激励措施，促进全体人员为环境和职业健康安全管理体系有效运行作出贡献，诸如建立持续改进小组和开展合理化建议活动等；

⑧ 采取相应措施，促进组织内各职能和层次实现持续改进；

⑨ 充分发挥各级领导在其职责领域内的领导作用。

(7) 支持组织环境和职业健康安全管理体系的文化在很大程度上取决于最高管理者，它是个人和集体价值观、态度、管理实践、观念、能力及活动模式的产物，这些都决定了对环境和职业健康安全管理体系的承诺和风格与水平。其特征表现为但不限于：基于相互信任的工作人员的积极参与、合作与沟通，通过积极参与发现环境和职业健康安全机会以及对预防措施和防护措施有效性的信心，对环境和职业健康安全管理体系的重要性得到共同认知。最高管理者展示其领导作用的一种重要方式是鼓励员工报告事件、环境风险、危险有害因素、风险和机遇，保护他们不会因此受到报复，例如解雇或者惩罚的威胁。

六、环境和职业健康安全方针

1. 标准要求

5.2　环境和职业健康安全方针

最高管理者应在确定的环境和职业健康安全管理体系范围内建立、实施并保持环境和职业健康安全方针，环境和职业健康安全方针应：

a) 包括为防止与工作相关的伤害和健康损害而提供安全和健康的工作条件的承诺，并适合于组织的宗旨和规模、组织所处的环境，以及组织的环境和职业健康安全风险以及环境和职业健康安全机遇的特性；

b) 为制定环境和职业健康安全目标提供框架；

c) 包括满足法律法规要求和其他要求的承诺；

d) 包括保护环境、消除危险有害因素、降低环境和职业健康安全风险的承诺（见8.1.2），其中包含污染预防、事故和职业病预防及其他与组织所处环境有关的特定承诺；

注：保护环境的其他特定承诺可包括资源的可持续利用、减缓和适应气候变化、保护生物多样性和生态系统。

e) 包括持续改进环境和职业健康安全管理体系以提高环境和职业健康安全绩效的承诺。

f) 包括工作人员及其代表（若有）的协商和参与的承诺。

环境和职业健康安全方针应：

——以文件化信息的形式予以保持；

——在组织内得到沟通；

——可为相关方获取。

——保持相关和适宜。

2. 理解要点

(1)明确职责，环境和职业健康安全方针是组织在环境和职业健康安全方面的宗旨和方向，是组织总体方针的组成部分，它体现了管理者对环境和职业健康安全问题的指导思想和承诺。标准要求组织的最高管理者应制订、批准、签发环境和职业健康安全方针。

(2)环境和职业健康安全方针应体现组织的特点，内容应包括"三项承诺，一个框架"。因组织的性质、规模、所在区域等均不同，所以各组织在制订环境和职业健康安全方针时应结合本组织活动、产品和服务的特点，并考虑环境因素和危险有害因素的风险程度。如旅游公司的环境和职业健康安全方针应体现保护旅游区环境、保障游客安全的内容，不应将"三废"治理以及职业病防治的内容纳入其中。"三项承诺，一个框架"是指保护环境和预防事故的承诺、履行合规义务的承诺、持续改进环境和职业健康安全管理体系以提高环境和职业健康安全绩效的承诺；为制定、评审环境和职业健康安全目标提供框架。保护环境的承诺可以具体到对污染源作出承诺，如搞好废物利用，降低废水排放量等；事故预防的承诺可以具体到事故隐患的排查与治理方法及治理要求。履行合规义务的承诺，并不是组织任何时候都能严格履行合规义务，如果偶然没有达到要求，组织应有一定的机制，能及时发现问题，采取纠正措施，可行时，应实施纠正，如果不能及时发现违规行为，则不符合 ISO 14001 和 ISO 45001 标准要求。

(3)环境和职业健康安全方针宣传是公开的。环境和职业健康安全方针的宣传范围一是向组织的员工或代表组织工作的人员宣传；另外是向社会公开宣传，表明组织对环境保护以及劳动保护的态度，让社会监督。宣传方式有会议传达、网上宣传、产品外包装上宣传、悬挂宣传标语等。

(4)组织的环境和职业健康安全方针应定期评审，确保其持续适宜性和有效性。如果进行修改、更新应尽可能与相关方进行沟通。方针的内容应能对全体员工的行动起到指南作用，可以包括最高管理者的价值观和期望，体现组织的目标、承诺和义务、环境及安全意识、安全文化和信念、顾客的期望和需求。

七、组织的角色、职责和权限

1. 标准要求

5.3 组织的角色、职责和权限

最高管理者应确保将环境和职业健康安全管理体系内相关角色的职责和权限分配到组织内各层次并予以沟通，且作为文件化信息予以保持。组织内每一层次的工作人员均应为其所控制部分承担环境和职业健康安全管理体系方面的职责。

注1：尽管职责和权限可以被分配，但最高管理者仍应为环境和职业健康安全管理体系的运行承担最终责任。

注2：对于原国际标准中的单词"roles"，本标准译为"角色"，与 GB/T 24001—2016 相同；但在 GB/T 19001—2016 中，则译为"岗位"，与本标准的"角色"具有相同的含义。

最高管理者应对下列事项分配职责和权限：

a）确保环境和职业健康安全管理体系符合本标准的要求；

b）向最高管理者报告环境和职业健康安全管理体系的绩效，包括环境和职业健康安全绩效。

2. 理解要点

（1）最高管理者应规定环境和职业健康安全管理体系中各部门的职责和权限。环境和职业健康安全管理体系能否成功实施与运行，仅依靠环境和职业健康安全管理职能部门是不行的，组织内所有人员和部门都应承担起相应的责任。所以，应以文件的形式明确部门、岗位和/或人员在环境和职业健康安全管理体系中的职责和权限，如生产部门应控制生产过程中的各环境因素和危险有害因素，设计部门负责原材料替代、工艺改进方面环境因素以及危险有害因素的消除与控制，采购部门负责供方的环境和职业健康安全绩效，动力部门负责节能方面环境因素的控制和设备的危险有害因素的消除与控制等。各部门职责和权限应尽可能具体并细化，可细化到个人或岗位。应将职责和权限传达到个人或岗位，让他们了解其职责和权限，以便在环境和职业健康安全管理体系中发挥各自的作用。这里的“权限”指在职责范围内能（或不能）做的事或决定。

（2）最高管理者应任命环境和职业健康安全管理者代表（ISO 14001：2015/ISO 45001：2018 标准中未明确提出该要求）。管理者代表可以是专职的也可以是兼职的，对于大型和复杂的组织，可有若干名管理者代表，如质量管理者代表、环境管理者代表、职业健康安全管理者代表。对于中、小型组织，可由一人承担整个管理体系的管理者代表。

（3）应赋予环境和职业健康安全管理者代表的职责和权限。由于环境和职业健康安全管理者代表是代表最高管理者负责环境和职业健康安全管理工作，所以其职责和权限除了标准中提及的两方面外，还可包括与相关方就环境和职业健康安全管理体系有关问题进行交涉。另外，管理者代表还可以承担其他环境、职业健康安全、质量等方面的工作。

（4）明确规定组织结构、职责和权限并形成文件信息，作为环境和职业健康安全管理体系文件信息的组成部分。虽然 ISO 14001：2015/ISO 45001：2018 正文中未明确规定组织应保持文件信息，但大多数组织在已建立的环境和职业健康安全管理体系中都将组织的角色、职责和权限形成文件，发挥其有章可循的重要作用。

八、工作人员的协商和参与

1. 标准要求

5.4　工作人员的协商和参与

组织应建立、实施和保持过程，用于在职业健康安全管理体系的开发、策划、实施、绩效评价和改进措施中与所有适用层次和职能的工作人员及其代表（若有）的协商和参与。

组织应：

a）为协商和参与提供必要的机制、时间、培训和资源。

注1： 工作人员代表可视为一种协商和参与机制。

b）及时提供对明确的、易理解的和相关的职业健康安全管理体系信息的访问渠道。

c）确定和消除妨碍参与的障碍或壁垒，并尽可能减少那些难以消除的障碍或壁垒。

注2：障碍和壁垒可包括未回应工作人员的意见和建议，语言或读写障碍，报复或威胁报复，以及不鼓励或惩罚工作人员参与的政策或惯例等。

d)强调与非管理类工作人员在如下方面的协商：

1)确定相关方的需求和期望(见4.2)；

2)建立职业健康安全方针(见5.2)；

3)适用时，分配组织的角色、职责和权限(见5.3)；

4)确定如何满足法律法规要求和其他要求(见6.1.3)；

5)制定职业健康安全目标并为其实现进行策划(见6.2)；

6)确定对外包、采购和承包方的适用控制(见8.1.4)；

7)确定所需监视、测量和评价的内容(见9.1)；

8)策划、建立、实施和保持审核方案(见9.2.2)；

9)确保持续改进(见10.3)。

e)强调非管理类工作人员在如下方面的参与：

1)确定其协商和参与的机制；

2)辨识危险源并评价风险和机遇(见6.1.1和6.1.2)；

3)确定消除危险源和降低职业健康安全风险的措施(见6.1.4)；

4)确定能力要求、培训需求、培训和培训效果评价(见7.2)；

5)确定沟通的内容和方式(见7.4)；

6)确定控制措施及其有效的实施和应用(见8.1、8.1.3和8.2)；

7)调查事件和不符合并确定纠正措施(见10.2)。

注3：强调非管理类工作人员的协商和参与，旨在适用于执行工作活动的人员，但无意排除其他人员，如受组织内工作活动或其他因素影响的管理者。

注4：需认识到，若可行，向工作人员免费提供培训以及在工作时间内提供培训，可以消除工作人员参与的重大障碍。

2. 理解要点

(1)该条款是ISO 45001：2018标准独特要求。

(2)无论从组织的工作人员作为职业健康安全重要利益相关方的角度，还是从工作人员对组织工作场所健康安全状况的了解和体验，组织的职业健康安全管理都需要其工作人员的协商和参与。

(3)要发挥工会组织的作用。工会依法对组织的职业健康安全工作进行监督。生产经营单位的工会依法组织职工参加本单位安全生产和职业病防治工作的民主管理和民主监督，维护职工在安全生产和职业病防治方面的合法权益。生产经营单位制定或者修改有关安全生产和职业病防治的规章制度，应当听取工会的意见。

(4)工作人员及其代表(如果存在)的协商和参与是职业健康安全管理体系取得成功的关键因素。组织应当通过建立过程对此予以鼓励。

(5)协商意味着一种参与对话和交换意见的双向沟通方式。协商包含了及时向工作人员及其代表(如果有的话)提供必要的信息，以便在决策前给出供组织考虑的正式反馈信息。

参与能使工作人员为有关职业健康安全绩效措施和拟定变更的决策过程做出贡献。

(6)对职业健康安全管理体系的反馈取决于工作人员的参与。组织应当确保鼓励各层次工作人员报告危险情况，以便预防措施到位和采取纠正措施。

如果工作人员提出建议时不惧怕解雇、惩罚或其他报复的威胁，建议的接收将会更加有效。

组织的工作人员，包括非管理人员，参与危险源辨识和风险评价、事件调查等职业健康安全管理工作是非常重要的。因为工作人员掌握着具体的组织工作活动或工作场所状况信息。

第二节　策划

一、应对风险和机遇的措施

(一)总则

1. 标准要求

6　策划

6.1　应对风险和机遇的措施

6.1.1　总则

组织应建立、实施并保持满足6.1.1~6.1.4的要求所需的过程。

在策划环境和职业健康安全管理体系时，组织应考虑4.1(所处的环境)所提及的问题、4.2(相关方)所提及的要求和4.3(环境和职业健康安全管理体系范围)，并确定与环境因素、危险有害因素、合规义务、4.1和4.2中识别的其他问题和要求相关的需要应对的风险和机遇，以：

a)确保环境和职业健康安全管理体系能够实现其预期结果；

b)防止或减少不期望的影响，包括外部环境状况及安全健康现状对组织的潜在影响；

c)实现持续改进。

在确定所需应对的与环境和职业健康安全管理体系及其预期结果有关的风险和机遇时，组织必须考虑：

——环境因素和危险有害因素(见6.1.2.1)，特别是那些可能具有环境和职业健康安全影响的潜在紧急情况；

——环境和职业健康安全风险和其他风险(见6.1.2.2)；

——环境和职业健康安全机遇和其他机遇(见6.1.2.3)；

——法律法规要求和其他要求(见6.1.3)。

在策划过程中，组织应结合组织及其过程或环境和职业健康安全管理体系的变更来确定和评价与环境和职业健康安全管理体系预期结果有关的风险和机遇。对于所策划的变更，无论是永久性的还是临时性的，这种评价均应在变更实施前进行(见8.1.3)。

组织应保持以下方面的文件化信息：

——需要应对的风险和机遇；

——确定和应对其风险和机遇(见6.1.2至6.1.4)所需的过程和措施。其文件化程度应足以让人确信这些过程和措施可按策划执行。

2. 理解要点

(1)组织策划环境和职业健康安全管理体系时，有关应对风险和机遇的措施的策划，应满足总则、环境因素、危险有害因素、合规义务和措施策划的要求，以确保组织能实现环境和职业健康安全管理体系的预期结果。要求组织采取基于风险的分析方法，就环境因素和危险有害因素，考虑合规义务，明确威胁和机遇，并采取适当的应对措施。

(2)风险是指不确定的效应。它一般用事件发生后果的严重性和事件发生可能性予以表征。风险和机遇是潜在的负面影响(威胁)和潜在的有益的影响(机遇)。也就是说，威胁是指可能产生的有害的效应，机遇是指可能产生有益的效应。

(3)为确定应对风险和机遇的措施，应建立、实施和保持相应的过程。

(4)为达到策划预期结果，确保环境和职业健康安全管理体系适宜、充分和有效，组织策划环境和职业健康安全管理体系应考虑与环境和职业健康安全管理体系范围相关的下列事项：

① 通过理解组织及其所处的环境，全面考虑关于组织的目的，以及影响组织实现环境和职业健康安全管理体系预期结果的能力的所有外部和内部问题；

② 充分理解相关方的需求和期望，正确选择和确定哪些属于组织的合规义务；

③ 确定与风险和机遇相关的环境因素、危险有害因素、合规义务，以及理解组织及其所处环境和理解相关方的需求和期望；

④ 预防和减少事故发生和不良的环境影响；

⑤ 确定潜在的紧急情况及其对环境及安全健康的影响；

⑥ 确保环境和职业健康安全管理体系能实现预期结果的措施；

⑦ 坚持实现持续改进；

⑧ 保持相应的文件信息，包括：表明风险和机遇、所需的过程、环境因素、危险有害因素、合规义务，以及策划应对措施等相关的文件和记录，以证实策划过程已做系统考虑和有效实施。

(二)环境因素和危险有害因素辨识及风险和机遇的评价

1. 标准要求

6.1.2　环境因素和危险有害因素辨识及风险和机遇的评价

6.1.2.1　环境因素和危险有害因素辨识

组织应在所界定的环境和职业健康安全管理体系范围内，确定其活动、产品和服务中能够控制和能够施加影响的环境因素、危险有害因素及其相关的影响。此时应考虑生命周期观点。

组织应建立、实施和保持用于持续和主动的环境因素和危险有害因素辨识的过程。该过程必须考虑(但不限于)：

a)工作如何组织，社会因素(包括工作负荷、工作时间、欺骗、骚扰和欺压)，领导作用和组织的文化。

b)常规和非常规的活动和状况，包括由以下方面所产生的环境因素和危险有害因素：

1)基础设施、设备、原料、材料和工作场所的物理环境；

2)产品和服务的设计、研究、开发、测试、生产、装配、施工、交付、维护或处置；

3)人的因素；

4)工作如何执行。

c)组织内部或外部以往发生的相关事件(包括紧急情况)及其原因。

d)潜在的紧急情况。

e)人员，包括考虑：

1)那些有机会进入工作场所的人员及其活动，包括工作人员、承包方、访问者和其他人员；

2)那些处于工作场所附近可能受组织活动影响的人员；

3)处于不受组织直接控制的场所的工作人员。

f)其他议题，包括考虑：

1)工作区域、过程、装置、机器和(或)设备、操作程序和工作组织的设计，包括它们对所涉及工作人员的需求和能力的适应性；

2)由组织控制下的工作相关活动所导致的、发生在工作场所附近的状况；

3)发生在工作场所附近、不受组织控制、可能对工作场所内的人员造成伤害和健康损害的状况。

g)组织、运行、过程、活动以及环境和职业健康安全管理体系中的实际或拟定的变更(见8. L3)，包括已纳入计划的或新的开发，以及新的或修改的活动、产品和服务。

h)环境因素、危险有害因素的知识和相关信息的变更。

组织应运用所建立的准则，确定那些具有或可能具有重大影响的因素，即重要环境因素和重要危险有害因素。

适当时，组织应在其各层次和职能间沟通其重要环境因素和重要危险有害因素。

组织应保持以下内容的文件化信息：

——环境因素、危险有害因素及相关影响；

——用于确定其重要环境因素及重要危险有害因素的准则；

——重要环境因素及重要危险有害因素。

注：重要环境因素及重要危险有害因素可能导致与有害影响(威胁)或有益影响(机会)相关的风险和机遇。

6.1.2.2　环境和职业健康安全风险以及环境和职业健康安全管理体系的其他风险的评价

组织应建立、实施和保持过程，以：

a)评价来自已辨识的环境因素、危险有害因素的环境和职业健康安全风险，同时必须考虑现有控制的有效性；

b)确定和评价与建立、实施、运行和保持环境和职业健康安全管理体系相关的其他风险。

组织的环境和职业健康安全风险评价方法和准则应在范围、性质和时机方面予以界定，以确保其是主动的而非被动的，并被系统地使用。有关方法和准则的文件化信息应予以保持和保留。

6.1.2.3 环境和职业健康安全机遇以及环境和职业健康安全管理体系的其他机遇的评价

组织应建立、实施和保持过程，以评价：

a)提升环境和职业健康安全绩效的环境和职业健康安全机遇，同时必须考虑所策划的对组织及其方针、过程或活动的变更，以及：

1)使工作、工作组织和工作环境适合于工作人员的机遇；

2)消除或降低不利的环境影响的机遇，消除危险有害因素和降低职业健康安全风险的机遇。

b)改进环境和职业健康安全管理体系的其他机遇。

注：环境和职业健康安全风险以及环境和职业健康安全机遇可能会给组织带来其他风险和其他机遇。

2. 理解要点

(1)制定识别、评价环境因素和危险有害因素的程序。因为环境和职业健康安全管理的目的是控制活动、生产和服务中有害的环境因素(或对其施加影响)和安全健康风险，特别是有害的重要环境因素和不可承受风险。要控制有害的环境因素和不可承受风险，首先应识别与之有关的各过程中存在的环境因素和危险有害因素。“识别”的方法有多种，为了便于正确识别各过程中所有的环境因素和危险有害因素，应制定统一的识别途径和方法，即建立环境因素和危险有害因素识别、评价程序。

(2)程序中应包括重要环境因素和重要危险有害因素的评价准则和方法。由于一个组织可能存在很多环境因素和危险有害因素，重点控制的是那些可控制或可施加影响的重要环境因素以及风险较高的危险有害因素。所以在环境因素的识别程序中应规定重要环境因素和重要危险有害因素的评价准则和评价方法，以确定出重要环境因素和重要危险有害因素。评价准则可包括环境和职业健康安全事务(日常必须控制的环境因素，如节能降耗；工作人员能正常工作的环境；周边居民能正常生活的环境等)、法律法规的要求、内外部相关方的要求。评价的方法由组织自己规定。当评价准则确定以后，无论采用什么方法评价，都能得到一致的结果。

(3)对重要环境因素施加影响是指组织通过间接途径来减少或消除活动、产品和服务中有害的环境影响。例如：组织可以通过设计和开发改变产品的某种输入原料或生产工艺，减少生产过程中废物的排放，从而有效地削减环境因素；组织对其提供的产品在使用和报废处置时的控制作用是有限的，但可以通过让用户了解正确的使用方法和废物的处置方式来对环境因素施加影响。

(4)环境因素和危险有害因素的辨识与评价应考虑三种状态、三种时态和各种类型。

三种状态是正常、异常和紧急状态。组织的日常生产过程是正常状态。生产车间在试车、停机、检修等情况下，环境因素和危险有害因素与正常状态有较大不同，属异常状态。紧急状态则是发生火灾、爆炸、洪水等情况。对可预见的紧急状态，应有相应的策划措施，以保证其影响最小化。

三种时态是过去、现在和将来。组织在对现场现有的环境因素和危险有害因素进行充分辨识时，也应考虑以往遗留的环境影响和安全健康风险以及策划中的活动可能带来的环境影响和安全健康风险。组织要尽可能全面地考虑生产活动的各个方面，拓宽思路，尽可能使环境因素和危险有害因素得到全面控制。

环境因素的八种类型包括：①向大气的排放；②向水体的排放；③向土地的排放；④原材料和自然资源的使用；⑤能源使用；⑥能量释放，例如：热能、辐射、振动(噪声)和光能；⑦废物和(或)副产品的产生；⑧空间利用。对于特种行业的环境问题，在组织运行时也要进行专门的考虑。

危险有害因素按导致事故和职业危害的直接原因进行分类的七种类型包括：①机械能；②电能；③热能；④化学能；⑤放射能；⑥生物因素；⑦人机工程因素(生理、心理)。若参照事故类别和职业病类别进行分类，则将危险因素分为20类，有害因素分为7类，这也是一种比较常用的分类方法。

(5)环境因素和危险有害因素的辨识、评价本身是一个不断发展的过程，该过程也包括明确潜在的法律、法规的要求和组织自身业务发展、工艺更新、原材料替代及其相关方要求等方面的影响。组织应及时更新这些方面的信息。

(6)组织对环境因素和危险有害因素的识别与评价不改变或增加组织的法律责任。

(7)不同性质和规模的组织，其环境因素和危险有害因素是不同的，即使是同一组织位于不同的地区，其重要环境因素和重要危险有害因素也不一定完全相同，所以，在识别和评价环境因素以及危险有害因素时，不能套用其他组织的环境因素和危险有害因素，应根据本组织的实际情况和所处区域的特定环境开展识别和评价工作。

(8)环境和职业健康安全风险评价是评估风险程度、确定风险是否可接受的过程，包括确定控制措施的效果。评估风险程度，显然要基于环境因素和危险有害因素辨识结果，考虑事故发生可能性和后果严重度两方面。风险可接受性的评定要考虑风险准则，其中涉及考虑法律法规和其他要求。基于风险可接受性，考虑现有控制措施的有效性。

组织应通过风险识别、风险分析、风险评定的过程，对组织建立、实施、运行和保持环境和职业健康安全管理体系相关的风险进行评价。

环境和职业健康安全管理体系的其他风险评价需采用适当的方法，对其评价过程应当考虑日常运行和决定(例如，工作流程的峰值、重组)以及外部问题(例如经济变化)。方法可包括与受日常工作活动影响(如工作负荷的变化)的工作人员持续进行协商，新的法律法规和其他要求的监视和沟通(如监管的改革，对有关职业健康安全的集体协议的修订)，以及确保资源满足当前和变化的需求(如对新的改进的设备或物资进行采购或人员培训)。

(9)组织应在环境因素、危险有害因素辨识和风险评价基础上，进一步评价能够增强环境和职业健康安全绩效的机会。例如，基于风险评价结果，改进对环境和职业健康安全风险或环境因素与危险有害因素的控制措施。

组织应基于评价环境和职业健康安全管理体系其他风险的过程，评价其他改进环境和职业健康安全管理体系的机会，并通过风险管理，改进环境和职业健康安全管理体系。例如，基于评价承包方给组织环境和职业健康安全管理体系带来的风险，来改进组织环境和职业健康安全管理体系有关承包方管理过程的机会。

评价的过程应该考虑已确定的环境和职业健康安全机会和其他机会，以及他们的效益与改进环境和职业健康安全绩效的可能性。

(三)合规义务

1. 标准要求

6.1.3 合规义务

组织应建立、实施和保持过程，以：

a)确定并获取最新的适用于组织的环境因素、危险有害因素、环境和职业健康安全风险以及环境和职业健康安全管理体系的法律法规要求和其他要求；

b)确定如何将这些法律法规要求和其他要求应用于组织，以及所需沟通的内容；

c)在建立、实施、保持和持续改进其环境和职业健康安全管理体系时，必须考虑这些法律法规要求和其他要求。

组织应保持和保留有关法律法规要求和其他要求的文件化信息，并确保及时更新以反映任何变化。

注：法律法规要求和其他要求可能会给组织带来风险和机遇。

2. 理解要点

(1)合规义务是指组织必须遵守的法律法规要求，以及组织必须或选择遵守的其他要求。组织建立、实施、保持和持续改进环境和职业健康安全管理体系时，必须遵循合规义务。组织对各项合规义务均应落实措施，确保符合要求。

(2)"法律法规"是指与环境保护和安全生产及职业健康有关的法律法规，包括与环境保护和职业健康安全有关的国家法律、条例、规章制度、强制性环境标准和安全标准；地方政府有关环境和职业健康安全方面的法规；国际有关环境和职业健康安全方面的公约、议定书等。当地方环境法规与国家相关法规要求不一致时，组织应执行地方政府的法规，涉及国际环境问题，应遵守国际相关的环境法规。

(3)"应遵守的其他要求"指各级政府部门关于环境和职业健康安全的规定、决定、地方标准及有关文件要求；本组织的上级主管部门的要求；本组织的条例、规章制度等方面。组织不仅应获取国家有关法律和法规的要求，也要与地方环境和健康安全主管部门保持联系，得到最新版本的地方标准。另外，组织也必须与行业保持联系，遵守行业规范。当这些要求存在矛盾时，则应与当地环境和职业健康安全管理及行业主管部门商定，形成一致意见。

(4)组织在制定环境和职业健康安全方针、目标、指标和改进环境和职业健康安全管理体系时，应考虑法律法规和其他要求的应用。

(四)措施的策划

1. 标准要求

6.1.4 措施的策划

组织应策划：

a)措施，以：

1）管理其重要环境因素及危险有害因素，应对所识别的风险和机遇（见6.1.2.2和6.1.2.3）；

2）满足法律法规要求和其他要求（见6.1.3）；

3）对紧急情况做出准备和响应（见8.2）。

b）如何：

1）在其环境和职业健康安全管理体系过程中或其他业务过程中融入并实施这些措施；

2）评价这些措施的有效性。

在策划措施时，组织必须考虑控制的层级（见8.1.2）以及环境和职业健康安全管理体系的输出。

在策划措施时，组织还应考虑最佳实践、可选技术方案以及财务、运行和经营等要求。

2. 理解要点

（1）组织应建立过程，该过程包括：针对环境和职业健康安全的风险所带来的威胁和机遇、重要环境因素、重要危险有害因素和合规义务识别采取的措施的需要；从技术上的可行性、经济上的合理性、业务运行上的适宜性评价是否采取和如何采取措施、实施措施、评价措施的有效性。

（2）措施策划过程应考虑识别和分析哪些威胁和机遇的问题影响组织实现环境和职业健康安全管理体系预期结果的能力，哪些应作为环境和职业健康安全管理体系策划的重要输入。

（3）对于所确定的需长期实施的管理措施应纳入组织的管理体系相关过程中，与其他活动整合，予以实施，将这些措施纳入相关文件，对于技术措施，如基础设施技术改造措施，以及单项的管理措施，人员培训和方法改进，均应建立相应的措施计划。

（4）针对需要应对的风险和机会，组织可采取的措施一般包括：规避风险、接受风险、降低风险和分担风险等。

（5）措施的策划方案是动态的，可能要依据重要环境因素和重要危险有害因素等的变化、措施的实施情况、监测及绩效评价等进行调整。

（6）需要注意的是，所策划的措施有可能引起次生风险，或带来新的环境因素及危险有害因素，这些次生风险和环境因素及危险有害因素也要纳入策划方案中予以考虑。

二、环境和职业健康安全目标及其实现的策划

（一）环境和职业健康安全目标

1. 标准要求

6.2　环境和职业健康安全目标及其实现的策划

6.2.1　环境和职业健康安全目标

组织应在相关职能和层次上制定环境和职业健康安全目标，以保持和持续改进职业健康安全管理体系和职业健康安全绩效（见10.3）。

职业健康安全目标应：

a) 与职业健康安全方针一致；

b) 可测量(可行时)，或能够进行绩效评价；

c) 必须考虑：

1) 重要环境因素、重要危险有害因素及相关的合规义务；

2) 风险和机遇的评价结果(见6.1.2.2和6.1.2.3)；

3) 与工作人员及其代表(若有)协商(见5.4)的结果；

d) 得到监视；

e) 予以沟通；

f) 在适当时予以更新。

组织应保持环境和职业健康安全目标的文件化信息。

2. 理解要点

(1) 环境和职业健康安全目标应依据组织的环境和职业健康安全方针制定。环境和职业健康安全目标应当具体，只要有可能，就应当是可测量的或能够进行绩效评价。此外，环境和职业健康安全目标还应当考虑到短期和长期的需要。

(2) 组织应依据环境和职业健康安全方针提出建立环境和职业健康安全目标的框架，以及针对提升组织的环境和职业健康安全绩效制定环境和职业健康安全目标。

环境和职业健康安全目标能够与组织的其他业务目标整合，并应建立在相关职能和层次上。目标可以是战略性的、战术性的或运行性的：①可建立战略性目标以改进职业健康安全管理体系的整体绩效(如消除噪声暴露)；②战术性目标可建立在设施、项目或过程层面(如在源头降低噪声)；③运行性目标可建立在活动层面(如对一台机器进行围挡以降低噪声)。

标准并不要求组织针对其确定的每个风险和机遇都建立环境和职业健康安全目标。

(3) 组织建立环境和职业健康安全目标应考虑遵循合规义务，活动、产品和服务过程所产生重大影响的重要环境因素和重要危险有害因素，以及对事故预防和环境保护的承诺。

组织在建立环境和职业健康安全目标时，也应确定其他需要考虑的问题和因素，如：①可选技术方案，财务、运行和经营要求；②组织整体的经营方针和目标；③环境因素与危险有害因素辨识、风险评价和现有控制措施的结果；④环境和职业健康安全管理体系有效性评价(如外部审核)；⑤员工的观点(如员工的感觉或满意调查)；⑥有关员工的职业健康安全协商、评审和工作场所的改进活动的信息(这些活动在性质上可以是主动的也可以是被动的)；⑦针对以前建立的环境和职业健康安全目标的绩效分析；⑧环境和职业健康安全不符合和事件的记录；⑨管理评审的结果；⑩资源的需求和提供。

(4) 组织在有关职能部门和层次建立的环境和职业健康安全目标，都应以文件信息形式予以表述。

(二) 实现环境和职业健康安全目标的措施的策划

1. 标准要求

6.2.2　实现环境和职业健康安全目标的措施的策划

策划如何实现环境和职业健康安全目标时，组织应确定：

a)要做什么；

b)需要什么资源；

c)由谁负责；

d)何时完成；

e)如何评价结果，包括用于监视实现其可度量的环境和职业健康安全目标的进程所需的参数；

f)如何将实现环境和职业健康安全目标的措施融入其业务过程。

组织应保持并保留环境和职业健康安全目标以及实现环境和职业健康安全目标的策划的文件化信息。

2. 理解要点

(1)组织为了能成功实施环境和职业健康安全管理体系，有赖于针对如何实现环境和职业健康安全目标的措施进行系统的策划，并制定实现环境和职业健康安全目标的措施计划(方案)。

(2)策划时，组织应考虑如何应用指标对环境和职业健康安全目标的实施状况进行监视、测量、分析和评价。指标是指运行、管理或条件的状况和状况的可测量的数据信息。

(3)环境和职业健康安全目标和指标含义理解及关系

① 对于职业健康安全管理来说，组织内各部门的安全目标与总目标一致，原则上应杜绝事故和职业危害，因此没有必要分解指标。

② 环境目标是控制环境因素的目的，是环境和职业健康安全目标的一个组成部分。组织可制定总的环境目标和指标，各职能部门应制定本部门的环境目标和相应的指标。总的环境目标应依据环境方针制定，是整个组织自身应实现环境绩效的目的，各职能部门的环境目标是总目标的分解，各部门的目标完成了，总目标才能实现。如某公司环境方针内容有节能降耗，总环境目标之一是节电20%，总环境目标可分解为：一分厂节电8%，二分厂节电12%。

环境指标是对实现环境目标的具体安排。可以制定部门、岗位、个人环境指标，如某公司各部门的节电指标：一分厂节电50kW·h/月；二分厂熔炼车间节电110kW·h/月，热处理车间节电10kW·h/月，其他部门7月、8月用电控制在150kW·h/月以内，其他时间控制在60kW·h/月以内。

(4)制定与实施管理措施方案的要求

① 管理措施方案应明确职责并经相关授权人批准，通常是最高管理者；

② 管理措施方案是为实现目标和指标而制定的，所以管理措施方案中应包括目标和指标；

③ 方案的主要内容是阐明实现目标和指标的方法；

④ 考虑到组织经济、运行状况等因素，所制定的方案可能一次性难以完成，所以在制定方案时，组织应根据实际情况，安排方案的具体实施时间和完成时间；

⑤ 每一类可控制或可施加影响的重要环境因素和重要危险有害因素至少应有一个管理方案；

⑥ 如果生产方式、工艺、原材料等有变动，管理方案也应随之变动；

⑦ 应重视方案形成过程的评审和方案执行中的控制；

⑧ 项目文件的记录方法。具体编制时可按环境因素及危险有害因素的重要性次序以及风险级别序号或优化的目标序号，说明现状、目标、指标、措施、责任单位、责任人、支持条件(人、财、物)、启动日期、完成时间等。

第三节　支持与运行

一、资源

1. 标准要求

7　支持

7.1　资源

组织应确定并提供建立、实施、保持和持续改进环境和职业健康安全管理体系所需的资源。

2. 理解要点

(1)最高管理者应确保环境和职业健康安全管理体系建立、实施、保持和持续改进的各过程中提供所需要的内部和外部资源，包括人力资源、技术和信息资源、财务资源、供方和合作伙伴、基础设施和设备等。

(2)人力资源包括管理人员和具有环境以及职业健康安全方面专业技能的人员，可通过培训实现人力资源的提供，也可通过外部提供人力资源。

(3)基础设施指“三废”处理设施、给排水系统、消防设施、环境与安全管理所需的建构筑物、通信网络设施、应急救援设施等；技术是指环境因素和危险有害因素控制技术，小企业可通过与外部协作的方式来获得技术和经验。

(4)财务指为保障环境因素和危险有害因素得到有效控制所需的资金。但这并不意味着最高管理者一定要为环境和职业健康安全管理体系另外配备资源，可以利用组织现有的资源，不足时再适当增加。

(5)组织应对内外部资源进行评价，评估资源适用性和可获得性，并对资源进行分配、优化、维护与合理使用。

二、能力

1. 标准要求

7.2　能力

组织应：

a)确定影响或可能影响其环境和职业健康安全绩效以及履行合规义务的工作人员所必需具备的能力；

b)基于适当的教育、培训或经历，确保工作人员具备胜任工作的能力(确定与其环境因素、危险有害因素以及环境和职业健康安全管理体系相关的培训需求，包括具备辨识环境因素、危险有害因素的能力)；

c)在适用时，采取措施以获得和保持所必需的能力，并评价所采取措施的有效性；

d)保留适当的文件化信息作为能力的证据。

注：适用措施可包括：向现有所雇人员提供培训、指导或重新分配工作；外聘或将工作承包给能胜任工作的人员等。

2. 理解要点

(1)“能力”指具有环境和职业健康安全方面的专业技能，通常从受过专业教育、参加过专业培训或曾经从事环境和职业健康安全方面工作这三方面来获取环境和职业健康安全专业能力。

(2)组织应对从事可能具有重大环境影响或涉及重要危险有害因素的人员以及具有环境和职业健康安全管理体系职责的人员，识别和确定培训需要，并建立相应的过程，对他们实施培训。

(3)组织应建立有效的培训过程。通过对培训的策划，对照岗位培训需求，确定培训哪些人员，需要培训什么内容，以什么方式提供所需的培训，如何评价培训的有效性，以及改进培训的过程。

(4)能力培训要求。从事重要环境因素控制或涉及重要危险有害因素的工作人员(包括内审员)应具备相应工作能力，若员工不具备相应工作能力，应采取一定措施使其有能力胜任此项工作，培训是重要措施之一。应针对不同层次的管理、技术、操作人员所要求的知识、技能确定相应的培训需求。例如，某公司将危险化学品意外泄漏作为重要环境因素和危险因素，那么与危险化学品有关的岗位就包括：采购、仓库管理、运输、使用、废弃化学品管理等，这些人员都应得到相关培训；对管理体系的内审人员应进行有关审核知识的培训，以确保审核过程客观公正，能发现体系的不足并提出改进办法。

(5)培训工作的程序：

① 明确各重要环境因素岗位或涉及重要危险有害因素岗位的任职能力；

② 根据目前员工的实际能力状况与岗位任职要求的差距确定培训需求；

③ 可依据培训需求制订培训计划；

④ 按培训需求或培训计划实施培训；

⑤ 培训结束后，依据培训需求评价培训效果，评价的方式有笔试、实际操作考核、工作效果考核，或者它们的结合；

(6)保存员工档案和有关培训、考核等记录。

三、意识

1. 标准要求

7.3　意识

组织应确保在其控制下工作的人员意识到：

a）环境和职业健康安全方针及目标；

b）其对环境和职业健康安全管理体系有效性的贡献作用，包括提升环境和职业健康安全绩效的益处；

c）不符合环境和职业健康安全管理体系要求，包括未履行组织合规义务的影响和潜在后果；

d）与其相关的事件和调查结果；

e）与其相关的环境因素、危险有害因素、环境和职业健康安全风险和所确定的措施；

f）从其所认为的存在急迫且严重危及其生命或健康的工作状况中逃离的能力，以及为保护其免遭由此而产生的不当后果所做出的安排。

2. 理解要点

（1）“意识”指员工的环境和职业健康安全意识。全体人员都应经过相应的培训，从而胜任他们所担负的工作。培训是手段，而提高环境和职业健康安全意识，达到完成任务所必备的能力才是真正目的。

（2）环境和职业健康安全方针是在组织控制下为组织工作的所有人员环境和职业健康安全行为的准则，组织应通过各种途径，采取适当的措施使员工都能正确理解环境和职业健康安全方针的含义，从而增强环境和职业健康安全意识，落实在每个人的实际行动中。

（3）组织应采取适当的培训措施，确保为组织工作的人员和代表组织工作的人员都能牢固树立强烈的环境和职业健康安全意识，使有关职能和层次的所有人员充分认识到执行环境和职业健康安全方针、实施环境和职业健康安全管理体系的重要性，知晓履行规定的环境和职业健康安全职责所带来的环境和职业健康安全效益，以及偏离了要求将会带来严重的后果，形成“保护环境，人人有责，预防事故，从我做起”的氛围。

（4）意识培训要求：

① 标准要求提高全体员工的环境和职业健康安全意识是很重要的，因为我国的工伤事故70%以上是由于人的因素和管理问题引起的，管理不力的症结又在于安全意识不强，即管理者不能意识到其管理上的疏漏对安全的严重影响，操作者也不了解由于操作失误可能带来的影响；同样，环境意识不强，也会造成污染物随意排放、资源过度消耗，甚至造成重大环境污染事故。最高管理者通过阐明组织的环境和职业健康安全价值观、宣传环境和职业健康安全方针来树立员工的环境和职业健康安全意识，使他们认识到实现与其有关的环境和职业健康安全目标及指标的重要性，并鼓励他们了解各自在实现目标和指标方面负有的主要职责。

② 组织的各管理层应从以下四方面对员工进行意识培训。

a）严格执行环境和职业健康安全管理体系要求的重要性，偏离环境和职业健康安全管理体系要求所带来的不良后果；

b）说明环境和职业健康安全管理体系是依靠广大员工运行的，明确他们在环境和职业健康安全管理体系中的作用和职责；

c）明确各工作岗位已存在或潜在的重要环境因素会造成的环境影响，所涉及的危险有害因素及其风险，如何处理紧急情况；

d）改进环境和职业健康安全绩效的益处，鼓励他们就改进环境和职业健康安全绩效提出建议。

四、沟通与信息交流

(一)总则

1. 标准要求

7.4　沟通与信息交流

7.4.1　总则

组织应建立、实施并保持与环境和职业健康安全管理体系有关的内部及外部沟通与信息交流所需的过程，包括：

a)沟通与信息交流的内容；

b)沟通与信息交流的时机；

c)沟通与信息交流的对象；

1)与组织内不同层次和职能；

2)与进入工作场所的承包方和访问者；

3)与其他相关方；

d)沟通与信息交流的方式。

在考虑沟通与信息交流需求时，组织必须考虑到各种差异(如性别、语言、文化、读写能力、残障)。

在建立沟通与信息交流过程中，组织应确保外部相关方的观点被考虑。

在建立沟通与信息交流过程时，组织：

——必须考虑其法律法规要求和其他要求；

——应确保所沟通的环境和职业健康安全信息与环境和职业健康安全管理体系所形成的信息一致且可靠。

组织应对有关其环境和职业健康安全管理体系的沟通与信息交流做出响应。

适当时，组织应保留文件化信息，作为其沟通与信息交流的证据。

2. 理解要点

(1)组织通过沟通与信息交流能够提供和获得与其环境和职业健康安全管理体系相关的信息，包括与其重要环境因素及重要危险有害因素相关的信息、绩效、合规义务和持续改进的建议。因此，在环境和职业健康安全管理体系运行中，组织内部之间及组织与外界之间建立和保持环境和职业健康安全信息流转和反馈渠道，处置应及时，以确保环境和职业健康安全管理体系的运行有效性和效率。

(2)沟通与信息交流应是一个双向的过程，为使组织内部之间与组织外部相关方的环境和职业健康安全信息得以及时沟通，组织应建立相关的过程，规定信息交流的渠道(如互联网、视频、书信或报告)、方法(如口头或书面)，包括外部信息接收、处理、答复、记录和归档等，形成环境和职业健康安全信息管理的闭环系统。

(3)组织策划环境和职业健康安全信息内部和外部沟通与交流过程时，应考虑确保与内部组织结构最适当的层次和职能间的沟通与信息交流，就可满足组织与外界的沟通与信息交流目标，不需要与在组织控制下工作的每个人进行沟通与信息交流。同时应明确环境和职业健康安全沟通与信息交流的类别(内部和外部)、内容、时机、对象、方法等进行策划，并确保符合组织的合规义务及信息真实、准确、可靠的基本要求。

(二)内部信息交流

1. 标准要求

7.4.2　内部沟通与信息交流

组织应：

a)就环境和职业健康安全管理体系的相关信息在其不同层次和职能之间进行内部沟通与信息交流，适当时还包括环境和职业健康安全管理体系的变更；

b)确保其沟通与信息交流过程能够使工作人员为持续改进做出贡献。

2. 理解要点

(1)组织各职能部门应按策划阶段所规定的内部信息交流的要求，包括环境和职业健康安全管理体系的变更信息进行内部沟通与信息交流。

(2)组织与广大员工间应建立畅通的信息交流与沟通渠道。因为与员工的交流可调动他们的积极性，促使他们关注组织环境和职业健康安全绩效的改进。组织应当将环境和职业健康安全管理体系监测情况、目标和指标的实现情况、内部审核和管理评审结果、重大环境和安全事故及时通报给组织内部有关人员。

(3)组织内部的哪些信息需要与外部进行交流与沟通，组织可以自行决定，应将决定交流的信息形成文件，同时还应规定交流方式。

(4)协商的内容包括员工参与环境和职业健康安全方针、目标、计划、制度的制定、评审，参与环境因素和危险有害因素的辨识、风险评价和控制措施的确定以及事故调查处理等事务，从而体现员工在环境和职业健康安全方面的权利和义务。

(5)内部信息交流与沟通方式通常有下发文件、例会、公告板、内部简报、局域网、电话、广播、意见箱等方式。

(三)外部信息交流

1. 标准要求

7.4.3　外部沟通与信息交流

组织应按其合规义务的要求及其建立的沟通与信息交流过程，就环境和职业健康安全管理体系的相关信息进行外部沟通与信息交流。

2. 理解要点

(1)组织的相关职能部门应按策划所规定的外部信息交流与沟通过程，进行环境和职业健康安全外部信息交流与沟通。

(2)组织与外部存在着有关环境和职业健康安全方面的双向信息交流与沟通。相关方是指那些与组织有着各种关系的人或组织，包括组织的消费者、投资者、官方管理机构、股东、社区居民、供应商、合同方及任何对组织的环境和职业健康安全状况有兴趣的人和组织。随着人们环境安全健康意识的提高，环境和职业健康安全问题已引起人们越来越多的关注，有关环境和职业健康安全事件的投诉增多，组织的环境和职业健康安全形象已成为市场竞争的必要条件。组织如何对待这些问题，反映出组织对环境和职业健康安全的总体态度。外部信息的交流与沟通包含了对所有环境污染、事故、事件、职业健康安全意见的处理及反馈。另外，组织的外部交流与沟通也是确定环境因素和危险有害因素以及评价其重要性的手段之一，对相关方重视的环境和职业健康安全问题应予以优先考虑。积极主动地与外部进行双向信息交流与沟通能使环境和职业健康安全管理更加有效。组织与外部交流的信息可包括：

① 组织概况、管理者声明；

② 组织的环境和职业健康安全方针、目标与指标；

③ 组织活动、产品与服务过程中的环境因素和危险有害因素的有关信息；

④ 组织的环境和职业健康安全绩效、投资和发展趋势以及环境和职业健康安全管理信息；

⑤ 组织履行合规义务的情况，以及针对所确定的不符合采取的纠正措施信息；

⑥ 组织有关突发性环境事件和安全生产事件的信息；

⑦ 外部法律法规、相关方要求变化的信息；

⑧ 外部有关环境和职业健康安全方面的新工艺新技术信息；

⑨ 外部组织或个人提出的改进建议信息；

⑩ 外部某因素变化可能导致本组织产生重大环境因素和事故风险的信息，如停电、停水等。

(3)对来自相关方的外部环境和职业健康安全信息应进行接收、对接收到的信息形成文件并做出答复。因为收到外部信息若不形成文字，容易遗忘，而且外部信息往往非常重要，形成文件后便于查阅应用。另外，外部信息通常包括顾客对产品的环境要求、周围居民对环境影响以及重大危险源的投诉、环保部门要求组织在环境方面作出改进，安全生产监督管理部门要求组织在安全设施和安全管理方面作出改进，这些信息均要求组织改进其环境和职业健康安全绩效，组织对其采取什么措施，应给相关方做出答复，否则可能有损于组织的公众形象。

(4)适当时，组织应确保与相关的外部相关方就有关的环境和职业健康安全事务进行协商。

(5)外部信息交流与沟通方式通常有座谈交流会、参加社区活动、网站、热线电话、信件、电子邮件、意见箱等方式。

五、文件化信息

(一)总则

1. 标准要求

7.5　文件化信息

7.5.1　总则

组织的环境和职业健康安全管理体系应包括：

a)本标准要求的文件化信息；

b)组织确定的实现环境和职业健康安全管理体系有效性所必需的文件化信息。

注：对于不同组织而言，其环境和职业健康安全管理体系文件化信息的复杂程度可能因以下方面存在差异而不同：

——组织的规模及其活动、过程、产品和服务的类型；

——证明履行其合规义务的需要；

——过程的复杂性及其相互作用；

——在组织控制下工作的人员的能力。

2. 理解要点

(1)文件化信息是确保环境和职业健康安全管理体系有效运作的重要支持。组织应正确理解文件化信息的完整概念。文件化信息是广义的概念，它包含两部分内容，一是为使环境和职业健康安全管理体系按预期要求运行所建立的文件化信息，它是环境和职业健康安全体系有效运行的依据，一般称为"文件"；二是环境和职业健康安全管理体系运行结果的客观证据，一般称为"记录"。因而，组织环境和职业健康安全管理体系文件化信息，包括两大部分，一是标准要求保持的文件化信息(即文件)，二是标准要求保存的文件化信息(即记录)。

(2)标准要求形成文件化的信息列举如下：

① 环境和职业健康安全管理体系范围；

② 环境和职业健康安全方针和目标；

③ 重要环境因素和重要危险有害因素；

④ 合规义务；

⑤ 实现环境和职业健康安全目标措施计划(方案)；

⑥ 过程信息(包括：监测环境和职业健康安全绩效、运行控制、目标符合情况的信息)；

⑦ 组织结构；

⑧ 各类人员的职责和权限；

⑨ 组织的重要环境因素和重要危险有害因素与外界信息交流的决定；

⑩ 现场应急计划；

⑪内部审核方案；

⑫作为活动及其结果的证据(记录)。

(3)制定和建立文件时应对环境和职业健康安全管理体系的文件需求进行评审，应考虑：①员工的环境与安全知识和技能；②文件的价值；③审核的需要；④若某一过程或活动会因没有文件而导致事故或不符合发生则必须制定文件。

(4)组织在编写环境和职业健康安全管理体系文件时，应与组织原有的管理体系文件相兼容。在具体实施中，为便于运作并具有可操作性，建议把环境和职业健康安全管理体系文件也分成三个层次，即管理手册、程序文件和作业文件。但环境和职业健康安全管理体系并不严格地要求组织拥有管理手册，也不支持采用复杂的文件系统。因为环境和职业健康安全管理体系可以和其他体系合并为总的管理体系，组织可以编写总的管理手册。

(5)文件化信息是指组织控制和保持或保存的信息，以及承载信息的媒体。也就是说，文件化信息可承载任何媒体，如纸质的、电子的。

(二)创建和更新

1. 标准要求

7.5.2　创建和更新

创建和更新文件化信息时，组织应确保适当的：

a)识别和说明(例如：标题、日期、作者或参考文件编号)；

b)形式(例如：语言文字、软件版本、图表)与载体(例如：纸质载体、电子载体)；

c)评审和批准，以确保适宜性和充分性。

2. 理解要点

(1)组织在新建立或更新环境和职业健康安全管理体系运行依据的文件化信息时，应具体确定涉及标示文件所属的信息，如文件名称及编码、编制人员、文件实施及批准日期、文件的修改及版本识别码、软件版本等信息。

(2)环境和职业健康安全管理体系文件在发布前，组织应按规定对其适宜性、充分性进行评审和批准。

(三)文件化信息的控制

1. 标准要求

7.5.3　文件化信息的控制

环境和职业健康安全管理体系及本标准要求的文件化信息应予以控制，以确保其：

a)在需要的时间和场所均可获得并适用；

b)得到充分的保护(例如：防止失密、不当使用或完整性受损)。

为了控制文件化信息，组织应进行以下适用的活动：

——分发、访问、检索和使用；

——存储和保护，包括保持易读性；

——变更控制(例如：版本控制)；

——保留和处置。

组织应识别其确定的对环境和职业健康安全管理体系策划和运行所必需的来自外部的文件化信息，适当时，应对其予以控制。

注1："访问"可能指仅允许查阅文件化信息的决定，或可能指允许并授权查阅和更改文件化信息的决定。

注2："访问"相关文件化信息包括工作人员及其代表(若有)的"访问"。

2. 理解要点

(1)环境和职业健康安全管理体系文件化信息的范围包括：环境和职业健康安全管理体系各项活动必须遵循的文件信息(如程序文件、作业指导书等)，以及阐明完成环境和职业健康安全管理活动及其结果的客观证据的文件化信息(如各项记录)。

(2)文件控制是指对文件的批准、发放、使用、更改、报废、回收等的管理工作，组织应制定文件化的程序，并依此进行文件管理，以保证文件的充分性、适宜性和有效性。

(3)保持文件充分性、适宜性和有效性的控制方式。

① 文件在发放使用之前应得到相关授权人审批。由于文件是对环境和职业健康安全管理体系各方面所需信息的描述，文件发放到各部门或岗位后，相关人员应按文件要求去做，如果文件对某信息描述得不正确，或对某项活动的信息描述不完全，或描述得不清楚，则会导致局部运行失控，严重时会发生事故，所以对编写或修改的文件应有授权人审核和批准。

② 对已执行的文件有必要进行评审和更新。当文件应用一段时间后，可能因组织内、外部某些因素的变化导致文件不适用，所以组织在内、外部某些因素变化后，应评审环境和职业健康安全管理体系哪些文件不再适用，应修改或更换不适用的文件。

③ 标识文件的修订状态。用某种标识表示文件是否进行换版和修改，以便让员工看到这种标识就可识别出文件是否有效。文件修订状态的标识通常是对文件版本和修订状态进行编号。

④ 做好文件发放工作。发放文件时应进行登记，以便了解各岗位是否获得了适用的文件，当文件修改或换版时，应及时替换各岗位的文件。

⑤ 做好作废文件的管理工作，防止非预期使用。应及时从各岗位撤回作废文件，做好作废文件的处置工作，如销毁或在作废文件上盖作废章。

⑥ 外来文件的控制方式和内部文件基本相同，可以将两类文件分开管理，也可以合并管理。

(4)记录是一种特殊形式的文件，在编制记录表时为了保证记录表的充分性和适宜性，应按文件控制，即编制的记录表格应经授权人审核批准后才能发放使用。当记录表中记录了相关信息时，应按标准要求控制。

(5)环境和职业健康安全管理体系侧重对体系的运行和环境因素及危险有害因素的有效控制，而不是建立过于烦琐的文件控制系统，在建立体系和运行体系中要注重实施。

六、运行

(一)总则

1. 标准要求

8 运行

8.1 运行策划和控制

8.1.1 总则

为了满足环境和职业健康安全管理体系要求并实施第6章所确定的措施，组织应策划、实施、控制和保持所需的过程，通过：

a)建立过程的运行准则；

b)按照运行准则实施过程控制；

c)保持和保留必要的文件化信息，以确信过程已按策划得到实施；

d)使工作适合于工作人员。

在多雇主的工作场所，组织应与其他组织协调环境和职业健康安全管理体系的相关部分。

注： 控制可包括工程控制和程序控制。控制可按层级(例如：消除、替代、管理)实施，并可单独使用或结合使用。

2. 理解要点

(1)环境和职业健康安全管理体系标准要求组织确定与环境影响和职业健康安全风险有关且需要采取控制措施的作业和活动，对其建立相应的文件化程序，并予以有效控制，从而确保履行合规义务，实现环境和职业健康安全方针、目标和指标，将环境和安全健康风险减至最小。

(2)确定与重要环境因素和危险有害因素有关的运行过程。一个重要环境因素或危险有害因素可能与多个操作过程有关，要控制重要环境因素和危险有害因素，首先必须确定该重要环境因素和危险有害因素与哪些过程有关，这些过程可能包括采购、设计、开发、生产以及产品和服务的交付等过程。如某厂的高浓度有机废水是重要环境因素，高浓度有机废水来源于生产中的三个工序，另外，该废水是经本厂废水处理站处理达标后外排，则与该重要环境因素有关的运行过程是排放高浓度有机废水的三个生产工序和废水处理过程；如剧毒品氰化钠的风险则存在于运输、装卸、使用、废弃等各个环节。

(3)应建立控制重要环境因素和危险有害因素的程序文件。由于重要环境因素和危险有害因素通常涉及多个过程，对其控制比较复杂，如果控制不好，则难以实现目标和指标，所以有必要用程序文件来规定其控制方法和途径，以强化运行控制要求和追溯相关结果。

(4)重要环境因素和危险有害因素控制程序中应规定各运行过程的运行准则，准则包括操作方法、操作人员的能力、所需设施、原材料的要求、遵守法律法规和其他要求。

(5)可以采取以下方法使工作适合于工作人员：①规定或重新规定工作的组织方式；②引进新的工作人员；③规定或重新规定过程和工作环境；④当新设计或改造工作场所、设备等时，采用人类工效学方法。

(6)在多雇主工作场所，组织应与其他组织协调环境和职业健康安全管理体系的相关部分。组织不仅要对自身的环境因素和危险有害因素予以考虑，也要对相关方的环境因素和危险有害因素给予关注。组织对使用的产品和接受服务过程中的重要环境因素和危险有害因素，应建立控制程序，并通报供方及合同方。由于组织在使用供方提供的产品或接受某项服务时，可能存在重要环境因素或危险有害因素，对该环境因素或危险有害因素的控制涉及供方或服务方，为了保证该重要环境因素或危险有害因素得到有效控制，应建立程序，并将程序中的相关要求通知供方和服务方。如家具厂产品中甲醛含量是重要环境因素和有害因素，甲醛含量主要与使用的成型板材、胶黏剂有关，家具厂在建立“家具甲醛含量环境因素控制程序”时，应对供方提出要求，并将该程序中的相关要求告知供方。再如某化工厂在进行扩建时，施工队正在现场安装调试装置。安装调试装置的过程中，可能因安装、拆卸或密封不好使化学品泄漏，这是重要环境因素和危险因素，组织应针对这一环境因素和危险因素制定程序文件，并将程序文件的规定和要求通报施工方，要求施工队对这一重要环境因素和危险因素按程序实施控制。

(7)操作指导性文件可以用文字描述，也可以用录像、照片、图解的形式表示。

(8)运行策划和控制既是环境和职业健康安全管理体系实际的操作过程，也是逐步实现目标、指标的过程，运行策划和控制包括措施策划、绩效评价、不符合与纠正措施三个要素。运行策划和控制的内容包括：

① 作业场所环境因素与危险有害因素的辨识与评价；

② 产品和工艺设计；

③ 作业许可制度(有限空间、动火、挖掘等)；

④ 设备维护保养；

⑤ 环保设备、安全设施与个体防护用品；

⑥ 安全标志；

⑦ 物料运输、搬运与储存；

⑧ 废物处理与处置；

⑨ 采购控制；

⑩ 供应商与承包商评估与控制等。

(二)控制风险

1. 标准要求

8.1.2　控制环境因素、消除危险有害因素，降低环境和职业健康安全风险

组织应通过采用下列控制层级，建立、实施和保持用于控制环境因素、消除危险有害因素，降低环境和职业健康安全风险的过程：

a)从生命周期观点出发，制定控制措施，确保在产品或服务设计和开发过程中，落实其环境要求，此时应考虑生命周期的每一阶段；

b)考虑提供与其产品和服务的运输或交付、使用、寿命结束后处理和最终处置相关的潜在重大环境影响的信息的需求；

c)消除污染源和危险有害因素；

d)用污染物产生少及危险性低的过程、操作、材料或设备替代；

e)采用工程控制和重新组织工作；

f)采用管理控制，包括培训；

g)使用适当的个体防护装备。

注：在许多国家，法律法规要求和其他要求包括了组织无偿为工作人员提供个体防护装备(PPE)的要求。

2. 理解要点

(1)控制的层次旨在提供一种系统方法来改善环境和职业健康安全，消除污染源及危险有害因素，降低或控制环境和职业健康安全风险。后一个控制层级的效果比前一个层级差。为了成功地将环境和职业健康安全风险降低到最低合理可行的程度，通常要组合几种控制措施。

(2)给出以下示例，用于说明每一层级可以实施的控制措施。

①消除：消除污染源和危险有害因素，从源头防控环境和职业健康安全风险；停止使用危险化学品；在规划新的工作场所时应用人类工效学方法；消除单调的工作或导致负面压力的工作；在某区域不再使用叉车。

②替代：用低毒物料替换高毒物料；用危险性较低的物质替换危险性高的物质；改为通过在线指导来答复客户投诉；适应技术进步(如用水性漆代替溶剂型漆；更换易滑的地

板材料；降低设备的电压要求）。

③工程控制、工作重组或两者兼用：将人与危险源隔离；实施集中保护措施（如隔离、机械防护、通风系统）；降低噪声；使用护栏防止高处坠落；采用工作重组以避免人员单独工作、有碍健康的工作时间和工作负荷，或防止重大伤害。

④包括培训的管理控制：定期进行环境安全隐患检查；实施培训，提高员工环境安全健康意识与技能；管理与分包方活动相关的环境健康安全协调；管理特种设备与危险作业；提供关于如何报告事件、不符合和伤害受到的指令书而不用担心报复；改变工作人员的工作模式（如倒班）；管理被确定为处于风险中（例如，有关听觉、手臂振动、呼吸障碍、皮肤不适或有害暴露）的工作人员的健康或医疗监护方案；给工作人员适合的指令（如进入控制流程）。

⑤个体防护装备（PPE）：提供充分的个体防护装备（如防护服、安全头盔、安全鞋、防尘口罩、防毒面具、防护眼镜、听力保护耳塞、防护手套等），以及个体防护装备使用和维护说明书。

（三）变更管理

1. 标准要求

8.1.3 变更管理

组织应建立过程，用于实施和控制所策划的、影响环境和职业健康安全绩效的临时性和永久性变更。这些变更包括：

a）新的产品、服务和过程，或对现有产品、服务和过程的变更，包括：

——工作场所的位置和周边环境；

——工作组织；

——工作条件；

——设备；

——劳动力；

b）法律法规要求和其他要求的变更；

c）有关环境因素、危险有害因素以及环境和职业健康安全风险的知识或信息的变更；

d）知识和技术的发展。

组织应评审非预期性变更的后果，必要时采取措施，以减轻任何不利影响。

注： 变更可带来风险和机遇。

2. 理解要点

（1）组织的新产品、服务和过程或现有产品、服务和过程变化，会导致组织工作活动或工作场所的环境因素、危险有害因素发生变化，产生新的环境和职业健康安全风险，而且实施变更的活动过程也会存在环境和职业健康安全风险。

因此，组织需要通过变更管理，控制变更给组织工作活动或工作场所带来的环境和职业健康安全风险以及控制实施变更的活动过程的环境和职业健康安全风险。

（2）法律法规和其他要求的变化，关于环境因素、危险有害因素以及相关环境和职业健康安全风险知识和信息的变化，知识和技术的开发，会产生新的环境和职业健康安全风险控制要求。

(3)组织可能会出现非预期的变更。例如，突发事件引起的岗位人员变更。组织应评审非预期变更的后果，必要时，采取措施消除任何有害影响。

(4)变更过程管理的目标是当发生变更时(如技术、设备、设施、工作惯例和程序、设计规范、原材料、人员配置、标准或规则)，通过尽可能减少因变更给工作环境带来新的环境和职业健康安全风险，以改善工作中的环境和职业健康安全状况。根据预期变更的特点，组织可使用适当的方法(如设计评审)对变更的环境和职业健康安全风险和机遇进行评价。管理变更的需求可作为策划的一项输出。

(四)采购

1. 标准要求

8.1.4　采购

8.1.4.1　总则

组织应建立、实施和保持用于控制产品和服务采购的过程，以确保采购符合其环境和职业健康安全管理体系。

8.1.4.2　承包方

组织应与承包方协调其采购过程，以辨识由下列方面所产生的环境因素、危险有害因素并评价、控制环境和职业健康安全风险：

a)对组织造成影响的承包方的活动和运行；

b)对承包方工作人员造成影响的组织的活动和运行；

c)对工作场所内其他相关方造成影响的承包方的活动和运行。

组织应确保承包方及其工作人员满足组织的环境和职业健康安全管理体系要求。组织的采购过程应规定和应用选择承包方的环境和职业健康安全准则。

注：在合同文件中包含选择承包方的环境和职业健康安全准则是有益的。

8.1.4.3　外包

组织应确保外包的职能和过程得到控制。组织应确保其外包安排符合法律法规要求和其他要求，并与实现环境和职业健康安全管理体系的预期结果相一致。组织应在环境和职业健康安全管理体系内确定对这些职能和过程实施控制的类型和程度。

注：与外部供方进行协调可助于组织应对外包对其环境和职业健康安全绩效的任何影响。

2. 理解要点

(1)组织采购的产品和服务会给组织带来环境和职业健康安全风险。例如，组织采购的危险化学品。

组织通过建立、实施和保持控制产品和服务采购的过程，来控制采购的产品和服务可能给组织带来的环境和职业健康安全风险。

采购过程应当用于确定、评价和消除相关的环境影响和危险有害因素，以及降低相关的环境和职业健康安全风险，例如，在工作场所引入产品、有害材料或物质、原材料、设备或服务之前的环境因素、危险有害因素以及环境和职业健康安全风险。

组织的采购过程应落实组织的采购要求，如物资、设备、原材料和其他货物以及相关服务的采购，以符合组织的环境和职业健康安全管理体系。该过程还应当满足协商(见ISO 45001 标准5. 4)和沟通(见ISO 45001 标准7. 4)的所有需求。

组织应当通过下述的保证，证实设备、装置和材料对于工作人员的使用是安全的：①按规范交付设备，并进行测试，以确保其按预期工作；②对装置进行调试，以确保其基于设计运行；③按规范交付材料；④任何使用要求、注意事项或其他保护措施应得到沟通并可获取。

组织在采购服务的过程中，还涉及进入其工作场所相关环境和职业健康安全风险的控制和外包的职能和过程的控制。

(2)承包方是依据协议规范、期限和条件，向组织提供服务的外部组织。

组织与进入到组织工作场所的承包方的活动和运行会对双方产生环境和职业健康安全风险的影响。而且承包方的活动和运行可能会给工作场所内其他相关方带来环境和职业健康安全风险。

因此，组织应协调与承包方的采购过程，在环境因素与危险有害因素辨识、风险评价的基础上，控制相关环境和职业健康安全风险。包括确保组织的环境和职业健康安全管理体系要求被承包方和其工作人员满足。

组织的采购过程应规定和应用承包方选择的环境和职业健康安全准则。例如，承包方资质、人力资源要求等。

协同的需求要确认一些承包方(即外部供方)具有专项的知识、技能、方法和手段。

承包方活动和运行的示例包括维护、施工、运行、安保、保洁和一些其他职能。承包方还可包括行政顾问或专家、会计和其他职能。将活动委派给承包方不能免除组织对工作人员环境和职业健康安全的责任。

组织可通过使用清晰界定有关各方责任的合同，实现对承包方活动的协调。组织可使用各种工具确保工作场所承包方的环境和职业健康安全绩效(例如，合同奖励机制或考虑过去环境和健康安全绩效预选资格准则，安全培训或健康安全能力，以及直接的合同要求等)。

在与承包方进行协调时，组织应该考虑自身与承包方之间环境风险源与危险有害因素的报告、控制工作人员进入危险区域和在紧急情况下遵守的程序。组织应该规定承包方如何将其活动与组织本身的环境和职业健康安全管理体系过程(例如，用于控制进入、受限空间等危险作业、有害暴露评价和工艺安全管理的过程)进行协调以及如何就事件报告进行协调。

在允许承包方开展其工作前，组织应当验证其有能力完成任务，例如，通过验证：①环境和职业健康安全绩效记录是令人满意的；②工作人员的资格、经验和能力准则得到规定并已满足(如通过培训)；③资源、设备和工作准备是充分的，且已准备好开始工作。

(3)外包是指安排外部组织执行组织的部分职能或过程。

组织应确保外包的职能和过程得到控制。

组织应确保其外包安排与法律法规和其他要求以及取得的环境和职业健康安全管理体系预期结果相一致。应在环境和职业健康安全管理体系内规定对这些职能和过程实施控制的类型与程度。

当外包时，组织需要对外包的职能和过程进行控制以实现环境和职业健康安全管理体系的预期结果。对外包的职能和过程，符合标准要求仍是组织的责任。

组织应该根据以下因素，确立对外包的职能或过程的控制程度：①外部组织满足组织环境和职业健康安全管理体系要求的能力；②组织确定适当控制或评价控制充分性的技术能力；③外包的过程或职能对组织实现其环境和职业健康管理体系预期结果的能力的潜在影响；④外包过程或职能的分摊程度；⑤组织通过应用其采购过程实现所必要控制的能力；⑥改进机会。

中华人民共和国安全生产法对外包职能或过程方面提出了要求。

《中华人民共和国安全生产法》第十五条规定：依法设立的为安全生产提供技术、管理服务的机构，依照法律、行政法规和执业准则，接受生产经营单位的委托为其安全生产工作提供技术、管理服务。生产经营单位委托前款规定的机构提供安全生产技术、管理服务的，保证安全生产的责任仍由本单位负责。

《中华人民共和国安全生产法》第四十九条规定：生产经营单位不得将生产经营项目、场所、设备发包或者出租给不具备安全生产条件或者相应资质的单位或者个人。生产经营项目、场所发包或者出租给其他单位的，生产经营单位应当与承包单位、承租单位签订专门的安全生产管理协议，或者在承包合同、租赁合同中约定各自的安全生产管理职责；生产经营单位对承包单位、承租单位的安全生产工作统一协调、管理，定期进行安全检查，发现安全问题的，应当及时督促整改。矿山、金属冶炼建设项目和用于生产、储存、装卸危险物品的建设项目的施工单位应当加强对施工项目的安全管理，不得倒卖、出租、出借、挂靠或者以其他形式非法转让施工资质，不得将其承包的全部建设工程转包给第三人或者将其承包的全部建设工程肢解以后以分包的名义分别转包给第三人，不得将工程分包给不具备相应资质条件的单位。

七、应急准备和响应

1. 标准要求

8.2　应急准备和响应

为了对6.1.2.1(ISO 45001)/6.1.1(ISO 14001)中所识别的潜在紧急情况进行应急准备并做出响应，组织应建立、实施和保持所需的过程，包括：

a)针对紧急情况建立所策划的响应，包括提供急救；

b)为所策划的响应提供培训；

c)定期测试和演练所策划的响应能力；

d)评价绩效，必要时(包括在测试之后，尤其是在紧急情况发生之后)修订所策划的响应；

e)与所有工作人员沟通并提供与其义务和职责有关的信息；

f)与承包方、访问者、应急响应服务机构、政府部门、当地社区(适当时)沟通相关信息；

g)必须考虑所有有关的相关方的需求和能力，适当时确保其参与制定所策划的响应。

组织应保持和保留关于响应潜在紧急情况的过程和计划的文件化信息，以确信过程按策划得到实施。

2. 理解要点

(1)标准要求组织应制定并保持处理意外事故和紧急情况的程序。程序的制定应考虑在异常、事故发生和紧急情况下的事件，尤其是火灾、爆炸、毒物泄漏等重大事故，规定如何预防事故的发生，并在事故发生时做出响应，控制事故规模，降低事故损失，减少事故影响。这类程序应定期检验、评审和修订。组织对可能的重大事故必须按有关规定制定场内应急计划，并协助制定场外应急计划。

(2)确定潜在的事故或紧急情况时，应考虑过去发生过的，将来由于某些因素未有效控制而可能发生的事故或紧急情况；应了解同行业其他组织是否发生过类似事故或紧急情况；还应考虑周边环境可能发生的事故或紧急情况，如沿海工厂应考虑台风袭击，坡地企业应考虑滑坡地质灾害。

组织可能涉及的紧急情况示例：①导致环境遭受损害的污染事件；②导致人员伤害或健康损害的事件；③火灾和爆炸；④有害物质或气体的泄漏；⑤自然灾害，恶劣天气；⑥供应中断，如电力供应中断；⑦传染病、流行病的扩散；⑧社会骚乱、恐怖行为、破坏活动、工作场所暴力；⑨关键设备故障；⑩交通事故。

在识别潜在紧急情况时应考虑的信息包括：①环境风险源和危险有害因素辨识以及风险评价的结果；②法律法规要求；③组织以前的事件和应急经验；④其他组织发生的类似紧急情况；⑤执法机构或应急机构网站上的事故调查信息。

(3)对潜在的紧急情况进行后果分析，是制定应急程序的基础。可通过类似的事故案例分析、模拟分析、相似模型实验、数值计算等进行如下内容的事故后果分析。①对潜在事故的描绘(如容器爆炸、管道破裂、安全阀失灵、火灾等)；②对泄漏物质数量的预测(有毒、易燃、爆炸危险性物质)；③对泄漏物质扩散的计算(气体或蒸发液体)；④有害效应的评估(毒、热辐射、爆炸冲击波等)。

(4)要求组织明确潜在的紧急情况，采取预防措施，制定出现紧急情况下的反应程序。

① 知道会有什么样的紧急状态——事先预防；

② 知道发生紧急情况后如何处理——反应预案；

③ 对采取的纠正措施和程序要评审、更改、记录——不断改进；

④ 对程序要求进行演练和检验——提高反应能力。

(5)组织对每一个重大危险设施都应有一个现场应急计划。

应急计划的内容通常包括：

①可能发生的事故性质和后果；

②与外部机构的联系(消防、医院等)；

③报警、联络步骤、联系方式；

④应急指挥者、参与者的责任、义务；

⑤应急指挥中心地点、组织机构、指挥信号、标识；

⑥应急措施等。

(6)应急响应程序应界定承担应急响应责任的人员的作用、职责和权限，特别是被委派了需要提供迅速反应责任的人员。这些人员应参加应急程序的制定，以确保他们充分意识到可能需要他们处理的紧急情况的类型和范围，对于协作也同样要做出安排。应提供给应急服务人员在参加响应活动时所需的信息。

(7)应检查应急响应程序的可行性和有效性，对执行预案的人员进行培训。由于潜在的事故或紧急情况发生的次数很少，可能从来没有出现过，应急响应程序的制定只能参照相关资料和经验，建立的应急响应程序是否可行和有效，应通过实践进行检验。实践检验的方式有：事故或紧急情况发生时执行应急响应程序的情况；可行时，定期进行试验或演练。所以，在事故或紧急情况发生后，应评审应急响应程序是否可行和有效，预案是否需要修改；定期试验和演练一方面是检查应急可行和有效情况，另一方面也是对执行预案人员的实践培训。

组织应保持应急演练记录。应记录的信息种类包括：演练的状况和范围的描述；事件和活动的时间顺序；任何显著的成绩和问题的观察结果。对这些信息应进行评审，以利于演练的策划者和参加者分享改进的反馈结果和建议。

(8)应定期开展应急准备和响应程序的评审。

组织可以以下述的时间方式开展评审：

①组织界定的时间表；

②管理评审期间；

③组织发生变化后；

④作为变化管理、纠正措施或预防措施的结果；

⑤启用了应急反应程序的事件后；

⑥识别出了应急反应缺陷的演练和测试后；

⑦法律法规变化后；

⑧影响应急反应的外部变化后。

当对应急准备和响应程序修订时，应将修订结果与被修订影响的人员和职能及时进行沟通。他们的培训需求也应被评价。

(9)编制应急预案时可参考《生产经营单位生产安全事故应急预案编制导则》(GB/T 29639—2020)、《企事业单位和工业园区突发环境事件应急预案编制导则》(DB32/T 3795—2020)；编制突发环境事件风险评估报告可参考《关于印发〈企业突发环境事件风险评估指南(试行)〉的通知》(环办〔2014〕34 号)和《企业突发环境事件风险分级方法》(HJ 941—2018)；应急演练要求可参照《生产安全事故应急演练基本规范》(AQ/T 9007—2019)。

第四节　绩效评价

一、监视、测量、分析和评价

(一)总则

1. 标准要求

9　绩效评价

9.1　监视、测量、分析和评价

9.1.1　总则

组织应建立、实施和保持用于监视、测量、分析和评价其环境和职业健康安全绩效的过程。

组织应确定：

a)需要监视和测量的内容，包括：

1)满足法律法规要求和其他要求的程度；

2)与所辨识的环境因素、危险有害因素、风险和机遇相关的活动和运行；

3)实现组织环境和职业健康安全目标的进展情况；

4)运行控制和其他控制的有效性；

b)适用时，为确保结果有效而所采用的监视、测量、分析和评价绩效的方法；

c)组织评价其环境和职业健康安全绩效所依据的准则和适当的参数；

d)何时应实施监视和测量；

e)何时应分析、评价和沟通监视和测量的结果。

组织应评价其环境和职业健康安全绩效并确定环境和职业健康安全管理体系的有效性。

组织应确保监视和测量设备在适用时得到校准或验证，并被适当使用和维护。

注：法律法规要求和其他要求(如国家标准或国际标准)可能涉及监视和测量设备的校准或检定。

组织应按其合规义务的要求及其建立的信息交流过程，就有关环境和职业健康安全绩效的信息进行内部和外部信息交流。

组织应保留适当的文件化信息：

——作为监视、测量、分析和评价绩效的结果的证据；

——记录有关测量设备的维护、校准或验证。

2. 理解要点

(1)监测和测量的目的一方面是控制与环境因素和危险有害因素有关的运行，另一方面通过监测和测量收集信息和数据，以此评价环境和职业健康安全绩效，为持续改进提供依据。

(2)监测和测量可以是定性的，也可以是定量的，通常可分为以下几方面监测和测量：

① 测量排向环境的废气、废水、固体废弃物污染物含量，测量作业环境中有毒、有害气体、粉尘的浓度，以确定是否满足适用的法律法规和其他要求；

② 测量使用的水、能源和原材料消耗，以评价是否实现目标和指标要求；

③ 对重要环境因素和危险有害因素运行过程进行监测和测量，如对某生产工序排出的有毒、有害废气浓度及废气量进行测量，对重要岗位工作人员操作的正确性进行检查等，以确保目标和指标的实现；

④ 内部审核是对环境和职业健康安全管理体系总体符合性的测量。

(3)测量前应确定测量的关键特性。因为在生产或服务过程中，与重要环境因素和危险有害因素有关的特性可能很多，组织应确定过程中那些可供测量并能提供最有用信息的关键特性。如某废水中含有多种以不同状态存在的物质，各种物质有不同特性，且状态不同特性也不一样，能表示废水对环境的影响程度的关键特性是COD、SS、pH、重金属离子的浓度、温度等。

(4)绩效测量和监测方法包括：

① 作业场所安全检查与巡视；

② 设备、设施安全检查、监控；

③ 作业环境监测；

④ 安全行为、管理水平的监测、评估；

⑤ 事故、事件、职业病统计分析；

⑥ 产品安全检查；

⑦ 记录检查等。

(5)测量分为主动测量和被动测量。

主动测量是指超前的、积极的预防性监测，包括监测与国家法律、法规及其他要求的符合情况；监测各项具体计划、绩效标准和目标的实施效果；监测污染物排放情况、资源消耗情况、作业环境状况以及作业组织状况；定期对员工实施健康监护等。

被动测量是指反应性的、必需的测量，包括对环境污染、工伤、疾病与事件；其他损失(如财产损失)；不良的环境和职业健康安全绩效，环境和职业健康安全管理体系的失效；员工康复及恢复计划等事项的确认、报告和调查等。

(6)应保证测量设备的准确性。因为测量是为了获得可靠的数据和信息，这要求测量设备在使用时应是完好且准确的，为了确保测量设备的准确性，应按规定的时间间隔或在使用之前对测量设备进行校准或验证。

校准和维护应由有能力的人员完成。

(二)合规性评价

1. 标准要求

9.1.2　合规性评价

组织应建立、实施和保持用于对法律法规要求和其他要求(见6.1.3)的合规性进行评价的过程。组织应：

a)确定实施合规性评价的频次和方法；

b)评价合规性，并在需要时采取措施(见10.2)；

c)保持对其关于法律法规要求和其他要求的合规状况的认识和理解；

d)保留合规性评价结果的文件化信息。

2. 理解要点

(1)合规性评价是对组织遵守法律法规和其他要求情况进行评价。合规性评价是组织能及时发现违反法律法规和其他要求的一种自我完善机制。通过定期进行合规性评价，能及时发现违规行为并采取纠正措施。

(2)由于组织规模、类型和复杂程度不同，合规性评价的方法和频次也不一样。评价频次可参照以往的合规情况来确定。

(3)评价的方式有：内部审核、对文件和记录的评审、对设施的检查、面谈、常规取样分析或试验结果、直接观察等。可以将合规性评价纳入管理体系审核、安全检查、质量保证检查等评价活动中。

(4)组织应建立并保存定期对合规义务遵循情况的评价记录。

二、内部审核

1. 标准要求

9.2　内部审核

9.2.1　总则

组织应按策划的时间间隔实施内部审核，以提供下列信息：

a)环境和职业健康安全管理体系是否符合：

1)组织自身的环境和职业健康安全管理体系要求，包括环境和职业健康安全方针以及环境和职业健康安全目标；

2)本标准的要求；

b)环境和职业健康安全管理体系是否得到有效实施和保持。

9.2.2　内部审核方案

组织应：

a)在考虑相关过程的重要性和以往审核结果的情况下，策划、建立、实施和保持包含频次、方法、职责、协商、策划要求和内部审核报告的审核方案；

b)规定每次审核的审核准则和范围；

c)选择审核员并实施审核，以确保审核过程的客观性和公正性；

d)确保向相关管理者报告审核结果；确保向工作人员及其代表(若有)以及其他有关的相关方报告相关的审核结果；

e)采取措施，以应对不符合和持续改进其环境和职业健康安全绩效(见第10章)；

f)保留文件化信息，作为审核方案实施和审核结果的证据。

注：有关审核和审核员能力的更多信息参见GB/T 19011。

2. 理解要点

(1)内部审核是组织环境和职业健康安全管理体系自我完善机制的重要环节，是发现问题、解决问题和改进体系的重要手段。因为内部审核是一个系统的检查过程，通过内部审核可以发现哪些区域或过程偏离本标准条款和组织的环境和职业健康安全管理体系的运行要求，现有环境和职业健康安全管理体系能否与组织的现状相适应，系统的内部审核可以识别组织环境和职业健康安全管理体系改进的机会。

(2)组织应按照一定的时间间隔进行全部门、全要素的内部审核，通常时间段是1年。一般体系建立和运行初期审核次数应多些，当体系结构有重大变化或发生严重事故时，要及时审核。内部审核的目的是判定建立和运行的环境和职业健康安全管理体系是否符合本标准的要求，只有通过全方位的审核才能作出正确的判定。

(3)应确保审核过程的客观性和公正性。审核就是查找客观证据，将客观证据与审核准则相比较，从而判定符合性的过程。如果查找证据不客观，判定不公正，得出的结论一定是错误的，这样就失去了审核的意义，组织也就失去了自我完善的机制。要确保审核过程客观公正，要求审核人员应具备一定的审核素质，同时审核人员不应审核自己职能范围内的工作。内部审核一般都采用抽样的方法，抽样既要确保一定的数量，又要有一定的代表性。

(4)组织应针对特定的时间段和预期的目的，策划和制定一个或多个审核方案，并形成文件，规定审核的准则、次数、间隔时间、审核人员、审核范围(受审部门、场所)及审核方法。策划并制定审核方案时，应充分考虑受审核方管理状况以及以往审核的结果，对环境和安全健康造成重大影响的重要环境因素和危险有害因素，尤其作为审核的重点。

(5)审核程序和审核方案的区别。审核程序是组织对内部审核过程提出总体要求，指导内部审核按什么途径去完成。审核方案是针对某一时间段内的审核作出具体安排，审核方案也称年度审核计划，即年度内审工作具体安排，审核方案应依据程序文件的要求制定。

三、管理评审

1. 标准要求

9.3 管理评审

最高管理者应按策划的时间间隔对组织的环境和职业健康安全管理体系进行评审，以确保其持续的适宜性、充分性和有效性。

管理评审应包括对下列事项的考虑：

a)以往管理评审所采取措施的状况；

b)与环境和职业健康安全管理体系相关的内部和外部议题的变化，包括：

1)相关方的需求和期望，包括合规义务；

2)其重要环境因素和重要危险有害因素；

3)风险和机遇；

c)环境和职业健康安全方针以及环境和职业健康安全目标的实现程度；

d)组织环境和职业健康安全绩效方面的信息，包括以下方面的趋势：

1)事件、不符合、纠正措施和持续改进；

2)监视和测量的结果；

3)对法律法规要求和其他要求的合规性评价的结果；

4)审核结果；

5)工作人员的协商和参与；

6)风险和机遇；

e)保持有效的环境和职业健康安全管理体系所需资源的充分性；

f)与相关方的有关信息交流与沟通，包括抱怨；

g)持续改进的机会。

管理评审的输出应包括与下列事项有关的决定：

——环境和职业健康安全管理体系在实现其预期结果方面的持续适宜性、充分性和有效性；

——持续改进的机会；

——任何对环境和职业健康安全管理体系变更的需求；

——所需资源；

——措施(若需要)；

——改进环境和职业健康安全管理体系与其他业务过程融合的机会；

——对组织战略方向的任何影响。

最高管理者应就相关的管理评审输出与工作人员及其代表(若有)进行沟通(见7.4)。
组织应保留文件化信息，以作为管理评审结果的证据。

2. 理解要点

(1)管理评审是对环境和职业健康安全管理体系的综合性评价，由最高管理者负责此项工作。管理评审通常是以会议的形式进行，会议必须由最高管理者主持。环境和职业健康安全管理体系管理评审可以和组织其他管理体系的管理评审一起进行。

(2)管理评审的目的是在总结环境和职业健康安全管理体系绩效的基础上，寻找改进的机会，以确保环境和职业健康安全管理体系的适宜性、充分性和有效性。因为组织的环境和职业健康安全管理体系通常存在不足，内、外部与环境和安全健康风险有关的各种因素也在不断地变化，这些“不足”和“变化”可能影响组织环境和职业健康安全管理体系的适宜性、充分性和有效性。最高管理者定期进行管理评审，可以充分了解这些“不足”和“变化”，以确定需要改进的方面、落实改进措施。

(3)适宜性、充分性和有效性的含义是：适宜性是指组织建立的环境和职业健康安全管理体系与组织的活动、产品和服务、规模、过程的复杂程度相适宜；充分性是指组织的环境和职业健康安全管理体系是否全部覆盖了与重要环境因素和危险有害因素有关的运行，即环境和职业健康安全管理体系是否被充分展开；有效性是指组织按建立的环境和职业健康安全管理体系要求运行，是否能有效控制重要环境因素和危险有害因素，实现环境和职业健康安全方针中的承诺。

(4)内、外部与环境和安全健康风险有关的各种因素的变化包括：组织产品和服务过程中活动的变化，新开发项目的环境因素和危险有害因素评价的结果、适用法律法规和其他要求的变化，相关方要求的变化，科学技术的进步，从事故处理中获得的经验和教训等。

(5)管理评审输入的信息是评审的依据。因为最高管理者从输入的信息中可以了解到环境和职业健康安全绩效与方针的差距、与外部要求的差距，了解到需要改进的方面，然后结合组织的实际情况(经济、技术、可运行性)，确定目前需要改进的方面。

(6)管理评审输出的重点内容是改进及其措施。因为评审出环境和职业健康安全管理体系运行好的方面，在以后的运行中能继续保持，但改进需要一定的时间、技术和资源，如何获得这些“需求”，必须在管理评审时落实，所以，改进和改进工作的落实是管理评审输出的重点内容。

第五节　改　进

一、总则

1. 标准要求

10　改进

10.1　总则

组织应确定改进的机会，并实施必要的措施，以实现其环境和职业健康安全管理体系的预期结果。

2. 理解要点

(1)改进是组织管理体系自我完善机制的重要组成部分，改进措施的实施有助于组织实现环境和职业健康安全管理体系的预期结果，包括提升环境和职业健康安全绩效、履行合规义务以及实现环境和职业健康安全目标，这些结果的实现有赖于环境和职业健康安全管理体系的有效实施。在组织的日常运营过程中，可能会出现一些影响管理体系持续正常、有效实施的情形，如未按照操作规程操作、设备设施故障、未能及时应对变化等。组织应该能够及时发现并针对这些情形采取相应的措施，以确保环境和职业健康安全管理体系正常、有效地运行，实现预期结果。

(2)组织可以通过监视、测量、分析和评价；合规性评价；内部审核以及管理评审等过程的实施发现改进的机会。

(3)针对发现的改进机会，组织应采取相应的措施予以应对，这些措施通常包括：控制并纠正不符合，针对不符合采取纠正措施，持续改进环境和职业健康安全管理体系的适宜性、充分性和有效性等。组织采取措施改进时应当考虑风险和机遇的确定、绩效分析和评价、合规性评价、内部审核和管理评审的结果，应考虑投诉、不符合、事故、外部监管信息等。

(4)改进可以是被动地(如纠正措施)、逐渐地(如持续改进)、跳跃变化(如突破性变更)、创造性地(如创新)或重组(如转型)等。

二、不符合和纠正措施

1. 标准要求

10.2　事件、不符合和纠正措施

组织应建立、实施和保持包括报告、调查和采取措施在内的过程，以确定和管理事件和不符合。

当事件或不符合发生时，组织应：

a)及时对事件和不符合做出反应，并在适用时：

1)采取措施予以控制和纠正；

2)处置后果，包括减轻不良的环境影响和消除(或降低)安全健康风险；

b)在工作人员的参与(见5.4)和其他相关方的参加下，通过下列活动，评价是否采取纠正措施，以消除导致事件或不符合的根本原因，防止事件或不符合再次发生或在其他场合发生：

1)调查事件或评审不符合；

2)确定导致事件或不符合的原因；

3)确定类似事件是否曾经发生过，不符合是否存在，或它们是否可能会发生；

c)在适当时，对现有的环境和职业健康安全风险以及其他风险的评价进行评审(见6.1)；

d)按照控制层级(见8.1.2)和变更管理(见8.1.3)，确定并实施任何所需的措施，包括纠正措施；

e)在采取措施前，评价与新的或变化的环境因素、危险有害因素相关的环境和职业健康安全风险；

f)评审任何所采取措施的有效性，包括纠正措施；

g)必要时，对环境和职业健康安全管理体系进行变更。

纠正措施应与事件或不符合所产生的影响或潜在影响相适应。

组织应保留文件化信息作为以下方面的证据：

——事件或不符合的性质以及所采取的任何后续措施；

——任何措施和纠正措施的结果，包括其有效性。

组织应就此文件化信息与相关工作人员及其代表(若有)和其他有关的相关方进行沟通。

注： 及时报告和调查事件可有助于消除危险有害因素并尽快降低相关环境和职业健康安全风险。

2. 理解要点

(1)不符合有两种，即潜在的不符合和已出现的不符合。对潜在的不符合应采取预防措施，防止产生不符合；对已出现的不符合应针对原因采取纠正措施，防止以后再次产生类似的不符合。

(2)该条款要求组织应进行持续改进，改进的目的在于防止产生不符合。

(3)不符合情况分为体系绩效不符合以及环境和职业健康安全绩效不符合。

① 体系绩效不符合包括：

a)未建立环境和职业健康安全目标、指标，或已建立的环境和职业健康安全目标、指标与组织的实际情况不符；

b)管理体系所要求的职责不明确，导致环境和职业健康安全管理运行区域性(或标准条款)失效；

c)合规性评价失效。

② 环境和职业健康安全绩效不符合包括：

a)未能实现目标和指标；

b)未按要求维护好控制环境因素和危险有害因素的设施和测量设备；

c)未按规定的准则和方法控制环境因素和危险有害因素。

(4)首先应识别不符合。因为只有发现潜在或已出现的不符合，才能采取一定的措施。识别已存在的不符合方法有例行监测和测量，内部审核。识别潜在的不符合方法有：对与重要环境因素和危险有害因素有关的运行趋势进行分析，找出将要发生的不符合；从已出现不符合的原因研究中，推断其他方面将来可能会出现类似的不符合。

(5)对发现的不符合是否采取措施和采取措施的程度应考虑不符合的严重性、对环境的影响和安全健康风险的高低、不符合出现的频次。如果是偶然出现的不符合，影响轻微，且运行中可以避免，也可不采取纠正措施。

(6)对已存在的不符合采取纠正措施时，应考虑是否需要纠正当前的不符合。因为已发现的不符合有的可以纠正，有的因时效、纠正的成本、技术等问题不能实施纠正，所以不能规定产生的不符合均要纠正。如例行检查时发现向环境排放的废气污染物浓度超标，这种不符合只能采取纠正措施，不能纠正；处理后的固体废弃物中有害物质仍然超标，对此种不符合既要采取纠正措施又要实施纠正。

(7)对发现的不符合所采取的纠正措施应与问题及环境影响和安全健康风险的严重程度相符，如某危险化学品储槽，因长时间没维护，底部已有裂纹，且有少量液体渗漏，采取通常的修补措施则与此问题的严重程度不符，若要确保危险化学品不对环境和员工生命健康产生严重影响，更换新储槽是彻底解决该问题的方法之一。

(8)当所采取的措施导致环境和职业健康安全管理体系发生变化时，应在实施措施的过程中，确保所有相关文件、培训和记录均应得到更新和批准，并使所有相关的人员知道这些变化。

三、持续改进

1. 标准要求

10.3　持续改进

组织应通过下列方式持续改进环境和职业健康安全管理体系的适宜性、充分性与有效性：

a)提升环境和职业健康安全绩效；

b)促进支持环境和职业健康安全管理体系的文化；

c)促进工作人员参与环境和职业健康安全管理体系持续改进措施的实施；

d)就有关持续改进的结果与工作人员及其代表(若有)进行沟通；

e)保持和保留文件化信息作为持续改进的证据。

2. 理解要点

(1)持续改进是环境和职业健康安全管理体系的一个主要特点，也是最高管理者在环境和职业健康安全方针中的重要承诺。持续改进是组织确保环境和职业健康安全管理体系有效运行、提升环境和职业健康安全绩效的重要手段。环境和职业健康安全管理体系的充分性、适宜性和有效性对组织的环境和职业健康安全绩效有着直接的显著影响，如：未能明确过程的某些管理要求可能导致该过程失控；未充分考虑作业人员的能力水平，在作业规程中使用了过多的学术性语言，可能使他们因为不能正确理解从而导致有关要求不能被有效执行等。组织可考虑对环境和职业健康安全管理体系过程以及过程之间的相互关系、与组织的业务过程的融合程度等方面实施持续改进，不断提升环境和职业健康安全绩效。

(2)持续改进不必同时发生在环境和职业健康安全管理体系的所有方面，组织可以通过环境和职业健康安全管理体系的总体提升或者局部改善实现持续改进。持续改进强调的是持续，但这并不意味着它必须是连续不断的。组织可通过设定目标并努力达成来实现持续改进。

(3)组织可以通过绩效评价、内部审核、管理评审等的实施发现改进机会。以下相关内容能为组织提供持续改进的信息：最佳实践、外部标杆、法律法规的变化、技术文献、审核结果、相关方的观点、经验教训等。组织应鼓励全体员工为持续改进提出建议。

(4)组织应对发现的改进机会进行评估，确定应采取的措施、组织应对拟采取的措施进行策划，根据自身的管理需求确定拟采取措施的类型、程度、时间安排等。如果有关措施引发了对环境和职业健康安全管理体系进行变更的需求，组织应及时地按照要求实施相应的变更。

(5)组织在环境和职业健康安全管理体系建立、实施和保持的基础上，还必须营造持续改进的企业文化和内部环境。各级管理者应建立激励措施，鼓励在组织环境和职业健康安全管理体系范围内自上而下的所有人员增强问题意识和改进意识，都能积极参与提升组织环境和职业健康安全绩效的持续改进活动。

第六节　环境和职业健康安全管理体系要素间的相互关系及作用

一、要素间的相互关系

环境和职业健康安全管理体系标准包含着实现不同管理功能的要素。从表面上看，各要素是各自独立的要求，实际上，标准所提供的是一个系统化、结构化的管理体系，标准中各要素既不是孤立存在的，也不是简单地组合，它们之间存在着紧密的内在联系。所以应将各个管理要素要求综合起来考虑，协调一致，系统地构成一个有机整体。因此，正确理解环境和职业健康安全管理体系的要素，搞清各要素间的相互关系和作用，是建立适宜、有效的环境和职业健康安全管理体系的关键，也是达到预期结果，履行合规义务，以及有效地应对预期风险和机会的关键。标准各要素间主要存在两种关系。

1. 传递关系

环境因素和危险有害因素辨识及风险和机遇的评价(6. 1. 2)以及合规义务(6. 1. 3)是制定环境和职业健康安全方针(5. 2)的主要依据；环境和职业健康安全方针(5. 2)为制定环境和职业健康安全目标(6. 2. 1)提供框架；建立目标和指标应考虑合规义务、有重大影响的环境因素和危险有害因素以及对事故预防和环境保护的承诺，实现目标的实施计划(管理方案)依据目标和指标制定。制定管理方案后，应实施方案，而实施方案首先需要确定环境和职业健康安全管理体系的组织机构，分配管理职责，依据方案建立重要环境因素和危险有害因素的运行控制文件化信息，按文件化信息要求对重要环境因素和危险有害因素有关的运行实施过程控制，对可能发生的紧急情况和事故做出响应。依据监测和测量对重要环境因素和危险有害因素的运行、合规义务、运行控制状态、目标等要素进行测量，通过合规性评价对适用的法律法规的遵循情况进行检查，根据监视、测量、分析和评价及合规性评价的结果，对发现的不符合采取有效的纠正措施，改进环境和职业健康安全管理体系。这种循环传递的关系，促使环境和职业健康安全管理体系持续改进，不断提高。

2. 支持关系

环境和职业健康安全方针、目标和指标的实现依靠对重要环境因素和危险有害因素运行的有效控制来支持；重要环境因素和危险有害因素的有效控制依靠适宜的人员、设施、监测和测量及合规性评价来支持；人员的能力依靠培训支持；保持环境和职业健康安全管理体系的有效性依靠信息沟通与交流支持；有效的管理评审依靠监视、测量、分析和评价以及内部审核和信息沟通与交流支持。

因此，环境和职业健康安全管理体系标准中的环境因素和危险有害因素辨识及风险和机遇的评价(6. 1. 2)及合规义务(6. 1. 3)、环境和职业健康安全目标及其实现的策划(6. 2)、运行策划和控制(8. 1)、事件、不符合和纠正措施(10. 2)，这些要素构成了环境和职业健康安全管理体系的一条主线，其他要素都是围绕这条主线展开，起到支撑、指导、控制这条主线的作用。环境和职业健康安全管理体系各要素间的关系如图 3 – 1 所示。

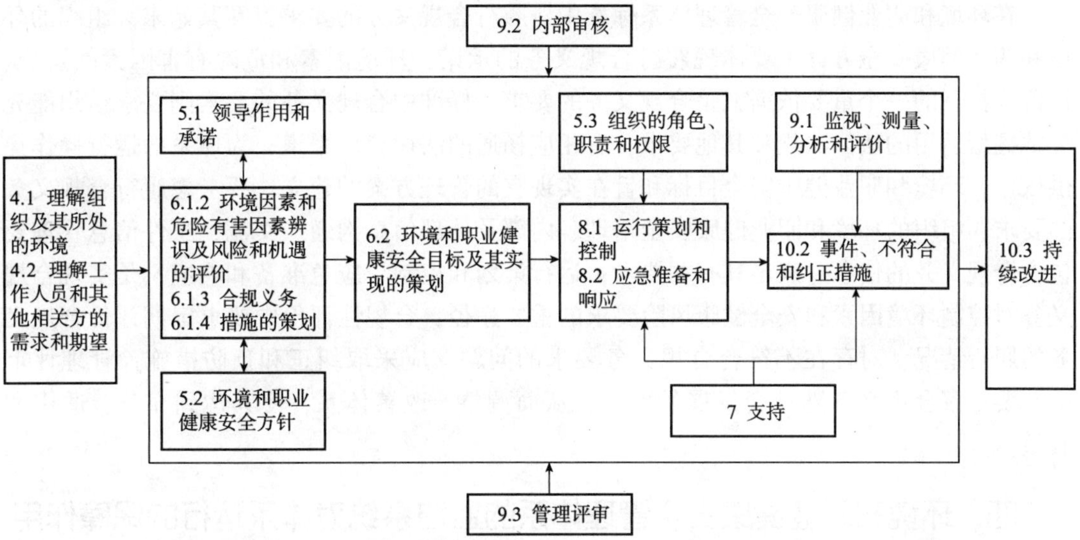

图 3 – 1　环境和职业健康安全管理体系标准要素间的联系

二、环境因素和危险有害因素的辨识、评价与控制是环境和职业健康安全管理体系的核心

环境和职业健康安全管理体系实施的目的在于控制环境因素和危险有害因素，改善组织的环境和职业健康安全绩效。因而全面准确地识别、评价环境因素和危险有害因素成为环境和职业健康安全管理体系建立与保持的基础。所以，对评价出的这些重要环境因素和重要危险有害因素的控制与管理成为环境和职业健康安全管理体系的管理核心。

围绕环境因素和危险有害因素的辨识、评价和控制的策划，确定目标、指标和管理方案，实施运行控制，检查落实完成和遵守情况，环境和职业健康安全管理体系要素依次展开。环境和职业健康安全管理体系每个要素要求的设立，都是为了控制环境因素所带来的环境影响和危险有害因素所带来的安全健康风险。环境和职业健康安全管理体系的不断持续改进，其根本目的就是对环境影响和风险控制程度的不断提高。

组织建立环境和职业健康安全管理体系，要根据其所存在的环境因素和危险有害因素这个管理核心，按照环境和职业健康安全管理体系标准要求，设立和展开其管理要素。

三、环境和职业健康安全管理体系具有履行合规义务的承诺

合规义务是组织必须遵循的法律法规要求，以及组织必须或选择遵守的其他要求。组织在建立、实施、保持和持续改进管理体系时，必须严格履行合规义务。

环境和职业健康安全管理体系与质量管理体系不同，应服务于众多的相关方和社会对人权、环境保护不断发展的需要，这种需要不是通过一种简单的合同、投诉形式向组织传达的，而是以政府法规要求、社会意愿等隐含形式表达出来。因此，作为社会要求体现的

法律、法规在环境和职业健康安全管理体系中具有特殊的基础地位。有效的环境和职业健康安全管理体系的运行，是以法律法规为最低要求，不断地持续改进。

在环境和职业健康安全管理体系标准中，履行合规义务的要求贯穿其始末。组织的环境和职业健康安全方针中要体现履行合规义务的承诺；环境因素和危险有害因素的辨识、评价和控制的一个重要依据就是合规义务的要求；标准中合规义务的要素则要求组织能充分掌握所适用的法律法规和其他要求，有相应畅通的法律获取渠道，为体系的运行操作提供依据；环境和职业健康安全目标和旨在实现它的管理方案的建立，要考虑履行合规义务的要求；组织的环境和职业健康安全培训、内部及外部信息沟通与交流、文件信息管理要包含合规义务的信息并满足其有关要求；运行策划和控制、应急准备和响应，是实现合规义务对控制环境因素和安全健康风险要求的重要途径；合规性评价中要求定期评价合规义务的履行情况，对存在不符合合规义务要求的问题，应采取纠正和预防措施；管理评审中，要考察合规义务随社会发展的状况，从而调整、改善体系，使其达到充分、适用和有效。

四、环境和职业健康安全管理体系的监控系统对体系运行的保障作用

环境和职业健康安全管理体系是一个管理上科学、理论上严谨、系统性强的管理体系，具有自我调节、自我完善的功能。其监控机制，具有实施、检查、纠错、验证、评审和提高的能力，包含绩效评价(9)和改进(10)两大功能模块的所有要素内容，其中监视、测量、分析和评价(9.1)，内部审核(9.2)和管理评审(9.3)三个条款均具有独立发现问题、解决问题的功能，包括日常监督管理，环境和职业健康安全管理状况和体系要素评价，以及根据组织内部因素和外部环境状况进行总体判断，从而形成了比较严密的三级监控机制。

首先，监视、测量、分析和评价(9.1)构成第一级监控措施。它包括对生产操作和基层管理的监督、检查，也包括对组织环境和职业健康安全绩效和目标以及法规遵循情况的例行监控。对于监控中发现的问题，解决的方法是按程序要求及时解决。

第二级监控措施是内部审核(9.2)。由组织的环境和职业健康安全管理者代表组织内部审核员进行，内审员得到了充分的授权，可对组织的环境和职业健康安全管理体系的运行状况做出评价。环境和职业健康安全管理体系审核是集中发现问题，并集中解决问题的一种有效手段。内审中发现的问题，有些可立即解决，有些需汇报给最高管理者，由其决策后解决。内审完成后应对组织的环境和职业健康安全管理体系是否按计划有效实施，是否符合环境和职业健康安全管理体系标准的要求给出结论。

第三级监控措施是管理评审(9.3)。管理评审由最高管理者组织进行，可将一些管理层解决不了的问题、关系企业大政方针的问题集中在一起，由决策层加以解决。其内容包括内审的结果、目标的实现程度及持续改进的要求等。管理评审应针对组织内部变化的因素和外部变化的环境，对体系的持续适用性、有效性和充分性做出判断，并做出相应的调整。

这三级监控措施并不是各自独立的，在监控的内容上有所交叉，互为补充，构成完整的监控机制，以保证环境和职业健康安全管理体系的持续适用、充分和有效。

思考题

1. 环境和职业健康安全管理体系的预期结果包括哪些内容?

2. 在确定环境和职业健康安全管理体系范围时，应考虑哪些因素?

3. 环境和职业健康安全方针应体现哪些承诺?

4. 方针、目标和指标有什么区别和联系?

5. 最高管理者如何才能证实其在环境和职业健康安全管理体系方面的领导作用和承诺?

6. 环境和职业健康安全管理体系所需资源包括哪些?

7. 组织需要应对的风险和机遇主要来自哪些方面?

8. 在策划风险和机遇的措施时，组织应针对哪些内容采取管理措施?

9. 在建立环境和职业健康安全目标时，组织应考虑哪些因素?

10. 环境因素和危险有害因素的辨识与评价各有什么要求?

11. 环境和职业健康安全管理方案应包括哪些内容?

12. 对文件化信息进行控制的目的是什么?

13. 信息交流和沟通的方式和内容有哪些?

14. 运行控制要素的主要内容有哪些?

15. 应急准备和响应程序文件中应包含哪些内容?

16. 如何确保审核过程的客观性和公正性?

17. 管理评审的目的是什么?

18. 管理评审的输入和输出各包含哪些内容?

19. 针对实际发生的不符合，组织应采取哪些措施?

20. 为什么需要实施持续改进?如何持续改进环境和职业健康安全管理体系的适宜性、充分性与有效性?

21. 环境和职业健康安全管理体系的三级监控机制的主要内容是什么?

第四章　环境因素与危险有害因素的辨识与评价

第一节　环境因素识别与评价

环境因素的识别与评价是整个环境管理体系建立的基础，正确、完善地识别出组织的环境因素并实施有效控制，是环境管理体系得以正常实施和不断持续改进的基础。无论用何种方法识别环境因素，均应以生命周期评价理论为指导，抓住环境影响这条主线，从污染物的产生、综合利用、治理、排放等因素综合考虑，通过全过程控制，把握污染物产生、削减、转化的规律，找出环境因素。其次，从提高资源、能源利用率，保护生态环境，使用环保产品，办好公益事业等方面找出有利于改善环境质量的环境因素；最后，从相关方的要求和拟对相关方提出的环保要求出发，确定环境因素。

一、环境因素识别

1. 环境因素识别与评价的步骤

环境因素识别与评价一般可分为五个步骤，如图4－1所示。

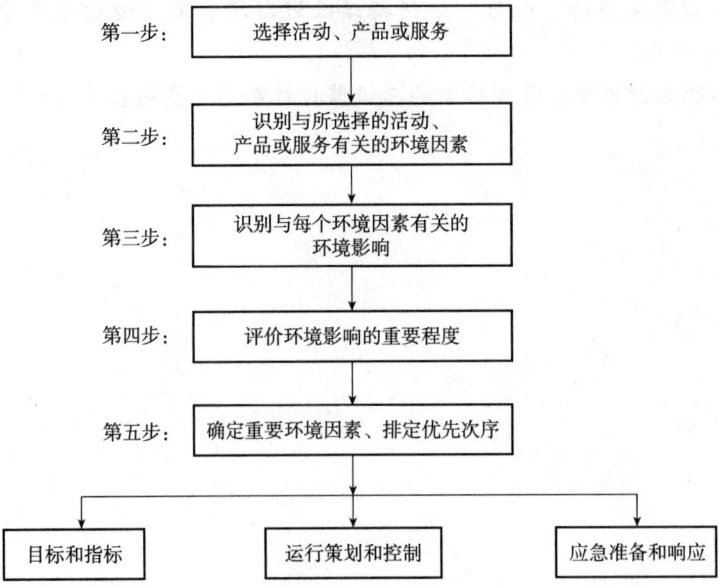

图4－1　环境因素识别与评价的步骤

环境因素的摸底调查及初步识别，通常由各个部门组织实施；环境因素复核、环境影响评价及确定重要环境因素，由管理者代表组织各部门技术骨干人员完成。组织在进行环境因素识别时，首先应该选择组织的活动、产品和服务过程，针对每一过程所产生的环境因素进行识别，并对各部门环境因素识别的结果进行审核，避免遗漏重要环境因素，特别是关于产品、相关方和临时现场的环境因素；对所识别出的环境因素，在统一的环境影响评价准则下，集中对每个环境因素的环境影响的程度和范围进行评价，尽可能减少评价中的主观随意性，经综合衡量和全面考虑后确定重要环境因素；最后，按照环境因素的重要性排定优先控制顺序，重要环境因素的控制可采用建立目标指标和环境管理方案、运行控制程序和应急预案三种方式进行控制。

2. 环境因素识别的范围

要全面完善地对组织环境因素进行识别，不仅要考虑组织的生产制造过程，还要考虑生产辅助过程，如：动力供应、变电站、锅炉房、生活后勤等。另外，对产品使用过程、售后服务过程以及各职能部门的管理活动等涉及的环境因素也应进行全面的识别与调查。环境因素识别的范围根据组织的活动、产品、服务的特点各不相同，可能包括以下内容：

①产品设计和开发过程，如：新型环保汽车、节能产品、绿色食品的开发等；

②生产工艺的设计过程，如有害材料的替代、新型设备的使用等；

③原材料采购过程；

④设备维护维修过程；

⑤生产制造及售后服务过程；

⑥产品及原材料的仓储、运输过程；

⑦产品的制造过程；

⑧产品使用过程和产品维修服务过程，如：汽车使用过程中油料的消耗、洗衣机使用过程中水的消耗、产品包装材料等；

⑨危险化学品的使用、储存和管理过程；

⑩厂区新、扩、改建项目实施过程，厂区新建筑工程的建设、技术改造项目等；

⑪能源、资源的供应和使用，如变电站、锅炉房、空压机站等；

⑫环保设备的运行，如：污水处理厂、废气处理装置、有害废物的处置等；

⑬办公与行政管理过程；

⑭生产调度过程；

⑮后勤活动（如食堂、宿舍、浴室、车队、医务室、洗衣房等）；

⑯与计划中的活动相关的环境因素。

环境因素识别应考虑正常、异常、紧急三种状态，以及过去、现在、将来三种时态。

正常状态是指固定、例行性且计划中的作业与程序。例如建筑公司混凝土搅拌机的常规运行、化工生产中的正常化学反应、爆破公司的爆破作业等均属正常状态。

异常状态是指在计划中，然而不是例行性的作业。例如化学反应槽罐的清理作业、设备的检修作业等属于异常状态。

紧急状态是指可能或已发生的紧急事件。例如危险化学品的大范围泄漏、火灾、爆炸、储罐开裂、设备瘫痪等。在识别紧急情况时，应考虑组织的业务性质、任务涉及的危险物质、组织的地理位置(例如洪水区域、龙卷风或地震易发区)、组织附近其他危险企业等。供应商提供的材料说明和信息(如材料安全数据表)有助于组织确定在紧急状态下的潜在危害。

环境因素识别时需考虑以往遗留的环境问题。对过去环境影响的考虑可包括以下内容：

①导致土地污染或建筑结构污染的不适当的材料处理；

②导致污染物产生的低效率的工艺，如喷漆、车辆维修、设备清洗、表面整修等；

③含有危险物或潜在危险物的材料储存；

④遗弃的地下储罐或其他遗弃物；

⑤不再生产的产品部件现在被认为是有害的；

⑥前地主或前物主的活动、产品或服务。

环境因素识别时通常考虑的多为现在时态下的环境因素。而未来环境因素是指可预见的、潜在的环境因素，在制定应急准备和响应程序时必须予以考虑。

组织对环境因素的控制方式有两种，可直接控制的和期望施加影响的。可直接控制的环境因素通常指组织内部的环境因素；而期望施加影响的环境因素是指组织不能对其采取直接控制，但可通过一些方式对其施加影响来改变它。比如消费者虽不能控制厂商的生产，但却可以以多种方式施加影响来改变厂商的生产行为，如写信抱怨过度的产品包装，抵制购买某种不能回收的产品就是两种可行的施加影响的方式。一个人或一个公司对他人或其他公司的影响力是不可预测的，施加影响的意识和影响潜力也是不可忽视的。由于施加影响的要求很难把握，因此，一个组织必须判断在哪些方面可以期望施加影响。例如，组织的产品由外部承包商负责运输、生产活动承包给别人或别的组织、对于产品用户如何合适地处理或处置产品的信息等。总之，组织施加的影响越大，组织的环境管理体系的收获越多。

环境因素应定期进行更新(如每年一次)。除此之外，在组织计划新的基本建设活动、技术改造活动或其他重大活动前，以及依据所评价出的重要环境因素制定目标、指标、管理方案发现环境因素的识别认识不深入时，均应对环境因素进行更新识别。

二、环境因素识别方法

环境因素识别可采用调查表、产品生命周期分析、工艺流程(物料衡算)分析、现场调查及面谈、专家咨询、水平对比、纵向对比、查阅文件和记录、测量等多种方法。针对不同类型和特点的组织，可选用适用于自己的识别方法。

1. 环境因素调查表法

环境因素调查表是环境因素识别常用的主要工具，这种方法适用于生产及污染型工业企业。调查表的设计全面考虑了组织活动、产品、服务中可能涉及的各方面的环境因素，考虑了过去、现在、将来三种时态及正常、异常、紧急三种状态，可有效保证企业不会遗漏环境因素。环境因素识别前，应将环境因素识别表的填写方法、填写要求向被调查人介绍清楚，必要时进行专门培训。表格填写完成后，由评审人员收集并进行统计分析，以识别环境因素。调查表由以下八个部分组成：

①污染物常规排放：各部门按生产工艺流程填报各自活动、产品、服务中的废水、废气、噪声排放情况及其排放量、排放频率、排放去向、监测值及现有的治理设施。

②固体废弃物管理：要求相关部门填报固废的产生情况，包括废弃物性质、排放量以及处置现状，是否回收利用、有无回收价值。

③主要资源消耗：资源包括水、原材料、矿产资源、海洋资源、生物资源等。如，水资源消耗注明用水来源、日消耗水量、可循环利用率；纸张消耗填写月消耗量及可节约的措施等。

④能源消耗：包括电、煤、油、气等，各部门按不同种类的不同用途填写年月日消耗量。

⑤泄漏情况：调查各部门可能发生的化学品、有害原料、油料等泄漏情况、泄漏种类、地点、原因、频率、泄漏量、去向、可采取的措施等。

⑥安全隐患：考虑有无火灾、爆炸隐患、危险物的溢出和污染物事故排放造成的环境事故、人身伤亡事故等。

⑦生态环境影响：包括过去遗留下来的生态环境问题和组织运营过程中可能产生的生态影响。

⑧相关方环境影响调查：相关方包括工程合同方、分供方、废品收购方、公众、投诉方等，评价出可重点施加影响或一般施加影响或暂不施加影响的相关方。

各部门依据各自的活动情况完成调查表。

这八张调查表的优点是考虑较为全面，信息量大，对新建立体系的部门能起到很重要的引导作用。缺点是专业性较强，汇总工作量较大。表4－1～表4－8可供参考。

表4－1　环境因素调查表之一——污染物常规排放

填写人：　　　　　部门：　　　　　从事工作：　　　　　填写日期：

种类	地点	排放物	产生污染物的活动、产品及服务过程	排放量	频率	去向	监测情况	治理措施	您认为今后应采取什么措施
气体排放									
废水排放									
噪声									

说明：1. 污染物常规排放包括废气、废水、噪声；

2. 频率——A：基本每日都有发生；B：每周发生一次左右；C：每月发生一次左右；D：每月发生少于一次。

表4－2　环境因素调查表之二——固体废弃物管理

填写人：　　　　　　　部门：　　　　　　　　从事工作：　　　　　　　　　填写日期：

种类	产生固体废弃物的活动、产品及服务过程	废弃物性质	排放量	废弃物处置现状				备注
				储存场所及方式	运输方式	是否可回收利用	可回收利用废物是否进行分类隔离	

说明：废弃物性质一栏填写“一般废物”或“危险废物”。

表4－3　环境因素调查表之三——主要材料或成品废品率(%)及水资源、办公用纸消耗

填写人：　　　　　　　部门：　　　　　　　　从事工作：　　　　　　　　　填写日期：

主要材料或成品名称	规格(型号)	废品率/%	可以采取降低废品率的措施	
办公用纸类型	规格(型号)	月消耗量/(包/月)	可以采取的节约措施	
1. 打印纸				
2. 复印纸				
3. 其他				
水资源用途	来源	日消耗量/(t/d)	水资源循环利用率	可以采取的节约措施

说明：1. 主要材料及成品的废品率一栏填写部门(车间)较大材料的废品率；

2. 水资源用途是指生产用水、生活用水、清洗用水、洗涤用水、绿化用水等。

表4－4　环境因素调查表之四——能源消耗

填写人：　　　　　　　部门：　　　　　　　　从事工作：　　　　　　　　　填写日期：

序号	种类	用途	估计月消耗	您认为节约能源应采取的措施
1				
2				
3				
4				
⋮ ⋮				

说明：能源的种类包括电、气、煤及油等。

表4-5 环境因素调查表之五——出现的泄漏或可能产生的泄漏

填写人： 部门： 从事工作： 填写日期：

类型	泄漏物	泄漏地点	原因	泄漏频率	泄漏量	去向	处理方法	现场储存量	针对泄漏可采取的措施
出现的泄漏									
可能的泄漏									

说明：1. 出现的泄漏是指由于事故、设备损坏、现场管理差等情况造成的液态、气态等物质的泄漏；

2. 频率——A：基本每日都有发生；B：每周发生一次左右；C：每月发生一次左右；D：每月发生少于一次；

3. 可能的泄漏是指罐、槽、箱等容器存放不当，防护措施不够或管理不善而极有可能发生泄漏。

表4-6 环境因素调查表之六——事故和紧急状况(安全隐患)

填写人： 部门： 从事工作： 填写日期：

前5年发生的事故和紧急情况		原因	损失及影响	现场采取行动	应采取什么措施
危险品溢出或泄漏事故					
火灾					
污染物排放造成环境事故					
人身伤亡事故					
可能发生的其他事故和经济情况					

表4-7 环境因素调查表之七——生态环境影响

填写人： 部门： 从事工作： 填写日期：

生态环境问题及影响因素		调查内容		
1. 过去遗留下来的生态环境问题	项目			
	海滩被破坏			
	山林大片岩石裸露			
	刀耕火种砍伐森林遗失			
	珍稀濒危物种流失			
	典型地带性生态系统破坏严重			
2. 组织正常运营过程中可能的生态影响因素	地点(范围)	可能造成的生态环境影响(正、负效应)	应采取的措施	
	居民、游客			
	物种移栽			
	土地开发使用			
	绿化			
	污染物排放			
	其他因素			
3. 是不是环境敏感区域？有无生物及环境影响特殊保护要求及界定范围？如果是新开发区，总规划中是如何体现生态环境规划设计的				
4. 其他生态环境问题				

说明：本表只限于咨询人员和生态环境设计、保护职能部门人员填写。

表4-8 环境因素调查表之八——相关方调查

填写人： 部门： 从事工作： 填写日期：

<table>
<tr><th>序号</th><th>相关方名称</th><th colspan="9">调查内容</th></tr>
<tr><td rowspan="4">1</td><td rowspan="4">工程合同方</td><td>序号</td><td>工程合同方名称</td><td colspan="2">工程名称</td><td colspan="2">进场施工日期</td><td>预计完成日期</td><td>费用</td><td>评 价</td></tr>
<tr><td>①</td><td></td><td colspan="2"></td><td colspan="2"></td><td></td><td></td><td></td></tr>
<tr><td>②</td><td></td><td colspan="2"></td><td colspan="2"></td><td></td><td></td><td></td></tr>
<tr><td>③</td><td></td><td colspan="2"></td><td colspan="2"></td><td></td><td></td><td></td></tr>
<tr><td rowspan="4">2</td><td rowspan="4">分供方</td><td>序号</td><td>分供方名称</td><td colspan="2">货物(或服务名称)</td><td colspan="4">年度采购价值(万元)或年度服务费用</td><td>评 价</td></tr>
<tr><td>①</td><td></td><td colspan="2"></td><td colspan="4"></td><td></td></tr>
<tr><td>②</td><td></td><td colspan="2"></td><td colspan="4"></td><td></td></tr>
<tr><td>③</td><td></td><td colspan="2"></td><td colspan="4"></td><td></td></tr>
<tr><td rowspan="4">3</td><td rowspan="4">废品收购方</td><td>序号</td><td colspan="2">废品收购方名称</td><td colspan="2">废品名称</td><td colspan="3">费用</td><td>评 价</td></tr>
<tr><td>①</td><td colspan="2"></td><td colspan="2"></td><td colspan="3"></td><td></td></tr>
<tr><td>②</td><td colspan="2"></td><td colspan="2"></td><td colspan="3"></td><td></td></tr>
<tr><td>③</td><td colspan="2"></td><td colspan="2"></td><td colspan="3"></td><td></td></tr>
<tr><td rowspan="4">4</td><td rowspan="4">公众投诉</td><td>序号</td><td colspan="2">投诉内容</td><td colspan="2">同类事件投诉频率(次/月)</td><td colspan="3">投诉处理方式</td><td>评 价</td></tr>
<tr><td>①</td><td colspan="2"></td><td colspan="2"></td><td colspan="3"></td><td></td></tr>
<tr><td>②</td><td colspan="2"></td><td colspan="2"></td><td colspan="3"></td><td></td></tr>
<tr><td>③</td><td colspan="2"></td><td colspan="2"></td><td colspan="3"></td><td></td></tr>
<tr><td>5</td><td>其他</td><td colspan="9"></td></tr>
</table>

说明：评价栏中由环境协调人填写重点施加影响或一般施加影响或暂不施加影响。

2. 产品生命周期分析法(LCA)

产品生命周期分析法(LCA)可使组织全面了解自己的产品，对产品进行“从摇篮到坟墓”的分析，包括了从原材料生产到产品最终处置的全部过程中可以涉及的环境问题。

产品的生命周期通常分为：原材料的生产与加工，产品的生产与加工，产品的运输与销售，产品的使用与回用，产品的废弃和再利用等五个阶段。

一般运用LCA进行分析的环境问题内容包括：对大气质量的影响，对地表水的影响，对土壤、海洋、地下水的影响，对气候的影响，废弃物，自然资源(水、能源、原材料等)的消耗，毒性作用，生物多样性等方面。

产品生命周期分析是汇总和评估一个产品系统在其整个生命周期中所有输入和输出对环境造成的影响和潜在影响的方法。其优点是全面反映产品本身的环境因素，缺点是对生产现场分析不够详细、精确，因此，对生产阶段应采用工艺流程分析加以补充。图4-2为产品生命周期分析过程图。

3. 工艺/活动输入输出法

环境因素是组织的活动、产品或服务相互作用的结果，一般而言，大多数生产过程都有输入、输出。生产过程的原材料输入产生产品，同时也会产生废弃物，此即为环境因素。另外，生产过程中会有自然资源和能源输入，虽然不是输出，但从节约资源、能源角度看，它们也是环境因素。因此，可用利用活动、产品或服务的输入及输出方式进行环境因素识别。

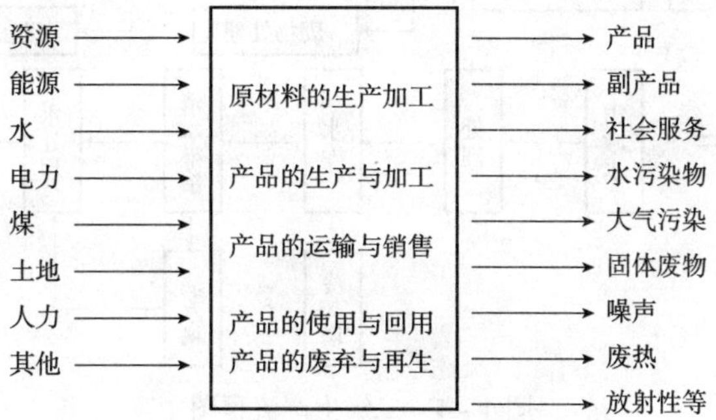

图4－2　产品生命周期分析过程图

在环境因素识别时，应首先确定组织的活动、产品或服务，制作组织的一级和二级流程图，将组织生产工艺的每个活动标识在一级流程图中。对于那些在一级流程图中不能包括的支持性活动、产品或服务，如维修设备、水处理、废物储存等，可包括在二级流程图中，如图4－3和图4－4所示。工艺/活动输入、输出表(表4－9)包括以下内容：组织的活动/产品，活动/产品的输入，活动/产品在正常、异常、紧急情况下的环境因素和环境影响。活动/产品的输入可能包括原材料、化学品、润滑剂、溶剂、气体、水、热、蒸汽、电、放射性物质、燃料、纸张等。表4－10给出了一个按照工艺/活动输入、输出法识别环境因素的一个例子。在此例中，活动为“打印”，其输入包括墨、纸张、印刷用水、清洗剂、碎布、电力等，打印机在正常工作和维修时(异常情况)都可能产生废墨，在紧急情况下会出现墨粉泄漏，此即为环境因素。

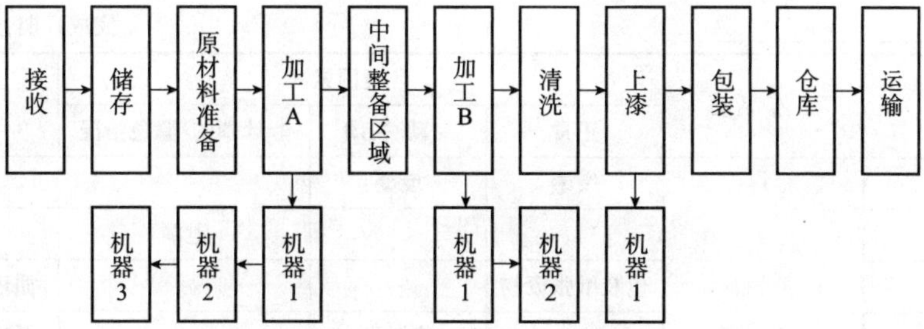

图4－3　一级加工生产流程图

使用工艺/活动输入、输出法识别环境因素的最大优点是环境因素识别较为全面，但关键是要在一、二级流程中尽可能包括组织所有活动、产品或服务，否则可能造成一些环境因素识别的遗漏。

4. 物料衡算法

对于较为复杂的工业企业，环境因素识别可以通过物料衡算法来进行，在一些化工企业通常已经做过这方面工作。这种衡算法可分如下两部分进行：

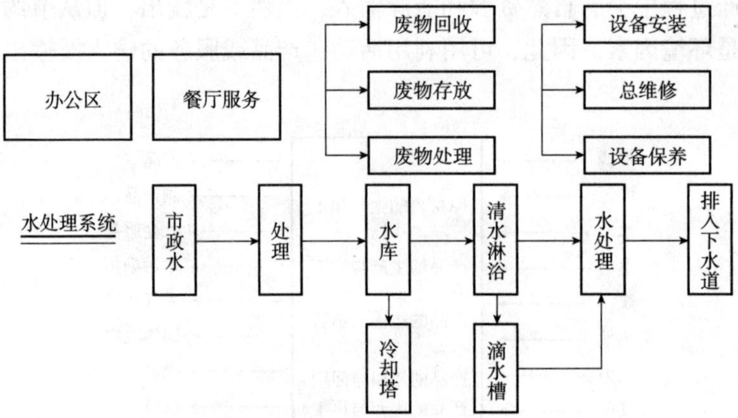

图 4-4　二级生产流程图

表 4-9　环境因素和影响识别表

分配到：________________　　　　　　　　　　完成日期：________

组　员：________________________

输入	工艺/活动	环境因素			环境影响
		正常	启动/关闭	非计划的/紧急情况	

表 4-10　环境因素和影响识别表

分配到：________________　　　　　　　　　　完成日期：________

输入	工艺/活动	环境因素			环境影响
		正常	启动/关闭	非计划的/紧急情况	
墨		废墨	废墨		填埋场
				泄漏	填埋场
纸		包装纸张废物			循环的、现场以外
			碎纸张		循环的、现场以外
印刷用水		排放			水污染
清洗剂		废弃的清洗剂	废弃的清洗剂		大气污染
	打印			少量泄漏	有毒有害填埋场
碎布		废弃的碎布	废弃的碎布		有毒有害填埋场
电		能源消耗			自然资源的使用

(1)车间物流输入、输出示意图

为了更充分和较全面地进行分析，首先应掌握工艺过程和输入、输出物流情况。工艺流程图以图解的方式整理、标示工艺过程及进入和排出系统的物料、能源以及废物流的情况，并在图中标明计量位置。通过这种生产车间(工序)环境行为特征图可以很直观地了解环境行为的发生时间、发生地点、类型及计量等情况。

在这张平面图上，物质流以下列几种状态示意：

原料：投入、产出、流失；

水：进水、出水、无组织排放；

气：用气、排气、无组织排放；

噪声：声源、源强；

固废：投入、产出、处置。

图4－5为某车间基本工艺流程投入产出示意图，可结合车间排水、排气位置，标注投入原料数量和产出产品及废物数量，并把去向和回收利用、循环利用的现实状况定量标明。

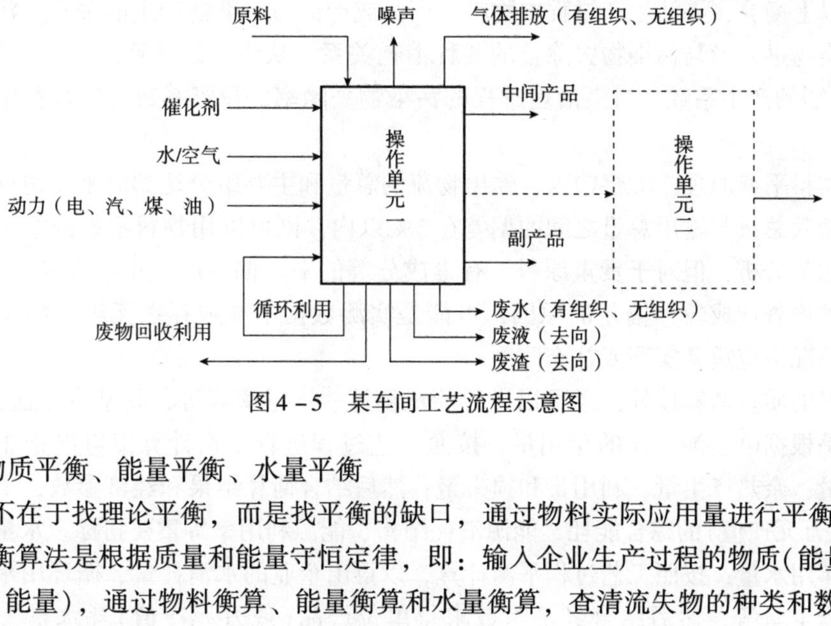

图4－5　某车间工艺流程示意图

(2)物质平衡、能量平衡、水量平衡

目的不在于找理论平衡，而是找平衡的缺口，通过物料实际应用量进行平衡计算。

物料衡算法是根据质量和能量守恒定律，即：输入企业生产过程的物质(能量)等于输出的物质(能量)，通过物料衡算、能量衡算和水量衡算，查清流失物的种类和数量、余热的利用和损失、水源的流失。

进行物料平衡的目的，旨在准确地判断企业的废弃物流，定量地确定废弃物的数量、成分以及去向，从而发现过去无组织排放或未被注意的物料流失。

物料衡算一般指物料的质量平衡计算，通常有总物料平衡和物料中某种污染物元素的平衡两种。

总物料平衡：$F = P + W$

式中，F 为投入料量；P 为产品量；W 为"废物"量。

某种污染元素的平衡：

$$G_F F = G_P P + G_W W$$

式中，G_F、G_P、G_W 分别为 F、P、W 中同一污染元素的浓度或质量分数。

衡算的对象可以根据需要和过程的复杂程度划分，可以是一个车间、一个工序，逐个衡算，最后形成全过程的衡算，也可以是一次进行生产的全过程衡算。

衡算的步骤一般为：

①收集基本参数，如原料的投入与产品的数量、回收与综合利用量、空气与水的用量、废物排放情况、污染物治理与去除情况、工艺流程与工艺指标、化学反应方程式等；

②画出流程图，用箭头表示进出物料的来源与去向，并将已知的参数和物料的数量关系标在图上；

③确定过程中某种物料为基准，例如以生产的某种主要产品为基准，标出其他未知参数；

④写出物料平衡式；

⑤解出未知数。

通常先进行全过程的平衡，以确定过程进料与产物数量的未知数，再进行各子过程(子系统)的衡算，以确定系统的未知数。

通过以上衡算，弄清生产过程中物料、产品或产值与污染物产生的关系，污染物治理过程中污染物进入量与污染物去除量的各种消耗关系。从中可以计算出单位产品(或万元产值)污染物的产生系数、污染治理过程的污染物去除率、投资系数、运行费用系数等重要参数。

根据物料平衡原理，考察输入、输出物流的总量和主要组分达到的平衡情况。一般来说，如果输入总量与输出总量之间的偏差在5%以内，则可以用物料平衡的结果进行随后的有关评估与分析，但对于贵重原料、有毒成分等的平衡偏差应更小或应满足行业要求；反之，则须检查造成较大偏差的原因，可能是实测数据不准或存在无组织物料排放等情况，这种情况下应重新实测或补充监测。

除物料的质量衡算以外，还可以进行能量衡算、水量衡算等，其基本方法是相似的。能量衡算是根据电、油、煤的年用量，按照工艺过程进行平衡计算以得出企业能量消耗量、利用量，余热产生量、利用量和损失量；然后结合衡算结果和经济参数，求得生产单位产品(或万元产值)的综合能耗、能源消耗结构、能源利用率等重要指标。水量衡算是根据企业全年用水量，按照工艺过程平衡计算，以得出企业的水消耗量、循环用水量、流失量、废水产生量等，然后结合经济参数求得单位产品(或万元产值)耗水量、废水产生量等。

通过质量平衡、能量平衡和水量平衡计算得到的单位产品(或万元产值)物耗、能耗、水耗、污染物产生量等指标是企业技术和管理水平的标志，以此与国内外同类企业比较就可以找出差距，明确方向；同时还可以从衡算过程中剖析出造成问题的原因，便于对症下药、采取对策。

物料平衡计算可以用物料平衡图将平衡测算结果标示出来。但在此之前须编制物料流程图，即把各单元操作的输入、输出标在工艺流程图上。当涉及贵重原料和有毒成分时，物料平衡图应标明其成分和数量，或每一单元单独编制物料平衡图。

物料流程图以单元操作为基本单位，各单元操作用方框图表示，输入画在左边，主要的产品、副产品和中间产品按流程标示，而其他输出则画在右边。

物料平衡图以审计重点的整体为单位，输入画在左边，主要的产品、副产品和中间产品标在右边，气体排放物标在上边，循环和回用物料标在左下角，其他输出则标在下边。

从严格意义上讲，水平衡是物料平衡的一部分。水若参与反应，则是物料的一部分，但在许多情况下，它并不直接参与反应，而是作为清洗和冷却之用。在这种情况下当耗水量较大时，为了了解耗水过程，寻找减少水耗的方法，应另外编制水平衡图。有些情况下，审计重点的水平衡并不能全面反映问题或水耗在全厂占有重要地位，可考虑就全厂编制一个水平衡图。

5. 现场调查及面谈

这种方法是指调查人员直接到现场调查组织的活动、产品和服务中对环境有影响的环境因素，可体现调查人员的经验和被调查单位人员的素质。调查记录经过汇总分岗位、分工序、分车间、分部门列出环境因素清单。此法可作为环境因素调查表和工艺/活动输入输出表的辅助方法和补充。

在现场调查中，调查员应耳听目看，了解在现场发生了哪些情况，出现的情况是否在意料之中，并认真记录。这种方法尤其适用于组织外部所聘请的咨询专家对组织环境因素核实时使用。例如，到废弃的库房中，询问现场是否存在有害物品，如果得到否定回答，但在现场却发现桶装有毒废弃物品，则表明每个人都忘记了它的存在，环境因素识别由于组织内部人员的认知水平等原因，辨识时不尽全面，但可及时补充。

(1)现场调查及面谈的方法

①以企业生产活动的主系统为线索，了解组织的主要生产经营活动情况。沿生产工序现场查看产品的生产加工过程，分析资源、能源的输入和污染物的输出，通过观察结合工作经验，专业知识，找出主要环境因素。

例如：到某电视机厂，现场发现波峰焊工序对环境因素未加以识别，指出铅烟的排放应列入环境因素清单。

②除生产主系统外，企业往往还有原材料仓库、成品仓库、后勤、人事培训等辅助生产部门以及污染处理设施等，这些也是现场巡查时不能漏掉的方面。往往建立了 ISO 9000 体系的企业会出现这种问题，由于 ISO 14001 不仅只涉及生产，还涉及企业方方面面，现场调查时要特别注意这些部门。

③核查分析有关设计资料和图纸，工艺流程图及其说明，物料衡算、能(热)量衡算的情况，设备与管路的选型与布置等；另外，还要查阅岗位记录、生产报表(月平均及年平均统计报表)、原料及成品库存记录、废弃物报表、监测报表等。

现场调查的优点是直观，但事先应做好周密的准备工作，做到不遗漏某个环境因素，也不重复调查。

(2)现场调查考虑的方面

生产型企业可从影响生产过程的八个方面来进行调查。

①原辅料和能源。原辅料指生产中主要原料和辅助用料(包括添加剂、催化剂和水等)；能源指维持正常生产所用的动力源(包括电、煤、蒸汽、油等)。因原辅料及能源而导致产生废弃物的原因主要有以下几个方面：

a. 原辅料不纯或(和)未净化；

b. 原辅料储存、发放、运输过程中的流失；

c. 原辅料的投入量或(和)配比的不合理；

d. 原辅料及能源的超定额消耗；

e. 有毒、有害原辅料的使用；

f. 未利用清洁能源和二次资源。

②技术工艺。因技术工艺而导致产生废弃物的原因主要有以下几个方面：

a. 技术工艺落后，原料转化率低；

b. 设备布置不合理，无效传输线路过长；

c. 反应及转化步骤过长；

d. 连续生产能力差；

e. 工艺条件要求过严；

f. 生产稳定性差；

g. 需使用对环境有害的物料。

③设备。因设备而导致产生废弃物的原因主要有以下几个方面：

a. 设备破旧、漏损；

b. 设备自动化控制水平低；

c. 有关设备之间配置不合理；

d. 主体设备和公用设施不匹配；

e. 设备缺乏有效维护和保养；

f. 设备的功能不能满足工艺要求。

④过程控制。因过程控制而导致产生废弃物的原因主要有以下几个方面：

a. 计量检测、分析仪表不齐全或监测精度达不到要求；

b. 某些工艺参数(如温度、压力、流量、浓度等)未能得到有效控制；

c. 过程控制水平不能满足技术工艺要求。

⑤产品。包括生产的产品、中间产品、副产品和循环利用物。因产品而导致产生废弃物的原因主要有以下几个方面：

a. 产品储存和搬运中的破损、漏失；

b. 产品的转化率低于国内外先进水平；

c. 不利于环境的产品规格和包装。

⑥废弃物。因废弃物本身具有的特性而未加利用导致产生废弃物的原因主要有以下几个方面：

a. 对可利用废弃物未进行再利用和循环使用；

b. 废弃物的物理化学性状不利于后续的处理和处置；

c. 单位产品废弃物产生量高于国内外先进水平。

⑦管理。因管理而导致产生废弃物的原因主要有以下几个方面：

a. 有利于清洁生产的管理条例、岗位操作规程等未能得到有效执行；

b. 现行的管理制度不能满足清洁生产的需要；

(a)岗位操作规程不够严格；
(b)生产记录(包括原料、产品和废弃物)不完整；
(c)信息交流不畅；
(d)缺乏有效的奖惩措施。
⑧员工。因员工而导致产生废弃物的原因主要有以下几个方面：
a. 员工的素质不能满足生产需求：
(a)缺乏优秀管理人员；
(b)缺乏专业技术人员；
(c)缺乏熟练操作人员；
(d)员工的技能不能满足本岗位的要求。
b. 缺乏对员工主动参与清洁生产的激励措施。

以上仅介绍几种常用的识别环境因素的方法，它们之间存在着密切的联系，组织可选用一种或几种方法进行环境因素的评估，尤其是较大型组织，其活动、产品和服务的规模较大，种类繁多，仅用一种方法很难做出完整全面的环境因素识别，更应多种方法结合使用。

6. 环境因素台账

对于识别出的环境因素应进行汇总并建立环境因素台账。各个组织因其规模不同，对环境影响程度不同，自身的管理状况不同，识别汇总的环境因素种类和数量也就不尽相同。表4－11为某企业汇总的一般环境因素台账，供参考。

表4－11 ××家具生产厂一般环境因素台账

编号：

部门	序号	活动/产品/服务	环境因素	环境影响	控制手段
带锯车间	1	原木破方	噪声(间歇)	听觉污染	
	2	原木破方	树皮	固体废物	
	3	原木破方	锯屑	固体废物	
蒸煮车间	4	木头蒸煮	废水排放	水污染	
	5	木头蒸煮	底泥排放	固体废物	
一车间	6	一车间刨切机	噪声	听觉污染	
	7	一车间压刨机	刨花	固体废物	
	8	一车间磨刀机	噪声	听觉污染	
	9	薄木切片	废料	固体废物	
	10	一车间多片锯	噪声	听觉污染	
	11	一车间多片锯	粉尘排放	大气污染	
	12	一车间涂胶工序	甲醛挥发	大气污染	
	13	一车间除尘器	噪声	听觉污染	
	14	一车间除尘器	粉尘	大气污染	

续表

部门	序号	活动/产品/服务	环境因素	环境影响	控制手段
二车间	15	二车间砂光	粉尘排放	大气污染	
	16	二车间砂光	噪声	听觉污染	
	17	涂漆	油漆中有机物挥发	大气污染	
	18	除尘器粉尘	固体排放	固体废物	
	19	除尘器除尘	噪音	听觉污染	
三车间	20	三车间开双边榫	木屑	固体废物	
	21	三车间开双边榫	噪声	听觉污染	
	22	三车间开双端榫	噪声	听觉污染	
	23	三车间开双端榫	木屑	固体废物	
	24	三车间除尘器除尘	噪声	听觉污染	
	25	三车间除尘器	粉尘	固体废物	
四车间	26	四车间底板砂光	粉尘排放	大气污染	
	27	四车间底板砂光	噪声	听觉污染	
	28	除尘器除尘	噪声	听觉污染	
	29	除尘器	粉尘	固体废物	
生产车间	30	生产	火灾	火灾隐患	
	31	车间采光	采光较差	浪费能源	
	32	车间小玻璃门窗	采光较差	浪费能源	
食堂	33	一次性碗筷、餐盒	固体废物	资源浪费	
	34	抽油烟机	油烟	大气污染	
	35	就餐	剩饭	固体废物	
	36	柴油炉灶	噪声	听觉污染	
	37	做饭	污水排放	水污染	
锅炉房	38	烧锅炉	污水排放	水污染	
	39	烧锅炉	炉渣	固体废物	
	40	烧锅炉	废气	大气污染	
	41	锅炉房风机	噪声	听觉污染	
	42	煤堆	扬尘	大气污染	
厕所	43	使用厕所	废水	水污染	
洗衣房	44	洗衣服	废水	水污染	
	45	节约用水		避免水资源浪费	
焚烧炉	46	垃圾焚烧	固体废物	固体废物	
	47	垃圾焚烧	烟尘排放	大气污染	
茶炉	48	烧水	烟尘排放	大气污染	
医院	49	医疗	固体废物	固体废物	

续表

部门	序号	活动/产品/服务	环境因素	环境影响	控制手段
车队	50	汽车使用	尾气	大气污染	
	51	汽车使用	废 机 油	固体废物	
	52	汽车冲洗	废水	水污染	
	53	节约用水		避免水资源浪费	
相关方	54	烟囱排放	烟尘排放	大气污染	
办公室	55	节水、节电、节约纸张		避免资源能源浪费	

三、重要环境因素评价

1. 重要环境因素评价依据

重要环境因素是一个相对的概念，环境因素的重要性由组织确定而不是由标准决定，主要取决于组织的价值观。组织可以用任何合理、系统化的方法来评价其业已识别的环境因素及影响的重要性。重要环境因素的评价依据如下：

（1）环境方面的评价依据

①环境影响的规模：规模越大，影响越大。

②环境影响的严重程度：程度越大，影响越大。

③发生的概率：概率越高，影响越大。

④环境影响的持续时间：持续时间越长，影响越大。

（2）经营方面的评价依据

①有关法律和法规要求：企业必须承诺遵守法律法规的要求，任何由法律控制的环境因素都是重要的。

②改变环境影响的技术难度：难度越大，影响越大。

③改变环境影响的经济费用：经济消耗越大，影响越大。

④改变环境影响对其他活动和过程将带来的影响：改变越大，影响越大。

⑤相关方的利益：相关方利益越大，影响越大。

⑥组织的公共形象：与公共形象关系越大，影响越大。

⑦能增强竞争力的商业机遇大小：与竞争力提升关系越大，影响越大。

⑧因环境问题使组织存在的风险大小：风险越大，影响越大。

上述各种评价依据，单一使用很难满足需求，组织可根据需要选择其中几种结合使用。此外，应特别注意：排定影响的等级是没有必要的。

2. 重要环境因素评价方法

（1）矩阵法

对于识别出来的环境因素，用《重要环境因素评价矩阵表》分部门进行评价。依据ISO 14001标准以及各企业环境方针的要求，按重要环境因素产生重大环境影响的思路，同时根据技术、经济上控制这些环境因素的能力分析，兼顾重要环境因素制定目标、指标、管理方案的可行性，结合各企业特点，评价重要环境因素。

将环境因素分成若干类，示意如下：

第一类：违反法律、法规、标准；

第二类：潜在危害健康或存在安全隐患；

第三类：向环境排放污染物质；

第四类：浪费资源、能源；

第五类：影响企业形象、受相关方关注；

第六类：可持续改进，逐步替代，使用绿色产品。

各组织还可根据自身特点重新确定类别划分。按技术上进行改进的可行性及经济投入，特别是能否强化管理及在运行中控制，分类如下：

第一级：无/低费投资，加强管理即可以改进或控制；

第二级：进一步改进的技术可行，有投资保证可实现；

第三级：近期(一二年内)改进有难度(技术不成熟或投资较高)；

第四级：只能列为远期目标，技术、经济均暂不可行。

综合评价出：

凡属第一类的为特别重要环境因素，应第一批控制；

凡属第一级的和第二、三、四类第二级的，为重要环境因素，应其次控制；

凡属第二、三、四类第三级和第五类第二级的，为一般环境因素；

其余为未来条件许可后改进的(表4－12)。

重要环境因素经制定目标、指标、管理方案及进行运行控制之后，需第一批控制的环境因素如果得到解决，本着持续改进的方针，体系运行的下几个周期将第二、三、四批控制的环境因素上升为第一、二、三批控制因素。

表4－12　重要环境因素评价矩阵

类别 / 环境因素 / 分级	违反法律、法规、标准（一类）	潜在危害健康或存在安全隐患（二类）	向环境排放污染物质（三类）	浪费资源、能源(四类)	影响企业形象、受相关方关注（五类）	可持续改进逐步替代使用绿色产品（六类）	其他
无/低费投资，加强管理即可以改进或控制(一级)	★	☆	☆	☆	☆	☆	
进一步改进的技术可行，有投资保证可实现(二级)	★	☆	☆	☆	▲	△	
近期(一二年内)改进有难度(技术不成熟或投资较高)（三级）	★	▲	▲	▲	△	△	
只能列为远期目标，技术、经济均暂不可行(四级)	★	△、	△	△	△	△	

注：★——特别重要环节因素；☆——重要环境因素；▲——一般环境因素；△——未来改进因素。

(2)打分法

一些环境管理体系专家认为，在评价重要环境因素时过多考虑经营方面的要求是不明智和不现实的，因为这样做会降低相关方对组织改善环境承诺的信心。另外，按 ISO 14001 标准要素 6.2.1 和 6.2.2 的要求，经营方面的要求必须在制定目标、指标和方案时予以考虑，重复考虑是多余的，还会脱离目标。因此，从环境影响角度考虑，组织可选择以下打分的方法评价重要环境因素，该评价方法包括以下几个方面：

①环境影响范围：指受到影响的地理面积，阈值是从 1(小)到 10(大)，即：

1～3　影响现场本身；

4～6　影响该地区；

7～10　影响整个地区或国家。

②环境影响持续时间：指预计持续的时间，阈值是从 1(短)到 10(长)，即：

1～3　短期影响；

4～6　中期影响；

7～10　长期影响。

③环境影响严重性：指影响的破坏程度，考虑的因素有浓度、毒性、挥发性等，阈值是从 1(低)到 10(高)，即：

1～3　危害较小；

4～6　中等危害；

7～10　非常有害或毁灭性的。

④独有环境特征：世界上的许多国家都有其独有的自然特征或对环境敏感的或独特的生态环境。一些国家已经采取正式步骤来保护这些地区，如公园保护区、自然保护区等，它们的敏感和独特扩大了任何影响的结果，阈值从 1(低)到 10(高)，即：

1～3　局部公认的；

4～6　地区重要的自然公园或保护区；

7～10　国家公园或国家保护区及国际公认的自然区或景观。

⑤相关方的关注：相关方对环境的关注变得越来越重要，它们关注的范围从自然资源的保护到资源的使用，它们的关注应被考虑，阈值从 1(低)到 10(高)，即：

1～3　总体社区意识或考虑；

4～6　对公司表达的直接的某些关注；

7～10　大量的关注、媒体组织的关注、政治问题等。

如果上述选项不能适当地反映组织的环境影响的复杂性，那么可以考虑使用其中的一些或全部标准。5 个标准的每一个都被从 1(低)到 10(高)赋值。把它们加在一起，然后总数被 5 除，即得到该因素的总得分值。组织可根据实际情况确定重要环境因素阈值，高于该阈值的环境因素则被确定为重要环境因素。

各组织也可根据自身的具体情况，设计打分方案，确定重要环境因素阈值。

第二节　危险有害因素辨识与评价

一、危险因素与有害因素的产生

危险因素与有害因素的表现形式不同，但从事故发生的本质讲，均可归结为能量的意外释放或有害物质的泄漏、散发。人类的生产和生活离不开能量，能量在受控条件下可以做有用功，例如制造产品或提供服务等。一旦失控，能量就会做破坏功。如果意外释放的能量作用于人体，并且超过人体的承受能力，则造成人员伤亡；如果意外释放的能量作用于设备、设施、环境等，并且能量的作用超过其抵抗能力，则造成设备、设施的损失或环境破坏。

1. 能量与有害物质

能量与有害物质是危险因素与有害因素产生的根源，也是最根本的危险因素或有害因素。一般说来，系统具有的能量越大，存在的有害物质的数量越多，系统的潜在危险性和有害性也越大。另一方面，只要进行生产活动，就需要相应的能量和物质（包括有害物质），因此所产生的危险因素与有害因素是客观存在的。

一切产生、供给能量的能源和能量的载体在一定条件下，都可能是危险因素或有害因素。例如，锅炉、爆炸危险物质爆炸时产生的冲击波、温度和压力，高处作业（或吊起的重物等）的势能，带电导体上的电能，行驶车辆（或各类机械运动部件、工件等）的动能，噪声的声能，激光的光能，高温作业及剧烈热反应工艺装置的热能，各类辐射能等，在一定条件下都能造成各类事故。静止的物体棱角、毛刺、凹凸不平的地面等之所以能伤害人体，也是人体运动、摔倒时的动能、势能造成的。这些都是由于能量意外释放形成的危险因素。

有害物质在一定条件下能损伤人体的生理机能和正常代谢功能，破坏设备和物品的效能，也是最根本的危害因素。例如，作业场所中由于有毒物质、腐蚀性物质、有害粉尘、窒息性气体等有害物质的存在，当它们直接、间接与人体或物体发生接触，导致人员的死亡、职业病、伤害、财产损失或环境的破坏等，都是有害因素。

2. 能量失控

在生产实践中，能量与物质（在受控条件下）按人们的意愿在系统中流动、转换，进行生产。如果能量发生失控（没有控制、屏蔽措施或控制、屏蔽措施失效），就会发生能量与有害物质的意外释放和泄漏，从而造成人员伤亡和财产损失。因此，失控也是一类危险因素或有害因素，主要体现在故障（或缺陷）、人的失误和管理缺陷、环境因素等方面，并且可相互影响。伤亡事故调查分析的结果表明：能量或危险物质失控都是由于人的不安全行为或物的不安全状态造成的。

根据能量意外释放理论，提出的事故因果模型如图 4－6 所示。

人的不安全行为和物的不安全状态是导致能量意外释放的直接原因，是管理缺陷、控制不力、缺乏知识、对存在的危险估计错误或其他个人因素等基本原因的征兆。

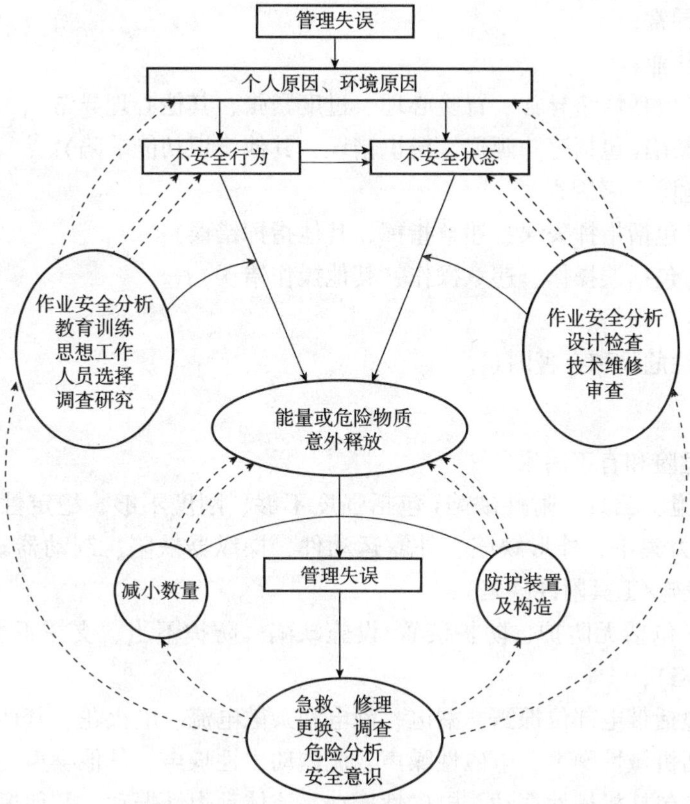

图 4－6　能量观点的事故因果连锁模型

GB 6441—1986《企业职工伤亡事故分类》中将人的不安全行为归纳为操作失误、造成安全装置失效、使用不安全设备等 13 大类；将物的不安全状态归纳为防护、保险、信号等装置缺乏或有缺陷，设备、设施、工具、附件有缺陷，个人防护用品用具缺少或有缺陷以及生产(施工)场地环境不良等 4 大类。

二、危险因素与有害因素的分类

对危险因素与有害因素进行分类，是为了便于进行危险因素与有害因素的辨识和分析。危险因素与有害因素的分类方法有许多种，这里简单介绍按导致事故、职业危害的直接原因进行分类的方法和参照事故类别、职业病类别进行分类的方法。

(一)按导致事故和职业危害的直接原因进行分类

根据 GB/T 13861—2009《生产过程危险和有害因素分类与代码》的规定，将生产过程中的危险因素与有害因素分为人的因素、物的因素、环境因素、管理因素四类。此种分类方法所列危险有害因素具体、详细、科学合理，适用于各企业在规划、设计和组织生产时，对危险有害因素进行辨识与分析。具体分类如下：

1. 人的因素

(1)心理生理性危险有害因素

①负荷超限(包括体力负荷超限、听力负荷超限、视力负荷超限、其他负荷超限)；

②健康状况异常；

③从事禁忌作业；

④心理异常（包括情绪异常、冒险心理、过度紧张、其他心理异常）；

⑤辨识功能缺陷（包括感知延迟、辨识错误、其他辨识功能缺陷）。

(2)行为性危险有害因素

①指挥错误（包括指挥失误、违章指挥、其他指挥错误）；

②操作错误（包括误操作、违章操作、其他操作错误）；

③监护失误；

④其他行为性危险和有害因素。

2. 物的因素

(1)物理性危险和有害因素

①设备、设施、工具、附件缺陷（包括强度不够、刚度不够、稳定性差、密封不良、耐腐蚀性差、应力集中、外形缺陷、外露运动件、操纵器缺陷、制动器缺陷、控制器缺陷、其他设备/设施/工具附件缺陷）；

②防护缺陷（包括无防护、防护装置/设施缺陷、防护不当、支撑不当、防护距离不够、其他防护缺陷）；

③电伤害（包括带电部位裸露、漏电、静电和杂散电流、电火花、其他电伤害）；

④噪声（包括机械性噪声、电磁性噪声、流体动力性噪声、其他噪声）；

⑤振动危害（包括机械性振动、电磁性振动、流体动力性振动、其他振动）；

⑥电离辐射（包括X射线、γ射线、α粒子、β粒子、中子、质子、高能电子束等）；

⑦非电离辐射（包括紫外辐射、激光辐射、微波辐射、超高频辐射、高频电磁场、工频电场）；

⑧运动物伤害[包括抛射物、飞溅物、坠落物、反弹物、土/岩滑动、料堆（垛）滑动、气流卷动、其他运动物伤害]；

⑨明火；

⑩高温物质（包括高温气体、高温液体、高温固体、其他高温物质）；

⑪低温物质（包括低温气体、低温液体、低温固体、其他低温物质）；

⑫信号缺陷（包括无信号设施、信号选用不当、信号位置不当、信号不清、信号显示不准、其他信号缺陷）；

⑬标志缺陷（包括无标志、标志不清晰、标志不规范、标志选用不当、标志位置缺陷、其他标志缺陷）；

⑭有害光照（包括直射光、反射光、眩光、频闪效应等）；

⑮其他物理性危险和有害因素。

(2)化学性危险和有害因素

①爆炸品；

②压缩气体和液化气体；

③易燃液体；

④易燃固体、自燃物品和遇湿易燃物品；

⑤氧化剂和有机过氧化物；
⑥有毒物品；
⑦放射性物品；
⑧腐蚀品；
⑨粉尘与气溶胶；
⑩其他化学性危险和有害因素。
(3)生物性危险和有害因素
①致病微生物(包括细菌、病毒、真菌、其他致病微生物)；
②传染病媒介物；
③致害动物；
④致害植物；
⑤其他生物性危险和有害因素。

3. 环境因素

(1)室内作业环境不良
①室内地面湿滑；
②室内作业场所狭窄；
③室内作业场所杂乱；
④室内地面不平；
⑤室内楼梯缺陷；
⑥地面、墙和天花板上的开口缺陷；
⑦房屋基础下沉；
⑧室内安全通道缺陷；
⑨房屋安全出口缺陷(包括无安全出口、设置不合理等)；
⑩采光不良；
⑪作业场所空气不良；
⑫室内温度、湿度、气压不适；
⑬室内给、排水不良；
⑭室内涌水；
⑮其他室内作业场所环境不良。
(2)室外作业场地环境不良
①恶劣气候与环境；
②作业场地和交通设施湿滑；
③作业场地狭窄；
④作业场地杂乱；
⑤作业场地不平；
⑥巷道狭窄、有暗礁或险滩；
⑦脚手架、阶梯或活动梯架缺陷；
⑧地面开口缺陷(包括升降梯井、修车坑、水沟、水渠等)；

⑨建筑物和其他结构缺陷；
⑩门和围栏缺陷；
⑪作业场地基础下沉；
⑫作业场地安全通道缺陷；
⑬作业场地安全出口缺陷；
⑭作业场地光照不良；
⑮作业场地空气不良；
⑯作业场地温度、湿度、气压不适；
⑰作业场地涌水；
⑱其他室外作业场地环境不良。
(3)地下(含水下)作业环境不良
①隧道/矿井顶面缺陷；
②隧道/矿井正面或侧壁缺陷；
③隧道/矿井地面缺陷；
④地下作业面空气不良；
⑤地下火；
⑥冲击地压；
⑦地下水；
⑧水下作业供氧不足；
⑨其他地下(水下)作业环境不良。
(4)其他作业环境不良
①强迫体位；
②综合性作业环境不良(指两种以上作业致害环境因素不能分清主次的情况)；
③以上未包括的其他作业环境不良。

4. 管理因素

(1)职业安全卫生组织机构不健全(包括组织机构的设置和人员配备)
(2)职业安全卫生责任制未落实
(3)职业安全卫生管理规章制度不完善
①建设项目“三同时”制度未落实；
②操作规程不规范；
③事故应急预案及响应缺陷；
④培训制度不完善；
⑤其他职业安全卫生管理规章制度不健全。
(4)职业安全卫生投入不足
(5)职业健康管理不完善
(6)其他管理因素缺陷

(二)参照事故类别和职业病类别进行分类

参照 GB 6441—1986《企业职工伤亡事故分类》，综合考虑起因物、引起事故的先发的诱导性原因、致害物、伤害方式等，将危险因素分为以下20类：

①物体打击，指物体在重力或其他外力的作用下产生运动，打击人体造成人身伤亡事故，不包括因机械设备、车辆、起重机械、坍塌等引发的物体打击。

②车辆伤害，指企业机动车辆在行驶中引起的人体坠落和物体倒塌、飞落、挤压伤亡事故，不包括起重设备提升、牵引车辆和车辆停驶时发生的事故。

③机械伤害，指机械设备运动(静止)部件、工具、加工件直接与人体接触引起的夹击、碰撞、剪切、卷入、绞、碾、割、刺等伤害，不包括车辆、起重机械引起的机械伤害。

④起重伤害，指各种起重作业(包括起重机安装、检修、试验)中发生的挤压、坠落、(吊具、吊重)物体打击和触电。

⑤触电，包括雷击伤亡事故。

⑥淹溺，包括高处坠落淹溺，不包括矿山、井下透水淹溺。

⑦灼烫(冻伤)，指火焰烧伤、高温物体烫伤、化学灼伤(酸、碱、盐、有机物引起的体内外灼伤)、物理灼伤(光、放射性物质引起的体内外灼伤)，不包括电灼伤和火灾引起的烧伤。

⑧火灾。

⑨高处坠落，指在高处作业中发生坠落造成的伤亡事故，不包括触电坠落事故。

⑩坍塌，指物体在外力或重力作用下，超过自身的强度极限或因结构稳定性破坏而造成的事故，如挖沟时的土石塌方、脚手架坍塌、堆置物倒塌等，不适用于矿山冒顶片帮和车辆、起重机械、爆破引起的坍塌。

⑪冒顶片帮，片帮是指矿井作业面、巷道侧壁在矿山压力作用下变形，破坏而脱落的现象。

冒顶是顶板失控而自行冒落的现象。两者常同时发生人身伤亡事故，统称为冒顶片帮。适用于矿山、地下开采、掘进及其他坑道作业发生的坍塌事故。

⑫透水。

⑬放炮，指爆破作业中发生的伤亡事故。

⑭火药爆炸，指火药、炸药及其制品在生产、加工、运输、储存中发生的爆炸事故。

⑮瓦斯爆炸，瓦斯爆炸就其本质来说，是一定浓度的甲烷和空气中的氧气在一定温度作用下产生的激烈氧化反应。

⑯锅炉爆炸。

⑰容器爆炸。

⑱其他爆炸，主要指化学性爆炸，是指可燃性气体、粉尘等与空气混合形成爆炸性混合物，接触引爆能源时，发生的爆炸事故(包括气体分解、喷雾爆炸)。

⑲中毒和窒息，包括中毒、缺氧窒息、中毒性窒息。

⑳其他伤害，指除上述以外的危险因素，如摔、扭、挫、擦、刺、割伤和非机动车碰撞、轧伤等(矿山、井下、坑道作业还有冒顶片帮、透水、瓦斯爆炸等危险因素)。

参照原卫生部、原劳动部、总工会等颁发的《职业病范围和职业病患者处理办法的规定》，将有害因素分为生产性粉尘、毒物、噪声与振动、高温、低温、辐射(电离辐射、非电离辐射）、其他有害因素7类。

三、危险有害因素的辨识

1. 危险有害因素辨识主要内容

危险有害因素辨识过程中，应坚持“横向到边、纵向到底、不留死角”的原则，对以下方面存在的危险有害因素进行辨识与分析：

（1）厂址及环境条件

从厂址的工程地质、地形、自然灾害、周围环境、气象条件、资源、交通、抢险救灾支持条件等方面进行分析。

（2）厂区平面布局

①总图：功能分区（生产、管理、辅助生产、生活区）布置；高温、有害物质、噪声、辐射、易燃易爆、危险品设施布置；工艺流程布置；建筑物、构筑物布置；风向、安全距离、卫生防护距离等。

②运输线路及码头：厂区道路、厂区铁路、危险品装卸区、厂区码头。

（3）建（构）筑物

结构、防火、防爆、朝向、采光、运输、（操作、安全、运输、检修）通道、开门，生产卫生设施。

（4）生产工艺过程

物料（毒性、腐蚀性、燃爆性）温度、压力、速度、作业及控制条件、事故及失控状态。

（5）生产设备、装置

①化工设备、装置：高温、低温、腐蚀、高压、振动、关键部位的备用设备、控制、操作、检修和故障、失误时的紧急异常情况。

②机械设备：运动零部件和工件、操作条件、检修作业、误运转和误操作。

③电气设备：断电、触电、火灾、爆炸、误运转和误操作，静电、雷电。

④危险性较大设备、高处作业设备。

⑤特殊单体设备、装置：锅炉房、乙炔站、氧气站、石油库、危险品库等。

（6）粉尘、毒物、噪声、振动、辐射、高温、低温等有害作业部位。

（7）管理设施、事故应急抢救设施和辅助生产、生活卫生设施。

（8）劳动组织、生理及心理因素、人机工程学因素等。

2. 危险有害因素辨识方法

危险有害因素的辨识是建立职业健康安全管理体系的基础。常用以下两类方法：

（1）直观经验法

适用于有可供参考先例、有以往经验可供借鉴的过程，没有可供参考先例的新系统中不能应用。

①对照、经验法：对照有关标准、法规、检查表或依靠分析人员的观察分析能力，借助于经验和判断能力直观地评价对象危险性和危害性的方法。经验法的优点是简便、易

行；缺点是受辨识人员知识、经验和占有资料的限制，可能出现遗漏。为弥补个人判断的不足，常事先编制检查表以便进行对照，我国一些行业的安全检查表、事故隐患检查表可作为借鉴。

②类比方法：利用相同或相似系统或作业条件的经验和统计资料来推断、分析评价对象的危险有害因素。

(2)系统安全分析方法

系统安全分析方法常用于复杂系统、没有事故经验的新开发系统。常用的系统安全分析方法有事件树(ETA)、事故树(FTA)等。有关系统安全分析方法将在后面的风险评价中予以介绍。

3. 物质及作业环境危险有害因素辨识

生产过程中的原料、半成品、成品和废弃物分别以气、液、固态存在，它们分别具有相应的物理、化学性质及危险特性。GB 13690—2009《化学品分类和危险性公示　通则》按理化危险、健康危险和环境危险三个方面对化学品进行分类，化学品的理化危险特性可概括为化学反应危险、高能量储存的危险、物质毒性危害、腐蚀性危害、辐射危害等。

(1)易燃易爆物质

①凝聚相化学爆炸物质：火炸药；常温下能自行分解或在空气中进行氧化反应导致自燃、爆炸的物质；常温下能与水或水蒸气反应产生可燃气引起燃烧爆炸的物质；极易引起可燃物燃烧爆炸的强氧化剂；受到摩擦、撞击或与氧化剂接触能引起燃烧或爆炸的物质等。

②气相爆炸物质：爆炸性气体混合物；爆炸性粉尘。

(2)腐蚀和腐蚀性物质

①电化学腐蚀：锅炉壁和管道受水的腐蚀；金属设备在大气中的腐蚀；地下管道在土中的腐蚀；有机物质加工设备的腐蚀。电化学腐蚀与金属、周围介质的电化学性能和温度、湿度等因素有密切关系。

②化学腐蚀：腐蚀性物质主要分为酸性和碱性腐蚀物质。腐蚀性物质作用于皮肤、眼睛、肺部、食道，会引起表皮组织、黏膜的灼伤、炎症，甚至死亡；作用于建(构)筑物、设备、管道、容器等表面，会造成损害和破坏。

(3)生产性毒物

生产性毒物也称为职业性接触毒物，是指劳动者在职业活动中接触的以原料、成品、半成品、中间体、反应副产物和杂质等形式存在，并可经呼吸道、经皮肤或经口进入人体而对劳动者健康产生危害的物质。在《职业性接触毒物危害程度分级》(GBZ 230—2010)中，职业性接触毒物危害程度分级，是以每物的急性毒性、扩散性、蓄积性、致癌性、生殖毒性、致敏性、刺激与腐蚀性、实际危害后果与预后等 9 项指标为基础，综合分析、计算毒物危害指数，将职业接触毒物危害程度分为轻度危害(Ⅳ级)、中度危害(Ⅲ级)、高度危害(Ⅱ级)和极度危害(Ⅰ级)4 个等级。

生产性毒物的种类繁多，毒物的危害程度和中毒的机理也不相同，分析时应注意：

①分析工艺过程，查明生产、处理、储存过程中存在的毒物名称和毒物危险程度等级；

②用已经投产的同类生产厂、作业岗位的检测数据作为参考、类比；

③分析毒物传播途径、产生危害的原因。

(4)生产性粉尘

长期吸入生产性粉尘可导致尘肺病及其他疾病。生产性粉尘危害主要产生在开采、破碎、粉碎、筛分、包装、配料、混合搅拌、散粉装卸及输送等过程和清扫、检修等作业场所。

(5)噪声

噪声能引起听觉功能敏感度下降甚至造成耳聋，或引起神经衰弱、心血管系统及消化系统等疾病。噪声干扰影响信息交流，使误操作发生率上升。辨识时应确定噪声源产生的原因、设备、影响范围。

(6)振动

振动危害可分为全身振动和局部振动。全身振动时可导致工效降低、辨别能力和短时间记忆力减低、视力恶化和视野改变，对血压升高、脊椎病变、女性生殖功能有一定影响，致害的程度与接振强度、频率和暴露时间密切相关。辨识时应确定振动性质、影响范围和主要振动危害。

(7)辐射(电离、非电离辐射)

人体处于交变电磁场中或受到微波、紫外线、α、β、γ、X 射线的照射，达到一定剂量就会产生辐射危害。辨识时应先找出产生辐射的设备和物质，确定需要控制的辐射源。

(8)高温、低温

高温、低温作业人员作业能力下降、误操作率上升；高温环境还会引起中暑，长期高温作业可引发高血压、心肌受损和消化功能障碍病症；低温环境会引起冻伤、体温降低，甚至造成死亡。

(9)采光、照明

作业场所采光、照明不良，易造成标识不清、人员的跌、绊和误操作率增加的现象，辨识时应对作业环境的采光、照明是否满足国家有关建筑设计的采光、照明卫生标准要求作出分析。

4. 危险有害因素辨识注意事项

在危险有害因素辨识过程中，应注意以下几个方面：

(1)危险有害因素的分布

为了有序、方便地进行分析，防止遗漏，一般按厂址平面布局、建(构)筑物、物质、生产工艺及设备、辅助生产设施(包括公用工程)、作业环境危险几部分，分析其存在的危险有害因素，列表登记、综合归纳，得出系统中存在哪些危险有害因素及其分布状况的综合资料。

(2)伤害(危害)方式和途径

①伤害(危害)方式：指对人体造成伤害、对人身健康造成损害的方式。例如，机械伤害的挤压、咬合、碰撞、剪切等，中毒的靶器官、生理功能异常、生理结构损伤形式(如黏膜糜烂、自主神经紊乱、窒息、粉尘在肺泡内潴留、肺组织纤维化、肺组织癌变等)。

②伤害(危害)途径和范围：大部分危险有害因素是通过与人体直接接触造成伤害。如

爆炸是通过冲击波、火焰、飞溅物体在一定空间范围内造成伤害；毒物是通过直接接触(呼吸道、食道、皮肤黏膜等)或一定区域内通过呼吸的空气作用于人体；噪声是通过一定距离内的空气损伤听觉的。

(3)主要危险有害因素

对导致事故发生条件的直接原因、诱导原因进行重点分析，从而为确定评价目标、评价重点，划分评价单元，选择评价方法和采取控制措施计划提供基础。

(4)重大危险源

分析时要防止遗漏，特别是对可导致重大事故的重大危险源要给予特别的关注，不得忽略。不仅要分析正常生产运转、操作时的危险有害因素，更重要的是要分析设备、装置破坏及操作失误可能产生严重后果的危险有害因素。

四、风险评价

1. 风险评价方法

风险评价也称安全评价或危险性评价，是指在危险有害因素辨识的基础之上，根据法律、法规及标准，对系统存在的危险有害因素进行定性和定量分析，确定系统的危险程度，并提出改进措施。

目前已在国内外得到应用的安全评价方法不下几十种，几乎每种方法都有较强的针对性。按评价方法的特征一般可分为定性评价、定量评价和综合评价。

(1)定性评价

根据有关标准、同类或类似系统事故(或故障)资料和借助于经验、逻辑推理和分析判断，将系统危险性、事故或故障发生的可能性等划分为不同的定性等级，并规定达到哪个等级就可认为系统是安全的，从而对系统进行安全程度定性比较的评价。常用的定性评价方法有安全检查表、预先危险性分析、故障类型和影响分析等。

(2)定量评价

根据相对可靠的历史统计数据、运用科学的数学运算方法，计算出度量系统危险性和危害性大小的数值或指数，从而对系统安全性进行定量比较的评价方法。

定量评价方法按处理方式不同，又可分为：概率法(故障类型影响和致命度分析、事件树分析和事故树分析等)、指数法(又称物质系数法，常用的有美国道化学公司的"火灾、爆炸指数评价法"、英国帝国化学公司蒙德部的"蒙德火灾、爆炸、毒性指标评价法"、荷兰劳动总管理局的"单元危险性快速排序法"等)、相对法和数学模型法等。

(3)综合评价

指定性、定量评价方法的组合运用或两种以上定量评价方法的综合。由于各种评价方法都有它的适用范围、应用条件和优缺点，综合评价兼有多种评价方法的长处，因而可以相互补充、相互验证，得到较为可靠和精确的评价结果。根据评价的需要，在安全评价中经常采用这类评价方法，如日本劳动省六阶段评价法。

常用风险评价方法比较见表4-15。

表4－15　常用风险评价方法比较

评价方法	评价目标	定性定量	方法特点	适用范围	应用条件	优缺点
类比法	危害程度分级、危险性分级	定性	利用类比作业场所检测、统计数据分级和事故统计分析资料类推	职业安全健康评价，作业条件、岗位危险性评价	类比作业场所具有可比性	简便易行、专业检测量大、费用高
安全检查表	危险有害因素分析，安全等级	定性定量	按事先编制的有标准要求的检查表逐项检查，按规定赋分标准赋分，评定安全等级	各类系统的设计、验收、运行、管理、事故调查	有事先编制的各类检查表，有赋分、评级标准	简便、易于掌握、编制检查表难度及工作量大
预先危险性分析（PHA）	危险有害因素分析，危险性等级	定性	讨论分析系统存在的危险有害因素、触发条件、事故类型，评定危险性等级	各类系统设计，施工、生产、维修前的概率分析和评价	分析评价人员熟悉系统，有丰富的知识和实践经验	简便易行，受分析评价人员主观因素影响
故障类型和影响分析（FMEA）	故障（事故）原因，影响程度等级	定性	列表、分析系统（单元、元件）故障类型、故障原因、故障影响，评定影响程度等级	机械电气系统、局部工艺过程、事故分析	同PHA， 有根据分析要求编制的表格	较复杂、详尽，受分析评价人员主观因素影响
故障类型和影响危险性分析（FMECA）	故障原因，故障等级，危险指数	定性定量	同FMEA在FMEA基础上，由元素故障概率、系统重大故障概率计算系统危险性指数	机械电气系统、局部工艺过程、事故分析	同FMEA， 有元素故障率、系统重大故障（事故）概率数据	较FMEA复杂、精确
事件树（ETA）	事故原因， 触发条件， 事故概率	定性定量	归纳法，由初始事件判断系统事故原因及条件内各事件概率计算系统事故概率	各类局部工艺过程、生产设备、装置事故分析	熟悉系统、元素间的因果关系、有各事件发生概率数据	简便易行，受分析评价人员主观因素影响
事故树（FTA）	事故原因， 事故概率	定性定量	演绎法，由事故和基本事件逻辑推断事故原因，由基本事件概率计算事故概率	宇航、核电、工艺设备等复杂系统事故分析	熟练掌握方法和事故、基本事件间的联系，有基本事件概率数据	复杂、工作量大、精确。事故树编制有误易失真

续表

评价方法	评价目标	定性定量	方法特点	适用范围	应用条件	优缺点
格雷厄姆－金尼法	危险性等级	定性半定量	按规定对系统的事故发生可能性、人员暴露状况、危险程度赋分，计算后评定危险性等级	各类生产作业条件	赋分人员熟悉系统，对安全生产有丰富知识和实践经验	简便、实用，受分析评价人员主观因素影响
道化学公司法（DOW）	火灾爆炸危险性等级，事故损失	定量	根据物质、工艺危险性计算火灾爆炸指数，判定采取措施前后的系统整体危险性，由影响范围、单元破坏系数计算系统整体经济损失、停产损失	生产、储存、处理易燃、易爆、化学活泼性有毒物质的工艺过程及其他有关工艺系统	熟练掌握方法、熟悉系统、有丰富知识和良好的判断能力，须有各类企业装置经济损失目标值	大量使用图表、简捷明了、参数取位宽、因人而异，只能对系统整体宏观评价
帝国化学公司蒙德法（MOND）	火灾、爆炸、毒性及系统整体危险性等级	定量	由物质、工艺、毒性、布置危险计算采取措施前后的火灾、爆炸、毒性和整体危险性指数，评定各类危险性等级	同 DOW	熟练掌握方法、熟悉系统、有丰富知识和良好的判断能力	同 DOW
日本劳动省六阶段法	危险性等级	定性定量	检查表法定性评价，基准局法定量评价，采取措施，用类比资料复评，1 级危险性装置用 ETA、FTA 等方法再评价	化工厂和有关装置	熟悉系统、掌握有关方法、具有相关知识和经验，有类比资料	综合应用几种方法反复评价，准确性高、工作量大
单元危险性快速排序法	危险性等级	定量	由物质、毒性系数、工艺危险性系数计算火灾爆炸指数和毒性指标，评定单元危险性等级	同 DOW 法的适用范围	熟悉系统、掌握有关方法、具有相关知识和经验	是 DOW 法的简化方法。简捷方便、易于推行
危险性与可操作性研究	偏离及其原因、后果、对系统的影响	定性	通过讨论，分析系统可能出现的偏离、偏离原因、偏离后果及对整个系统的影响	化工系统、热力、水力系统的安全分析	分析评价人员熟悉系统、有丰富的知识和实践经验	简便、易行，受分析评价人员主观因素影响

2. 评价方法选用

选用评价方法时应根据对象的特点、具体条件和需要，以及评价方法的特点选用几种方法对同一对象进行评价，互相补充、分析综合、相互验证，以提高评价结果的准确性。选择评价方法应考虑下列问题。

(1)评价对象(系统)的特点

根据评价对象的规模、组成部分、复杂程度、工艺类型(行业类别)、工艺过程、原材料和产品、作业条件等情况，选择评价方法。

①根据系统的规模、复杂程度选择：随着规模、复杂程度的增大，有些评价方法的工作量、工作时间和费用相应增大，甚至超过容许的条件。在此情况下应先用简捷的方法进行筛选，然后确定需要评价的详细程度，再选择适当的评价方法。对规模小或复杂程度低的对象，如机械工厂的清洗间、喷漆室、小型油库虽属火灾爆炸危险场所，可采用日本劳动省劳动基准局定量评价法(日本劳动省六阶段法的一部分)、单元危险性快速排序法等较简捷的评价方法。

②根据评价对象的工艺类型和工艺特征选择：评价方法大多适用于某些工艺过程和评价对象，如道化学法、蒙德法、国内原化工部的评价方法等适用于化工类工艺过程的风险评价，故障类型和影响分析法适用于机械、电气系统的风险评价。

③评价对象的危险性：根据过去的统计资料，对危险性较高的对象往往采用系统的、较严格的评价方法(如事件树、事故树、火灾爆炸指数法等)；反之，则采用经验的、简略的评价方法(如直观经验分析、检查表法等)。

评价对象若同时存在几类主要危险有害因素，往往需要用几种评价方法分别对评价对象进行评价。规模大、复杂、危险性高的评价对象往往先用简单、定性的评价方法(如检查表法、预先危险性分析法、故障类型和影响分析等)进行评价，然后再对重点部位(单元)用较严格的定量法(如事件树、事故树、火灾爆炸指数法等)进行评价。

(2)评价目标

虽然对系统评价的最终目的是评价出系统的危险性程度，但在具体评价中可根据需要对系统提出不同的评价目标，例如，危险等级、事故概率、事故造成的经济损失、危险区域等。故需要根据评价目标选择适用的评价方法。

(3)资料占有情况

如果评价对象技术资料、数据齐全，则可进行定性及定量评价并选择相应的定性、定量评价方法；若对象属于新开发性质，资料、数据不充分，又缺乏可类比的技术资料和数据，则只能采用预先危险性分析等方法进行概略性评价。

一些评价方法，特别是定量评价方法，应用时需要有必要的统计数据(如各因素、事件、故障发生概率，评价标准目标值等)作依据；若缺少这些数据，就限制了定量评价方法的应用。

(4)其他因素

包括评价人员的知识和经验、完成评价工作的时限、经费支持状况、评价单位设施(软、硬件)配备和评价人员及管理人员的习惯、爱好等。

3. 评价程序

风险评价的一般程序如图4－7所示。

风险评价的程序主要包括以下几个步骤：

（1）资料收集

明确评价的对象和范围，收集国内外相关法规和标准，了解同类设备、设施或工艺的生产和事故情况，评价对象的地理、气象条件以及社会环境状况等。

（2）危险有害因素辨识与分析

根据所评价的设备、设施或场所的地理、气象条件、工程建设方案、工艺流程、装置布置、主要设备和仪表、原材料、中间体、产品的理化性质等辨识和分析可能发生的事故类型，发生事故的原因和机制。

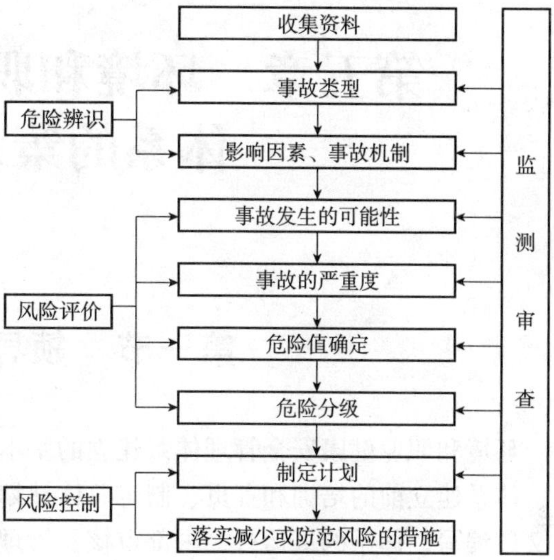

图4－7 风险评价的一般程序

（3）划分评价单元，选择评价方法

在上述危险有害因素分析的基础上，划分评价单元，根据评价目的和评价对象的复杂程度选择具体的一种或多种评价方法。对事故发生的可能性和严重程度进行定性或定量评价，在此基础上按照事故风险的标准值进行风险分级，以确定管理的重点。

（4）提出降低或控制风险的安全对策措施

根据评价和分级结果，高于标准值的风险必须采取工程技术或组织管理措施，降低或控制风险。低于标准值的风险属于可接受或允许的风险，应建立监测措施，防止生产条件变更导致风险值增加，对不可排除的风险要采取防范措施。

思考题

1. 环境因素识别与评价有哪些步骤？
2. 环境因素识别的范围有哪些？
3. 环境因素有哪些识别方法？
4. 物料衡算有哪些步骤？
5. 重要环境因素的评价有哪些依据？
6. 重要环境因素的评价有哪些方法？
7. 按导致事故和职业危害的直接原因进行分类的危险因素与有害因素有哪些？
8. 参照事故类别和职业病类别进行分类的危险因素与有害因素有哪些？
9. 危险因素、有害因素辨识的主要内容有哪些？

第五章　环境和职业健康安全管理体系的策划与实施

第一节　领导决策与准备

环境和职业健康安全管理体系建立的基本过程主要包括以下几个步骤：领导决策和准备、体系建立前的培训和宣贯、制定总体计划、进行初始状态评审、体系策划和设计、体系文件编写、体系的试运行、内部审核及管理评审。

组织要建立环境和职业健康安全管理体系，首先需要最高管理者做出保护环境、预防事故和职业病，履行合规义务，以及实现持续改进的承诺，明确自己是组织的环境和职业健康安全最终责任者。在建立、实施和运行环境和职业健康安全管理体系活动过程中，不可避免地需要投入，在体系建立和实施的初期尤其如此，最高管理者必须为此提供必要的资源保障。

环境和职业健康安全管理体系的建立和实施是一个十分复杂的系统工程，涉及组织各个方面的工作，因此，最高管理者应按标准要求任命环境和职业健康安全管理者代表来具体负责环境和职业健康安全管理体系的日常工作，即按标准要求建立、实施和维护组织的环境和职业健康安全管理体系，向最高管理者定期汇报体系的运行情况，供管理评审时使用。管理者代表还要注意协调体系建立和运行过程中各部门之间的关系，为最高管理者的决策提供建议。

最高管理者还应向管理者代表授权建立一个专门的工作小组，来完成组织的环境和职业健康安全初始状态评审以及建立环境和职业健康安全管理体系的各项任务。工作小组成员应具备与本组织有关的环境和职业健康安全科学和技术知识与技能，最好由来自各个部门的管理或技术骨干组成，同时还应接受有关环境和职业健康安全管理体系标准方面的培训。

除此之外，最高管理者还需为建立环境和职业健康安全管理体系提供其他必要的资源，如时间、资金、办公条件、协助部门、人员和信息资料等。

建立环境和职业健康安全管理体系应建立详细的工作计划，通常情况下，建立体系需要一年以上的时间，因而制定计划时应注意要目标明确、控制进程、突出重点，如表 5－1 所示。制定计划的同时应提出资源需求，报组织最高管理层批准。

表 5-1　建立环境和职业健康安全管理体系工作总计划表

工作项目＼进行时间		2021 年			2022 年											
		10 月	11 月	12 月	1 月	2 月	3 月	4 月	5 月	6 月	7 月	8 月	9 月	10 月	11 月	12 月
领导和骨干培训		→														
制定计划		→														
现状调查	机构调整		→													
	人员调查		→													
	文件调查		→													
	活动调查		→	→												
现状评估				→												
体系设计	确定方针			→												
	调整机构			→	→											
	职能分配			→	→											
	定文件结构				→											
	拟文件项目				→	→										
体系文件编写						→	→	→	→							
文件培训									→	→						
体系试运行										→	→	→	→	→	→	→
内部审核												→	→			
体系评估													→	→		
管理性复查														→		
纠正措施														→	→	
外部审核																→

第二节　初始评审

组织可能需要通过初始评审来建立环境和职业健康安全管理体系。组织要建立符合 ISO 14001/ISO 45001 标准要求的环境和职业健康安全管理体系，需要通过初始评审来确定其所处的环境，包括环境和职业健康安全管理的基础现状，并分析组织现有管理基础与 ISO 14001/ISO 45001 标准要求的差距。基于初始评审结果，组织才能有针对性地构建其环境和职业健康安全管理体系。

一、初始评审的主要内容

在初始评审中，组织可考虑，但不限于以下事项：

①组织及其所处的环境；

②环境和职业健康安全管理体系范围；

③工作人员和其他相关方的需求和期望；

④法律法规和其他要求；

⑤环境因素、危险有害因素辨识和风险评价；

⑥环境和职业健康安全基础评审；

⑦相关管理体系和可提供的资源；

二、初始评审的策划

1. 确定评审范围

组织进行初始评审的范围与建立环境和职业健康安全管理体系的范围紧密相关。如果组织为了在某一范围内实施环境和职业健康安全管理体系，那么初始状态评审的范围至少应覆盖拟实施体系的范围。

组织开展初始评审策划时，可初步确定其环境和职业健康安全管理体系范围，以及对应的初始评审范围。在后续初始评审工作中，考虑相关因素，进一步确定环境和职业健康安全管理体系范围，可对应调整初始评审范围。

2. 组成评审组

评审组可由组织的员工、外部咨询人员或双方共同组成，这取决于初始评审的范围、复杂程度及组织的资源。评审组的主要人员是体系建立的骨干力量。

组成评审组还应考虑：

①最高管理者任命评审组长并授权负责初始评审的全过程；

②评审组成员应具备必要的技术知识以及环境和职业健康安全法律法规知识，包括掌握环境因素、危险有害因素辨识以及风险和机遇的评价技术；具备识别相关数据或信息，并有效地分析和评估这些数据和信息的能力；

③具备相关的评审技巧和能力，如研究、面谈、数据分析、文字工作等。

一般内部人员比较熟悉本组织的情况，而外部人员则有较熟练的评审技巧，并具有客观性和公正性。

评审组组成以后应经过适当的技能培训，并使每个成员了解初始评审的目的和其担当的角色和责任，以确保每人都能胜任工作。

三、实施评审

1. 现场评审前的准备工作

开展现场评审工作前，应该确定初始评审方法和制定评审计划。进行初始评审需要一定的方法，从而使其具有系统性、科学性和可操作性。初始评审适合的方法可包括：检查表、面谈、直接检查和测量，以及涉及的环境因素和危险有害因素辨识和风险评价方法。

为使评审过程有序、高效进行，必须预先制定评审计划。评审计划应根据组织的类型、规模有针对性地制定。

2. 信息收集及分析

(1)收集和分析组织及其环境的信息

组织需通过初始评审，收集和分析组织及其环境的信息。组织只有确定与其宗旨相关并影响其实现环境和职业健康安全管理体系预期结果的外部和内部问题，才能建立有效的环境和职业健康安全管理体系。

内部和外部问题可能是正面的，也可能是负面的，包括能够影响环境和职业健康安全管理体系的条件、特征或变化的环境。

外部问题包括：

①文化、社会、政治、法律、金融、技术、经济和自然环境，以及市场竞争，无论是国际的、国内的、区域的或地方的；

②新竞争对手、承包方、分包方、供方、合作伙伴和提供商、新技术、新法规的引入和新职业的出现；

③有关产品的新知识及其对环境、健康和安全的影响；

④与行业或部门相关的、对组织有影响的关键推动和趋势；

⑤与其外部相关方的关系，及外部相关方的观念和价值观。

内部问题包括：

①组织治理、组织结构、岗位和责任；

②方针、目标及其实现的策略；

③能力，可理解为资源、知识和技能(如资金、时间、人力资源、过程、体系和技术)；

④信息系统、信息流和决策过程(正式和非正式的)；

⑤新产品、材料、服务、工具、软件、场所和设备的引入；

⑥与工作人员的关系，以及他们的观念和价值观；

⑦组织的文化；

⑧组织所采用的标准、指南和模式；

⑨合同关系的形式和程度；

⑩工作时间安排；

⑪工作条件；

⑫事故、事件信息等。

(2)收集并分析工作人员和其他相关方的需求和期望的信息

组织需通过初始评审，收集并分析工作人员和其他相关方的需求和期望的信息。组织建立环境和职业健康安全管理体系，要考虑工作人员的需求和期望，同时也要考虑其他相关方的需求和期望。

除工作人员外的相关方可包括：

①法律和监管机构(当地的、地区的、省的、国家或国际的)；

②上级组织；

③供方、承包方、分包方；

④工作人员代表；

⑤工作人员组织(工会)和雇主组织；

⑥业主、股东、客户、访问者、当地社区和组织的邻居以及一般公众；

⑦顾客、医疗和其他社区服务、媒体、学术界、商业协会和非政府组织(NGOs)；

⑧环境和职业健康安全组织、职业安全和健康护理专业人员。

有些需求和期望是强制性的，例如，因为其已经被纳入法律法规。组织也可决定自愿同意或采用其他需求和期望(如签署自愿性倡议)。一旦组织采用它们，在策划、建立环境和职业健康安全管理体系时就要予以关注。

(3)收集及分析法律法规和其他要求的信息

预先识别和获取组织适用的环境和职业健康安全法律法规和其他要求，是组织进行初始评审的基础。获取环境和职业健康安全法律法规和其他要求的主要信息途径有：

①国家及地方环境和职业健康安全立法、执法机关；

②出版社或其发行机构；

③公共图书馆；

④环境、职业健康安全专业机构，如研究所、咨询公司等；

⑤行业协会或贸易促进机构；

⑥公共媒体。

3. 开展环境因素、危险有害因素辨识和风险评价

环境因素、危险有害因素辨识和风险评价是初始评审中的一项重要工作。如果组织环境因素、危险有害因素辨识和风险评价过程已经存在，那么就要评审它们相对于 ISO 14001/ISO 45001 标准要求的充分性。

依据风险管理科学原理，组织通过环境因素、危险有害因素辨识过程，识别组织环境和职业健康安全风险；通过风险评价过程，评估风险程度和确定风险是否可接受，以及确定控制措施的充分性。

可将环境和职业健康安全风险或环境因素、危险有害因素的控制措施划分为技术措施和管理措施。建议的方法是，组织在初始评审中，首先通过环境因素、危险有害因素辨识和风险评价过程，评审组织现有技术措施的充分性，包括企业平面布局、安全间距、工艺设计、设备选型、安全卫生以及环保设施等涉及控制现场物和人两方面因素的环境和职业健康安全风险或环境因素、危险有害因素的控制手段。在确认技术措施充分的前提下，组织需要通过环境因素、危险有害因素辨识和风险评价过程，评审组织现有管理措施的充分性，包括涉及的各种环境和职业健康安全风险管控过程和手段，如培训、规程、制度、作业票证、环境安全隐患排查标准、突发事件应急预案等。

组织基于环境因素、危险有害因素辨识和风险评价结果，完善环境和职业健康安全风险或环境因素、危险有害因素的控制措施。

4. 评审组织环境和职业健康安全管理基础

组织通过环境因素、危险有害因素辨识和风险评价过程，可以评审组织的环境和职业健康安全风险或环境因素、危险有害因素控制的技术措施和管理措施的充分性。在此评审基础上，组织还有必要系统地对照 ISO 14001/ISO 45001 标准、适用的法律法规和其他要求，对其环境和职业健康安全管理基础做出系统的评审，分析出组织现有管理基础与 ISO 14001/ISO 45001 标准、适用的法律法规和其他要求的具体差距。

四、初始评审报告

1. 初始评审信息的归类

完成初始现场评审后，应认真全面地整理、分析和归纳初始评审所获取的大量信息。经处理的信息主要包括如下几个方面：

①涉及的外部问题；

②现存的组织机构和职责，特别是关于环境和职业健康安全管理的；

③环境和职业健康安全法律、法规及其他要求的信息；

④环境因素、危险有害因素辨识和风险评价的信息；

⑤现有环境和职业健康安全文件，包括程序、规定、制度、作业指导书等；

⑥其他信息，如事故调查报告、数据和记录等。

2. 编写初始评审报告

将初始评审所完成的工作，编制成初始评审报告，会更有利于环境和职业健康安全管理体系的建立、实施和保持。初始评审报告应篇幅适度、结构清晰。报告应涵盖初始评审的主要内容，并对改进有关事项提出建议。

初始评审报告可采用如下编写框架：

①评审目的、范围；

②组织及其所处的环境；

③环境因素、危险有害因素辨识与风险评价；

④适用的环境和职业健康安全法律、法规及其他要求(包括获取渠道、内容、登录等)；

⑤环境和职业健康安全法律、法规遵循情况评价；

⑥环境和职业健康安全管理方面的评审(包括事故经验、管理方面的成败得失)；

⑦现存管理体系与标准之间的差距分析；

⑧急需解决的优先项问题；

⑨建立环境和职业健康安全管理体系的有关建议；

初评报告的附录主要有：

①环境影响评价报告、各类安全评价报告；

②“三同时”验收报告；

③组织机构图及环境和健康安全职能分配表；

④工艺流程图；

⑤组织项目分布清单；

⑥环境因素和危险有害因素识别表和风险评价结果，重要环境因素和危险有害因素清单；

⑦组织适用的法律、法规及其他要求清单；

⑧组织现有管理制度与环境和职业健康安全管理体系标准的对比情况(现有管理制度评审)；

⑨组织能源、资源消耗统计表；

⑩化学品管理清单、废弃物清单等。

第三节　制定环境和职业健康安全方针

一、方针的制定

环境和职业健康安全方针是组织在环境和职业健康安全领域的最高纲领和行动指南，是实施与改进组织环境和职业健康安全管理的推动力，是组织开展环境和职业健康安全管理工作的准则。所以在建立环境和职业健康安全管理体系之前，组织的最高管理者首先应对环境方针和职业健康安全方针进行策划。只有环境和职业健康安全方针确定了，才能进行环境和职业健康安全管理体系的策划。

最高管理者是组织最具权威的领导人，是组织发展方向的蓝图绘制者，他(们)最了解组织现状和今后的发展方向，所以环境和职业健康安全方针的策划和制定应该由他(们)去做。

环境和职业健康安全方针是最高管理者代表组织向社会公开做出对环境的贡献和对安全健康风险控制的承诺，指明组织为保护环境和控制风险应奋斗的方向，所以方针应简短易懂，朗朗上口，便于记忆。因此，最高管理者在策划方针应承诺的内容后，可以由其他人协助完成文字的凝练工作，例如组织可将环境和职业健康安全方针应涵盖的内容公布，并提出文字要求，然后在组织内和/或社会上广泛征稿。环境和职业健康安全方针最终的定稿应是最高管理者的责任。

环境和职业健康安全方针应体现在组织各级管理的目标和计划中，从而具有保持和改进环境和职业健康安全绩效的作用。制定环境和职业健康安全方针时应依据初始环境和职业健康安全评审的结果、合规义务、组织的经营战略方针、组织的环境和职业健康安全状况、环境因素及安全健康风险特点、组织的规模及已做出的承诺等。如 ISO 14001 标准 5.2 条款对环境方针内容的要求是：环境方针中应包括“三项承诺，一个框架”。最高管理者可依据初始环境评审的结果，确定“三项承诺”的内容，这“三项承诺”也体现出组织的特点，“三项承诺”有了，组织目标和指标的框架自然也就应形成了。如化工企业，通常均有废气、废水、固体废弃物排出，且能耗也较大，环境方针中应包含降低污染、达标排放、节约能源等方面的内容，组织在制定目标和指标时，应从预防污染、节约能源及履行合规义务等方面考虑；再如某些机械加工企业，电能消耗大、噪声大、金属固体废弃物较多，因此，其环境方针中应涵盖节能、降噪、废物回收、清洁生产等方面的内容，组织在制定目标和指标时，也应从废物回收再利用，节能、降噪等方面考虑。环境方针在体现组织特点方面非常重要，如果环境方针脱离了组织的实际情况，就不能按标准要求“确保提供建立和评审环境目标和指标的框架”。

二、方针示例

环境和职业健康安全方针可分别单独制定，也可合在一起或与其他体系的方针整合为组织的总方针。方针的文字应精炼，便于记忆，并可包含对方针内容的解释。

1. 单一体系的环境方针

(1) 东芝公司的环境方针

东芝公司认识到地球是人类不可替代的财产，留给后代一个良好的环境是人类的责任。公司积极推进在公司技术和财务能力许可范围内的环境保护行动，并保证尊重包含着东芝集团基本承诺和保护政策的以下原则：

①公司将推进环境保护作为管理的一项基本职责；

②公司确定与减少环境影响和污染预防相关的，与自身活动、产品和服务的环境因素相关的目标、指标；

③公司通过切实执行环境保护的措施寻求环境影响持续地降低；

④公司通过促进环境保护的活动，包括使用对环境无害的技术，设计和供应对环境无害的产品，加强与组织所在地的合作等方式，来为社会作出贡献；

⑤公司遵守所有有关的法律法规、行业标准和公司标准；

⑥公司认识到自然资源的有限性，采取措施促进资源合理利用和保护；

⑦公司采取措施促进每一个员工对参与环境保护行动的理解。

为促进整个东芝集团的环境保护，公司为其下属公司和合作公司提供支持和帮助。

(2)某涂料生产企业的环境方针

控制环境因素，减少资源浪费，“三废”达标排放，不断改进技术，实现清洁生产。

2. 单一体系的职业健康安全方针

(1)某食品有限公司职业健康安全方针

遵守法规，健康至上，安全第一，全员参与，预防为主，持续改进。

(2)某建筑企业安全方针

公司职业健康安全方针是：

安全第一　健康至上

以人为本　科学施工

遵守法规　消除危害

加强培训　持续改进

公司实行的事故控制目标是：

年死亡事故为“零”

年重伤事故为“零”

年重大火灾事故为“零”

(3)某电力建设企业安全方针

预防为主，控制电建施工危险；强化监督，遵守有关法律法规；

以人为本，提高全员安全素质；科学管理，实现绩效持续改进。

(4)一种系统化企业安全方针

建立安全理念　建设安全文化　坚持以人为本　认识安全效益　营建预防系统

把握本质安全　不断持续改进　落实安全责任　完善自律机制　重视相关利益

①建立安全理念：建立“安全第一”的哲学观念。安全与生产、安全与效益是一个整体，当发生矛盾时，必须坚持“安全第一”的原则。为此，管理层必须作出承诺，领导必须作出表率。

②建设安全文化：将健康安全环境视为企业文化的重要组成，作为企业核心竞争力之一。安全生产将提高企业的竞争地位，在社会公众和顾客中产生积极的影响。健康安全环保是企业综合素质的反映。

③坚持以人为本：以人的生命为最高价值的原则。员工是企业的资源，员工是企业最

重要财富，而且是不可再生的财富。关心员工的安全与健康至关重要，必须优先于其他的各项目标。

④认识安全效益：追求安全综合效益的观念。安全生产不仅是经济效益，更是社会效益。

⑤建立预防系统：安全生产的保障需要人机环境的安全系统协调。认识到所有意外事故和职业病都是可以预防，但需要建立人机环境的安全系统观念，从人机环境的综合治理入手。

⑥把握本质安全：为有效地消除和控制危害，需要建立本质安全的科学观念。预防是最佳的选择。需要推行科学的管理体系，实行风险预防型管理，积极采用先进的技术、工艺和设计。

⑦不断持续改进：安全管理的核心是持续改进。健康安全环境非一日之功，要坚持不懈、持续改进，没有最好，只有更好。建立现代企业的管理模式和管理体系。

⑧落实安全责任：安全生产人人有责。健康安全环境融于生产全过程及每个工作岗位，落实“谁主管，谁负责”的原则。

⑨完善自律机制：追求企业的自觉管理、自我约束。实行内审监控，内审是自我评估和监控的重要手段。

⑩重视相关利益：重视与企业相关方的利益。将承包方、用户的健康安全环保纳入企业安全管理的组成部分，关心员工职业以外的安全。

3. 环境和职业健康安全管理体系方针

(1)大港油田集团有限责任公司环境健康安全方针

健康至上，安全第一，环保领先；

更新观点，强化意识，依靠科技，综合治理，预防为主；

走全员健康、安全与可持续发展的道路。

(2)美孚公司环境健康安全方针

每一个在美孚公司工作的人都有责任保护我们的员工、顾客以及全球社会的环境、健康和安全。我们对环境、健康和安全(EHS)表现的承诺是美孚公司经营活动密不可分的一部分，实现有效的EHS解决方案是美孚获得长期成功的基本原因之一。

在美孚公司，我们承诺：

①消除事故和环境、职业健康安全方面的偶发事件；

②减少废物的产生和排放；

③有效地使用能源和各种自然资源；

④对紧急事件做好充分准备，以便及时作出反应；

⑤对我们的产品进行检验，同时告知我们的员工、顾客以及公众，如何安全地使用，如何使用对环境影响较小；

⑥向我们的雇员、合同方、商业伙伴提供理解他们的行为如何影响环境、职业健康安全的服务；

⑦与社区和其他相关组织和人士就我公司的EHS项目和表现进行交流；

⑧通过有效的管理体系持续改进我们的EHS表现；

⑨奖励突出的EHS表现。

以上承诺是以遵守所有的环境、健康和安全法律法规为基础的。

(3)某企业环境与职业安全健康方针

该企业认识到改进环境与职业安全健康状况的重要性，承诺以相关的法律法规指导企业的行为，积极主动地推进环境保护与职业安全健康活动，坚持污染防治与事故预防，持续改进。为人类、顾客、员工创造优美的生存、生活与工作环境。该企业环境与职业安全健康方针为：

注重环保　避免事故　预防为主　持续改进

①增强环境与职业安全健康意识，遵守环境与职业安全健康的法律法规；

②预防优于治理，减少废弃物的产率，降低风险，保障员工身体身心健康；

③不断改进工艺流程，推行清洁生产，节约资源，避免事故的发生；

④预防为主，持续改进。

4. 质量、环境和职业健康安全三体系合一方针

(1)某经营企业质量、环境和职业健康安全方针

质量争第一，经营应诚信，服务创一流，顾客是上帝；守法须牢记，安全在首位，节能防污染，改进是永恒，发展才稳健。

(2)某化工企业质量、环境和职业健康安全方针

顾客至上，质量为先；节能降耗，清洁生产；遵纪守法，重视安全；精益求精，永恒发展。

(3)某油漆生产企业质量健康安全环保方针

以高品质的产品与服务满足并超越顾客期望，追求顾客最大满意度。

避免雇员、承包方及来访者受到伤害。

根据法律法规及集团内部的要求，将活动和产品对环境的影响降至最低，以达到保护环境的目的。

遵循公司纲领，执行"产品管理"和"涂料关怀"体系，避免员工及相关方在所有活动中受到伤害。

加强各项活动中的安全防范，以保护人员、财产、产品、工艺过程、信息及信息系统的安全。

贯彻执行有效的管理体系，以确保绩效的持续改进。

三、方针的宣传

环境和职业健康安全方针不仅是本组织员工应熟悉的，还是组织向社会做出的公开承诺，表明组织对环境保护和职业健康安全的态度，所以方针不仅需要在内部宣传，还要对外部进行宣传。因此，最高管理者在策划环境和职业健康安全方针时，还应考虑到方针的公开宣传方式，如在组织内部用标语或横幅宣传，对外部可以在网络上、产品宣传资料或产品外包装上进行宣传等。

第四节　制定目标和指标并策划管理方案

一、环境目标、指标与方案

1. 重要环境因素应制定目标和指标

组织在实际运行过程中，可能存在许多环境因素，如果组织不分轻重，将所有的环境

因素均制定目标和指标，对其实施控制，组织可能也实现不了。所以组织在策划目标和指标前，应识别出重要环境因素，以及与重要环境因素有关的运行，针对重要环境因素及与重要环境因素有关的运行过程制定环境目标和指标，以一定方式控制这些过程来实现目标和指标。这并不是说对于那些并不重要的环境因素可以不控制，而是控制方式不一样，因为一般的环境因素对环境影响小，不需要采用制定目标和指标的方式来实施控制。例如绝大多数组织均消耗电、水和纸张，对某些组织而言，这三种环境因素并不是重要环境因素，不需要用制定目标和指标的方式来进行控制，但可以在规章制度中提出要求，或在相应地方，用醒目标识提示，如随手关灯、随手关阀、节约用水、纸张应正反面使用、废纸请放入纸篓等。总之，对可控制的或可施加影响的重要环境因素须制定目标和指标来实施控制，一般环境因素采用简单的和/或常规的方法进行控制即可。

2. 总目标和指标与分目标和指标

在环境方针确定后，组织应根据方针制定总目标和指标。总目标和指标仅是组织需要取得环境绩效的一种测量方式，总目标和指标是依靠各层次对重要环境因素的运行控制来实现的，所以，与重要环境因素有关的各层次均应制定目标和指标，这也是对总目标的分解，只有各层次的分目标完成了，总目标才能实现。

3. 目标和指标与目前的状况

在制定目标和指标时，应切合实际，不能盲目制定太高的目标和指标，如果目标和指标总是实现不了，一方面给测量环境绩效带来困难，另一方面可能会打击员工环境保护的积极性。所以在制定各层次的环境目标和指标时，应了解组织现有的环境状况，应测量或收集与重要环境因素有关运行的环境固有特性数据和资料，另外，还应根据组织现在的技术、工艺水平、经济状况来制定目标和指标。如果目标和指标制定得过高，则会给环境管理方案的策划带来一定困难，即使制定了环境管理方案，可能也难以得到较好的实施。如果目标和指标制定得太低，则不利于组织的环境管理体系的改进，可能难以实现环境方针，也可能会导致长期不能认真履行合规义务的情况发生。

4. 制定环境目标、指标时可供参考的项目

①符合性方面：如污染物的排放达标率、超标率、净化率等。

②产品方面：如设计、开发绿色产品种类、数量，使用绿色产品品种及数量，产品废弃后的可降解性能、可再利用率，单位产品废料产生率等。

③原材料消耗：如单位产品消耗量、材料利用率、节约量等。

④能源消耗：如单产能耗、有效能源、利用率、节约量、无污染或低污染能源利用比例等。

⑤污染物排放量：如排放浓度，排放总量，排放减少量等。

⑥固体废弃物的管理：如分类率，处置率，综合利用率，资源再生率，包装物废弃后的利用率，有毒有害废弃物控制率等。

⑦事件/事故：如事故发生率，事故影响范围，事故影响大小等。

⑧社会方面(包括相关方)：如投诉率，抱怨次数率，违章赔偿、罚款费用。

⑨环境培训：如培训人数、次数、时间、项目，考核要求、效果等。

⑩财务方面：如环保投资或效益，环保事故/事件直接经济损失和间接经济损失等。

⑪特殊污染物控制效果：如重金属、SO_2、酚、甲醛等控制程度。

⑫生态保护：如野生动物保护、森林保护、土壤保护、湿地保护等。

⑬文物保护：如不损坏文物，文物破坏导致的经济损失等。

5. 环境管理方案的策划

策划环境管理方案的目的是保证目标和指标的实现，方案的主要内容是重要环境因素的控制措施。要使策划的方案能够实施，实施有效，在策划环境管理方案时，应根据目前环境因素的控制方式，组织现有的生产工艺及控制方式与新技术的差距，目前组织在控制重要环境因素方面可能的投资来进行策划。

环境管理方案的策划可考虑对现有的方法、工艺、设备实施改造，也可以在原有设施、方法、工艺的基础上强化管理，即用详细的作业指导性文件来规范实际操作，从而达到有效控制的目的。如某组织“能源消耗”为重要环境因素，且制定了各相关层次的目标和指标。为了实现“节能”目标和指标，其环境管理方案中可能需要对现有的耗能设备、工艺实施改进，或增加能源回收设施；也有可能目前组织的设施、工艺和能源回收方面均处于良好的状态，组织近期不准备对其实施改进，那么，为了确保目标和指标的实现，组织应加强能源消耗方面的管理，制定相关文件来规范操作，制定一些规章制度，对操作人员实施考核，以确保各部分的能源消耗处于最低状态。

为了保证环境管理方案能及时、有效地实施，在策划方案时，不仅要对重要环境因素的控制方式进行策划，还需要策划方案的实施过程，即方案由谁实施，技术问题由谁解决，投资为多少，何时实施，分几个阶段实施，各阶段应达到什么要求等。策划的方案应形成文件，以便于方案的实施和对方案实施效果进行验证。

6. 环境目标、指标与方案示例

(1)某公司废水综合治理方案

废水综合治理方案

编号/修订状态：EHSMS2－2021－03/00

---

1. 环境目标和指标

1.1　公司总环境目标：处理后的废水40%回用，外排废水应符合GB 8978—1996中一级排放标准。

1.2　部门的环境目标和指标

1.2.1　一分厂的环境目标和指标：排出废水总量为300t/d，COD≤500mg/L，废水回用量为150t/d。前处理车间废水排出量≤240t/d，COD≤350mg/L，废水回用量为150t/d；加工车间废水排出量≤40t/d，COD≤1200mg/L；清洗工段废水排出量≤20t/d，COD≤900mg/L。

1.2.2　二分厂的环境目标和指标：生产废水排出量≤75t/d，COD≤350mg/L，冲地水量≤5t/d，废水回用量为5t/d。

1.2.3　废水处理厂目标和指标：回用废水 COD≤50mg/L，SS≤4mg/L；外排废水 COD≤90mg/L，SS≤30mg/L。

1.2.4　其余部门生活废水总排出量≤10t/d，废水回用量5t/d。

2. 职责和权限

2.1　有污水排出的部门或岗位应按规定的指标实施控制。改造过程中涉及的部门应做好配合工作。

2.2　技术部门负责相关部门或岗位的操作指导性文件编写。

2.3　安环部负责落实废水治理方案，负责废水处理的操作指导性文件的编写。

2.4　设备处负责废水治理方案实施工程中的设备采购。

2.5　水质检测站负责各监测点的水质监测。

2.6　综合办公室负责组织员工的培训和考核。

2.7　各部门或岗位应按规定控制环境因素，部门负责人应对控制过程实施检查。

3. 废水治理方案

3.1　现有的废水处理设施

公司2012年建成的废水处理工艺流程如图1所示(流程图略)，现有的废水处理设施能力：废水处理量400t/d，COD≤500mg/L，可满足目前废水处理后对外排放的要求，但处理后的废水不能回用，需要增加深度处理设施。

3.2　改进方案

3.2.1　前处理车间制定操作规程，规程中应明确各操作步骤的用水量和规范的操作方式，防止因不规范操作导致料液外漏，造成污染，完成时间2021年3月20日前。

3.2.2　加工车间制定加工操作规程，以规范操作方式，防止因不规范操作导致料液外漏，造成污染，完成时间2021年3月20日前。

3.2.3　清洗工段增加2套清洗设备(投资控制在10万元以内)，采用多次小水量清洗，完成时间2021年5月底前。

3.2.4　公司食堂、洗手间的水龙头更换为感应控制或脚踏控制式水龙头，做到人离开，水龙头关闭，预计投资1万元，完成时间2021年5月底前。

3.2.5　废水处理设施的改造：增加水深度处理设施，使处理后的水质能达到回用的要求；在公司生产区域增设废水回用管路，在能回用废水的场所都应铺设管道。水深度处理设施设计工作委托省环境工程研究所或者化工设计三院，完成时间2021年5月底以前，施工时间2021年6月初，工程完成时间2021年11月底以前，设计费用以合同签订为准。

3.3　实施方案

3.3.1　在改造工程结束后，进行一个月的试运行。试运行结束(2021年12月初)，各部门制定重要环境因素岗位的操作指导书，完成时间2021年12月中旬。文件经审核、批准后下发到各岗位或相关个人。

3.3.2　2021年12月中旬，各岗位的员工进行一次系统的理论学习和实际操作培训，培训后进行笔试和实际操作相结合的考试，合格者方可上岗，不合格者再次培训考核，再不合格调离到其他岗位。

3.3.3 水质检测站对各岗位排出的废水每班检测1次，应在交接班后30～60min时间内取样检验，若不符合要求，立即通知部门负责人检查原因，采取措施；回用水每4h取样检验1次，若不符合要求，立即通知水处理厂操作人员停止使用回用水，改用补充水。废水处理厂负责人查找原因，采取措施，并对回用水重新处理。

3.3.4 方案中规定的投资，财务上已立有专项资金，若预算有超出，需经总经理批准后才能实施。

制定人：×××　　批准人：×××　　2021年01月30日

(2)某公司节能方案

节能方案

编号/修订状态：EHSMS2－2021－04/00

1. 环境目标和指标

1.1 公司总环境目标：通常运行情况下，节电30000kW·h/a，节煤200t/a。

1.2 部门的环境目标和指标

1.2.1 二分厂平均用电量在6×10^5kW·h/月以内，半年考核一次；

1.2.2 办公场所夏季和冬季用电量2000kW·h/月，在夏季和冬季按月考核；

1.2.3 锅炉车间控制用煤量：2t煤/10t产品，每10d统计一次。

2. 职责

2.1 技术部负责生产场所节能项目技术改造设计工作，向设备科提供图纸和技术要求等资料；

2.2 设备处负责节能项目改造的实施工作；

2.3 改造过程中涉及的部门应做好配合工作；

2.4 各部门或岗位应按规定控制环境因素，部门负责人应对控制过程实施检查。

3. 节能方案

某公司节能方案表

部门或岗位	改进项目	完成或实施时间	负责人
二分厂	热熔炉增加保温层，更换温度自动控制仪。资金控制在3万元以内，在实施前应做预算，若预算超出3万元，需经总经理批准	4月30日实施，8月底完成	技术副厂长
	增加利用热烟道气对干燥空气预热装置，干燥系统增加保温层。资金控制在5万元以内，在实施前应做预算，若预算超出5万元，需经总经理批准		
办公场所	用电线路略加改造，实行用电集中控制。下班后半小时，办公大楼停电，若有特殊情况，与设备处联系	3月实施，4月30日前完成	设备处长
	空调夏季温度设定在26℃，冬季设定在18℃	7月实施	

续表

部门或岗位	改进项目	完成或实施时间	负责人
生产车间	将老式列管换热器更换成不锈钢板式换热器，蒸汽铁管道更换成不锈钢管，加热后的冷凝水返回锅炉再利用。资金控制在50万元以内，在实施前应做预算，若预算超出50万元，应列出各项费用清单，经总经理批准后，才能实施	11月下旬实施，明年3月前完成	技术副厂长
	蒸汽管和热交换器外部应有足够厚度的保温层，减少热量损失		
锅炉车间	制定岗位责任制度和操作规程，实施岗位培训和考核，合格者上岗，车间负责人检查实际工作效果	2月初实施	生产处长

制定人：×××　　　　批准人：×××　　　　2021年01月30日

(3)某电冰箱厂环境管理方案

制定	日期	复核	日期	批准	日期			
序号	目标	指标	方法措施	责任部门	责任人	预算（万元）	启动日期/完成日期	验证人
1	2021年前全部完成CFCs(氯氟烃)的替代工作	2021年6月底前减少60%；2021年12月底前全部完成替代	1. 重新设计冰箱制冷系统； 2. 完成发泡工序改造； 3. 全面完成制冷发泡剂替代	生产部 技术部 各有关单位	×× ×× ××	100万元	2021.1/ 2021.12	
2	减少有机溶剂的大气排放	至2021年12月喷漆车间的二甲苯排放浓度降低至$70mg/m^3$	安装净化、回收装置。 1. 项目论证； 2. 工程设计； 3. 工程施工； 4. 运行	环保科 基建科 环保科 车间	×× ×× ×× ××	80万元	2021.1/ 2021.12	

(4)某建筑公司环境管理方案

序号	环境因素	目标	指标	方法、措施	完成时间	责任部门	监控部门	协助部门	负责人
1	噪声排放	噪声达标排放	现场场界噪声控制在标准规定的范围内(单位：分贝)： 昼间夜间土石方75；55打桩85；禁止结构70；55装修65；55	1. 夜间在规定的时间内严禁施工； 2. 如可行采取封闭措施； 3. 加强对机械设备的使用、维修、保养，减少噪声	施工全过程	项目经理部	施工管理科	施工管理科	环境管理者代表、项目经理

续表

序号	环境因素	目标	指标	方法、措施	完成时间	责任部门	监控部门	协助部门	负责人
2	废水排放	生产生活用水达标排放	污水中 SS、COD、油、pH、BOD_5 指标符合排放标准，并持续达标	1. 现场搅拌站设置沉淀池，食堂设隔油池，现场设化粪池，水磨石地面室外设沉淀池； 2. 日常运行加强管理，防止因意外情况或管理不善而导致超标排放	施工全过程	项目经理部	施工管理科	施工管理科	环境管理者代表、项目经理
3	粉尘排放	减少粉尘排放	现场目测无尘；现场主要运输道路硬化处理	1. 认真执行粉尘防治控制程序； 2. 现场道路和堆土晴天经常洒水降尘，现场搅拌机设降尘装置	施工全过程	项目经理部	施工管理科	施工管理科	环境管理者代表、项目经理

注：SS 为悬浮固体；COD 为化学需氧量；BOD_5 为 5 日内排水所消耗的生化需氧量。

二、职业健康安全目标和方案

1. 制定职业健康安全目标和方案

结合初始评审的结果并针对实现组织职业健康安全方针的需要，制定职业健康安全目标。组织的职业健康安全目标一定要具体，并有针对性，要明确解决的职业健康安全问题，能量化的尽可能量化。

职业健康安全管理方案是职业健康安全目标的实施方案，其制定与执行是职业健康安全管理体系成功的关键。鉴于职业健康安全管理方案涉及各种资源投入，最高管理者或管理者代表应具有最终确认和监督执行方案的责任。组织的技术、财务和方案涉及的其他部门及人员应共同参与制定或评审方案，以确保方案在实现职业健康安全绩效的同时，也能达到技术经济分析的最优化。

职业健康安全管理方案的内容主要包括：

①需控制的风险、风险控制目标，包括分解到相关职能和层次的目标；

②控制风险的措施方法；

③适当的资源要求；

④实施目标和方案的详细职责和权限；

⑤实施目标及方案的时间表和进度计划；

⑥验收要求以及监督评审部门等。

职业健康安全管理方案实施上的要求主要有：

①应就职业健康安全管理方案的制定、实施、评审、修改等作出适当的规定，并形成文件；

②对管理方案定期进行评审，必要时进行更新、修改；

③当有新的开发或建设项目，新增加的活动、设备或服务时，应根据危险有害因素辨识以及风险评价的结果，制定新的管理方案。

2. 职业健康安全管理方案示例

编号：FA001～2021　　　　修订：0 次

序号	需控制的危险源	现状描述	公司 OHS 目标	部门分目标	方法措施	执行部门	负责人	经费预算	启动日期	完成日期	备注
1	噪声排放	冲压车间、注塑车间噪声达 90dB 以上	噪声值控制在 85dB 以下	冲压车间噪声值控制在 85dB 以下	1. 添置个人防护用品	冲压车间	冲压车间主管		2021. 2. 20	2021. 10. 25	
					2. 设置现场值班隔离室	冲压车间	冲压车间主管		2021. 2. 20	2021. 10. 25	
					3. 进行工艺改造，加设吸声装置	生产技术部	生产技术部经理		2021. 2. 20	2021. 10. 25	
				注塑车间噪声值控制在 85dB 以下	（略）						
2	触电	设备、设施维修过程中，配电间缺乏有效的作业管制	对设备、设施维修实施上锁及挂牌的安全管理制度	2021 年 3 月底完成 100% 的控制	1. 制定上锁及挂牌程序； 2. 定做警告牌和锁具； 3. 对电闸箱上的锁具进行改造	设备科	设备科长		2021. 2. 20	2021. 3. 15	
3	电梯	1. 无证驾驶； 2. 出现运行故障（门关不严、中途停止）	实现作业许可制度，加强电梯操作和维护管理制度	2021 年底实现作业持证上岗，保持电梯正常运行	1. 培训持证上岗	人事行政部	人事行政部经理		2021. 3. 10	2021. 5. 16	
					2. 定期检查； 3. 定期接受地方职能部门的检查和鉴定	设备科	设备科长		2021. 3. 10	2021. 5. 16	

续表

序号	需控制的危险源	现状描述	公司 OHS 目标	部门分目标	方法措施	执行部门	负责人	经费预算	启动日期	完成日期	备注
4	对人体有害的化学品	未对危险化学品的管理和使用进行规定	对危险化学品的使用进行规范，以避免造成人体伤害	插件车间为使用天那水的员工配备防护用品	编制天那水使用及管理作业指导书，并于作业前对操作者进行培训	插件车间	插件车间主任		2021. 3. 10	2021. 4. 10	
				装配车间应确保使用白电油（正已烷）的地方通风良好，使用者戴防毒口罩	1. 编制白电油使用及管理作业指导书并于作业前对操作者进行培训； 2. 作业现场保持良好通风； 3. 设立专用储存柜存储白电油； 4. 为使用者配备防毒口罩	装配车间	装配车间主任		2021. 3. 10	2021. 4. 15	

编制/日期：__________ 审核/日期：__________ 批准/日期：__________

第五节　确定组织机构和职责

一、确定组织机构

组织在策划环境和职业健康安全管理体系中重要环境因素与重要危险有害因素的运行控制时，首先应策划组织的管理机构。确定组织机构应考虑以下内容。

1. 合理分工，加强协作

由于组织可能存在多个重要环境因素和危险有害因素，每个重要环境因素或危险有害因素可能与多个过程或活动的运行有关，各过程或活动运行控制管理由谁来负责，各过程或活动运行控制的管理机构之间有什么关系，如何统一和协调各过程或活动之间的关系，如何从宏观上控制、管理这些重要环境因素和危险有害因素，这就形成了环境和职业健康安全管理机构的层次关系，这种层次关系用组织机构图描述既简单又明确，组织机构图的示例如图 2 - 1 所示，图中既能反映环境和职业健康安全管理体系所设置的机构，又能明确各机构之间的关系。

此外，体系标准之间具有相互制约、相辅相成的关系。包含预防、控制、监督等多种功能。管理要素的实施需由多个部门互相配合，既有实施部门、又有监督部门，既有管理要素的主管部门，又有配合实施的相关部门。因此，在合理分工的基础上，又要加强协作。

2. 明确定位，赋予权限

按标准要求，须明确各要素的主管部门和相关部门，分别赋予不同的管理职责，落实岗位职责，做到事事有人管，尽职尽责。确定了岗位职责后，按正常管理工作的需要，尚需针对不同部门、不同岗位的分工，赋予相应的职责和权限，便于监督检查，便于调动全体员工的工作积极性。

二、职责和权限的策划与落实

在建立环境和职业健康安全管理体系的过程中需要按标准的要求对管理职能进行分配，明确各部门、各岗位特别是重要环境岗位和涉及重要危险有害因素岗位的职责和权限，这是保证管理体系得到正常运转，实现方针、目标、指标，对重要环境因素和危险有害因素实施有效管理与控制的基本要求，在对职责和权限策划与落实的过程中应考虑以下几个方面。

①根据组织机构和业务活动确定有关岗位，通常分为三个层次，即决策岗位、管理岗位、操作岗位。其中，操作岗位是对重要环境因素和危险有害因素能产生重大影响的岗位，也称为重要岗位。

②明确岗位的职责和权限，形成文件。

③职责和权限的体现，可以直接写在管理手册、程序文件和作业文件之中，可以单独成册形成职责权限汇编。

④描述职责和权限时通常表述，“什么岗位、做什么事情、有哪些相应的权限”。应简明扼要、清晰明了。

⑤注意体现活动接口的职责，因为组织的各项活动之间会存在输入或输出的流程关系，每项活动的结果可能是其他若干项活动的输入，所以应把各岗位的接口职责加以明确。

可通过职能分配表将环境和职业健康安全管理体系标准中各要素活动所涉及的职能逐一分配到各部门，见表5－2。

表5－2　某公司职能分配表

EHSMS－2021－02/00

标准条款 \ 职能分配			总经理	安全环境部	技术质量部	生产部	设备科	质检科	供销部	综合办公室	财务部
4 组织所处的环境	4.1 理解组织及其所处的环境		▲	▲	△	△	△	△	△	△	△
	4.2 理解工作人员和其他相关方的需求和期望		▲	△	△	△	△	△	▲	▲	△
	4.3 确定环境和职业健康安全管理体系的范围		▲	△	△	△	△	△	△	△	△
	4.4 环境和职业健康安全管理体系		▲	△	△	△	△	△	△	△	△
5 领导作用和工作人员参与	5.1 领导作用与承诺		▲	△	△	△	△	△	△	△	△
	5.2 环境和职业健康安全方针		▲	△	△	△	△	△	△	△	△
	5.3 组织的角色、职责和权限		▲	△	△	△	△	△	△	△	△
	5.4 工作人员的协商和参与		▲	△	△	△	△	△	△	△	△
6 策划	6.1 应对风险和机遇的措施	6.1.1 总则	△	▲	△	△	△	△	△	△	△
		6.1.2 环境因素和危险有害因素辨识及风险和机遇的评价	△	▲	△	▲	△	△	△	△	△
		6.1.3 合规义务	△	▲	△	△	△	△	△	▲	△
		6.1.4 措施的策划	△	▲	△	▲	△	△	△	△	△
	6.2 环境和职业健康安全目标及其实现的策划	6.2.1 环境和职业健康安全目标	▲	▲	△	△	△	△	△	△	△
		6.2.2 实现环境和职业健康安全目标的措施的策划	△	▲	△	▲	△	△	△	△	△
7 支持	7.1 资源		▲	△	△	△	△	△	△	△	▲
	7.2 能力		△	▲	△	△	△	△	△	▲	△
	7.3 意识		△	▲	△	△	△	△	△	▲	△
	7.4 沟通与信息交流	7.4.1 总则	△	▲	△	△	△	△	△	△	△
		7.4.2 内部沟通与信息交流	△	▲	△	▲	▲	△	△	▲	△
		7.4.3 外部沟通与信息交流	△	▲	△	△	△	△	△	▲	△
	7.5 文件化信息	7.5.1 总则	△	▲	△	△	△	△	△	△	△
		7.5.2 创建和更新	△	▲	△	△	△	△	△	△	△
		7.5.3 文件化信息的控制	△	▲	△	△	△	△	△	△	△

续表

标准条款 \ 职能分配				总经理	安全环境部	技术质量部	生产部	设备科	质检科	供销部	综合办公室	财务部
8 运行	8.1 运行策划和控制	8.1.1	总则	△	▲	△	△	△	△	△	▲	△
		8.1.2	控制环境因素、消除危险有害因素，降低环境和职业健康安全风险	△	▲	▲	▲	▲	△	△	△	△
		8.1.3	变更管理	△	▲	▲	▲	▲	△	△	△	△
		8.1.4	采购	△	△	▲	△	△	△	▲	▲	▲
	8.2 应急准备和响应			△	▲	△	▲	▲	△	△	▲	△
9 绩效评价	9.1 监视、测量、分析和评价	9.1.1 总则		△	▲	△	△	△	△	△	△	△
		9.1.2 合规性评价		△	▲	△	△	△	△	△	▲	△
	9.2 内部审核	9.2.1 总则		△	▲	△	△	△	△	△	△	△
		9.2.2 内部审核方案		△	▲	△	△	△	△	△	△	△
	9.3 管理评审			▲	▲	△	△	△	△	△	△	△
10 改进	10.1 总则			△	▲	△	△	△	△	△	△	△
	10.2 事件、不符合和纠正措施			△	▲	△	▲	▲	△	△	△	△
	10.3 持续改进			▲	▲	△	△	△	△	△	△	△

注：▲—责任部门；△—协配部门。

思考题

1. 建立环境和职业健康安全管理体系有哪些基本步骤？
2. 初评报告一般应包含哪些信息？
3. 在建立环境和职业健康安全管理体系时，应做哪些方面的策划？
4. 确定环境和职业健康安全方针为什么是最高管理者的职责？
5. 制定环境和职业健康安全方针需考虑哪些因素？
6. 组织在制定环境目标和指标时，应考虑哪些因素？
7. 策划环境和职业健康安全管理方案需考虑哪些因素？方案主要有哪些内容？
8. 如何描述各层次的职责以及职责和标准条款的对应关系？

第六章　环境和职业安全健康管理体系文件编写

第一节　管理体系文件的编写原则与要求

一、管理体系文件的编写原则

环境和职业健康安全管理体系是系统化、结构化、程序化、文件化的管理体系，编写体系文件的目的有：

①保证环境和职业健康安全管理体系按规定的方式运行，保证各项活动的一致性；

②为员工和其他相关方提供所需的信息，确保方针、目标和指标的实现；

③以文件方式证明组织建立的环境和职业健康安全管理体系符合 ISO 14001 和 ISO 45001 标准要求；

④更好地交流和培训，便于管理和修订。

环境和职业健康安全管理体系文件对组织来说就是实施环境和职业健康安全管理工作的一套具有法规性的文件，必须遵照执行。编写体系文件的目的就是使组织的环境和职业健康安全管理工作，从人治变为法治，从职责不清到有章可循，严格按程序办事。

环境和职业健康安全管理体系文件的编写应考虑以下几个方面：

(1)要符合环境和职业健康安全管理体系标准条款的要求

ISO 14001 和 ISO 45001 标准是组织建立环境和职业健康安全管理体系的基本要求，是组织编写环境和职业健康安全管理体系文件的依据。组织应按标准条款的要求编写管理体系文件，以充分体现体系文件对标准条款的符合性。

(2)要结合组织活动、产品或服务的特点

ISO 14001 和 ISO 45001 标准为组织建立环境和职业健康安全管理体系提供了使用指南，适用于任何类型与规模的组织，并适用于各种地理、文化和社会条件。而作为实施环境和职业健康安全管理体系的组织则是千差万别的，因此在进行环境和职业健康安全管理体系文件编制时，应密切结合组织活动、产品或服务的特点，充分反映出组织的环境和职业健康安全现状及其管理现状。ISO 14001 和 ISO 45001 是管理标准，不是技术标准，只对组织的环境和职业健康安全管理工作提出了基本要求，并不涉及具体的技术要求。这就需要组织根据自身的环境和职业健康安全及其管理当中的问题来策划、建立和实施环境和职业健康安全管理体系，并在体系文件中充分体现组织的特点，切忌体系文件的一般化。

(3)努力做到管理体系文件的一体化

依据ISO 14001和ISO 45001标准所建立的环境和职业健康安全管理体系应是组织全面管理体系的一个组成部分，利用环境和职业健康安全管理体系文件来规范企业的环境和职业健康安全行为，改善企业的环境和职业健康安全绩效。ISO 14001和ISO 45001标准与ISO9001质量管理体系标准遵循共同的管理体系原则，组织可选取与ISO 9001相符的现行管理体系，作为其建立环境和职业健康安全管理体系的基础，不必撇开(组织)现行的管理体系要素而单独确定。在某些情况下，可对(组织)现行管理体系要素加以修改，使之适合ISO 14001和ISO 45001标准要求。

将组织管理体系文件有机结合，逐步形成管理体系文件的一体化是发展趋势。应该看到，任何一个企业，不论是历史悠久还是新建立的企业，不论是国有企业还是民营企业，不论是独资企业还是合资企业，在其经营过程中即已建立有一套适合于本组织活动、产品或服务特点，并行之有效的管理体系、管理制度和管理方法，对推动企业的经济发展都发挥了积极的作用。很多企业已通过了ISO 9001质量管理体系的第三方审核认证，都已在组织原有管理体系的基础上用国际标准更进一步规范了组织的质量行为，改善了组织的质量绩效。而ISO 14001和ISO 45001标准同样是为了规范组织的环境和职业健康安全行为，改善组织的环境和职业健康安全绩效，使组织的管理工作更加系统化、结构化和程序化。因此，组织在编制环境和职业健康安全管理体系文件时，应密切与组织原有的管理体系、管理制度、管理程序相协调，避免出现相互矛盾和不协调。但也应看到，管理体系各要素的应用会因为不同目的和不同相关方而有所差异，质量管理体系针对的是顾客需求，而环境和职业健康安全管理体系则服务于众多相关方和社会对环境与安全健康保护不断发展的需求。因此，不同的管理体系其管理要素的构成有所差异，但其中有些管理要素的基本要求是相同的，在编制程序文件时应给予充分的协调。

ISO 14001：2015版标准使用“文件化信息”代替了原先标准中的文件、记录等条款，减少了强制性的文件和记录要求，将更多选择权交给了标准的使用者。组织可以按照新版标准的要求建立体系运行所需的文件化信息。

二、管理体系文件的构成

管理体系文件通常分为三个层次，如图6－1所示。第一层次文件是管理手册，是对管理体系提出具体要求的纲领性文件，如规定某个过程应制定××文件、应执行××程序、应做××记录、应达到××效果、评价效果的方式是××等。第二层次文件是程序文件，是用于指导如何去实施某项活动或某个过程的指导性文件，主要阐明：做什么？由谁来做？在什么地方做？什么时间做？怎么做(或用什么方法做)？用什么资源(人力资源、设备、材料、信息等)？用什么控制方法？应做哪些记录？第三层次文件是操作性文件和记录，操作性文件用于指导工作人员如何操作某项具体的工作，主要包括操作步骤、工艺参数控制要求、注意事项等内容，如作业指导书、操作规范等；记录是一种特殊形式的文件，通常是表格形式，用于记载实际运行状况。某一项活动或过程可能包含多项工作，在程序文件中不仅要阐明各项工作间的衔接，还应说明每项工作应怎么做，这种“说明”可以用第三层次文件描述，程序文件中只要给出对其引用即可。

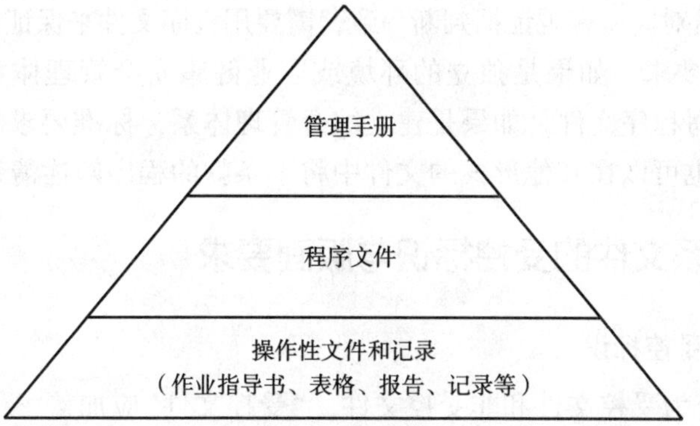

图 6－1　管理体系文件结构示意图

1. 环境和职业健康安全管理体系的文件构成

ISO 14001 和 ISO 45001 标准相关条款并未规定环境和职业健康安全管理体系文件中必须包含管理手册，编写管理手册可以更好地体现文件化信息的层次性和系统性，便于指导如何建立环境和职业健康安全管理体系。

2. 综合性管理体系文件构成

ISO 14001 环境管理体系和 ISO 45001 职业健康安全管理体系与 ISO 9001 质量管理体系具有相同的管理模式，可以将三个管理体系的要素加以整合，即相同的要素合并一起阐述(不同部分单独描述)，不同的要素单独描述，建立综合管理体系，以便于组织更好地进行全面管理。

三、管理体系文件的编写要求

(1)按标准逐条描述组织以什么方式实现标准要求，若是综合管理体系，通常以质量管理体系标准为基准，其他标准条款可以分别插进相对应的条款中描述。

(2)文件应能阐明管理体系及其各部分协同运作的情况，若文件中有对其他文件的引用，应给出对引用文件的查询途径。

(3)由于各组织的活动、产品或服务的规模和类型不同，过程及其相互作用的复杂程度不同，人员的能力不同，管理体系文件的内容、复杂程度也各不相同。

(4)管理体系中，有些过程的程序可以不形成文件，相关工作人员知道按什么途径做即可，有些过程的程序应形成文件。环境和职业健康安全管理体系中，哪些过程的程序需要形成文件，可从以下几个方面予以考虑：

① 不形成文件可能产生偏离环境和职业健康安全目标和指标，包括会造成一定后果的环境影响以及事故、事件与职业危害。如重要环境因素与危险有害因素控制程序、环境监测控制程序等。

② 用来证实组织履行合规义务的需要。如确定合规义务程序、合规性评价程序、合规性的重要环境因素与危险有害因素控制程序。

③ 保证活动一致性的需要。如环境和职业健康安全管理体系内部审核，每年至少进行一次，且同一次审核可能要由多个人员共同完成，要使每次审核工作保持公正、独立、有

效，且不同的审核员对同一客观证据判断一致，需要用程序文件来保证内审活动的一致性。

④ 出于标准的要求。如果是独立的环境或职业健康安全管理体系，标准要求建立程序的条款，建议编写程序文件。如果是建立综合管理体系，标准要求建立程序的条款，可以编写程序文件，也可以在其他形式的文件中将本条款的程序阐述清楚。

四、管理体系文件的受控标识与版面要求

1. 体系文件的受控标识

(1)体系文件分为受控文件和非受控文件，“受控文件”应加盖“受控文件”印章并制定程序对其进行控制；

(2)管理手册、程序文件和作业文件用于对外宣传和交流时，可作为非受控文件，不做跟踪管理，组织内部使用时，必须加盖“受控文件”印章，列入受控范围；

(3)需增领文件时，应到文件管理部门按手续领取，严禁自行复印；

(4)文件持有者应妥善保管，不得随意涂改、损坏、丢失。

2. 文件发行版本、修改码、文件和记录编码

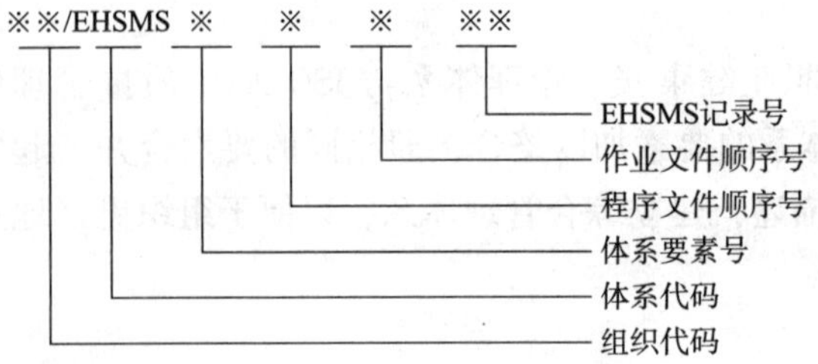

图 6－2　推荐的文件编码规则

发行版本：首版为 A，以后换版为 B、C、D……

修改码：未做修改时为 0，以后修改依次为 1、2、3……

文件编码：是体系文件的识别标记，一个文件只能有唯一的一个编码。推荐的文件编码规则如图 6－2 所示。

第二节　管理手册的编写

一、环境和职业健康安全管理手册的编写

ISO 14001、ISO 45001 和 ISO 9001 标准在结构形式上有许多相同之处，某些共性管理部分，要求也完全相同，所以这三个标准具有很好的兼容性，可以将三种管理体系整合为组织的综合管理体系。

目前，国内已建立环境管理体系的组织基本上均是将环境管理体系与质量管理体系整合，建立质量与环境的二合一综合管理体系，或再纳入职业健康安全管理体系，建立质量、环境、安全与健康的三合一综合管理体系。

(1)无论是综合管理手册、质量管理手册、环境管理手册或职业健康安全管理手册，通常包含以下几方面的内容：

①管理手册的修订记录表：管理手册修订记录表通常放在管理手册首页或末页，记录表中主要记载管理手册中哪部分进行了修改，修改时间，修改状态(第几次修改)等。

②管理手册目录：为查阅管理手册内容提供方便。

③管理手册发布令：因为文件发布前应经相关授权人批准，管理手册是纲领性文件，发布前一般均经最高管理者批准，管理手册发布令表示管理手册已经最高管理者批准后发布，管理手册中的要求已经生效。

④组织的概况及发展宗旨：组织的概况可以反映组织的发展历程，产品或服务特性，组织的规模，组织的业绩，组织的发展方向以及组织对环境和职业健康安全的态度。

⑤管理手册的管理要求：管理手册是纲领性文件，编制、修改、发放、保存等可以做特殊规定，也可在文件管理中做规定，所以是否编写本章节不做要求。

⑥术语和定义：主要对管理手册中所用的专业术语进行定义，如果管理手册中仅涉及质量、环境和职业健康安全管理标准中的专业术语，可注明参见××标准，如用到其他专业术语，应在此章节中进行定义。

⑦文件编号及修订状态标识：规定综合管理体系文件编号方式，修改状态表示方法，说明各符号的含义，该章节也可放在文件管理程序中阐述。

⑧组织结构图：说明各职能层次间的相互关系和相互作用。

⑨职能分配表：用文字描述组织相关职能层次的职责和权限，其职责与标准条款的对应关系用职能分配表描述。

⑩方针、总目标和指标：组织的方针、总目标和指标通常放在管理手册中描述，也可另外形成文件。各层次的分目标和指标一般形成另一文件进行描述。因为通常管理手册分发范围有限，而分目标文件涉及哪个层次就下发给该层次相关人员。

⑪管理者代表任命书：各标准中均要求任命管理者代表，且应有任命文件，这个任命文件可以放在管理手册中，也可另外形成文件。

⑫阐述组织如何实现各管理标准中每个标准条款的要求：这是整个管理手册的核心内容，程序文件和第三层次文件就是按管理手册要求编写的。

(2)从目前国内建立环境和职业健康安全管理体系的组织来看，绝大部分组织建立的是综合管理体系，即三合一体系，或二合一体系。若建立综合管理体系可以建立综合管理手册，将环境管理体系和(或)职业健康安全管理体系的要求纳入综合管理体系的管理手册中，也可单独编写环境和(或)职业健康安全管理手册。

(3)编写综合管理体系管理手册应熟悉所建管理体系涉及的标准，以质量管理体系为主干，对各个标准条款的要求逐一阐述，相近技术内容的条款合并在同一章节阐述。

(4)管理手册的内容应结合组织的特点，说明组织采用什么方式来满足标准中每一条款的要求。

(5)管理手册和程序文件通常是分开的，管理手册中也可以包含程序文件。

(6)管理手册中若涉及其他文件，应给出相关文件的查询途径。若涉及记录，应给出相关记录表的查询途径。

二、环境和职业健康安全管理手册示例

以下是×××有限公司环境和职业健康安全管理手册的示例，不包括标准要求的所有要素，仅供参考。

文件编号：DC—EHS—01　　2021 年 11 月 1 日　实施

受控标志：×××　发布时间：2021 年 8 月 30 日　版本：A 版　第 0 次修订

环境和职业健康安全管理手册

批准：×××

审核：×××

编制：×××　×××　×××

×××有限公司

修 改 履 历

章节号	修改内容	修改日期	修改人	审核	批准

发 布 令

为提高公司的环境和职业健康安全管理水平，更好地遵守国家有关环境和职业健康安全的政策、法律、法规、标准及其他要求，依据 ISO 14001：2015《环境管理体系　要求及使用指南》和 ISO 45001：2018《职业健康安全管理体系　要求及使用指南》，结合本公司的实际情况，编制了环境和职业健康安全管理手册。阐述了公司环境和职业健康安全方针、目标，明确了各部门的职责，对公司环境和职业健康安全管理体系作了具体描述，是指导公司实施环境和职业健康安全管理体系的纲领性文件，同时为第三方认证提供依据，现予以发布实施，公司全体员工必须严格遵照执行。

总经理：×××

2021 年 8 月 30 日

任 命 书

为建立公司的环境和职业健康安全管理体系并确保体系有效运行，特任命×××同志为我公司环境和职业健康安全管理者代表。管理者代表具有以下职责：

1. 全面负责公司环境和职业健康安全管理体系的建立、实施和保持；
2. 向最高管理者汇报环境和职业健康安全管理体系运行情况及改进需求；
3. 组织环境和职业健康安全管理体系内部审核，准备管理评审资料；
4. 对内负责体系协调运行，对外负责有关环境和职业健康安全管理体系事宜的各种联络。

总经理：×××

2021 年 8 月 30 日

环境和职业健康安全方针（略）

公司简介（略）

目 录

7.5.3　文件化信息的控制
8　运行
8.1　运行策划和控制
8.1.1　总则
8.1.2　控制环境因素、消除危险有害因素，降低环境和职业健康安全风险
8.1.3　变更管理
8.1.4　采购
8.1.4.1　总则
8.1.4.2　承包方
8.1.4.3　外包
8.2　应急准备和响应
9　绩效评价
9.1　监视、测量、分析和评价
9.1.1　总则
9.1.2　合规性评价
9.2　内部审核
9.2.1　总则
9.2.2　内部审核方案
9.3　管理评审
10　改进
10.1　总则
10.2　事件、不符合和纠正措施
10.3　持续改进
附录
附录1：环境因素清单(略)
附录2：重要环境因素清单(略)
附录3：危险有害因素清单(略)
附录4：重要危险有害因素清单(略)
附录5：环境和职业健康安全法律、法规、标准及其他要求清单(略)
附录6：环境和职业健康安全目标、指标及管理方案(略)
附录7：组织机构图(略)
附录8：环境和职业健康安全管理体系要素职能分配表(略)
附录9：环境和职业健康安全管理体系程序文件清单(略)
附录10：环境和职业健康安全管理记录清单(略)

1 《环境和职业健康安全管理手册》的管理

1.1 《环境和职业健康安全管理手册》由环境和职业健康安全管理者代表组织有关部门编写，经环境和职业健康安全管理者代表审核，总经理审批后发布实施。《环境和职业健康安全管理手册》的解释权归安全环保科。

1.2 《环境和职业健康安全管理手册》由安全环保科负责管理，其主要职责是组织编制、修改、换版和收发控制，对手册的保管和使用情况实施监督。

1.3 发放和保管

《环境和职业健康安全管理手册》在公司内部由安全环保科以电子文档形式在网上发布，各项目经理部以软盘形式发送。其修改、换版和发放控制执行《文件控制程序》相关规定。

1.4 《环境和职业健康安全管理手册》的使用

1.4.1 各级领导应认真学习和了解《环境和职业健康安全管理手册》内容，并在一切环境和职业健康安全管理活动中贯彻始终。

1.4.2 《环境和职业健康安全管理手册》不得私自转借外单位和个人。

1.4.3 《环境和职业健康安全管理手册》在执行过程中发生的问题，由安全环保科协调解决，重大原则性问题请示公司主管领导批准后处理。

2 目的、适用范围及引用标准

2.1 目的

建立并保持环境和职业健康安全管理体系，确定文件化的环境和职业健康安全方针、目标，通过环境因素和危险有害因素的辨识与评价，制定出环境和职业健康安全管理方案以及运行控制程序并有效实施，以达到不断提高环境和职业健康安全绩效的目的。

2.2 适用范围

本手册是公司环境和职业健康安全管理体系运行的依据，是环境和职业健康安全管理体系内部审核与管理评审以及第三方对环境和职业健康安全管理体系认证的体系文件。

2.3 引用标准

本手册的编制依据是 ISO 14001：2015《环境管理体系　要求及使用指南》和 ISO 45001：2018《职业安全健康管理体系　要求及使用指南》。

3 术语和定义

本手册除引用 ISO 14001：2015 和 ISO 45001：2018 中的定义外，还采用如下定义。

3.1 三同时

新建、改建、扩建、技术改造和引进的工程项目，其环保设施、职业健康安全设施、消防设施必须与主体工程同时设计、同时施工、同时投产使用。

3.2 四不放过

事故原因未查清不放过；事故责任人与周围群众未受到教育不放过；未采取防范措施不放过；责任人未得到处理不放过。

3.3 三级安全教育

厂级安全教育、车间安全教育、班组安全教育。

3.4 轻伤事故

因工受伤损失工作日在 1 个工作日以上 105 个工作日以下，但不够重伤的事故。

3.5 重伤事故

因工受伤损失工作日等于或超过 105 个工作日的失能事故。

3.6　死亡事故

发生事故当时死亡或负伤后一个月内死亡的事故。死亡事故是指一次事故死亡1～2人的事故；重特大死亡事故是指一次死亡3人及3人以上的事故。

3.7　职业病

劳动者在生产劳动及其他职业活动中，接触职业性有害因素所直接引起的疾病。

4　组织所处的环境

4.4　环境和职业健康安全管理体系

本公司根据环境和职业健康安全管理体系持续改进、污染与事故预防的原则，将环境和职业健康安全管理作为一个系统的框架，进行不断的监测和定期评审，以适应内、外部因素的变化，有效开展环境和职业健康安全活动，公司每一个成员都应为改善环境和职业健康安全做出努力。

5.2　环境和职业健康安全方针

5.2.1　概述

依照有关法律、法规的要求，结合本公司实际情况制定环境和职业健康安全方针，由总经理向社会各界郑重承诺，使全体员工理解并执行，以保证环境因素和危险有害因素得到有效控制，管理体系持续有效运行。

5.2.2　职责

(1)总经理负责环境和职业健康安全方针的制定、修订、批准。

(2)环境和职业健康安全管理者代表负责环境和职业健康安全方针的实施。

(3)安全环保科负责向欲获得环境和职业健康安全方针的公众提供。

5.2.3　控制要求

(1)环境和职业健康安全方针是本公司环境和职业健康安全管理体系工作总的宗旨、目标和方向。

(2)保持文件化的环境和职业健康安全方针，确保全体员工理解并可为公众所获取。

(3)保证环境和职业健康安全方针各项承诺得到有效实施。

(4)依据环境和职业健康安全方针确定环境和职业健康安全目标、指标。

(5)每年定期召开管理评审会议对环境和职业健康安全方针进行评审；当公司生产活动、组织机构、法律、法规变化较大、相关方投诉或要求时，也要召开管理评审会议及时评审。

(6)环境和职业健康安全方针对内的传达方式：下达文件、颁布手册、电视台、报纸报道、画册宣传、张贴于门前，各部门可将环境和职业健康安全方针制作在门厅、外围墙等醒目位置；对外应公开，通过传真、信函、宣传画册、各类新闻媒体对外宣传报道等。

5.2.4　相关文件

环境和职业健康安全方针。

6.1.2.1　环境因素和危险有害因素辨识

6.1.2.1.1　概述

建立并保持《环境因素和危险有害因素识别、评价与更新程序》，对活动、产品、服务过程中的环境因素和危险有害因素进行识别、评价，确定重要环境因素和危险有害因素并及时更新。

6.1.2.1.2　职责

(1)各部门负责本部门内部的环境因素和危险有害因素识别。

(2)安全环保科负责对环境因素和危险有害因素的汇总、登记、核定和重要环境因素和危险有害因素的评价工作。

(3)管理者代表负责重要环境因素和危险有害因素清单的批准。

6.1.2.1.3　控制要求

(1)环境因素和危险有害因素辨识的范围应覆盖公司活动、产品或服务中能控制和可能对其施加影响的各个方面。

(2)进行环境因素和危险有害因素辨识与评价所需要的信息必须真实可靠。

(3)环境因素和危险有害因素辨识与评价必须结合公司的实际情况，覆盖过去、现在和将来，正常、异常和紧急状态。

(4)确定重要环境因素和危险有害因素的评价流程、评价原则及方法。

(5)定期对环境因素和危险有害因素进行评审，每年不少于1次。当生产过程、产品发生较大变化或采用新材料、购进新设备时，由涉及单位在一周内按程序要求对环境因素和危险有害因素进行识别，并将结果报安全环保科，安全环保科负责将环境因素和危险有害因素清单补充完整。定期更新重要环境因素和危险有害因素。

6.1.2.1.4　相关文件

《环境因素和危险有害因素识别、评价与更新程序》　EHSPD-01-2021

附录1：环境因素清单

附录2：重要环境因素清单

附录3：危险有害因素清单

附录4：重要危险有害因素清单

6.1.3　合规义务

6.1.3.1　概述

建立并保持程序以获取环境和职业健康安全法律、法规、标准及其他要求，确认其对本公司的适用性，并跟踪其变化以便及时更新。

6.1.3.2　职责

(1)安全环保科负责环境和职业健康安全法律、法规、标准和其他相应要求的获取、适用性确认及更新，并对合规性进行检查。

(2)各部门应严格遵守已确认的环境和职业健康安全法律、法规、标准和其他要求。

6.1.3.3　控制要求

(1)安全环保科确定获取环境和职业健康安全法律、法规标准和其他要求的途径与频次，并对环境和职业健康安全法律、法规、标准及公司各项安全管理制度的实用性进行确认。

(2)针对本公司的特点，建立适用的环境和职业健康安全法律、法规、标准和其他要求清单。

(3)关注国家、地区立法机构的最新动态，及时跟踪法律法规和其他要求的变化，对环境和职业健康安全法律、法规、标准和其他要求清单进行动态管理。

6.1.3.4　相关文件

《法律法规及其他要求识别、更新程序》　EHSPD-02-2021

附录5：环境和职业健康安全法律、法规、标准及其他要求清单

6.2.1　环境和职业健康安全目标

6.2.1.1　概述

依据本公司环境和职业健康安全方针与适用的法律、法规及其他相关要求，结合已确定的重要环境因素与危险有害因素，制定环境和职业健康安全目标，并将其分解为各部门的指标，以实现污染与事故预防并持续改进。

6.2.1.2 职责

(1)安全环保科负责提出和修订公司的环境和职业健康安全目标、指标及其日常检查与审核。

(2)管理者代表负责审查公司的环境和职业健康安全目标、指标。

(3)各部门负责环境和职业健康安全目标、指标的实施。

(4)总经理负责审批环境和职业健康安全目标、指标。

6.2.1.3 控制要求

(1)目标、指标制定的依据

① 环境因素和危险有害因素辨识与评价产生的重要环境因素和危险有害因素；

② 公司的环境和职业健康安全方针；

③ 技术的先进性及可行性；

④ 国家有关法律、法规的要求；

⑤ 相关方的期望和要求；

⑥ 经营管理与竞争的要求，市场状况，经济条件。

(2)目标、指标的检查与修订

① 安全环保科组织有关部门每半年对公司目标、指标的实施情况进行一次(必要时可增加次数)检查，并将结果报管理者代表。

② 当目标、指标需要修订时，安全环保科应报管理者代表，并提交环境和职业健康安全管理评审会议评审，各部门要根据评审结果对本部门的目标、指标进行相应的修订。

③ 各部门应根据环境和职业健康安全管理方案对分管的目标、指标实施过程进行检查和控制，当重要环境因素和危险有害因素发生变化时，应及时修订目标、指标和方案并文件化。

④ 目标、指标的变更和修订必须经管理者代表审查，总经理批准。

6.2.1.4 相关文件

附录6：环境和职业健康安全目标、指标

7.4.2 内部沟通与信息交流

7.4.2.1 概述

建立并保持《内部沟通与信息交流管理程序》，确保与工作人员及其他相关方进行有关的环境和职业健康安全信息的交流。

7.4.2.2 职责

(1)安全环保科是公司环境和职业健康安全信息的综合管理部门，负责内部环境和职业健康安全信息的沟通、交流与管理工作；

(2)各部门负责相应业务范围内环境和职业健康安全信息的沟通交流与处理，并配合安全环保科的沟通与信息交流工作；

(3)管理者代表负责重大环境和职业健康安全沟通以及内部信息处理的审批。

7.4.2.3 控制要求

(1)公司各层次与职能部门之间的信息，由其产生的单位传达到相关部门和人员；

(2)所有环境和职业健康安全管理体系运行中所产生的沟通与交流信息均应记录其内

容和处理结论。

7.4.2.4 相关文件

《内部沟通与信息交流管理程序》 EHSPD－04－2021

7.5.3 文件化信息的控制

7.5.3.1 概述

建立并保持《内外部文件管理程序》，确保与环境和职业健康安全管理体系有关的所有文件和资料得到控制。

7.5.3.2 职责

(1)环境和职业健康安全管理手册、程序文件由安全环保科统一归口管理；

(2)支持性文件和记录由相关部门负责管理；

(3)文件评审由安全环保科定期组织进行。

7.5.3.3 控制要求

(1)公司环境和职业健康安全管理体系文件控制的范围

① 环境和职业健康安全法律、法规、标准及其他要求；

② 环境和职业健康安全管理手册和体系程序文件；

③ 目标、指标和方案、环境和职业健康安全管理计划、作业指导书或操作规程、环境和职业健康安全管理体系记录报告类文件等。

(2)文件的批准和发布

所有与环境和职业健康安全管理体系有关的文件、资料的批准与发布按《文件控制程序》执行。

① 环境和职业健康安全管理手册由总经理批准、发布；

② 程序文件由与该程序相关的部门起草，安全环保科审核编号，管理者代表批准发布；

③ 支持程序文件的作业指导书由相关部门根据需要负责编写，报安全环保科备案编号后由部门经理批准执行。

(3)文件的管理

① 文件要有固定的保管场所，以防文件失控；

② 对文件进行定期评审，必要时予以修订并由授权人员确认其适应性；

③ 凡对体系的有效运行具有关键作用的岗位都能得到有关文件的现行有效版本，及时从所有发放和使用场所撤走作废文件，或采取其他措施防止误用；

④ 对出于法律和保留资料的需要而保存的失效文件应予以标识。

(4)文件的更改

文件和资料的更改按原审批权限进行，文件更改以书面(电子)方式进行，一份文件经过多次修改或大幅度修改影响使用时，可修订换版，重新印发。

7.5.3.4 相关文件

《内外部文件管理程序》 QEHSMS2－2021－01/00

8.1.2 控制环境因素、消除危险有害因素，降低环境和职业健康安全风险

8.1.2.1 概述

分类建立并保持控制重要环境因素和危险有害因素的程序或支持性文件，使与重要环境因素和危险有害因素有关的活动得到有效控制，降低环境和职业健康安全风险，并确保目标、指标的实现。

8.1.2.2　职责

(1)各部门负责运行控制程序及其支持性文件的贯彻执行；

(2)安全环保科组织对运行控制程序及其支持性文件执行情况的检查监督。

8.1.2.3　控制要求

(1)在程序文件中确定与重要环境因素和危险有害因素有关的活动并对其进行有效控制，确保其在规定的条件下运行，不致偏离环境和职业健康安全方针和目标、指标；

(2)与重要环境因素和危险有害因素有关的岗位，严格执行程序文件和支持性文件；

(3)对所使用的产品和服务中，含有可标识的危险，要将有关程序的要求通报给供方或承包方；

(4)搞好设备的日常维护和保养，及时检修，保证设备的正常运转。

8.1.2.4　相关文件

《化学品、油品管理程序》	EHSPD—15—2021
《废水排放及综合治理过程控制程序》	EHSPD—16—2021
《烟道气治理过程控制程序》	EHSPD—17—2021
《有机废气排放及治理过程控制程序》	EHSPD—18—2021
《固体废弃物回收、管理及处置控制程序》	EHSPD—19—2021
《原材料消耗控制程序》	EHSPD—20—2021
《登高作业管理程序》	EHSPD—21—2021
《动火作业管理程序》	EHSPD—22—2021
《有限空间作业管理程序》	EHSPD—23—2021
《职业危害管理程序》	EHSPD—24—2021
《消防管理程序》	EHSPD—25—2021
《检维修管理程序》	EHSPD—26—2021
《对相关方的管理程序》	EHSPD—27—2021
《环境和职业健康安全项目管理程序》	EHSPD—28—2021

……

8.2　应急准备和响应

8.2.1　概述

建立并保持环境和职业健康安全潜在事故或紧急情况控制程序，做好应急准备和响应，预防或减少事故、职业病及环境影响。

8.2.2　职责

(1)安全环保科负责确定哪些部门、岗位可能发生紧急情况，并会同其他职能部门对危险控制情况进行检查；

(2)各职能部门负责对潜在的事故或紧急情况进行预防控制；

(3)总经理负责应急准备与响应中所必需的资源配置。

8.2.3　控制要求

(1)根据危害确定潜在事故和紧急情况；

(2)对潜在事故由相应的部门组织制定预防措施及应急措施；

(3)责任部门对潜在事故或紧急情况发生时能迅速做出有效反应，如遇事故性质严重难以处理，应立即联络紧急救援和报告；

(4)在事故或紧急情况处理完毕后，应按本手册4.4.5的控制要求对《应急预案与响应控制程序》进行评审和修订。

8.2.4 相关文件

《液氯泄漏应急响应程序》 EHSPD－06－2021

9.1.2 合规性评价

9.1.2.1 概述

建立并保持《合规性评价程序》，及时发现组织的违规现象，对有关法律、法规及标准的符合程度进行评价。

9.1.2.2 职责

安全环保科负责环境和职业健康安全法律、法规及标准执行情况的合规性评价。

9.1.2.3 控制要求

(1)安全环保科定期组织相关部门及人员对作业场所的安全状况、作业环境状况和“三废”排放情况进行合规性评价；

(2)供销部负责产品包装、存储防护、运输防护的合规性评价。

9.1.2.4 相关文件

《合规性评价程序》 EHSPD－09－2021

9.2 内部审核

9.2.1 概述

制定并执行《内部审核控制程序》，以验证环境和职业健康安全管理体系所开展的活动和有关结果是否符合计划的安排和要求，为公司环境和职业健康安全管理体系的不断改进和完善提供依据，确保体系的有效运行。

9.2.2 职责

(1)安全环保科负责制定《环境和职业健康安全管理体系内部审核程序》，编制年度内部审核计划，组织、协调审核的进行；

(2)管理者代表负责批准审核计划，任命审核组组长，批准审核报告，向总经理报告审核结果；

(3)受审核方配合审核组开展审核，并针对审核组提出的不符合项制定纠正、预防措施并负责实施。

9.2.3 控制要求

(1)内部审核每年1次，根据实际情况可适当增加频次；

(2)安全环保科负责制定年度审核工作计划，审核组长制定现场审核计划并报管理者代表批准；

(3)内审员要经过培训，考试合格，取得内审员资格证书；

(4)依据审核表实施现场审核，审核组依据审核结果编写审核报告，经管理者代表批准并由安全环保科连同不符合报告一起，分发给各相关部门；

(5)各部门应对不符合项找出原因，提出纠正与预防措施并组织实施；

(6)安全环保科负责对纠正与预防措施进行跟踪检查和有效性验证并做好记录；

(7)管理者代表向总经理报告审核结果；

(8)内审计划、检查表、审核记录、不符合项纠正措施表和报告应按《环境和职业健康安全记录控制程序》的要求保存。

9.2.4 相关文件

《内部审核控制程序》 EHSPD—10—2021

9.3　管理评审

9.3.1　概述

建立并保持《管理评审程序》，定期对环境和职业健康安全管理体系运行和保持进行评审，确保体系的有效性、充分性和持续适用性。

9.3.2　职责

(1)管理者代表负责筹备管理评审会议；

(2)总经理负责主持管理评审会议并签署管理评审报告；

(3)安全环保科负责收集并提供环境和职业健康安全管理评审的资料，根据评审结果，写出管理评审报告；

(3)参加管理评审的各部门提供管理评审所需信息并落实所提出问题的纠正措施。

9.3.3　控制要求

(1)管理评审每年进行一次，一般情况下在内部审核后进行，特殊情况下可由总经理决定增加评审会议；

(2)管理评审一般以会议的形式进行，由总经理主持，由管理者代表组织各部门、车间负责人以及涉及具体问题的相关人员参加。

(3)管理评审的内容：

① 对内部审核结论以及改进措施进行评审；

② 对环境和职业健康安全方针的贯彻情况，目标、指标和方案的完成情况及重要环境因素和危险有害因素的控制情况进行评审；

③ 对环境和职业健康安全与法律、法规的符合性进行评审；

④ 对不断变化的客观环境和持续改进的承诺进行评审；

⑤ 对环境和职业健康安全管理体系的有效性进行评审；

(4)管理评审的结果应形成文件；

(5)评审报告提出的决定和措施，各相关部门应认真贯彻执行；

(6)安全环保科对各部门的实施情况进行跟踪验证。

9.3.4　相关文件

《管理评审程序》　EHSPD－11－2021

10.2　事件、不符合和纠正措施

10.2.1　概述

建立并保持《事故报告、调查与处理控制程序》以及《纠正和预防措施控制程序》。明确公司向执法部门报告事故的机制，规定事故调查的程序、处理的原则和方法，以满足环境和职业健康安全管理体系的运行要求；对不符合进行调查和处理，并采取措施减少由此产生的影响，避免产生新的不符合。

10.2.2　职责

(1)事故报告、调查与处理

① 管理者代表负责组织、协调、解决、监督公司的事故报告、调查与处理工作；

② 安全环保科按程序文件要求做好事故报告工作，负责组成调查组开展事故调查并提出调查处理意见；

③ 各部门负责或参与本部门发生事故的报告、调查与处理，对重大事故的调查工作给予支持。

(2)不符合、纠正与预防措施

① 安全环保科负责不符合项纠正、预防措施的检查和跟踪验证；

② 相关单位负责对不符合项进行调查分析、查清原因、制定并实施纠正与预防措施。

10.2.3　控制要求

(1)事故报告、调查与处理的控制要求：

① 安全环保科规定公司事故的报告、调查与处理程序；

② 重大事故发生后，管理者代表负责事故报告、调查与处理工作，一般事故亦可由管理者代表指定人员负责事故报告、调查与处理工作；

③ 事故发生之后，现场有关人员应立即直接或逐级报告管理者代表；

④ 重大事故发生之后，在报告的同时应及时抢救负伤人员，值班长、工段长、调度室、安全环保科、管理者代表、总经理接报告后应立即赶赴现场组织救援，采取措施，防止事故扩大；

⑤ 管理者代表或安全环保科负责重伤或重大事故调查工作，按《事故报告、调查与处理控制程序》的要求形成调查报告；

⑥ 任何事故的处理均应按“四不放过”的原则进行，安全环保科应建立事故档案。

(2)不符合、纠正与预防措施的控制要求：

① 安全环保科对审核和其他评审工作中产生的不符合分析确定产生不符合的主要原因，并出具“不符合、纠正与预防措施报告单”；

② 责任部门对不符合进行分析研究，制定纠正与预防措施，以防止同类不符合项的重复发生；

③ 纠正与预防措施要具有经济性、可行性、合理性；

④ 安全环保科对纠正预防措施的实施效果进行跟踪验证，以确保其有效性；

⑤ 纠正和预防措施涉及的文件更改，执行手册中相关要求。

10.2.4　相关文件

《纠正和预防措施控制程序》　EHSPD-12-2021

《事故报告、调查与处理程序》　EHSPD-13-2021

三、综合管理手册示例

(一)质量管理体系标准第8.5.1条款与环境管理体系标准第8.1条款以及职业健康安全管理体系标准第8.1.2条款合并

××公司质量、环境和职业健康安全管理手册		
标题：生产过程和重要环境因素及危险有害因素运行控制		(文件)编号：　QEHSMS-2021-01/A
第8章　8.5.1节	第0次修订	共2页　　第1页

1　范围

本章节适用于本公司对生产过程和重要环境因素及危险有害因素运行控制。

2　控制要求

2.1　应建立《生产过程控制程序》《化学品、油品管理程序》《动火作业管理程序》《登高作业管理程序》《有限空间作业管理程序》《高温作业管理程序》《有毒场所作业管理程序》《噪声控制程序》《废水排放及综合治理过程控制程序》《烟道气治理过程控制程序》《有机废气排放及治理过程控制程序》《固体废弃物回收、管理及处置控制程序》《原材料消耗控制程序》《对相关方的管理程序》《环境和职业健康安全项目管理程序》，并形成文件。

2.2　程序文件中应包括以下内容：

(1)描述各控制程序所对应过程的流程图，流程图中应标出重要工序和特殊工序、主要监控点、监控参数名称等；

(2)描述应向各过程提供什么信息，如生产指令单、配方、废水和废气中有害物质浓度等；

(3)描述过程中的各工序应按什么操作性文件进行操作；

(4)描述如何确保正在运行设备的完好性；

(5)规定应对过程中各监控点实施监视和测量；

(6)阐明过程中应做什么记录；

(7)《生产过程控制程序》中应包括转序产品和最终产品放行的条件，产品包装、搬运、储存的要求，产品交付给顾客后还应进行哪些活动；

(8)《生产过程控制程序》中还应包括产品中对环境有害的物质控制方式及接收准则，涉及原材料的控制，应将要求通知供方；

(9)各重要环境因素和危险有害因素控制程序中，还应明确与重要环境因素和危险有害因素有关的运行结果测量，其判定准则是什么，作业场所应遵循什么安全卫生标准，对外排放的废弃物，应遵守什么环境标准。

2.3　作业指导性文件的制定要求

(1)关键工序和特殊工序应制定作业指导书；

(2)与重要环境因素和危险有害因素控制有关的工序应制定作业指导书；

(3)与重要环境因素和危险有害因素有关工序的生产作业指导书应包含环境因素和危险有害因素的控制操作方式，不需要单独编写环境因素和危险有害因素控制作业指导书；

(4)危险作业应制定作业指导书；

(5)废弃物处理与处置应制定作业指导书；

(6)固液分离设备、烘干设备、锅炉应制定操作规程；

(7)操作指导性文件中应详细阐明操作步骤，控制参数要求，异常情况的排除方式，安全注意事项等内容。

2.4　运行要求

(1)文件发布实施时，应对相关岗位的员工进行文件学习和实际操作培训；

(2)各岗位的相关操作人员，应严格按程序文件和作业指导性文件要求操作；

(3)若文件内容与实际操作不符，应将情况反馈给部门负责人，其负责人应作出处理决定；

(4)部门负责人每周应检查一次文件执行情况。

3　文件要求

(1)生产部负责生产过程控制类文件编写，包括含重要环境因素和危险有害因素控制的操作性文件编写；

(2)安环部负责重要环境因素和危险有害因素控制类文件的编写；

(3)生产过程控制性文件，应由生产部、技术部负责人共同审核批准，涉及重要环境因素和危险有害因素的生产过程控制性文件，还应由安环部参加审核；

(4)重要环境因素和危险有害因素控制的文件由安环部编写，由部门负责人审核批准。

(二)质量和环境管理体系标准第9.3条款与职业健康安全管理体系标准第9.3条款合并

××公司质量、环境和职业健康安全管理手册		
标题：管理评审		(文件)编号： QEHSMS-2021-01/A
第9章 9.3节	第0次修订	共2页 第1页

1 范围

本章节适用于本公司对质量管理体系、环境管理体系和职业健康安全管理体系的管理评审。

2 管理评审要求

(1)最高管理者应每年组织1次管理评审，当遇到产品质量事故、顾客重大投诉、国家或地方监督抽查产品不合格时，应增加1次质量管理方面的管理评审；当遇到重大环境影响或发生环境事故时，应增加1次环境方面的管理评审；当发生安全生产事故或职业危害时，应增加1次安全健康方面的管理评审。

(2)管理评审会议通常安排在每年度的12月底或次年的1月初召开。会议由最高管理者主持，参加人员有管理者代表、各部门的负责人或代表、参加本年度内审的内审组长，当有重大改进评审时，可外聘专家参加评审会议。

(3)综合办公室在管理评审前10天下发通知书给参加本次评审的部门和人员，告知评审会议的时间、地点和其他相关事宜。

3 输入信息

3.1 管理评审前各部门应准备以下方面的评审输入信息：

(1)内审结果、上次管理评审的改进措施实施情况，由管理者代表准备，内审组长会上可补充说明内审情况；

(2)顾客对产品质量和产品使用过程中对环境影响的反馈信息，由供销部准备；

(3)产品实现过程的业绩和产品符合性的情况，环境和安全健康绩效方面信息(包括目标和指标实现程度)，由质检科、生产部、安环部准备各职能范围内的信息；

(4)产品实现过程和重要环境因素及危险有害因素控制中纠正和预防措施的运行情况，产品方面由生产部准备，环境和安全健康方面由安环部准备；

(5)内部和外部的变化可能引起管理体系的变更信息，这些信息包括新产品、新技术、新工艺、新材料、适用的法律法规和相关方的要求，技术部准备产品方面变更信息，安环部准备环境和安全健康方面的变更信息；

(6)合规性评价方面信息，由安环部准备；

(7)供方环境和安全健康绩效的变化、来自相关方对环境影响和安全健康的投诉等信息，由供销部准备供方信息，安环部准备相关方投诉信息；

(8)改进的建议和改进的措施，参加管理评审会议的人员均可准备。

3.2　将准备的信息和建议形成报告，其内容应具体、简练，可以包括对本部门环境的职能情况进行概述，报告格式可以条理化。

4　评审内容

(1)依据输入的信息评审管理体系的符合性、充分性、适宜性；

(2)评审环境方针、目标和指标的适宜性，确定修改的需要；

(3)从输入的信息中评审出好的方面，找出不足之处；

(4)对改进的建议进行评审，确定改进需求、改进措施。

5　输出信息

5.1　管理评审报告中应包括以下改进的内容：

(1)为确保管理体系的有效性，对管理体系及其过程实施改进的决定；

(2)为满足需要，提高管理体系业绩，对产品或工艺的改进决定；

(3)人力资源(包括人员培训)、基础设施、新技术应用的改进的决定；

(4)方针、目标与指标修改的决定。

5.2　输出的信息中还应包括决定的各项改进所采取的措施，改进要求，人员、时间、资金等方面的安排。

6　记录要求

(1)综合办公室应做好管理评审会议的组织、准备和记录工作；

(2)会后1周，综合办公室应整理出管理评审报告，经最高管理者审批后下发给各部门和相关人员。有改进项目的部门或人员，应按评审输出要求实施改进；

(3)管理评审的结果由综合办公室在宣传栏上公布；

(4)综合办公室应保存管理评审会议记录、各部门提交的报告、管理评审报告。

7　记录表

会议记录　　EHSMSR－2021－23/00

管理评审报告　EHSMSR－2021－24/00

第三节　程序文件的编写

一、程序文件的性质、作用和要求

程序文件是ISO 14001和ISO 45001标准中要求保持的文件化信息，应用文件将活动或过程的程序描述清楚，不一定单独建立程序文件，也可以将环境和职业健康安全管理体系的程序与其他管理体系的程序合并，用一个总程序描述多个体系的过程。

一般，程序文件按性质可分为：管理性程序和技术性程序；按层次可分为：组织一级程序和部门程序。

1. 程序文件的性质

(1)程序是环境和职业健康安全管理体系的重要组成部分。环境和职业健康安全管理体系结构中有职责和权限、组织结构、资源和人员、工作程序等几个方面。这些方面按其性质可分为“硬件”和“软件”两大部分，而程序是软件部分，是组织环境和职业健康安全活动的内容和方法，是“硬件”高效、经济、协调地确保组织的环境和职业健康安全管理水平的方法保证。

(2)程序文件是环境和职业健康安全管理手册的支持性、基础性文件，是对环境和职业健康安全管理体系要素策划和管理的文件。它上接管理手册，并与管理手册保持一致，是管理手册规定的具体展开；下接作业文件，控制作业文件并把管理手册的纲领性规定具体落实到作业文件中，从而为实现对组织的环境和职业健康安全状况的有效控制创造条件。

(3)程序文件是环境和职业健康安全管理体系有效运行的必要条件和依据。程序文件规定了组织内部环境和职业健康安全活动的目标和原则、职责分工、工作流程和活动结果的报告和记录格式；同时通过对这些程序的审核，也可证明组织的环境和职业健康安全管理体系与 ISO 14001 和 ISO 45001：2018 标准要求符合的程度。

(4)程序文件是组织正式发布的文件，是环境和职业健康安全管理体系活动的依据，具有法规性，必须严格实施，从而使环境和职业健康安全管理规范化。

2. 程序文件的作用

(1)针对体系要素的要求，规定具体实施的内容、职责、方法和步骤，保证要素功能的实现，并为其他要素的实施提供支持。

(2)针对组织与重要环境因素和危险有害因素有关的运行与活动，明确运行的标准、控制的职责、方法和步骤，以便通过对关键运行与活动的控制和管理达到对重要环境因素和危险有害因素的有效控制，减少或避免发生环境污染和职业健康安全问题的风险。

(3)程序文件是对管理手册的支持，为各级相关部门、岗位和人员对各项环境和职业健康安全事务的管理和运行控制提供有效的指导。

3. 程序文件的要求

(1)程序文件要有针对性

每一个程序文件都应针对组织活动、产品或服务的特点，包含环境和职业健康安全管理体系要素中一个逻辑上相对独立的内容，可以是管理体系中的一个管理要素；可以是管理要素中的一个活动；或是几个管理要素中具有相关要求的一组活动。程序文件的数量、内容、格式等没有统一要求，程序文件中通常不涉及纯技术性的细节，这些纯技术性的细节一般在作业指导书中加以描述。因此，程序文件一定要具有针对性。

(2)程序文件要有可操作性

程序文件是组织有效实施环境和职业健康安全管理体系的一组管理文件，程序文件规定了实施的目的、适用范围、主管部门和相关部门、明确了职责和权限，规定了实施的步骤、方法和要求。因此，程序文件一定要具有可操作性。

(3)程序文件要有可评比性和可检查性

实施环境和职业健康安全管理体系的一个重要性标志就是有效性的检验，实施过程中要不断评价组织的环境和职业健康安全管理是否得到改进；环境因素和危险有害因素是否得到有效控制；是否达到了预期目标等。只有在不断评比中才能进一步完善环境和职业健康安全管理体系，才能实现环境和职业健康安全目标并持续改进。因此程序文件中要体现可评比性和可检查性，必要时附以相应的控制标准。

二、程序文件的基本内容

程序文件是管理手册的支持性文件，是管理手册中原则性要求的进一步展开和落实，因此，编制程序文件必须以环境和职业健康安全管理手册为依据，符合管理手册的有关规定和要求，并从环境和职业健康安全管理体系的整体出发，进行系统编制。程序文件的基本内容如下。

(1)目的和适用范围

简要说明该程序管理活动的目的和适用范围。

(2)引用标准及文件

引用的标准及文件包括国家、行业以及企业内部制定的与本程序实施相关的文件。

(3)术语和定义

本程序文件中涉及的行业及企业常用的术语和定义，便于理解。

(4)职责

指明实施该程序文件的主管部门及相关部门及其职责、权限、相互关系。

(5)工作程序

列出实施此项管理活动的步骤，保持合理的编写顺序，明确输入、转移和输出的内容；明确各项活动的接口关系、职责、协调措施；明确每个过程中各项活动应做什么(WHAT)，为什么这样做(WHY)，谁来做(WHO)，何时(WHEN)，何地(WHERE)以及如何做(HOW)，应采用什么材料、设备、仪器和依据什么文件，需要达到什么样的要求，需形成哪些记录和报告及其内容，出现例外情况下的处理措施等，必要时辅以流程图。

(6)报告和记录

确定使用该程序时的记录和报告格式及其保存期限。

(7)相关文件

列出与该程序文件相关的作业指导书、操作规程、工艺卡及其他有关规程等支撑性文件的清单。

程序文件应简明易懂，并经主管部门负责人同意以及相关部门对接口关系的认可，经审批后实施。

三、程序文件示例

程序文件示例说明如下：

① 程序文件示例仅就一般情况编写，就内容而言，不够详细、具体；

②程序文件示例仅供参考，旨在给出编写程序文件的基本思路和基本结构；

③所给出的程序文件示例不是标准的模范示例，不宜照搬；

④ 在具体编写程序文件时，应紧密结合本单位的实际情况；

⑤各程序文件示例格式有所差异，同一套体系程序文件的格式应尽可能一致。

(一)修改记录

修改记录

序号	文件编号	版本号	页次	修改内容及理由	修改人	确认	修改日期

注：此表可放在每个程序之前或之后，各部分可分别修改，也可统一放在全部程序之前。

(二)环境因素和危险有害因素识别、评价与更新程序

环境因素和危险有害因素识别、评价与更新程序文件可以分别编写，也可合并编写，为便于掌握，在此分别予以示例。

环境因素识别及评价程序

编号/修订状态：EMSPD－01－2021/00

1. 目的和范围

为了提高识别环境因素的效率和正确性，本公司制定了环境因素识别程序。该程序适用于环境管理体系范围内的各组织机构识别环境因素，同时也适用于公司评价重要环境因素。

2. 涉及环境因素的部门和岗位有：综合办公室、技术部、生产部(包括各生产车间)、供销部(包括仓库)、质检部、锅炉房、安环部(包括废弃物处理和处置岗位)、食堂。

3. 环境因素的识别方法

3.1　各部门应按过程来识别环境因素，不要以每一种具体产品、部件和输入的原材料来识别环境因素。

3.2　从以下几方面识别环境因素

(1)“三废”的排放对大气、水体、土地的影响；

(2)使用的原材料、能源对自然资源(尤其应关注不可再生资源)和自然环境造成的直接和间接影响；

(3)生产过程中的热、噪声、粉尘、气体等对操作人员身体的伤害和对周围居民的影响；

(4)本公司的产品在使用过程中和报废后对环境的影响；

(5)在识别环境因素时应考虑正常运行时、异常运行(启动、停车)时、紧急(如设备故障、停电、停水、操作不当、设备老化等)情况下的环境因素，异常和紧急情况下环境因素识别应结合过去和将来两方面考虑。

4. 重要环境因素的评价准则和评价方法

4.1　评价准则

(1)从节能降耗方面考虑，原材料、能源用量大的且是不可再生的自然资源，或者原材料消耗量大会对自然环境产生较大影响的均为重要环境因素；

(2)从执行环境标准方面考虑，排入自然环境中的废气、废水、固体废弃物等均应纳入重要环境因素；

(3)在异常运行或紧急情况下，会对环境产生较大影响的环境因素为重要环境因素；

(4)对操作人员身体健康有伤害的和影响周围居民正常生活或身体健康的环境因素为重要环境因素。

4.2　评价方法

(1)公司委托具有法定资格的组织对本公司生产过程进行环境影响评价；

(2)各部门在识别环境因素时应对本部门的环境因素重要程度作出初步评价；

(3)安环部组织本公司各部门技术负责人按本程序的评价准则，同时结合环境影响评价报告确定本公司的重要环境因素。

5. 识别并评价环境因素的操作过程

5.1 各部门填写“环境因素调查及评价表”，一个环境因素填一张表，不允许有空白栏，有技术参数要求的应填具体数据。

5.2 存在异常或紧急情况的环境因素，在填写“环境因素调查及评价表”时，应在表右上方注明“异常”或“紧急”字样。

5.3 各部门应初步评审本部门的重要环境因素，并将评审结果在“环境因素调查及评价表”中注明，然后送交安环部。

5.4 安环部收集齐“环境因素调查及评价表”后，填写“环境因素清单”(参见示例3－5，略)，然后组织评审重要环境因素。评审结论填入“环境因素调查及评价表”中。

5.5 安环部根据评审结果，填写“重要环境因素清单”(参见示例3－6，略)，并下发到各部门。

5.6 在环境管理体系建立1年内，每隔6个月对重要环境因素控制情况进行验证，必要时对相关部门的重要环境因素进行重新评审。涉及文件更改处，由安环部组织更改，更改后应经环境管理者代表审批。

5.7 各部门需要填写的表单到综合办领取。

6. 相关文件的查询途径

无

7. 本程序涉及的记录表

《环境因素调查及评价表》 EMSR－2021－01

《环境因素清单》 EMSR－2021－02

《重要环境因素清单》 EMSR－2021－03

环境因素调查及评价表

EMSR－2021－01

部门或岗位：二车间　　日期：2021年6月5日

环境因素	酯类有机废水	岗位/工序	分离工序	部门评审结果	重要环境因素
污染指标排放量及影响因素	废水中主要污染物：二甲酯、二乙酯、甲乙酯等酯类，另外有少量甲醇等有机物。 废水中污染指标：COD浓度1200～2300mg/L； SS为50mg/L以下； pH在3.5～5范围内； 排放温度约20℃。 废水排放量：50～60t/d。 排放方式：间歇排放，每次排放量为15～30t。 操作方式、过程参数控制不当，将增大废水中污染物浓度。				

续表

<table>
<tr><td>环境因素</td><td>酯类有机废水</td><td>岗位/工序</td><td>分离工序</td><td>部门评审结果</td><td>重要环境因素</td></tr>
<tr><td>目前控制情况</td><td colspan="5">1. 操作人员上岗前由班长对其进行两个月的实际操作培训，合格后才能独立上岗工作；
2. 现场没有控制环境因素的指导文件；
3. 对废水浓度无要求，排出的废水不检测，直接排入水处理车间进行处理。</td></tr>
<tr><td>异常情况描述</td><td colspan="5">1. 当泵、阀出现故障，输送的物料发生泄漏，泄漏在地面上的物料用水冲入下水道，和废水一起排入废水处理厂。
2. 在维修或大修设备时，需要对设备中残存的物料进行清洗，清洗的废水排入下水道，流到废水处理厂。</td></tr>
<tr><td>紧急情况描述</td><td colspan="5">至今未出现紧急情况。经分析，本车间目前不存在紧急情况的环境因素。

部门负责人签字：×××</td></tr>
<tr><td>评价结果</td><td colspan="5">评价意见描述：
废水中污染物的浓度较高，且废水量也较大，属重要环境因素。

评价结果：重大■　　一般□
评价人签字：×××、×××、×××、×××</td></tr>
</table>

填表人：×××　　审核人：×××

环境因素清单

EMSR－2021－02

活动/过程	环境因素	状态	环境影响							污染源或部门
			大气	水体	土地	能源	资源	声环境	其他	
合成过程	合成釜投料时扬起物料粉尘	正常	√							一车间
	投料比例不正确，浪费原材料	异常					√			
	合成釜冷却水定期更换排放	正常		√			√			
	出料泵泄漏物料	异常	√	√						
	合成釜检修时清洗液排放	异常		√						
	合成釜压力过高发生爆炸	紧急	√	√	√					
	泵运行电能消耗	正常				√				
精馏过程	精馏塔消耗蒸汽	正常				√				一车间
	精馏塔车间温度过高	正常							√	
	精馏塔检修时清洗液排放	异常		√						
	冷凝器、预热器热水排放	正常				√				
	冷凝或冷却消耗水	正常					√			
	泵运行消耗电能	正常				√				
产品脱水干燥	分离后高浓度有机废水排放	正常		√						二车间
	分离机的运行噪声排放	正常						√		
	清洗分离机的有机废水排放	正常		√						
	清洗地面溅出物料的水排放	正常		√						
	分离机和干燥设备运行消耗电能	正常				√				
	抽风机运行时噪声排放	正常						√		
锅炉运行	锅炉烟道气排放	正常	√							锅炉车间
	锅炉点火时烟道气超标排放	异常	√							
	锅炉灰渣的排放	正常			√					
	煤消耗	正常					√			
	鼓风机运行噪声排放	正常						√		
	锅炉维护时清洗液或固废排放	异常		√	√					
	锅炉发生爆炸事故时发生火灾	紧急	√							
除尘过程	冲灰水排放	正常		√						“三废”处理厂
	烟道灰排放	正常			√					
	除尘系统维修时固废排放	异常			√					
	袋式除尘设备运行时噪声排放	正常						√		
	除尘系统能源消耗	正常				√				

制表人：×××　　2021 年 7 月 9 日

重要环境因素清单

EMSR－2021－03

活动/过程	环境因素	状态	环境影响							污染源或部门
			大气	水体	土地	能源	资源	声环境	其他	
合成过程	投料比例不正确，浪费原材料	异常					√			一车间
	出料泵泄漏物料	异常	√	√						
	合成釜检修时清洗液排放	异常		√						
	合成釜压力过高发生爆炸	紧急	√	√	√					
精馏过程	精馏塔消耗蒸汽	正常				√				
	精馏塔检修时清洗液排放	异常		√						
脱水干燥	高浓度废有机废水排放	正常		√						二车间
	清洗分离机的有机废水排放	正常		√						
	清洗地面溅出物料的水排放	正常		√						
	干燥设备运行消耗电能	正常				√				
锅炉运行	锅炉烟道气排放	正常	√							锅炉车间
	锅炉灰渣的排放	正常			√					
	锅炉维护时清洗液或固废排放	异常		√	√					
	锅炉发生爆炸事故时发生火灾	紧急	√							
	煤的消耗	正常					√			
除尘过程	除尘废水的排放	正常		√						“三废”处理厂
	烟道灰排放	正常			√					
	袋式除尘设备运行时噪声排放	正常						√		
	除尘系统能源消耗	正常				√				
废水处理过程	处理后废水排放	正常		√						
	水质波动，处理后废水不达标	异常		√						
	曝气系统电能消耗	正常				√				
	罗茨风机运行噪声排放	正常						√		
固废处理过程	原材料或产品类废弃物	异常			√					
	包装材料废弃物	正常			√					
	烟道灰固体废弃物	正常			√					
运输	产品搬运时出现泄漏	异常	√	√	√					供销部
	产品运输时发生翻车事故	紧急	√	√	√					
采购	煤的供方资质及采煤方式	正常					√			
	化学原材料供方的环境绩效	正常	√	√	√	√	√	√	√	
	危险化学品的运输方式	异常	√	√	√	√				

制表人：×××　　2021 年 7 月 9 日

危险有害因素识别、评价与更新程序

编号/修订状态：EHSPD－01－2021/00

1. 目的

辨识及评价公司范围内的职业健康安全危害，评价其危险程度，并判定那些对职业健康安全具有或可能具有重大影响的因素，从而进行有效控制。

2. 适用范围

适用于公司范围内的危险有害因素辨识与评价工作。

3. 职责

3.1 管理者代表负责危险有害因素辨识与评价的组织领导工作并批准重要危险有害因素。

3.2 安全环保科具体负责危险有害因素辨识与评价工作。

3.3 各部门负责参与本公司危险有害因素辨识与评价工作。

4. 工作程序

4.1 危险有害因素的识别与评价

4.1.1 危险有害因素的识别范围

(1)公司的活动、产品或服务中的危险有害因素；

(2)所使用产品或服务中可以施加影响的危险有害因素；

(3)识别危险有害因素时应考虑

① 正常、异常和紧急三种状态；

② 过去、现在和将来三种时态；

③ 以下若干方面：

a. 物理性危险有害因素(设备、设施缺陷，防护缺陷，电危害，噪声危害，振动危害，辐射、明火等)；

b. 化学性危险有害因素(易燃易爆物质、自燃性物质、有毒物质、腐蚀性物质等)；

c. 生物性危险有害因素(致病微生物、传染病微生物、致害动物、致害植物等)；

d. 心理、生理性危险有害因素(负荷超载、健康状况异常、从事禁忌作业、心理异常、辨识功能异常等)；

e. 行为性危险有害因素(指挥错误、操作错误、监护失误等)；

f. 其他危险有害因素。

4.1.2 危险有害因素识别与评价方法

本公司采用作业条件危险评价法进行危险有害因素的识别与评价，它是用与系统风险率有关的三种因素指标值之积来评价系统人员伤亡风险大小的，这三种因素是：

L：发生事故的可能性大小(表1)；

E：人体暴露在这种危险环境中的频繁程度(表2)；

C：一旦发生事故会造成的损失后果(表3)。

为了简化评价过程，可采用半定量计值法，给三种因素的不同级别分别使用不同的分值，再以三个分值的乘积 D 来评价危险性的大小(表4)。

即 $D=LEC$

D 值大，说明该系统危险性大，需要增加安全措施，或改变发生事故的可能性，或减小人体暴露于危险环境的频繁程度，或减轻事故损失，直至调整到允许范围。

表1　发生事故的可能性(L)

L 值	事故发生的可能性
10	完全可以预料
6	相当可能
3	可能，但不经常
1	可能性小，完全意外
0.5	很不可能，可以设想
0.2	极不可能
0.1	实际不可能

表2　暴露于危险环境的频繁程度(E)

E 值	暴露于危险环境的频繁程度
10	连续暴露
6	每天工作时间内暴露
3	每周一次，或偶尔暴露
2	每月一次暴露
1	每年几次暴露
0.5	罕见地暴露

表3　发生事故产生的后果(C)

C 值	发生事故产生的后果
100	大灾难，许多人死亡
40	灾难，数人死亡
15	非常严重，一人死亡
7	严重，重伤
3	重大，致残
1	引人注目，需要救护

表4　危险等级划分(D)

D 值	危险程度
>320	极其危险，不能继续作业
160~320	高度危险，要立即整改
70~160	显著危险，需要整改
20~70	一般危险，需要注意
<20	稍有危险，可以接受

4.2　重要危险有害因素的评价

4.2.1　重要危险有害因素的评价依据

(1)危险影响的规模、影响的严重程度、发生频次、影响的持续时间、控制情况；

(2)有关法律和法规的要求;

(3)改变职业健康安全影响的技术难度、经济费用及对其他活动和过程带来的影响;

(4)本公司的公众形象;

(5)能增强竞争力的商业机遇大小和因职业健康安全问题使本公司存在的风险大小;

(6)相关方的利益。

4.2.2 重要危险有害因素的判定准则

(1)凡是违法的或超标的、一定是重要危险有害因素;

(2)单因子分值超过某一数值的为重要危险有害因素;

(3)总分值为70以上的为重要危险有害因素。

4.2.3 危险有害因素评价步骤

(1)安全环保科负责组成危险有害因素的评价工作组;

(2)评价过程中工作组应填写"危险有害因素评价表",根据判定准则确定重要危险有害因素;

(3)办公室对评价结果确认后,填写"重要危险有害因素清单";

(4)评价出的重要危险有害因素报管理者代表批准;

(5)安全环保科负责把重要危险有害因素评价结果传递给相关部门,作为建立目标、指标、管理方案和运行控制程序的依据。

4.3 危险有害因素的更新

每年年底由安全环保科组织对危险有害因素进行一次重新识别与评价,当出现以下情况时,应及时对危险有害因素进行识别与评价、更新重要危险有害因素。

(1)管理评审要求;

(2)本公司的活动、产品或服务发生较大变化(如生产新产品、增加新设备、采用新工艺等);

(3)有关的法律、法规和其他要求发生变化;

(4)相关方提出抱怨或合理的要求。

4.4 安全环保科负责保存危险有害因素识别及其评价过程中的有关记录。

5. 相关记录

《危险有害因素评价表》 EHSR-2021-01

《重要危险有害因素清单》 EHSR-2021-02

危险有害因素评价表

EHSR-2021-01

序号	危险因素	可能现象	地点	作业条件危险性评价				重要/一般
				L	E	C	D	
1	有毒易燃易爆化学品	中毒、燃爆事故	2号仓库	1	5	20	100	重要
2	有毒易燃易爆化学品	中毒、燃爆事故	4号仓库	1	5	20	100	重要
3	有毒化学品	中毒	6号仓库	1	5	15	75	重要

续表

序号	危险因素	可能现象	地点	作业条件危险性评价				重要/一般
				L	E	C	D	
4	有毒化学品	中毒、燃爆事故	车间	1	6	12	72	重要
5	防护缺陷	机械伤害	1号车间排风扇	1	6	7	42	一般
6	操作失误、心理异常或维护不当	坠落、机械伤害	1、2号车间电动葫芦，高架平台	1	5	2	10	一般
7	粉尘与气溶胶	职业病	配料、搅拌釜	3	6	3	72	重要

制表人：×××　　2021年7月9日

重要危险有害因素清单

EHSR－2021－02

序号	重大危险场所	危险有害因素	可能导致事故	管理部门	控制方式程序/方案	备注
1	2号仓库	有毒易燃易爆化学品	中毒、燃爆事故	供销部	程序	
2	4号仓库	有毒易燃易爆化学品	中毒、燃爆事故	供销部	程序	
3	6号仓库	有毒化学品	中毒	供销部	程序	
4	车间	有毒化学品	中毒、燃爆事故	生技部	程序	
5	配料、搅拌釜	粉尘与气溶胶	职业病	生技部	程序/方案	

(三)法律法规及其他要求识别、更新程序

法律法规及其他要求识别、更新程序

编号/修订状态：EHSPD－02－2021/00

1. 目的和范围

为了本组织能更好地遵守环境和职业健康安全法律法规及标准要求，本公司制定了本程序文件。在环境和职业健康安全管理体系覆盖范围内的各组织机构应按照该程序遵守相关的法律法规和标准要求。

2. 职责和权限

2.1　安环部负责识别环境和职业健康安全法律法规和其他要求，并定期关注其变化。

2.2　综合办公室负责按清单收集相关环境和职业健康安全法律法规和其他要求的文件。

3. 法律法规和相关要求识别方法

3.1　安环部根据自己掌握法律法规的信息，与市环保局、安全生产监督管理局联系，确定本公司应遵守的法律法规。

3.2　安环部调查了解附近居民、客户及其他相关方对本公司的环境和职业健康安全要求及建议。

3.3　安环部将适用的法律法规和相关要求编制成“环境和职业健康安全法律法规及其

他要求清单”。

4. 环境和职业健康安全法律法规的遵守及标准的执行

4.1 环境和职业健康安全方针的内容应包含遵守环境和职业健康安全法律法规承诺，制定环境和职业健康安全目标和指标时，应考虑到与环境和职业健康安全法律法规及其他要求的符合性。

4.2 依据《中华人民共和国清洁生产促进法》实施持续改进，逐步实现清洁生产。

4.3 制定目标和指标时，应考虑相关方的要求。

5. 操作过程

5.1 安环部依据本程序第3条的要求识别环境和职业健康安全法律法规和相关要求，并将其编写成清单，经部门负责人批准后，交综合办公室发放给相关部门。

5.2 综合办公室根据环境和职业健康安全法律法规及其他要求的清单到新华书店和省技术情报部门购买。

5.3 安环部每年上网或通过市环保局了解相关环境和职业健康安全法律法规及标准的变化情况，及时更新“环境和职业健康安全法律法规及其他要求清单”内容，并交综合办公室进行更换和采购。

5.4 当组织因产品、工艺、原材料、场所等变化而导致重要环境因素和危险有害因素发生变化时，安环部应重新识别适用的环境和职业健康安全法律法规及其他要求。

5.5 需要了解环境和职业健康安全法律法规及标准要求的人员可到综合办公室查阅。需要保存文本的部门到综合办公室领取或复印。

6. 相关文件

无

7. 本程序涉及的记录表

《环境和职业健康安全法律法规及其他要求清单》 EHSR－2021－04

环境和职业健康安全法律法规及其他要求清单

EHSR－2021－04

序号	名　　称	代　　号	实施日期	备注
1	中华人民共和国环境保护法		2015－01－01	2014年修订
2	中华人民共和国大气污染防治法		2016－01－01	2018年修正
3	中华人民共和国水污染防治法		2018－01－01	2017年修订
4	中华人民共和国固体废物污染环境防治法		2020－09－01	2020年修订
5	中华人民共和国环境噪声污染防治法		1997－03－01	2018年修正
6	中华人民共和国清洁生产促进法		2012－07－01	2012年修订
7	中华人民共和国节约能源法		2008－04－01	2018年修正
8	中华人民共和国安全生产法		2021－09－01	2021年修订
9	中华人民共和国劳动法		1995－01－01	2018年修正
10	中华人民共和国职业病防治法		2002－05－01	2018年修正

续表

序号	名　　称	代　号	实施日期	备注
11	中华人民共和国消防法		2009-05-01	2021年修正
12	危险化学品安全管理条例		2011-12-01	2013年修正
13	中华人民共和国特种设备安全法		2014-01-01	
14	工伤保险条例		2011-01-01	2010年修订
15	危险化学品重大危险源辨识	GB 18218—2018	2019-03-01	
16	突发环境事件应急管理办法	环保部第34号令	2015-06-05	
17	危险化学品目录(2015版)		2015-05-01	
18	国家危险废物名录	环保部第39号令	2021-01-01	2020年修订
19	危险废物转移联单管理办法	原环保总局第5号令	1999-10-01	
20	个体防护装备选用规范	GB/T 11651—2008	2009-10-01	
21	化学品生产单位吊装作业安全规范	AQ 3021—2008	2009-01-01	
22	化学品生产单位动火作业安全规范	AQ 3022—2008	2009-01-01	
23	化学品生产单位高处作业安全规范	AQ 3025—2008	2009-01-01	
24	化学品生产单位设备检修作业安全规范	AQ 3026—2008	2009-01-01	
25	化学品生产单位受限空间作业安全规范	AQ 3028—2008	2009-01-01	
26	地表水环境质量标准	GB 3838—2002	2002-06-01	
27	环境空气质量标准	GB 3095—2012	2016-01-01	
28	污水综合排放标准	GB 897—1996	1998-01-01	
29	锅炉大气污染物排放标准	GB 13271—2014	2014-07-01	
30	工业企业厂界环境噪声排放标准	GB 12348—2008	2008-10-01	
31	职业性接触毒物危害程度分级	GBZ 230—2010	2010-11-01	
32	生产经营单位生产安全事故应急预案编制导则	GB/T 29639—2020	2021-04-01	
33	危险化学品单位应急救援物资配备要求	GB 30077—2013	2014-11-01	
34	挥发性有机物无组织排放控制标准	GB 37822—2019	2019-07-01	
35	危险废物贮存污染控制标准	GB 18597—2001	2002-07-01	

制表人：×××　　审批人：××　　2021年10月25日

(四)员工能力和意识培训程序

员工能力和意识培训程序

编号/修订状态：EHSPD-2021-03/00

1. 目的和范围

为了提高全体员工的环境和职业健康安全意识及相关技能，特制订员工培训程序。该程序适用于本公司的员工和代表本公司工作的人员。

2. 职责和权限

综合办公室负责公司员工的培训管理工作。

3. 培训类型及培训对象

3.1 公司领导层和部门负责人应进行环境和职业健康安全管理重要性的学习培训。

3.2 公司全体员工应进行环境和职业健康安全方针、目标和指标的培训，与环境和职业健康安全风险有关的岗位职责的培训。

3.3 对从事与环境和职业健康安全风险有关的人员应进行相关环境和职业健康安全管理体系文件的学习培训，使他们掌握工作程序和操作要求。

3.4 对于承担控制重要环境因素和危险有害因素岗位的人员，应进行提高技能的培训。

3.5 对从事安全与职业危害管理、消防管理、“三废”处理、环境与作业环境监测、采购人员、销售人员应进行合规性培训。

3.6 当文件修订或换版，必要时，应实施培训。如果没有实施培训，办公室在更换文件时应通知相关人员自学。

4. 培训工作程序

4.1 建立环境和职业健康安全管理体系初期，由最高管理者或管理者代表对公司和部门管理层进行环境和职业健康安全管理重要性培训，使各管理层能统一认识，在环境和职业健康安全管理中能协调一致。由最高管理者或管理者代表对全体员工进行提高环境和职业健康安全意识方面的培训。

4.2 环境和职业健康安全管理体系实施前，综合办公室安排培训教师对全体员工进行环境和职业健康安全管理体系文件的培训，指导他们如何执行文件，满足要求。

4.3 环境和职业健康安全管理体系实施前，综合办公室安排适当时间，由安环部对3.5条款中的人员进行合规性培训。

4.4 环境和职业健康安全管理体系试运行期间，各部门根据运行情况，确定本部门各岗位是否有人员需要进行相应技能方面的培训，如果有，填写“培训需求表”交综合办公室，由办公室安排时间和培训教师进行培训。

4.5 每年年底，各部门负责人按公司的《环境和安全健康岗位任职能力要求》并结合本部门的实际情况，确定本部门下年度是否有人员需要培训，若有需求，填写“培训需求表”交综合办公室，表格从本公司网站下载。

4.6 综合办公室每年1月25日前制定出年度培训计划，经管理者代表批准后实施。

4.7 若遇特殊情况需要培训，部门负责人填写“培训需求表”，经管理者代表批准后交综合办公室实施。

4.8 综合办公室每年安排适当的时间，对员工进行环境和职业健康安 全管理重要性的培训学习，以提高他们在环境和职业健康安全管理中的责任感。

4.9 实施培训前两周，办公室通知相关人员和其部门负责人，以便安排好培训期间的工作。

4.10 新员工到公司后，由综合办公室安排进行以下方面的培训：

(1)管理者代表对其进行环境和职业健康安全意识方面的教育；

(2)内审员对其进行相关环境和职业健康安全管理体系文件的培训；

(3)部门或岗位负责人对其进行操作技能方面的培训；

(4)若是环境和(或)职业健康安全管理的新员工，应由各部门负责人对其进行各岗位的重要环境因素和危险有害因素控制技能方面的培训；

(5)培训后，均要进行考核，合格者由办公室颁发上岗证才能上岗，不合格者再进行一次培训，再次考核不合格者不能进行环境和(或)职业健康安全管理方面的工作。

4.11　培训效果的评价方式有：环境和职业健康安全意识和相关文件的培训，采用笔试评价培训效果；技能培训采用笔试与实际操作评价培训效果；对于员工，除按上述方式考核外，增加试用期内工作业绩来评价培训效果。考核工作由培训教师完成，考核或试用结束后由综合办公室填写“培训效果评价表”。

4.12　记录保存：综合办公室应建立并保存每位员工的档案；每批员工培训结束应保存试卷和“培训效果评价表”记录。

5. 相关文件

《环境和安全健康岗位任职能力要求》　EHSMS3－2021－01/00

6. 相关记录表

《员工档案》　EHSR－2021－01

《培训需求表》　EHSR－2021－02

《年度培训计划表》　EHSR－2021－03

《培训效果评价表》　EHSR－2021－04

附表1　员工档案

编号：　　　　　　　　　　　　　　　　序号：

姓名		性别		出生年月	
籍贯		文化程度			

工作简历：

培训情况：

附表2　培训需求表

编号：

申请部门		申请人		申请日期	
培训方式		期　限			
培训对象 共　　人					

申请原因：

培训内容：

申请部门负责人意见：

签名：　　　　　　日期：

管理者代表意见：

签名：　　　　　　日期：

附表3　年度培训计划表

编号：

时间	对象	内容	预期效果	培训形式	备注

编制：　　　　　　审批：　　　　　　日期：

附表3　培训效果评价表

编号：　　　　填表人：　　　　日期：　　　　序号：

培训部门		负责部门	
培训时间		培训地点	
培训形式		培训类别	
培训教材		培训学时	

培训内容：

培训签到：

培训效果评价：

(五)协商与内、外部信息交流管理程序

协商与内、外部信息交流管理程序

编号/修订状态：EHSPD－04－2021/00

1. 目的和范围

为了组织内部能有效地运行环境和职业健康安全管理体系、改善环境和职业健康安全绩效，也为了能与外部相关方进行良好的沟通、收集新信息、搞好持续改进，制定了信息交流程序。本程序适用于环境和职业健康安全管理体系覆盖范围的协商与内、外部信息交流。

2. 职责和权限

2.1　安环部负责外部信息交流，紧急情况时的信息交流。

2.2　综合办公室负责组织内部与员工的信息交流，负责信息交流网站的管理工作。

2.3　技术质量部负责组织内部环境因素与危险有害因素控制方面的信息交流。

2.4　工会负责与员工就职业健康安全方面相关问题的协商。

3. 内部信息交流程序

3.1　质检科每月5日前，将上月各部门的监测数据汇总，填写“环境和职业健康安全监测汇总表”交综合办公室，办公室将监测汇总表复印后贴在宣传栏内。

3.2　内审和管理评审后，管理者代表应将批准后的报告交两份给办公室，办公室将一份贴在宣传栏内，另一份存档。

3.3　若遇重大事故或紧急情况，在处理完毕后，安环部应写调查报告，将事故的全过程，发生的原因，造成的后果进行详细的描述。将调查报告交一份给综合办公室，办公室收到报告后，安排适当的时间，召开全公司员工大会，交流报告的内容，以提高广大员工的环境和职业健康安全意识与责任感。

3.4 综合办公室在宣传栏边设立意见箱，在网站上公布信息交流的Email地址，每月收集整理改进建议的信息，填写"信息交流记录表"交管理者代表。管理者代表收到信息，视其情况作出决定，若目前有必要改进，改进难度不大且能提高环境和职业健康安全绩效，应组织有关人员实施改进。其余改进建议提交管理评审。

3.5 各岗位或部门日常的信息交流以日常工作的记录表或文件的形式进行，各岗位或部门规定由专人传递和接收表单或文件。信息传递应及时，不能因信息传递不及时而导致重要环境因素和(或)危险有害因素失控的现象。若有特殊情况不能及时送表单，可用电话及时通知相关部门立即实施纠正，随后再将表单传递过去。

3.6 若运行过程遇到重要环境因素和(或)危险有害因素失控情况，操作人员应及时电话通知技术质量部、生产部和安环部负责人前来采取补救措施。

3.7 安环部每两周召开一次部门和重要岗位负责人会议，以便交流信息和解决环境因素和危险有害因素控制方面出现的问题。

4. 外部信息交流程序

4.1 综合办公室将本公司的组织概况、管理者声明；组织的环境和职业健康安全方针、目标和指标；环境和职业健康安全管理体系认证情况；组织的环境和职业健康安全绩效、环境和安全投资与发展趋势；有关突发性环境事件、安全生产事故及职业危害的信息公布于本公司的网站上，若有变化，及时更新。

4.2 安环部每年年底走访周边居民和组织(不少于20人，在组织周围的四个方向)，了解他们对组织环境方面的要求。安环部也可以通过参加社区的一些活动，与居民进行交流。

4.3 安环部应委托供销部收集客户对产品的环境和职业健康安全要求，了解供方的环境和职业健康安全绩效及其提供产品的工艺控制方式。供销部将收集到的信息记录在"信息交流记录表"内，交安环部。

4.4 安环部应经常保持与省、市环保局、安全生产监督管理局、环境协会、安全生产协会联系，参加他们组织的重要活动，以了解法律法规和相关要求的变化情况，以及新技术和新工艺。与有关专家交流本公司环境和职业健康安全绩效提高的途径和方法。每次参加过活动后，应填写"信息交流记录表"，若信息交流内容较多，可附页。若专家提出的建议合理、可行，应及时书面向管理者代表汇报，以便及时改进。

4.5 安环部应设有对外的专线直通电话，电话附近有明确指导遇到紧急情况时求助的部门和联系方式。

4.6 安环部应开通一部热线电话，有利于相关方的投诉和提供改进的建议。电话号码在网站和公司的宣传材料上公布。

4.7 对接收的外部信息应填写《信息交流记录表》，由于外部因素的变化，如环境和职业健康安全法律法规及其他要求变化，而引起组织相关文件的修改，安环部应书面通知有关部门修改环境和职业健康安全管理体系文件。对于获得新工艺和新技术、相关方改进的建议应以书面的形式提交管理评审。

4.8 接收到相关方的投诉和要求整改的建议，安环部应将信息形成文件，交管理者代表。管理者代表可召开管理层(包括总经理)会议，讨论解决问题的措施，并将措施形成文件。安环部将解决的措施转告相关方。

4.9 安环部应24h派人值班，若有紧急情况，应能立即与安环部取得联系，以便及时采取措施，紧急情况的处理执行《应急准备和响应控制程序》。每个岗位，每个部门均应有安环部的报警电话。

4.10 信息交流记录、形成的文件和对外答复的文件应保存在责任部门。

5. 相关引用文件

《应急准备和响应控制程序》 EHSPD－06－2021/00

《事故报告、调查与处理程序》 EHSPD－11－2021/00

6. 相关记录表

《环境和职业健康安全监测汇总表》 EHS4－2021－05

《信息交流记录表》 EHS4－2021－06

《协商与信息交流处置报告书》 EHS4－2021－06

附表1 环境和职业健康安全监测汇总表

编号：

序号	部门	监测项目	监测部位	监测结果	监测日期	监测人员

附表2 信息交流记录表

编号：

信息内容	接收部门	接收人	接收日期	备注

附表3 协商与信息交流处置报告书

编号：

信息内容		发出人
		部门负责人
		发出日期
转发意见		管理者代表
对策研讨与实施		部门负责人
		担当者
对策追踪		安全环保科

(六)内、外部文件管理程序

内、外部文件管理程序

编号/修订状态：QEHSMS2－2021－01/00

1. 目的和范围

为确保本公司管理体系文件充分、适用、有效，确保各岗位能及时获得有效版本的文件，制定了本程序。程序中规定了管理体系文件的管理职责、文件的种类、内容结构、编号方法以及制定、审查、批准的程序、控制方法和要求。该程序适用于本公司管理体系覆盖范围内的所有文件管理。

2. 文件管理职责和权限

2.1 综合办公室是文件管理的主要职能部门，其职责是：

(1)负责编写和修改管理手册、组织其他部门编写管理体系文件的第二、三层次的文件；

(2)负责各类文件的统稿工作；

(3)负责各类文件(包括外来文件)的收集、整理编目、存档、发放、回收、销毁。

2.2 最高管理者和管理者代表的职责

(1)最高管理者负责管理手册、环境和职业健康安全管理方案的审核批准；

(2)最高管理者负责组织的方针制定和修改，负责下达管理者代表任命书；

(3)管理者代表负责程序文件的审核批准，必要的规章制度文件类的编写和修改；

(4)最高管理者和管理者代表负责目标和指标的制定和修改；

(5)最高管理者和管理者代表负责职责分配文件的编写和修改。

2.3 各部门职责主要是：

(1)各部门负责本部门职责范围内程序文件、操作指导性文件，相关记录表的编写、修改、审核工作；

(2)负责定期评审本部门所用文件的有效性；

(3)技术部和安环部负责第三层次文件、记录表的审核批准；

(4)配方类的技术性文件由技术部负责整理编目、发放、回收、保管、销毁。

3. 管理程序

3.1 在文件编写前，最高管理者应确定方针、目标和指标、管理者代表、各层次的职责和权限。

3.2 综合办公室按标准要求并结合本公司的特点编写管理手册，管理手册中应明确哪些过程需要编写程序文件，管理手册应包含方针、目标和指标、各部门职责和权限。管理手册经最高管理者审批后，由办公室书面通知相关部门编写程序文件，并附上“文件编写要求”。

3.3 各部门负责人接到通知后，应组织人员编写程序文件和相关记录表。程序文件中应明确需要编写哪些操作性文件，以及对现有文件的引用。各部门负责人应审核本部门编写的程序文件。

3.4 管理者代表收到程序文件时，应进行再次审核，有问题退回职能部门修改，修改后还需再次审核，符合要求才能批准。

3.5 管理者代表批准后的程序文件交综合办公室，由办公室安排人员编写第三层次文件。

3.6 与产品有关的第三层次文件交技术部负责人审批，与控制环境因素和危险有害因素有关的文件交安环部负责人审批，若两方面均涉及，应由两部门共同审批。

3.7 各部门将文件的审批稿和电子版交到综合办公室，由综合办公室统稿、打印、分发。

3.8 综合办公室应填写内部“文件清单”，清单中应标明文件编号和修订状态。

3.9 各岗位负责人在综合办公室领取本部门各岗位所需的文件，并分发到各岗位。

3.10 综合办公室发放文件时应填写“文件发放登记表”，发放文件封面应有发放编号，并登记该编号。应核实相关岗位是否均有所需的文件，若有的岗位没有，应立即通知部门或岗位负责人领取。

3.11 安环部应关注外部因素的变化情况，若外部因素变化可能引起组织的文件更改，应书面通知综合办公室，办公室将信息传递给相关部门。

3.12 各部门负责人根据内、外部因素变化情况，每年至少组织一次文件有效性的评审工作，若需要修改文件，应填“文件更改申请单”，经综合办公室和管理者代表批准后实施更改。更改后的文件仍要经相关授权人审批。审批后将审批的文件和电子稿交办公室统稿打印。

3.13 综合办公室应即时将修改后的文件发放到相关岗位，同时撤销作废文件，并在“文件发放登记表”中记录发放修改的文件和注销回收的文件。

3.14 作废文件应盖“作废”章，放入作废文件保管柜中，每年集中销毁一次。换版的作废文件电子版应刻成光盘保存，光盘上应注明文件名称和版本。

3.15　综合办公室应做好外来文件的购买、发放和保管工作，应单独编制外来“文件清单”，在外来文件封面应盖“外来”章。需用外来文件的部门，其负责人到办公室复印。

3.16　综合办公室、技术部和安环部通过网站、情报机构和政府职能机构等关注外来文件的变化情况。若有变化，办公室应及时购买替换。

3.17　作废的外来文件应盖“作废”章，保管期限为10年。

3.18　外来文件的其他管理方式与内部文件管理相同。

3.19　与产品有关的配方、试验报告、工艺流程等技术性文件在技术部保管。文件发放、保管、回收等管理方法与综合办公室相同。技术文件更改执行《设计与开发控制程序》中的设计更改条款。

3.20　所有文件均是打印或复印件，字迹应清楚，文件修改应打印换页，不能在文件上划改。员工在使用文件时应保持文件的干净、清晰，不能在文件上随意乱画。

4. 相关引用文件

《设计与开发控制程序》　QMS2－2021－02/00

5. 相关记录表

《文件清单》　QEHSMS4－2021－01

《文件发放登记表》　QEHSMS4－2021－02

《文件更改申请单》　QEHSMS4－2021－03

附表1　文件发放登记表

编号：

序号	文件名称	编号	分发号	版本	发放记录				回收记录		
					部门	签收	日期	份数	签回	日期	份数

附表2　文件借阅、复制记录

编号：

时间	文件名称	编号	版本	受控状态	借阅、复制份数	签名	归还时间

附表3　文件更改申请单

编号：　　　　　　　　　　　　　　　　　　　　　　　　　　序号：

文件名称		文件编号		版本	

更改理由：

更改内容：

受此影响引起的其他更改文件名称：

申请人：　　　　日期：

管理者代表意见：

签名：　　　　日期：

审批部门意见：

签名：　　　　日期：

附表4　文件销毁申请

编号：　　　　　　　　　　　　　　　　　　　　　　　　　　序号：

文件名称		编号	版本	份数

销毁原因：

申请人：　　　　日期：

所在部门意见：

签名：　　　　日期：

文件保管部门意见：

签名：　　　　日期：

管理者代表意见：

签名：　　　　日期：

附表 5 收文登记表

编号： 序号：

序号	文件名称	文件颁发部门	接收人	日期

(七)运行控制程序之一：烟道废气排放环境因素控制程序

烟道废气排放环境因素控制程序

编号/修订状态：EHSPD－15－2021/00

1 目的和范围

为了确保本公司的废气排放达到排放标准要求，且减少 CO_2 排放量，制定了烟道废气排放控制程序。该程序适用于本公司与产品生产有关的锅炉系统。

2 烟道废气处理工艺流程

烟道废气处理工艺流程如图 1 所示。

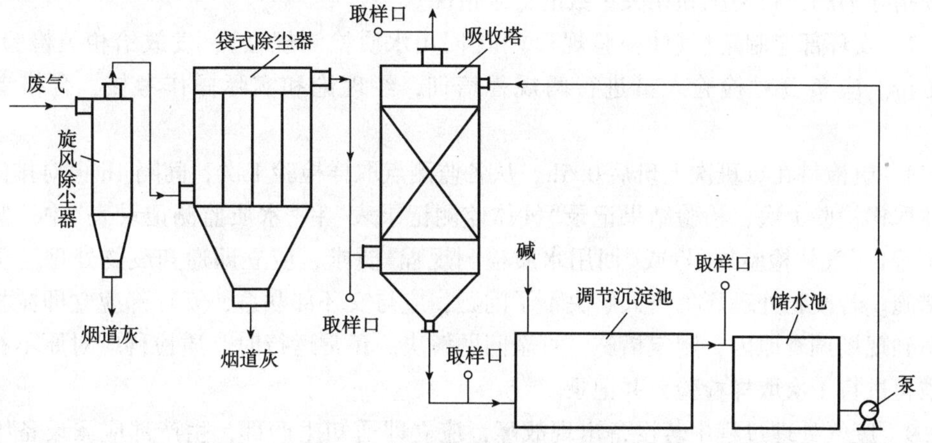

图 1 烟道废气处理工艺流程

3 职责和权限

3.1 生产部负责司炉人员能力的控制和锅炉年检，锅炉操作规程的制定、除尘设备的维修。

3.2 安环部负责与废气处理有关岗位人员能力的控制、作业指导书的制定、处理过程的管理。

3.3　水、气处理厂负责废气处理过程的实施。

3.4　质检科负责各监测点的监测、煤质量的检验。

3.5　供销部负责供方煤质量的控制。

4　控制程序

4.1　锅炉岗位的司炉工必须获得市级以上锅炉检测机构培训的合格证才能上岗，生产部负责司炉工资格的再确认工作。

4.2　生产部制订《锅炉操作规程》，规程中应明确必要的控制参数，《锅炉操作规程》应放大且用镜框挂在墙上，应便于操作人员方便、清晰地看到。

4.3　司炉工应按操作规程进行操作，对重要参数应严格控制并记录，记录中应表明用煤的批号或产地，当发现煤质量有问题，应及时通知供销部。

4.4　供销部至少选择两家购煤的合格供方，应在合格供方采购煤。平时适当关注合格供方煤炭来源。当发现煤质量不符合本公司要求时，应及时与供方联系，由供方给出合理的答复。如果再次在该供方购煤，在购煤前，应由供方提供1kg煤样本到本公司检验，检验合格才能批量购入。不合格，应换其他合格供方，购煤前，也应做煤的样本检验。

4.5　安环部应制定《废气处理作业指导录像》和《各监测点参数控制表》。《废气处理作业指导录像》作为培训资料，《各监测点参数控制表》应挂在操作人员易看到的墙上。安环部应对废气处理人员进行能力培训和考核，考核合格者上岗工作10天，检查其实际工作能力，未达到要求者实施再培训。

4.6　废气处理人员应严格按《废气处理作业指导书》操作，并记录过程控制参数。交接班时，值班人员应向接班人员说明过程控制情况，当有异常情况发生时，一定要在《废物处理过程记录表》中注明，并向接班人员交代清楚。废物处理厂负责人每班至少检查一次作业指导书的执行情况和相关参数的记录情况。

4.7　安环部应制定《气体检验规程》和《回用水质检测规程》，发放给相关检验人员，每人1份。应负责对检验人员进行两规程培训，经理论和实际操作考核，合格者才能上岗。

4.8　质检科在每班次上班后0.5h，从各监测点取样检验1次，间隔4h再对排向环境的气体取样检验1次，检验结果记录“气体监测记录表”和“水质监测记录表”中。监测结果若不符合《气体检验规程》或《回用水质检测规程》要求，应立即通知废物处理厂负责人采取措施。若废物处理厂负责人解决不了问题，应与安环部联系，安环部应立即派相关技术人员到现场调查原因，制定措施，直至问题解决。正常运行时，质检科应对原不符合的监测点再进行1次取样检验，并记录。

4.9　废气处理过程中若设备出现故障，应立即通知生产部，生产部应派设备维修人员到现场维修。

4.10　质检科在监测气体中SO_2浓度超过规定值10%时，应通知当班的司炉工采取一定的措施，还应通知供销部对供方实施控制。

5　相关引用文件

《锅炉操作规程》　　EHSMS3-01-2021/00

《废气处理作业指导录像》 EHSMS3 - 02 - 2021/00
《各监测点参数控制表》 EHSMS3 - 03 - 2021/00
《气体检验规程》 EHSMS3 - 04 - 2021/00
《回用水质检测规程》 EHSMS3 - 05 - 2021/00
6 相关记录表
《废物处理过程记录表》 EHSMS4 - 2021 - 07
《气体监测记录表》 EHSMS4 - 2021 - 08
《水质监测记录表》 EHSMS4 - 2021 - 09

(八)运行控制程序之二：动火作业管理程序

动火作业管理程序

编号/修订状态：EHSPD - 16 - 2021/00

1 目的

1.1 识别正确的焊接、焚烧和切割方法，建立动火作业前最基本的安全预防措施。

1.2 定义焊接、焚烧和切割作业需要的审批程序。

1.3 建立焊接、焚烧和切割作业的安全方法，尽量减少员工直接接触的机会。

1.4 焊接、焚烧和切割作业人员须接受使用设备的培训。

2 适用范围

本程序适用于所有在本公司现场除机械维修车间或已鉴别安全区域外进行焊接、焚烧、铜焊、砂磨和切割作业的人员。

3 定义

3.1 动火作业指在工作区域使用明火或热源会引燃物质的工作。

3.2 切割指使用切割设备、火炬或其他机械方法将金属或其他材料分离的活动。

3.3 焊接指使用氧气/气体，或电焊设备，通过产生热或火花，将金属或其他材料连接或分离。

4 职责

4.1 维修主管

(1)动火作业前进行危害分析并采取预防措施，确保工作区域已适合工作；

(2)了解和沟通动火作业时会碰到的危害因素；

(3)当有多组队伍在动火区域附近同时工作时负责组织协调工作；

(4)确保没有其他的许可影响动火作业区安全状况；

(5)在现场与监护人一起承担工作职责；

(6)向每个工作组签发许可证；

(7)签署动火工作许可前，必须核实现场的预防措施已落实到位。

4.2 切割/焊接操作员

(1)已经接受政府部门的专业培训，并取得有效操作证。检查切割/焊接设备是否处于良好状态(气管，回火防止器，防火毯等)；

(2)检查工作需要的个人防护用品(眼睛和面部防护、焊接头盔、工作服)；

(3)核实所有的能量源是否已按规定挂牌锁定；

(4)对工作中可能涉及的危害因素保持警惕；

(5)执行许可证上的工作；

(6)与防火监护人保持沟通；

(7)对防火监护人的指令快速反应；

(8)发生异常情况或事件，立即向主管报告；

(9)工作中注意观察区域情况，确保安全；

(10)工作结束，清理现场，离开现场前，核实墙内、地面裂缝或屋顶等工作区域没有残留火星；

(11)工作结束，许可证返还给主管部门。

4.3　防火监护人

(1)所有动火作业如焚烧、切割或明火作业等维修部门或承包商需要全程安排防火监护人；

(2)确保工作许可证要求被满足和保持；

(3)与主管人员或其他人员对现场和设备进行检查；

(4)清楚安全设施如火灾警报、灭火器、防火毯和喷淋洗眼器的位置，并知道如何使用；

(5)如发生紧急情况或不安全的状况，停止工作；

(6)工作进行中，不得擅自离开监护现场，确保火花或熔渣已收集或浇水熄灭，防止火花掉入下水道、人孔、水泵或附近设备内。

4.4　动火区域生产主管

(1)动火作业时负责生产的安全；

(2)与维修主管一起进行危害分析和预防措施的制定；

(3)执行生产方面的安全措施；

(4)协调生产和动火作业，检查动火作业许可证；

(5)阻止不安全的工作；

(6)如生产区域发生紧急情况，立即停止动火作业。

4.5　安全员/消防员

(1)负责最后检查与动火作业有关的安全措施是否执行，签发动火作业许可证；

(2)立即纠正不安全的行为；

(3)协助进行危害分析；

(4)依据动火作业危险情况，安排消防员现场监护。

5　许可

5.1　不管哪种动火作业，都需要考虑是否确实需要动火作业许可证。如要动火作业，切割或焊接应在能保证防火安全的区域里。

5.2　下列场合需要动火作业许可证(不仅仅局限于这些区域)：储罐、容器、下水道或类似封闭空间，仓库、纸机车间或在管道上的作业。

5.3　所有与工作相关的许可证须被申请，如安全工作许可等。

5.4　在特定的维修车间或已经被安全部门识别无火灾危险区域不需要动火作业许

可证。

5.5 许可证在签发的轮班期间有效，如当班工作不能完成，必须移交下一班，但不能超过24h。

5.6 许可证由生产、维修和安全部门批准。所有批准者必须到现场核实各项预防措施是否已落实。

5.7 如是承包商的工作，许可证由承包领班、维修、生产主管和安全部门批准。

5.8 许可证应张贴在工作现场或动火人随身携带。

5.9 动火许可证存档在安全部门，期限1年。

6 焊接、焚烧和切割操作说明

6.1 现场放置正确类型的灭火器，以便及时拿到。如有可能，消防水带连接好，或放水桶。

6.2 在密闭空间进行动火作业，现场必须放置动火作业许可证和安全工作许可证。

6.3 在有闷烧危险的场所，动火作业结束后要立即浇湿。

6.4 动火区域要防护好易燃可燃物料。如有可能，将物料移走，直至工作结束。

6.5 采取预防措施确保金属熔渣不会掉到下面，引起别的楼层火灾。需要安排专门的人察看火花情况。

6.6 焊接和气割需要至少配备一只5kgCO_2或一只8kg干粉灭火器。

6.7 与承包商一起检查以上要求，以确保遵守。

6.8 如不用，关掉乙炔、氧气和氢气瓶阀门。

6.9 工作结束后，继续检查区域，直到火灾可能性完全消除(最少30min)。

6.10 气瓶应用橡皮管、链条等固定，气瓶应直立摆放。

7 可燃气体/蒸汽检测仪使用

7.1 在可能存在易燃或可燃气体或蒸汽的场所使用。

7.2 气体/蒸汽浓度应在爆炸下限20%以下。

8 压缩气瓶的一般使用

8.1 所有需要使用压力气瓶的作业应审定是否需要动火作业许可证。

8.2 压缩气瓶存放时应与可燃气瓶或可燃物料相距至少5m，或设置至少2m高的耐火等级不小于1h的不燃屏障。

8.3 压缩气体应与动火作业点保持足够的距离，或设置防火屏障。

8.4 压缩气瓶不能作为电流的一部分。

8.5 压缩气瓶严禁野蛮操作。

8.6 压缩气瓶不应放在桶槽或密闭空间中。

9 氧气使用

9.1 纯氧不会燃烧或爆炸，但会加速可燃物的燃烧。氧气与乙炔、氢气、烃和其他易燃材料会形成爆炸性混合物。

(1)氧气仅用于焊接或切割(不适用于急救用途)；

(2)氧气压力表严禁油脂或油，不能用沾有油脂的手或衣服处理接触氧气瓶、压力表和部件，接触油脂或油会引燃或爆炸；

(3)氧气瓶压力表应由制造商试验或维修，并详细注明是氧气瓶压力表，返回后，压力表应仔细检查是否有污物；

(4)氧气压力表仅限用于氧气；

(5)氧气压力表应存放在包装盒内，确保不会被油脂或别的物料污染；

(6)为防止污染其他部件，氧气瓶内部装置和压力表应无油脂和别的污染物。

10　乙炔使用

乙炔比一般使用的气体有着更宽的爆炸极限。必须注意避免积聚引起爆炸。

(1)乙炔气瓶上的易熔塞熔点大约为水的沸点。如外部阀门被冻住，应用未达沸点的热水加热，绝对禁止用明火加热；

(2)工作开始前，确保所有设备处于有序状态。阀门关好，软管没有堵塞，焊钳清洁。

11　氧乙炔设备的安全处理和使用

11.1　保持氧乙炔设备清洁，无油和完好。

11.2　防止氧气和乙炔泄漏。

11.3　缓慢打开氧气阀。

11.4　点火前把氧气和乙炔管理好。

11.5　热、火星和明火远离可燃物。

12　个人防护用品

12.1　动火作业人员须佩戴相应的个人防护用品。

12.2　使用焊接屏障保护旁边的人员。

12.3　动火区域应围护好，防止未授权的人员进入。

13　许可证批准前，必须执行动火作业检查表

动火作业检查必须安排防火监护人员参与，并在动火作业结束后继续在现场监护30min。动火作业检查项目有：

(1)所有10m范围内的可燃物已被移走或得到防护；

(2)10m以外的易燃材料已被移走或得到防护；

(3)所有可燃物放在工作区域外或有防火材料屏蔽防护，包括墙、隔离物、天花板、屋顶、管道、下水道、电缆等；

(4)所有地面或墙上的孔洞已被封闭好，或时刻在防火监护人的注视之下；

(5)已专门安排灭火器：

大小：　　　　　　型号：

(6)已进行气体检测：

结果：　　　　　　备注：　　　　　　　　测试人：

(7)现场喷淋系统状态良好；

(8)已考虑风向的影响；

(9)储罐、容器的连接已被拆除或隔离；

(10)如在密闭空间作业，已获得安全工作许可，并采取机械强制通风；

(11)电弧焊有屏障和合适的防护设备；

(12)是否考虑焊接/切割时的热辐射对邻近区域的影响；

(13)地面和环境已被清扫干净和弄湿；

(14)产生明火或火花的设备已被检查，处于良好的维护状态；

(15)已经安排监护人在工作时、工作后至少 30min 和就餐时间照看危险的火花或明火。防火监护人应接受培训正确使用灭火器、发出警报、配备合适的灭火器或水带；

(16)动火作业区域用障栏划出。

(九)应急预案与响应控制程序

应急预案与响应控制程序

编号/修订状态：EHSPD－06－2021/00

1. 目的

为了预防和控制潜在的事故或紧急情况发生时，做出应急准备和响应，最大限度地减少可能产生的事故后果，特制定本程序。

2. 适用范围

本程序适用于本公司潜在事故和紧急情况的预防和处理。

3. 职责

3.1 安全环保科负责制定各种应急措施的培训计划，发生紧急情况时，由安全环保科统一指挥并负责与外部的联系工作。

3.2 各部门负责对本部门应急设施的维护和保养工作及紧急情况发生时的联系工作。

4. 工作程序

4.1 紧急情况的分类：

(1)化学品、油品的泄漏；

(2)压力容器的爆炸；

(3)火灾；

(4)化学品爆炸；

4.2 紧急情况的预防和响应

4.2.1 化学品、油品的泄漏

(1)关键部位为化学品、油品仓库和各使用化学品、油品的部门。

(2)对相关人员的教育培训：

① 由安全环保科负责对化学品、油品仓库管理人员进行培训；

② 由安全环保科负责制定该紧急情况发生时的汇报联络图，同时应对化学品、油品的使用者及管理者进行紧急事故发生处理方法的培训。

(3)对化学品、油品、废液的检查：

① 由仓库管理责任者每月二次对仓库内物品的摆放情况和容器的完好情况进行检查；

② 各部门的化学品、油品管理责任者应对部门内的化学品、油品、废液存放的符合情况进行调查；

③ 严格按照《化学品、油品管理程序》执行。

(4)发生泄漏的处理：

① 泄漏量较少时，应用棉纱或其他物品擦拭干净；

② 泄漏量较大时，严禁其他人员入内，并向安全环保科报告，由安全环保科安排接

受过相关培训的人员处理。

4.2.2　压力容器的爆炸

(1)关键部位为氢气、氮气储气瓶及空压泵。

(2)由安全环保科负责对管理责任者进行培训。包括：

① 一般异常的解除；

② 压力容器的维护；

③ 压力容器发生爆炸的处理方法。

(3)设备的维护和检查：

① 生产部负责联络外部相关部门对压力容器的定期检查；

② 由责任者按《操作说明书》对其进行维护，公司内不能进行的，由生产部负责与外界联系进行维护。

(4)压力容器爆炸的处理：

按照本程序4.2.5紧急情况的处理和信息传达执行。

4.2.3　火灾

(1)本公司关键部门为：化学品仓库、配电间。

(2)由安全环保科制定消防培训计划并组织实施，每年对公司内消防员进行一次培训，内容包括：

① 灭火原理的培训；

② 灭火设施的使用和火灾发生时的应急处理培训；

③ 对人员的急救培训。

(3)消防器材的更新、维护和管理：

① 由生产部负责每年对公司内的灭火器材、设施进行检查，如有损坏应及时维修更新；

② 在消防器材、设施放置处，安排相应的管理者负责，并用文字标明责任者姓名。

(4)火灾发生时的处理：

① 火灾发现者使用灭火器和消防水努力进行初期灭火，同时向上级有关部门和领导报告；

② 如果不能将火灾扑灭，则按照本程序4.2.5紧急情况的处理和信息传达执行。

4.2.4　化学品的爆炸

(1)关键部位为化学品仓库。

(2)由安全环保科负责对化学品管理者及使用者进行培训，内容包括：

① 对各种化学品的组成、特性的认识；

② 对各种化学品的危害性的认识。

(3)化学品的使用及储存见《化学品、油品管理程序》。

(4)发生爆炸的处理：

按照本程序4.2.5紧急情况的处理和信息传达执行。

4.2.5　紧急情况的处理和信息传达

(1)员工一旦发现紧急事故，必须沉着、冷静，弄清事故的内容和场所，向所在区域主管或部门领导报告。

(2)部门领导接到报告后，应立即报告管理者代表，并向总经理报告。

(3)部门领导及管理者代表应立即到现场处理。如遇火灾，应在组织公司内部的消防人员进行自救的同时向消防队报警。报警时应说明火灾情况(场所、燃烧物特征等)；如不是火灾，部门领导和管理者代表根据情况进行应急处理。

(4)紧急事件的处理原则：

尽可能防止人身伤亡和财产损失或将其降到最低。将人员转移到安全的地方，防止事故的扩大，尽量将事故控制在萌芽状态。

(5)在整个紧急事故处理过程中，管理者代表应与上级主管部门保持联系，通报受灾与处理进展情况。必要时，应请求外部机构的协助。

(6)紧急事故处理后，管理者代表或指定人员应对事故发生的原因、过程、危害、采取对策、处理结果及其遗留问题和预防措施等用书面形式向公司总经理、区消防大队、相关主管部门报告。报告记录原稿由安全环保科保存。

4.3　评价与修订

4.3.1　急情况发生后由责任部门填写《紧急情况处理报告书》，上报安全环保科，并向相关部门汇报。

4.3.2　紧急情况发生后，安全环保科要对相应程序进行评定，确认其可行性。必要时，对其进行修订。修订方法按《文件控制程序》进行。

5. 相关文件

《生产安全事故综合应急预案》	EHSPD－17－2021
《罐区危险化学品泄漏事故专项预案》	EHSPD－05－2021
《突发环境事件应急预案》	EHSPD－03－2021

6. 相关记录

《紧急情况处理报告书》

《灭火器材管理记录》

《设施检查、维修记录》

附表1　紧急情况处理报告书

编号：　　批准：　　确认：　　编制：

发生时间：	发生场所：	发现人：
事故发生原因		

续表

发生时间：	发生场所：	发现人：
处置过程		
防止再发生措施		
措施落实情况		

附表 2　灭火器材管理记录

部门	设置场所	灭火器名称	购置日期	换药时间	备注

附表 3　设施检查、维修记录

编号：　　　　　　　　　　　　　　　　　　　　　　　　　　序号：

序号	设施名称	设施编号	检修内容	检修人	检修时间	备注

编制：　　　　　日期：　　　　　　　　批准：　　　　　日期：

(十)液氯泄漏应急响应程序

液氯泄漏应急响应程序

编号/修订状态：EHSMS2－2021－07/00

1. 目的和范围

建立本程序的目的是当储存和输送液氯设备出现故障向外泄漏时，以减少其泄漏量和控制泄漏的液氯对环境的影响。本程序仅适用于三车间液氯使用工段的应急准备和响应。

2. 职责和权限

2.1　安环部负责液氯储罐和管道的定期检验和维修，负责配备(或更换)抢险设施和安全防护装备，负责与外部联络救援，负责组织抢险，负责组织本公司员工和周围居民疏散，负责对应急预案的试验和评审。

2.2　三车间现场当班员工应进行内部联络，负责现场的抢险工作。

2.3　生产部负责液氯输送设备的日常检修，抢险设备的定期检修工作，事故发生后的现场清理和恢复生产工作。

3　预防要求

3.1　安环部应按相关要求定期与技术监督机构联系，对液氯装置进行检测，以确保液氯装置的完好状态。

3.2　每天上午9：00和下午7：00左右，生产部设备科应派一名维修人员现场检查液氯装置的完好情况，做好“设备检查情况记录”。

3.3　现场生产人员若发现液氯设备有异常情况，应及时通知设备科值班人员。

3.4　设备科值班人员接到通知后应立即到现场检修，若现场问题严重，检修困难，应及时与生产部负责人和安环部负责人联系，同时还要采取一定的维护措施，防止液氯泄漏。

3.5　生产部和安环部负责人接到报告后应立即去现场调查，共同商讨应对措施。

4. 应急预案

4.1　安环部应在液氯车间配备防毒面具和防护服8套，堵漏黄油5kg和固定带200m，每年对其检查一次，必要时进行更换；附近应安装消防水龙头2个，地下排水沟应通往废水处理的集水池。

4.2　生产部设备科每年对消防水龙头、集水池进行一次以上的检修和维护，以保证事故发生时设施能正常运行。

4.3　当发生液氯泄漏时，当班的班长负责指挥抢险，应安排部分人员维护正常生产运行，组织人员实施抢险，安排1名人员通知安环部和生产部负责人。

4.4　现场人员应做好以下工作：

(1)生产线上人员应戴好防毒面具，维护生产的同时应密切关注危险情况的进展；

(2)抢险人员首先应穿戴好防护用具，对液氯泄漏口实施堵漏，同时还应用大量水冲泄漏出的液氯和氯气；

(3)联络人员应以最快速度将消息传达出去，描述现场危险情况应准确、简练。

4.5　安环部人员接到信息后应立即到事故现场，视其事态发展情况确定是否组织员工和周围居民疏散、是否需要外援、是否需要采取其他措施。

4.6　生产部负责人接到电话后立即到事故现场，确定是否需要立即停产；事故现场控制后，安排设备科进行维修。

4.7　当遇不可抗拒的外界因素导致液氯储罐爆裂且泄漏量大时，现场工作人员应做好以下工作：

(1)首先做好自身的防护，按规定停车步骤停止生产；

(2)储罐中剩余的液氯应尽快转移到液氯的槽车中，远离事故发生现场；

(3)用沙袋类的大型物件堵泄漏口；

(4)联络安环部和生产部负责人，同时通知公司员工疏散，并告知其疏散方向和简易自身防护措施(如用湿毛巾捂住口和鼻)；

(5)现场抢险人员用大量水冲洗外漏的氯气和液氯，以减少氯气向外围扩散；

(6)安环部接到消息，应立即安排人员疏散周围居民，特别注意疏散下风区居民，同时告知用湿毛巾捂住口鼻可暂时预防氯气的吸入，安排专人与市环保局、消防大队联系求援，安环部技术负责人做好自身防护，到现场根据实际情况，指挥抢险。

4.8　水处理车间应派人对集水池中的酸性废水进行中和处理，pH = 6 ~ 9 才能排放。若冲洗水量大，应进行多次中和排放。

4.9　事故调查结束，生产部尽快安排恢复生产。

5. 内、外部联络方式

5.1　安环部电话：××；部长手机：××；生产部电话：××；部长手机：××。

5.2　环保局电话：××；消防队电话：××；附近××厂环保科电话：××。

6. 应急预案的试验和评审要求

6.1　应急预案建立后，可用小氯气钢瓶装少量的液氯，在远离厂区和居民区的野外进行试验和演练，安环部和三车间全体人员均应参加实际演练操作。

6.2　事故发生后，安环部和生产部应对事故发生原因和应急措施的有效性进行评审，评审结果应用“环境因素调查表”进行记录。

6.3　试验演练和评审后，需要修改文件的，应立即由安环部按《内外部文件管理程序》修改文件。

7. 人员培训

7.1　办公室应按《员工能力和意识培训程序》安排对生产部管理人员、安环部和三车间所有上岗人员进行本程序的培训，要求每人必须熟记本程序中的工作程序、要求、联系电话。对安环部、三车间全体人员进行防护知识培训和实际演练操作培训。

7.2　办公室每年对相关人员组织一次本程序和防护知识的笔试，80 分以上为合格。安环部对本部门和三车间全体人员每两年组织一次演练考核，不合格者再次接受培训与考核。

8. 相关文件引用

《内外部文件管理程序》　　QEHSMS2 – 2021 – 01/00

《员工能力和意识培训程序》 EHSPD－03－2021/00

9. 相关记录表

《设备检查情况记录》 EHSMS4－2021－09

(十一)废水指标检验规程

废水指标检验规程

编号/修订状态：EMS2－2021－08/00

1. 目的和范围

建立本程序的目的是有效控制本公司有机废水这一重要环境因素，使外排废水能达到GB 8978—1996一级排放要求，也为实现方针、目标和指标，以及评价本公司的环境绩效提供证据。该程序适用于本公司与废水有关的各控制过程的监测和测量，以及处理后外排废水和回用水水质的监测和测量。

2. 职责和权限

2.1 质检科负责与废水有关的关键特性指标监测。

2.2 有废水排出的各岗位负责监控影响废水关键特性的各因素，自检本岗位排出废水量、pH值。

3. 监视和测量程序

3.1 水质检测站对各岗位排出的废水每班检测1次，应在交接班后30～60min内在取样口取样检验。检验项目和特性指标见附表4。回用水每4h取样检验1次，检验项目和指标要求：COD≤70mg/L、浊度≤20mg/L、pH＝6.5～8.5。对外排放的废水在11：00和22：00各取1次样检验，检验项目和指标要求按GB 8978—1996。检验结果应用"废水监测记录表"记录，并判定检验结果的符合性。

附表 各岗位排出废水指标要求

岗位	检测项目	控制要求	岗位	检测项目	控制要求
静置分离岗位	COD	15000～20000mg/L	精馏工段	COD	12000～18000mg/L
	pH	10.5～13.5		pH	6.5～8.0
	废水量	$30m^3$/批产品		出口水温度	90～95℃
	出口水温度	70～80℃		废水流量	$0.5\ m^3/min$
中和洗涤岗位	COD	500～680mg/L	包装筒洗涤岗位	COD	300～600mg/L
	pH	6.5～7.8		pH	6.5～7.5
	废水量	80～$90m^3$/批产品		出口水温度	30～45℃
	出口水温度	20～30℃		废水流量	$0.5\ m^3/min$

3.2 检验方法

(1)COD值的测定：重铬酸钾回流法，GB 11914—1989；

(2)悬浮物浓度测定：浊度仪，使用方法见《环境监测规程》(合订本)；

(3)pH值测定：玻璃电极法，GB 6920—1986；

(4)温度值测定：水银玻璃温度计，使用方法见《环境监测规程》(合订本)；

(5)废水量测定：测定方法见《环境监测规程》(合订本)。

3.3 各岗位操作人员应在线监测与环境因素有关的过程控制参数，这些参数和其数值在《岗位作业指导书》(合订本)中均有规定，监测和测量结果记录在“过程监测结果记录表”中。若监测结果不符合要求，应及时调整工艺参数，以达到作业指导书的要求。

3.4 每月将水质监视和测量结果与过程控制的测量数据结合起来分析，以此寻找改进的机会。

4. 测量设备要求

应保持测量设备完好和准确，应按《测量设备周检计划》对设备进行定期校准和检定，设备使用前应按要求进行调试校准。

5. 相关引用文件

《水质 化学需氧量(COD) 重铬酸钾法》 GB 11914—1989

《水质 pH值的测定 玻璃电极法》 GB 6920—1986

《环境监测规程》(合订本) EMS3-2021-06-17/00

《岗位作业指导书》(合订本) EMS3-2021-07-21/00

6. 相关记录表

《废水监测记录表》 EMS4-2021-10

《过程监测结果记录表》 EMS4-2021-11

(十二)合规性评价程序

合规性评价程序

编号/修订状态：EHSPD-09-2021/00

1. 目的和范围

建立本程序是为了及时发现组织的违规现象，建立健全本公司自我完善机制。该程序适用于本公司安全与职业危害管理，对外排放的水、气、固体废弃物、产品防护和运输的合规性评价。

2. 职责和权限

2.1 安环部负责安全与职业危害管理、“三废”排放的合规性评价。

2.2 供销部负责产品包装、存储防护、运输防护的合规性评价。

3. 合规性评价程序

3.1 安环部每周检查1次作业现场的安全设施、个人防护、作业环境是否满足相关法规、标准的要求；

3.2 安环部每周检查1次对外排放的水、气检测记录，每周察看1次固体废弃物处置现场，以评价对外排放的“三废”是否符合GB 8978—1996(一级)、GWPB 3—1999、《中华人民共和国固体废物污染环境防治法》的要求。

3.3 供销部在产品交付给顾客1周后，电话与顾客联系，了解产品包装是否损坏，是否有产品泄漏，以评价包装、运输与防护是否符合产品标准中相关条款的要求，是否满足顾客要求。

3.4 内部管理体系审核时应检查现场记录，以评价组织遵守法律法规和相关要求的情况。

3.5 在“合规性评价表”中应描述违规现象，记录评价结果。

3.6 对多次违规的行为，应按《纠正和预防措施控制程序》进行整改。

4. 相关引用文件

《污水综合排放标准》 GB 8978—1996

《锅炉大气污染物排放标准》 GWPB 3—1999

《中华人民共和国固体废物污染环境防治法》

《中华人民共和国职业病防治法》

《工伤保险条例》

《纠正和预防措施控制程序》 EHSPD - 10 - 2021/00

5. 相关记录表

《合规性评价表》 EHSR - 2021 - 12

合规性评价记录表

EHSR - 2021 - 12

法律法规、其他要求名称	适用条款/要求	实际情况描述	结果判定	相关支持性证据	评价人	备注
中华人民共和国职业病防治法	3.19.2 制定职业病防治计划和实施方案	有职业病年度防治计划和实施方案	符合	查年度防治计划和实施方案	×××	
工伤保险条例	2.10 用人单位应当按时缴纳工伤保险费	公司按月缴纳工伤保险费	符合	查1～6月工伤保险缴纳凭证	×××	
GB 8978—1996 污水综合排放标准	4.1.1 条款 pH：6～9 色度：≤50 SS：≤70mg/L COD：≤100mg/L	pH = 6.5～8.5 色度：40～50 SS：52～60mg/L COD：70～89mg/L	符合	查3月15～30日水质监测记录	×××	
GB 13271—2014 锅炉大气污染排放标准(燃气锅炉)	4.4 重点地区特别排放限值 颗粒物：≤20mg/m³； SO_2：≤50mg/m³ NO_x：≤150mg/m³	颗粒物： 12～18mg/m³； SO_2：25～37mg/m³ NO_x：≤32～45mg/m³	符合	查3月15～30日大气排放监测记录	×××	
水污染防治法	环保设备必须正常运行，不得擅自停止运行	污水处理车间运行正常。其中因全厂放假，5月1～3日未运行	符合	查3～4月的废气运行记录	×××	

续表

法律法规、其他要求名称	适用条款/要求	实际情况描述	结果判定	相关支持性证据	评价人	备注
大气污染防治法	环保设备必须正常运行，不得擅自停止运行	2台电除尘设备均正常运行	符合	查4～5月的废水运行记录	×××	
××顾客要求	产品包装用能多次回用的塑料桶，桶外表面不应有化学物品黏附	用加厚塑料桶装产品，未发现桶外有化学品黏附	符合	查1～6月顾客产品签收单，查仓库存放的产品	×××	

记录人：×××　2021年7月15日

(十三)不符合和纠正措施控制程序

不符合和纠正措施控制程序

编号/修订状态：EHSPD－10－2021/00

1. 目的和范围

从预防的角度出发来持续改进环境和职业健康安全管理体系，为了保证改进过程的一致性，制定了不符合和纠正措施控制程序。该程序适用于本公司环境和职业健康安全管理体系中出现的任何已存在的或潜在的不符合。

2. 职责和权限

2.1　质检科负责对例行监测不符合进行分类统计。

2.2　安环部负责纠正措施制定与跟踪验证。

2.3　生产部、技术部配合安环部进行不符合原因的调查分析和纠正措施的制定。

2.4　与不符合有关的部门负责纠正措施的实施和跟踪验证。

3. 纠正措施制定程序

3.1　不符合的识别过程

3.1.1　质检科每月对例行监测中已发现的和潜在的不符合分类统计，填写“不符合项目登记表”，并将统计结果报给安环部，安环部根据不符合的严重程度、影响规模、发生的频次确定是否需要采取措施，应在“纠正措施表”中描述不符合的事实。

3.1.2　合规性评价发现违反法律法规的不符合，应在“纠正措施表”中描述不符合的事实。

3.1.3　内审过程中确定需要采取纠正措施的不符合，应在“不符合报告”中描述不符合的事实。

3.2　纠正措施制定过程

3.2.1　对于需要采取纠正措施的不符合，安环部应与该部门负责人(必要时，可会同技术部、生产部)一起调查分析已出现或将要出现的不符合原因，针对原因制定出纠正措施，以防止今后产生不符合。

3.2.2　制定的纠正措施应与问题和环境影响或安全健康风险的严重程度相符。

3.2.3　制定的纠正措施应包括实施过程的安排，如资金预算、人员和时间安排、措施实施后应达到什么样的效果。

3.2.4　一般情况，制定的措施经管理者代表批准后实施，若制定的纠正措施需要投入较大的资金，安环部应组织技术部、生产部和公司领导对该措施进行评审，然后由总经理批准。

3.2.5　与纠正措施有关联的部门应安排实施纠正措施，若实施过程中遇到问题，与安环部联系，由安环部协调解决。

3.2.6　在纠正措施完成 10 天后，由安环部负责验证其有效性。

3.2.7　在纠正措施实施后，若验证未达到预期的效果，安环部应组织技术部、生产部的技术人员分析措施中存在的不足，确定以什么方式弥补不足，后面的过程按 3.2.2 ~ 3.2.5 条款执行。

3.2.8　纠正措施过程的所有记录应保存。

4. 相关引用文件

无

5. 相关记录表

《不符合项目登记表》　EHSR - 2021 - 13

《不符合和纠正措施表》　EHSR - 2021 - 14

附表 1　不符合项目登记表

编号：

序号	部门	不符合内容	登记人	日期	备注

附表 2　纠正措施表

编号：　　　　序号：

<table>
<tr><td rowspan="2">信息来源</td><td rowspan="2">□ 监测和测量结果
□ 异常或紧急情况
□ 内部或外部审核</td><td rowspan="2">□ 管理评审结果
□ 相关方抱怨
□ 其他</td><td>确认</td><td>制表</td><td>日期</td></tr>
<tr><td></td><td></td><td></td></tr>
<tr><td colspan="6">不符合内容或潜在问题

附页　有( )无( )</td></tr>
</table>

续表

调查结果、发生原因或潜在原因： 附页　有( )无( )
纠正措施及完成日期：
纠正措施验证： 签名：　日期：

(十四)内部审核控制程序

内部审核控制程序

编号/修订状态：EHSPD－2021－12/00

1. 目的和范围

为了建立健全本公司的自我完善机制，让最高管理者全面了解一定时期内环境和职业健康安全管理体系的运行情况以及组织的环境和职业健康安全绩效，制定了内部审核程序。该程序适用于本公司环境和职业健康安全管理体系范围内的内部审核。

2. 职责和权限

2.1　环境和职业健康安全管理者代表负责内部审核总体安排。

2.2　办公室负责内部审核的组织和信息的传递工作。

3. 内部审核程序

3.1　本公司每年至少进行1次全部门、全要素的审核，通常在12月中旬前完成，审核时间不少于2天。一车间、二车间、废物处理厂、质检科、安环部每年增加1次审核，通常在7月底以前完成，审核时间不少于1天。如果发生了重要环境因素和(或)危险有害因素失控，且不能立即找出失控的原因，实施纠正时，应对有关的部门和重点岗位增加1次审核。如有特殊情况未能如期审核，应在进行内部审核前，书面向最高管理者说明推迟审核的理由并对本次审核的时间作出安排，并须经批最高管理者批准。

3.2　内部审核的目的是确定本公司的环境和职业健康安全管理是否覆盖了本公司产品实现过程中全部能控制的或对其能施加影响的重要环境因素和危险有害因素，是否符合ISO 14001：2015、ISO 45001：2018标准的要求且符合组织的实际情况；是否得到了恰当的实施和保持；寻找改进的契机。

3.3　内部审核的准则是ISO 14001：2015、ISO 45001：2018标准、本公司的环境和职业健康安全管理体系文件、相关的记录和报告、适宜于本公司的法律法规和其他相关要求。

3.4　每年1次的全面内部审核和重点部门增加的审核中采用抽样方法进行审核，抽取的样本量不小于3份，样本量小于3的应全面检查，抽取样本应具有代表性；重要环境因素和(或)危险有害因素失控时增加的审核，所有的样本均应检查。

3.5 每年度的1月31日前，管理者代表应制定本年度的内部审核方案，填写“年度内部审核方案”表，经最高管理者审批后交综合办公室组织实施。

3.6 综合办公室按照内部审核方案，在计划内审时间的前2周对内审作出具体安排，将有关内审事项通知内审组长。

3.7 内审组长在内审前1周制定出本次审核的“内审计划”，经管理者代表审批后交综合办公室。综合办公室将内审计划复印后分发给相关部门和本次审核的内审员。

3.8 内审员按计划安排编写本人审核内容的检查表，参加审核次数少的内审员应将检查表交内审组长审阅。

3.9 按计划安排实施审核。若审核过程中遇有特殊情况，应向内审组长报告，组长负责协调和安排，若组长不能解决的问题，应向管理者代表汇报，由管理者代表协调解决。

3.10 内审员应在“现场审核记录表”中记录审核过程中收集的客观证据和相应的评价结果，以“符合”“不符合”“有偏离”描述评价结果。

3.11 现场审核取证工作完成后，内审组长应召开内审组成员会议，交流各自的内审情况；讨论本次内审对环境和职业健康安全管理体系综合性评价的结论，提出改进的建议，并在“会议记录表”中记录交流的内容。

3.12 各内审员对发现的不符合项，开出“不符合报告”，“不符合报告”应经内审组长审核，管理者代表批准后，由组长将其交给相应部门。

3.13 相关部门在接到不符合报告后，部门负责人应进行调查和分析，找出产生不合格的原因，针对原因制定措施。如果在调查过程中遇有技术上的问题，应召集技术部、生产部和安环部一起进行调查分析，制定措施。普通的改进措施，应立即实施。若措施中涉及重大改进，需要报最高管理者审批后实施。若措施中需要修改文件的，应按《内外部文件管理程序》中相关条款修改文件。

3.14 内审组长在审核完成30天内验证纠正措施的有效性。验证后在“不符合报告”中签署结论。若验证结论是纠正措施未达到关闭不符合效果，该部门负责人应执行3.13条款，直至不符合项完全关闭。

3.15 审核结束20天内，内审组长应编制“内部审核报告”，应包括本次审核过程的综述、审核的结论、提出改进的建议等，交管理者代表审批后，组长将其连同其他审核记录一起交综合办公室保管。

3.16 综合办公室将“内部审核报告”复印后发放给最高管理者、管理者代表、各部门负责人，并在公司宣传栏内公布内审结果。

4. 相关引用文件

《内、外部文件管理程序》 QEHSMS2 - 2021 - 01/00

5. 相关记录表

《年度内部审核方案》 EHSMS4 - 2021 - 20

《内审计划》 EHSMS4 - 2021 - 21

《现场审核记录》 EHSMS4 - 2021 - 22

《会议记录》 EHSMS4－2021－23
《不符合报告》 EHSMS4－2021－24
《内部审核报告》 EHSMS4－2021－25

(十五)管理评审程序

管理评审程序

编号/修订状态：EHSPD－13－2021/00

1. 目的和范围

制定本程序是为了保证环境和职业健康安全管理体系的管理评审能持续有效地开展，确保评审中改进的决策能顺利地实施。该程序适用于环境和职业健康安全管理体系的管理评审。

2. 职责和权限

2.1 最高管理者负责按一定的时间间隔主持管理评审。

2.2 综合办公室负责管理评审的信息交流，负责评审过程的记录和相关文件的编写。

2.3 各部门负责本部门职能范围内的管理评审输入信息的准备。

3. 管理评审程序

3.1 环境和职业健康安全管理评审每年进行1次，当遇到重大改进的需求、重大环境影响或发生事故、职业危害时增加1~2次管理评审。

3.2 通常在本年度的12月底或次年的1月初召开管理评审会议。参加人员有最高管理者、管理者代表、各部门的负责人或代表、参加本年度内审的内审员，必要时，可请本公司员工中的技术骨干和外聘专家参加。

3.3 管理评审前10天，综合办公室应下发通知书给参加本次评审的部门和人员，告知评审会议的时间、地点和其他相关事宜。

3.4 各部门和人员接到通知后，应准备以下方面的相关信息，以供管理评审：

(1)管理者代表应准备环境和职业健康安全管理体系1年来的运行情况、内部审核、上次管理评审的改进措施实施情况等信息，环境和职业健康安全管理体系方面需要改进的建议和措施；

(2)安环部准备本年度适用法律法规和其他要求遵守情况、紧急情况或事故发生和处理、环境和职业健康安全目标与指标的实现程度、安全生产与职业危害管理以及“三废”治理中纠正和预防措施的状况、目前国内外环境治理以及安全生产和职业危害防治的新技术、适用法律法规的变化情况的信息、重要环境因素和危险有害因素控制的改进建议；

(3)技术部准备拟开发产品的环境因素和危险有害因素评价结果、目前国内外原材料替代和新生产技术等方面信息，本质安全化等技术改造以及实现清洁生产途径的建议；

(4)生产部准备原材料和/或工艺过程变化引起的环境因素和危险有害因素的变化情况、生产运行中重要环境因素和危险有害因素的控制情况、重要环境因素和危险有害因素控制改进的建议；

(5)供销部准备供方的环境和职业健康安全绩效及客户要求变化的信息，对此提出改进的建议；

(6)其他部门和人员对环境和职业健康安全管理体系提供合理化的建议。

3.5　将准备的信息和建议形成报告，其内容应简练，可以包括对本部门环境和职业健康安全管理的职能情况进行概述，报告格式可以条理化。

3.6　综合办公室应做好管理评审会议的组织、准备和记录工作。

3.7　最高管理者主持管理评审会议，各有关部门代表应在评审会上阐明报告的内容，重点阐述改进的建议。

3.8　管理评审会上，重点评审需要改进的方面和改进措施，分析改进的可行性、改进后的绩效，如何改进等。

3.9　最后，由最高管理者决定应进行哪些方面的改进，明确改进的措施及实施改进的人员、资金、时间等安排。

3.10　综合办公室在会后一周内整理出"管理评审报告"，经最高管理者审批后发放给各部门、管理者代表和最高管理者。

3.11　管理评审的结果由综合办公室在公司宣传栏上公布，让全体员工了解评审的内容。

3.12　综合办公室应保存管理评审会议记录、各部门提交的报告、管理评审报告记录。

3.13　安环部依据管理评审报告的安排，验证改进措施的实施情况，若没有按管理评审报告安排实施改进，应调查原因，将情况书面报告管理者代表。

4. 相关引用文件

无

5. 相关记录表

《会议记录》　　EHSMS4－2021－23

《管理评审报告》　EHSMS4－2021－24

第四节　作业文件与记录的编写

一、作业文件的编写

作业文件是程序文件的支持性文件。作业文件可以包括作业指导书、操作规范、工艺工程图表、技术说明、规章制度、规定办法等。作业文件的内容是描述为实施程序文件所涉及的各职能部门的具体活动，主要供各项具体活动和具体岗位的管理和操作人员使用。为了使各项活动具有可操作性，一个程序文件可分解成几个作业文件，能在程序文件中交代清楚的活动，就不需要再编制作业文件。作业文件必须与采用要素的程序相对应，为配合程序文件的执行，引用某些现有的、专门性的技术规范或企业内部的操作惯例、制度规定等，作为对程序文件的补充、细化，但不能脱离程序另搞一套作业文件。国家、行业、组织的技术标准、规范不作为作业文件，单独在"在用标准目录"中体现。在作业文件中通常包括活动的目的和范围，做什么和由谁来做，何时、何地以及如何做，应采用什么方法、设备和文件，如何对活动进行控制和记录，即"5W＋1H"原则。

1. 作业文件的编写要求

组织现行的各种制度、规定、办法等文件，很多具有与作业文件相同的功能，但也有其不足之处，应该以环境和职业健康安全管理体系有效运行为前提，以作业文件的要求为尺度，对这些文件再进行一次清理和分析，摘其有用、删除无关，按作业文件内容及格式要求进行改写。

根据环境和职业健康安全管理体系总体设计方案，按体系要素逐级展开，制定作业文件明细表，明确各部门的职责，对照已有的各种文件，确定需新编、改造和完善的作业文件。由于各组织的规模、机构设置和生产实际不尽相同，因此，运行控制程序的数量，内容也不相同，即使程序相同，但由于其详略程度不同，其作业文件的多少也不尽相同。

2. 作业文件内容和格式

(1)文件编号和标题

作业文件的编号可以根据活动的层次进行编排，同一层次的作业文件应统一编号，以便于识别，标题应明确说明开展的活动及其特点。

① 目的和使用范围：一般简单说明开展这项活动的目的和所涉及的范围；

② 职责：指明实施文件的部门、职责、权限、接口及相互关系；

③ 管理内容：是作业文件的核心部分，应列出开展此项活动的步骤，保持合理的编写顺序，明确各项活动的接口关系、职责、协调措施，明确每个过程中各项活动由谁干，什么时间干、什么场合(地点)干、干什么、怎么干、如何控制，及所要达到的要求，需形成记录和报告的内容，出现例外情况的处理措施等，必要时辅以流程图；

④ 更改：指明文件更改时所遵循的规定，如程序文件的更改影响该作业文件，则应一起组织更改；

⑤ 相关程序、文件和记录：指需引用的或与本作业文件相关的程序、文件和记录。

(2)报告和记录格式

确定使用该作业文件时所产生的记录和报告格式，记录的保存部门和期限，写明表格的编号和名称。

作业文件必须具有很强的可操作性，并得到本活动相关部门负责人的同意和接受，以及有关部门对接口关系的认可，经过审批再实施。

3. 作业文件示例

废水处理作业指导书			编号：EHSWI - 01 - 2021
编制：×××	批准：×××	版次：第0版	生效日期：2021年12月1日

1. 用温度计测量匀质池水温，通常在30～35℃，若环境温度低于15℃，则慢慢打开蒸汽阀，通入蒸汽，使废水温度上升至30℃以上，但不能超过40℃。

2. 开启1号污水泵，将生产废水从匀质池抽到中和池，转子流量计浮子上端面与25刻度线平齐，同时开启计量泵，加入浓度为5%的NaOH碱溶液，流量控制在0.05～0.06L/s。

续表

废水处理作业指导书			编号：EHSWI－01－2021
编制：×××	批准：×××	版次：第0版	生效日期：2021年12月1日

3. 用广泛 pH 试纸测试中和池出口 pH 值应在6.5～8.5之间，若不在此范围内，应调节计量泵流量控制阀，pH<6.5时，将阀开启度调稍大点，pH>8.5时，将阀开启度调节稍小点。调节15min后，应再测试中和池出口 pH 值，直至符合要求。

4. 在生产废水流入曝气池后，开启2号污水泵，将生活废水引入曝气池中。

5. 当曝气池水面升至红色线时，开启鼓风机曝气。鼓风机开启后，操作人员应在机器旁边等待5min，听机器是否有异常声音，无异常声音才能离开，若有异常声音，应停机并通知生产部负责人，派人前来维修。

6. 当曝气池的水面上升到离池子上平面约0.5m时，停止向池子中输入废水。

7. 曝气时间控制在(5.5±0.25)h，关闭鼓风机，废水在曝气池中停留(1.5±0.25)h。然后打开曝气池排水阀，将废水排至集水池中，同时打开3号污水泵，将水抽至斜板沉淀池沉淀。

8. 0.5h后，通知质检部取水样检验，质检部按《水质检验规程》检验是否合格，根据需要，废水或排放，或经进一步深度处理后回用。

9. 间隔6天，曝气池排放完废水后，应开启1号污泥泵，抽出曝气池污泥中部分污泥送至污泥高位槽，进行下一步的污泥脱水，当液面下降到红色标志线时，停止抽污泥。

10. 间隔6天，开启2号污泥泵，抽出斜板沉淀池中的污泥送至污泥高位槽进行污泥脱水，约30min，即可停止抽取。

11. 应在《废水处理过程记录表》中记录废水处理过程中测量的数据。

12. 每5天配制一次碱液。将两袋固体碱放入碱液池中，打开自来水阀，向碱液池中边注水，边用木棒搅动，直至水面达到刻度线，关闭自来水阀，继续搅动10min。

13 碱液配好后应盖上盖子，以免落入异物损坏计量泵。

14. 安全注意事项：

(1)配碱液前，应戴上防护手套、防护眼镜；

(2)配碱液时，操作人员一定要站在防护栏杆外面操作，不能跨越防护栏进行操作；

(3)向碱液池中倒固体碱时，应将袋中的碱倒入加碱槽中，让其自然滑入碱液池中，不能将固体碱直接倒入池中，以免池中的碱液溅到操作者身上。

(4)用木棒搅动时，应顺时针或逆时针缓慢搅动，防止碱液外溅；

(5)当皮肤上溅到碱液时，应立即用清水冲洗；

(6)搅动碱液用的木棒使用完毕应用清水将碱液冲掉，以免他人接触，灼伤皮肤。

(7)测量 pH 值时，用取样器取出水样测量，防止液面过低，操作者测量时有可能落水。

三足离心机操作规程			编号：EHSWI－02－2021
编制：×××	批准：×××	版次：第0版	生效日期：2021年12月1日

1. 将滤袋装入三足式离心机的转鼓中，滤袋应与转鼓壁有较好的贴合，不能有打皱现象。

2. 合上电闸，启动三足式离心机。

3. 启动污泥泵，缓慢打开进料阀，污泥浆沿进料管流入离心机转鼓。

4. 进料约15min时，可停止进料，离心机继续运行10min，拉下电闸。

5. 用手拉制动刹车杆，不能用力过猛，拉约10s，松开一次，再拉，再松，直至离心机完全停止。

6. 吊出滤袋，卸下滤袋中的污泥，再将滤袋装入离心机转鼓中，进行下一个循环操作。

7. 在操作10个循环后，用水冲洗滤袋，将滤袋布缝隙中的污泥冲洗干净。

8. 在污泥脱水完毕后，将卸下的污泥饼运往污泥干化场。

9. 注意事项：

(1)离心机在运转时，操作者绝对不能将手伸向离心机的转鼓筒内，防止受伤；

(2)手拉刹车杆时，用力一定不能过猛，以防损坏刹车部件；

(3)操作者工作完毕一定要用肥皂或其他清洗剂洗手两次，防止细菌进入人体。

黏着剂类作业指导书			编号：EHSWI－03－2021
编制：×××	批准：×××	版次：第0版	生效日期：2021年12月1日

1. 车间领用黏着剂后要隔离存放，存放区严禁吸烟和使用明火。
2. 车间生产现场严禁存放大量黏着剂。
3. 车间严禁使用过期、失效黏着剂。
4. 存放黏着剂的桶和容器必须加盖密封，以免溶剂挥发。
5. 使用黏着剂的车间必须配置通风设施，使用时通风设施必须正常工作。
6. 车间下班时胶桶气源必须切断，以免发生胶桶爆炸事故。
7. 车间下班时，溶剂瓶集中存放到溶剂箱中，并需有明显标识。
8. 车间废弃的黏着剂或包装(胶桶、溶剂瓶等)集中存放到公司指定堆放地点，由行政科统一处理。
9. 车间存放的胶桶必须加盖密封，以免胶水浓度、黏度发生变化或胶水失效，影响车间使用和黏着效果。

化学品现场存放、使用、废弃作业指导书			编号：EHSWI—04—2021
编制：×××	批准：×××	版次：第0版	生效日期：2021年12月1日

1. 车间化学品必须限量领用(15天以内需用量)，以免化学品过期和失效。
2. 车间化学品需隔离存放，与其他物品保持一定的安全距离，且标识明显，以免混用。
3. 车间生产现场不准堆放大量化学品。
4. 使用化学品的车间内严禁吸烟和使用明火。
5. 使用化学品的车间内应设置相应的通风、防火、灭火等安全设施。
6. 化学品的使用人员应经过专门培训，掌握化学品的使用方法、使用要求和注意事项后方可上岗操作。
7. 有腐蚀性的化学品，使用时必须采取防护措施。
8. 车间发现失效、过期、不合格的化学品，应及时办理回库手续，退回库房。
9. 生产过程中废弃化学品的处理：
   水溶性化学品用大量的水稀释后从下水道排掉。
   不溶性化学品应存放于原容器内随包装物一并处理。
10. 废弃的化学品或包装，车间应集中存放到公司指定堆放地点，由公司指定专人统一处理。
11. 车间所用化学品使用时需稀释、调兑、配对时应指定专人负责，避免洒落、泄漏。
12. 车间化学品存放时，桶和容器必须加盖密封，以免溶剂挥发。
13. 车间使用有刺激性气味的化学品时，应使用小口径容器存放，以减少有害气体挥发。
14. 配有通风吸烟装置的车间，上班期间，必须正常使用这些装置，以降低车间内的化学品气体浓度。

气泵房安全作业指导书			编号：EHSWI－05－2021
编制：×××	批准：×××	版次：第0版	生效日期：2021年12月1日

1. 操作人员严格按操作规程操作，做好设备点检工作。
2. 严格控制工艺参数，严禁超压运行。
3. 保护涂层，防止大气与介质对容器的腐蚀。
4. 保持绝热。
5. 紧固件应保持齐全、完整、紧固、可靠。
6. 安全装置、阀门等应保持完好、灵敏、清洁。
7. 遇有异常振动、摩擦等情况，要及时采取措施予以消除或减轻。
8. 运行时，不得对任何受压元件进行修理与紧固。
9. 容器修理或改造时必须保持受压元件原有强度和制造质量。
10. 下班后，将日班所用空压机关闭，并开启夜班用空压机，同时关闭非生产车间的供气管道。
11. 每隔两天加一次润滑油。

消防设施维护作业指导书			编号：EHSWI－06－2021
编制：×××	批准：×××	版次：第0版	生效日期：2021年12月1日

1. 公司消防器材设置在公司范围内的重点部位、明显位置，做到随时能够拿得出，用得上。
2. 及时采购更换药液(干粉)，每月定时组织对消防设施的检查，对不符合消防要求的器材及时报废并更换到位。
3. 公司每年组织一次消防安全知识培训，每年组织一次班组长以上人员、值班干部、重点岗位员工灭火训练，实行“预防为主，防消结合”。提高全公司人员的自防自救能力。
4. 正确使用和爱护消防灭火器材，消防器材分工负责保管，落实到人。
5. 公司设有消防安全员，各部门配备兼职安全员，每个岗位都有消防报警和灭火的责任人。
6. 行政科每月负责对全公司重点防范部位进行安全检查，发现隐患及时处理。
7. 相关记录

安全隐患消防器材检查记录表

柴油发电机作业指导书			编号：EHSWI－07－2021
编制：×××	批准：×××	版次：第0版	生效日期：2021年12月1日

1. 发电前将照明及动力总电源闸刀切换至发电挡位。
2. 柴油机启动前的准备

2.1 加灌冷却水，并且保证冷却水池水位高于柴油机淡水泵。

2.2 添加机油至规定的油面位置，加足所需燃油量。

2.3 检查电起动系统电路接线是否正确，蓄电池充电是否充足。

2.4 以上检查正常后，开启燃油箱有关阀门，旋转喷油泵上的放气螺钉，然后压动手泵，直至放气螺钉处不断流出的燃油无气泡为止。

3. 常温时启动(环境温度高于5℃)

3.1 将喷油泵供油调速手柄推到空载，转速700r/min左右的位置。

3.2 将电钥匙打开，按下超支按钮，使柴油机启动。如在15s内未能启动，应立即释放按钮，待停止2min后再次启动，如连续三次未能启动，应立即停止并找出原因。

3.3 柴油机启动成功后，应立即释放按钮，将电钥匙拨回中间，同时注意仪表读数(特别当转速为500r/min时，机油压力表读数应大于49kPa，即0.5kgf/cm^2)，然后让柴油机以600～750 r/min的转速运转一段时间，并检查各部位运转是否正常。

4. 低温启动(环境温度低于5℃但高于－20℃)

将供油调速手柄推到空载，转速700r/min左右的位置，按下预热按钮，15s后再按启动按钮启动柴油机。

5. 柴油机的运转

5.1 柴油机启动后，应密切注意压力表读数，当指示的油压大于49kPa(即0.5kgf/cm^2)时，方可逐步增加转速到1000～1200r/min，然后进入部分负载运转，待出水温度高于55℃，机油温度高于45℃，机油压力高于245 kPa(2.5kgf/cm^2)时，才允许进入全负载运转，负载与转速的提高均应逐渐上升，尽量避免突加或突卸载荷。

5.2 柴油机运转过程中必须随时注意仪表读数的变化，如有不正常现象，应及时检查并排除故障。

6. 柴油机的停车

6.1 正常停车

6.1.1 停车前先卸去负载，然后调节供油手柄，逐渐降低转速至700～1000r/min运转3～5min后再拨动停车手柄停车。

6.1.2 停车后电钥匙应拨回到中间位置即“0”位，以防止蓄电池电流倒流，在冬季还应及时打开机体侧面，前盖板下两侧，淡水泵，机油冷却器(或冷却水管)及散热器等处的放水阀，放尽冷却水防止冻裂。

6.2 紧急停车

6.2.1 在紧急或特殊情况下，为避免柴油机发生严重事故所采取的停车，只需顺时针方向拨动紧急停车手柄，柴油机即可立即停车。

6.2.2 柴油机停车后，发电结束，将照明及动力总电源闸刀从发电挡位换到自电挡位。

续表

柴油发电机作业指导书			编号：EHSWI－07－2021
编制：×××	批准：×××	版次：第0版	生效日期：2021年12月1日

7. 注意事项

7.1　加油时使用专用器具，避免外泄。

7.2　一旦柴油外泄，应及时清理。

7.3　配备相应的灭火器材，电工必须熟知其使用规程。

气焊、气割作业指导书			编号：EHSWI－08－2021
编制：×××	批准：×××	版次：第0版	生效日期：2021年12月1日

1. 执行岗位：焊工

2. 本岗位危险点

2.1　爆炸伤害

2.2　无证操作

2.3　灼伤

2.4　与带电体安全距离不够发生触电

3. 编制依据

《气焊、气割作业规程》《电力安全工作规程》等。

4. 控制措施

4.1　作业前办理动火证；清理动火部位易燃易爆物品；现场备好消防器材，做好应急准备；监护人严守岗位；动火后清理现场火种，消除隐患。

4.2　检查乙炔气瓶、氧气瓶、橡胶软管接头、阀门等可能泄漏的部位是否良好，焊炬上有无油垢，焊(割)炬的射吸能力如何。

4.3　氧气瓶、乙炔气瓶应分开放置，间距不得小于5m。作业点宜备清水，以备及时冷却焊嘴。

4.4　使用的胶管应为经耐压试验合格的产品，不得使用代用品、变质、老化、脆裂、漏气和沾有油污的胶管，发生回火倒燃应更换胶管，可燃、助燃气体胶管不得混用。

4.5　当气焊(割)炬由于高温发生炸鸣时，必须立即关闭乙炔供气阀，将焊(割)炬放入水中冷却，同时也应关闭氧气阀。

4.6　焊(割)炬点火前，应用氧气吹风，检查有无风压及堵塞、漏气现象。

4.7　对于射吸式焊割炬，点火时应先微开焊炬上的氧气阀，再开启乙炔气阀，然后点燃调节火焰。

4.8　使用乙炔切割机时，应先开乙炔气阀，再开氧气阀；使用氢气切割机时，应先开氢气阀，后开氧气阀。

4.9　作业中当乙炔气管发生脱落、破裂、着火时，应先将焊机或割炬的火焰熄灭，然后停止供气。

4.10　当氧气管着火时，应立即关闭氧气瓶阀，停止供氧。禁止用弯折的方法断气灭火。

4.11　进入容器内部焊割时，点火和熄灭均应在容器外进行。

4.12　熄灭焊炬火焰时，应先关乙炔气阀，再关氧气阀；熄灭割炬火焰时，应先关氧气阀，再关混合气体阀门。

4.13　当发生回火，胶管或回火防止器上喷火，应迅速关闭焊枪上的氧气阀和乙炔气阀，再关上一级氧气阀和乙炔气阀，然后采取灭火措施。

4.14　橡胶软管和高热管道及高热物体、电源线隔离，不得重压。

4.15　气管和电焊用的电源导线不得敷设、缠绕在一起。

5　相关记录

生产任务单或工作票。

二、记录的编写

1. 记录的作用

记录是配合三级体系文件的执行，并对执行结果进行文件化，是体系运行的产物，包括了体系运行的过程信息和结果信息，为体系的运行提供支持和见证。从广义上说，它是一种特殊形式的体系文件，并且因为它在体系运行中的特殊地位和重要性，所以《环境和职业健康安全管理体系审核规范》单独将其列为一个要素，并提出具体要求，记录并不单独构成一个层次，而是贯穿在三级体系文件中，并存在于体系文件执行的全过程。环境和职业健康安全管理记录覆盖于体系运行过程中的各个阶段，因此，记录有如下功能：

(1)是体系文件的组成部分，是环境和职业健康安全管理职能活动的反映和载体；

(2)是验证环境和职业健康安全管理体系的运行结果是否达到预期目标的主要证据，是体系有效性的证明文件，具有可追溯性；

记录可以是书面形式，也可以是其他方式，如电脑软件储存的资料；

(3)为采取纠正措施提供依据。

2. 记录的编制与要求

环境和职业健康安全管理体系记录的设计应与编制程序文件和作业文件同步进行，以使环境和职业健康安全管理体系记录与程序文件和管理作业文件协调一致、接口清楚。

(1)编制记录总体要求的文件

根据标准、管理手册和程序文件的要求，应对体系中所需记录进行统一规划，同时对表格的标记、编号、表式、表名、内容、审批程序以及记录要求做出统一的规定。

(2)表格设计

在编制程序文件与作业文件的同时，分别制定与各程序文件相适应的记录表格。必要时可附在程序文件和作业文件的后面。

(3)审核和批准

汇总所有记录表格，组织有关部门进行审核。审核的重点，应从体系的整体性出发，重点是各表格间的内在联系和协调性、表格的统一性和内容的完整性。审核并做相应修改后报主管领导批准。

(4)汇编成册

将所有表格统一编号，汇编成册发布执行，必要时，对某些较复杂的记录表格要规定填写说明。

(5)要求

① 应建立并保持有关环境和职业健康安全管理体系记录的标识、收集、编号、查阅、归档、储存、保管、收回和处理的文件化程序；

② 记录应在适宜的环境中储存，以减少编制或损坏并防止丢失，保管方式应便于查询，应制定相关方查阅和索取所需记录的有关规定；

③ 应明确记录所采用的方式(如文字填写、缩微胶卷、磁盘、或其他媒介)；

④ 按规定表格填写或输入记录，做到记录内容准确，填写输入及时，字迹清楚整齐；

⑤ 应根据需要规定记录的保存期限，一般应遵循的原则是：有永久保存价值的记录应整理成档案，长期保管；有合同要求时，应征得相关方的同意或由相关方确定；

⑥ 应规定对过期或作废记录的处理方法。

3. 记录编制内容

环境和职业健康安全管理体系记录的内容一般包括以下几个方面：

(1)记录名称：简短反映记录对象；

(2)记录编码：编码是每种记录的识别标记，每种记录只有一个编码；

(3)记录顺序号：顺序号是某种记录中每张记录的识别标记，若记录为成册票据，印有流水序号，可视为记录顺序号；

(4)记录内容：按记录对象要求，确定编写内容；

(5)记录人员：记录填写人、会签人、审批人等；

(6)记录时间：按活动时间填写，一般应标明年、月、日；

(7)记录单位名称；

(8)保存期限和保存部门。

通常，组织需要有如下的环境和职业健康安全记录(示例)：

(1)设计评审、鉴定和验证记录；

(2)设备工装鉴定周期记录；

(3)特殊工序人员和操作监督记录；

(4)检验和试验记录(含测试报告)；

(5)计量器具校准记录；

(6)纠正措施验证报告；

(7)产品质量报告；

(8)用户申诉处理记录和情况报告；

(9)事故报告表；

(10)文件更改记录；

(11)人员培训记录；

(12)人员资格认可记录；

(13)体系审核记录和审核报告；

(14)体系的复审记录和复审报告；

(15)检验证书。

除此之外，还应根据不同的生产活动，增添相应的环境和职业健康安全记录。

4. 记录示例

废水处理过程记录

EMS4/GC-2021-01

部门/岗位		班次		环境温度/℃	
测量时间	测量项目/单位	测量值		要求值	说　明
	匀质池水温/℃			30~35	
	NaOH 流量/(L/s)			0.05~0.06	
	中和池 pH 值(1)			6.5~8.5	
	中和池 pH 值(2)				
	中和池 pH 值(3)				
	曝气起止时间			5.5±0.25	

续表

部门/岗位		班次		环境温度/℃	
测量时间	测量项目/单位	测量值		要求值	说　明
	沉淀终止时间			1.5 ±0.25	
	排泥日期	月　　日		6d	上次日期：

运行异常情况：

设备运行及维修情况：

记录人：　　　　　　　　　　　　　　　日期：　　年　　月　　日

思考题

1. 环境管理体系文件中一定要包含环境管理手册吗，为什么？
2. 什么叫整合性体系？环境管理体系可以和哪些体系整合？
3. 管理手册、程序文件、第三层次文件有什么区别和联系？
4. 如何编制记录表？

第七章　环境和职业健康安全管理体系运行与监控

第一节　体系运行与保持

一、环境和职业健康安全管理体系的试运行

体系文件编制完成以后，环境和职业健康安全管理体系将进入试运行阶段。试运行的目的是要在实践中检验体系的充分性、适用性和有效性。在此阶段，组织应加强运作力度，通过实施其管理手册、程序文件和作业文件，充分发挥体系本身的各项功能，及时发现问题，找出问题的根源，采取改进和纠正措施，并对体系加以修改，以达到进一步完善环境和职业健康安全管理体系的目的。

在环境和职业健康安全管理体系试运行过程中，要重点注意以下事项：

(1)有针对性地宣贯环境和职业健康安全管理体系文件

教育、培训是环境和职业健康安全管理体系开始运行的第一步。环境和职业健康安全管理体系的运行，需要组织的全体人员积极参与，组织各个岗位的人员只有理解了系统化环境和职业健康安全管理的重要性及个人在其中的作用，才能主动、有效地参与其管理活动。

组织应按照培训程序的要求对全体员工实施培训。作为高层管理人员，应着重掌握环境和职业健康安全管理体系的原理、原则、功能以及控制的方法；中层管理人员应主要掌握本部门体系要素的工作内容；普通员工应着重掌握管理手册的支持性文件中涉及各自岗位的操作标准、规定、程序等内容。培训计划、培训需求、培训内容、考核等记录应保持一致，并保证培训效果。

(2)体系文件分发到位

环境和职业健康安全管理体系文件是组织进行环境和职业健康安全管理的具体准则，它是按环境和职业健康安全管理体系标准要求编制的具有可操作性的、具体的法规性文件，对组织内部各个岗位开展环境和职业健康安全工作具有指导作用。环境和职业健康安全管理体系文件具有针对性和层次性，组织内各个岗位都应有其主导性文件和相关性文件。要使组织的环境和职业健康安全管理体系有效地运行起来，必须使必要的体系文件分发到位。

文件、管理手册有受控文件与非受控文件之分，给咨询机构、认证机构的文件可以是非受控文件，文件领取要有登记，特别是领导层和环境安全健康管理部门、环境和职业健

康安全管理体系推进部门的文件更要严格手续。作废文件需保留的要有作废标记，收回的要登记。

(3)环境和职业健康安全管理方案的实施

环境和职业健康安全管理方案的有效实施是降低组织环境和职业健康安全风险、实现持续改进的关键。在环境和职业健康安全管理体系的策划阶段，组织根据环境因素、危险有害因素和风险评价结果以及技术、经济等方面因素，制定了环境和职业健康安全目标、指标和管理方案，要使管理方案中降低环境影响和危害风险的措施真正落到实处，必须保证相应的资金、人员等到位，各部门及人员必须严格履行方案中规定的职责，将管理方案在规定的时间内予以完成。如不能按期完成，或者时间进度、投资等定得不合理，应提交管理评审修改，同时，对文件中相应的地方也要更新修改。

(4)协调、改进体系试运行中暴露出的诸如体系设计不周、项目不全等问题。环境和职业健康安全管理体系涉及组织所有部门，在运行过程中，各项活动往往不可避免地发生偏离标准的现象，因此，组织应按照严密、协调、高效、精简、统一的原则，利用信息反馈系统对异常信息进行处理，对体系运行进行动态监控。运用体系的运行机制，在管理者代表主持下对各部门进行组织协调工作，对出现的问题及时加以改进，完善并保证体系的持续正常运行。

(5)加强信息管理。信息管理不仅是环境和职业健康安全管理体系试运行本身的需要，也是保证试运行成功的关键。所有与环境和职业健康安全管理体系活动有关的人员都应按体系文件要求，做好环境和职业健康安全信息的收集、分析、传递、反馈、处理和归档等工作。记录要完整，规范。当内审发现问题时，应从内审整改时进行修改，而不要将记录重新整理一遍。

二、环境和职业健康安全管理体系的实施与保持

环境和职业健康安全管理体系标准要求组织不但要建立环境和职业健康安全管理体系，而且要予以实施与保持。“实施”的含义是执行文件的规定，“保持”的含义是在文件没有修改的情况下，员工应一直按文件的要求去做。实施与保持环境和职业健康安全管理体系要体现持续改进的核心思想，做好以下工作：

(1)严格监测体系的运行情况

为保持环境和职业健康安全管理体系正确、有效地运行，必须严格监测体系的运行情况，避免出现与环境和职业健康安全管理体系标准不符合的现象。体系运行情况的监测要全面、细致，涉及管理活动、生产操作、工艺运行等方方面面。

(2)对不符合要及时采取有效的纠正措施

在环境和职业健康安全管理体系的运行过程中，不符合的出现是不可避免的，包括事故、事件也难免要发生，关键是相应的纠正措施是否及时和有效，以保证今后不再出现或少出现类似的不符合、事故、事件，保证环境和职业健康安全管理体系的充分、有效运行。

(3)定期开展内部审核和管理评审

环境和职业健康安全管理体系经过一段时期的运行后，在整体上是否正确运行，需要

通过完整的内部审核来判定。为保证内部审核的质量，正确反应体系存在的问题，在审核人员、方法、程序等方面应严格按内审程序的规定进行。

由于组织外部各种因素不断变化，新技术和新工艺的不断涌现，促使组织内部不断进行产品、材料、工艺上的改进和调整，或者组织因需要进行组织机构或其他方面的调整，其管理体系是否适应新的情况和环境，需要通过最高管理者组织的管理评审来判定。通过管理评审，可判定组织的环境和职业健康安全管理体系面对变化的内部情况和外部环境，是否充分、适用、有效，由此决定是否对方针、目标、机构、程序等做出调整。

(4)完成 PDCA 循环管理，不断持续改进

持续改进是保持环境和职业健康安全管理体系适宜性和有效性的先决条件。保持环境和职业健康安全管理体系，不仅要使体系正确、有效地运行，还要达到持续改进。组织在不断完成环境和职业健康安全管理体系要素要求的同时，通过 PDCA 循环管理完成新的环境和职业健康安全目标，从而使组织的环境和职业健康安全状况得到进一步改进，实现持续改进的要求。持续改进的契机是组织建立的自我完善机制，内部审核和管理评审是组织自我完善的途径之一。

第二节　内部审核

一、内部审核要求与步骤

内部审核是实施与保持环境和职业健康安全管理体系的一个重要环节，也是一个比较重要且复杂的过程。为了加强审核过程的一致性和可靠性，应建立一套系统化的审核程序来控制审核过程。组织一旦运行环境和职业健康安全管理体系，就应按内部审核程序的要求定期进行内部审核，因此，内部审核在环境和职业健康安全管理体系中是一个持久的过程。

内部审核一般对体系的全部要素进行全面审核，应由与被审核对象无直接责任的人员来实施，对不符合项的纠正措施必须跟踪审查，并确定其有效性。内审由管理者代表组织实施，由组织的内审员参与，必要时也可请外单位有审核资格的人员参加。

内审可分常规内审和追加内审两类。

例行的常规内审一般每年进行一次，当出现下列情况时可追加内审：

(1)适应组织的法律、法规、标准、国际公约发生重大改变；

(2)组织发生重大事故或相关方有严重抱怨；

(3)组织有新、扩、改建项目；

(4)组织机构有重大变动；

(5)即将进行第二、三方审核时，也可追加内审为其做准备。

环境和职业健康安全管理体系内部审核的主要依据是：

(1)ISO 14001：2015、ISO 45001：2018 环境和职业健康安全管理体系标准；

(2)环境和职业健康安全管理体系文件；

(3)有关环境和职业健康安全的合规义务等。

内部审核步骤如图 7－1 所示。

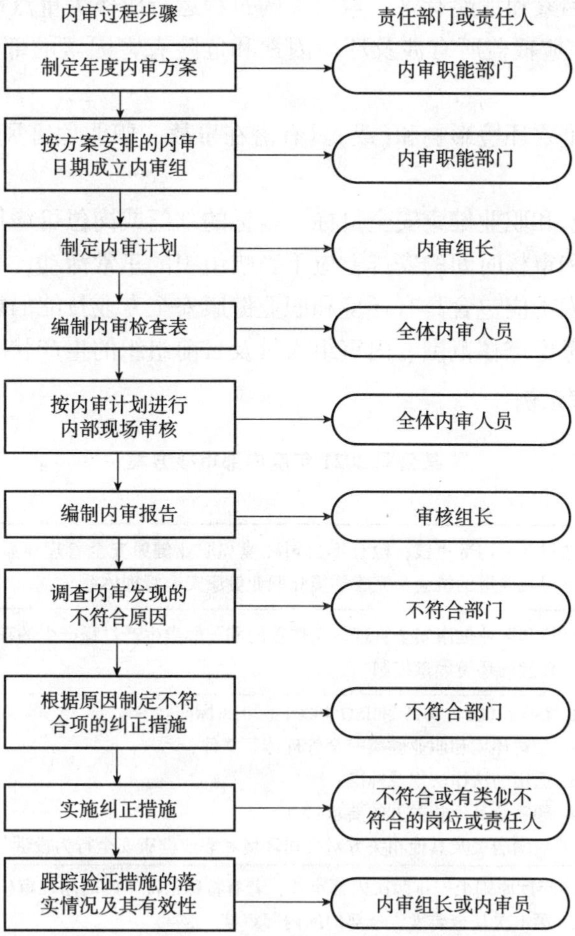

图 7－1　内部审核过程步骤及责任部门或责任人

二、审核准备

(一)制定内审方案

1. 内部审核方案的策划

环境和职业健康安全管理体系内部审核的形式有多种，如集中式审核、滚动式审核、局部区域或条款审核。在一定的时间段内(通常以 1 年为 1 个时间段)可能要开展多次内部审核，每次审核涉及的部门或区域、条款、方法可有所不同。某一时间段内的审核既要全面覆盖，又要突出重点。另外，内部审核不能影响组织内部正常的活动。鉴于上述诸多因素均与内审有关，所以在开展年度审核前，应对一个年度的内审进行策划，策划的目的是保证内部审核有计划地进行，使内部审核便于管理、监督和控制。策划的内容包括审核的区域和条款、审核方式、审核目的、审核时间、内审人员等。策划结果应形成书面文件，即年度内部审核方案。

制定内部审核方案时应考虑以下几个方面的问题：

(1)与重要环境因素和危险有害因素有关的过程运行应作为重点审核的对象；

(2)1年内的审核应覆盖所有涉及环境因素和危险有害因素的部门和过程，标准中的条款应全部审核到；

(3)对可能产生重要环境影响和(或)具有潜在事故、职业危害风险的关键部门和过程可增加审核频次；

(4)未能完成环境和职业健康安全目标、指标的部门或岗位可增加审核频次；

(5)在审核形式和审核时间的安排上应不影响组织的正常活动；

(6)安排的内审人员应包含具有环境和职业健康安全专业技能的内审员；

(7)时间安排应考虑审核范围、内审组人员及目前组织的生产状况，通常在1~4d。

2. 内部审核方案示例

某公司2021年度内部审核方案

EHSMS4－2021－20

审核目的	通过年度内部审核，检查本公司环境和职业健康安全管理体系的符合性、有效性和适宜性，寻找改进的机会，完善环境和职业健康安全管理体系。
审核范围	环境和职业健康安全管理体系覆盖的酯和醇类生产过程产生的环境因素和危险有害因素控制，食堂的环境因素控制。
审核依据	1. ISO 14001：2015和ISO 45001：2018标准； 2. 公司环境和职业健康安全管理体系文件； 3. 适用的法律法规及标准； 4. 顾客及其他相关方的要求； 5. 周围居民及其他相关方对公司环境和职业健康安全行为投诉与处理。
审核频次	本年度原则上安排两次内部审核，若有特殊情况，临时增加审核。 1. 第1次是全要素、全部门的内部审核。 2. 第2次是局部区域性内部审核。审核范围：安环部、质检科、废气和废水处理站，以及第一次审核时，发现严重不符合的部门或岗位。 3. 当出现重大环境影响或发生事故、职业病，或市环保局监督检测排放的废气、废水不符合要求，或职业危害因素监测超标时，应对涉及的相关部门和岗位增加1次审核。
内审组	第1次审核的内审组 组长：××× 内审组成员：×××、×××、××× 第2次审核的内审组 内审组长：××× 内审组成员：×××、××× 若临时增加审核，由管理者代表或综合办公室界定审核区域并组建内审组。
审核时间	第1次全要素审核拟定于2021年6月17~19日。 第2次区域性审核拟定于2021年10月9~10日。
取证要求	第1次审核取证日期：2020年6月20日至本次审核；抽取样本量：3~5个样本/次。 第2次审核取证日期：2021年6月20日至本次审核；取证方式：对上次出现严重不符合的条款，取该时间段的全部样本审核，其他条款抽取3~5个样本进行审核。 临时增加审核取证日期：自上次全要素审核结束时间至本次审核；取证方式：取该时间段的全部样本。

续表

审核要求	1. 全要素全部门审核，组长应审查修改的文件是否符合要求。 2. 审核前，组长应现场巡查本公司与重要环境因素和危险有害因素有关的运行情况，在巡查前不通知在岗操作人员，以便了解日常的运行状况。 3. 现场审核前一天，组长应召开内审组会议，通报文件修改情况及巡查情况，提出审核中应注意的问题。 4. 只要查出违反法律法规的不符合，应判定为严重不符合。 5. 现场审核结束 2 天内，应编制出内审报告交管理者代表。 6. 不符合纠正措施的验证由组长与审核发现不符合的内审员共同去现场验证。

编制人：×××　　批准人：×××　　日期：2021 年 1 月 8 日

(二)组建审核组

进行内审前，管理者代表应任命审核组长及审核员组成审核组。

1. 内审员的能力要求

(1)应具备环境和安全健康专业能力。环境和职业健康安全管理体系的内审员需要对环境因素和危险有害因素控制运行情况进行审核，这要求审核员必须具备环境和安全健康专业知识与技能。专业知识和技能主要包括以下三方面：

① 环境科学、环境治理和环境监测技术，安全科学、安全管理、安全技术、职业危害管理与技术；

② 产品和(或)服务设施、安全设施、职业危害防治设施、环境治理设施运行中的技术因素与环境因素和危险有害因素的关系；

③ 环境和职业健康安全法律法规和其他要求中的相关技术。

环境和安全健康专业能力可通过教育与工作经历获得，或者通过正规培训获得。对于内部审核员来说，至少应懂得组织内与重要环境因素和危险有害因素有关的环境与安全健康知识。组织可以根据其内部的环境因素和危险有害因素情况，选择受过环境和安全健康专业知识教育，并从事过一定时间环境因素和危险有害因素控制工作的人员作为内审员。

(2)应具备审核能力。作为环境和职业健康安全管理体系的内部审核员，还应具备审核方面的能力，审核能力主要从以下三方面体现：

① 熟悉并理解 ISO 14001：2015 和 ISO 45001：2018 标准条款的要求；

② 熟知组织的环境和职业健康安全管理体系的规定；

③ 掌握审核程序、过程与审核技术。

审核能力可以通过培训获得，这种培训包括 ISO 14001：2015 和 ISO 45001：2018 标准、审核程序、审核技巧的理论培训和实际审核培训。

(3)应具备一定的个人素质与能力。由于内部审核工作须与组织内各层次人员打交道，应保持审核客观性、独立性和公正性，需要对接触事物进行书面描述，所以内部审核员应具备以下的个人素质与能力。

① 具备能清晰陈述相关概念和意见的口头与书面表达能力。

② 为有效开展环境和职业健康安全管理体系内部审核工作，需要具备一定的人际交往能力，如沟通能力、应变能力、倾听能力等。

③ 为履行审核员职责，需要有保持充分独立性与客观性的能力。

④ 为有效开展内部审核工作，需要具有一定的组织能力。

⑤ 具有依据客观证据做出正确判断的能力。

个人素质与能力一部分是通过长期实践锻炼出来的，一部分与受教育程度有关，还有一部分与人的性格有关。这方面的能力不能通过一般的培训和教育获得，所以组织在选择培养内审员时应考虑其素质能力。

(4)组织应保存内部审核员相关能力的客观证据，如毕业证书、人员工作档案、培训合格证书、培训考核合格记录等。

2. 组建内部审核组的要求及成员的职责

(1)组织在实施内部审核之前，应成立内部审核组，内审组可以由组织的内部审核员组成，也可以聘请外部具有内审员资格的人员组成。内审组成立后，组织将内部审核的任务委托给内审组完成，组织与内审组之间既是受审核方与审核方的关系，又是委托方与受托方的关系。在进行内部审核时，组织各层次的领导不应指挥内审组的工作，同时应接受内审组的审核。

组织在组建内审组时，应考虑以下事项：

① 选择具有环境和职业健康安全管理体系内部审核员资格的人员为审核组成员；

② 选择1名以上对组织重要环境因素和危险有害因素控制比较熟悉的内审员为审核组成员，这有利于审核重要环境因素和危险有害因素控制运行的专业条款(如6.1.2、6.1.3、6.2.1、6.2.2、8.1、8.2等)，如果不具备这样的内审员，可以聘请技术专家对内审组的专业条款审核进行技术指导；

③ 内审员不能审核本人的职能工作，所以，如果由组织内部的内审员组建的内审组至少应有2名内审员；

④ 内审组人数与组织的规模、审核的形式(指全面审核、局部审核)、取样本量的多少、拟定的审核时间有关，总的原则是内审组应有充分的现场取证时间。

(2)组织在确定内审组长时，应从以下几方面来考虑：

① 内审组长应具备环境和职业健康安全管理体系内审员资格；

② 具备有效管理与领导环境和职业健康安全管理体系审核所需的个人素质与能力；

③ 具备对环境和职业健康安全管理体系审核技能有透彻理解并能加以应用的能力。

组长应确保组织委托给内审组的任务能按审核方案的要求有效地完成，内审组长的职责主要包括以下几个方面：

①接到审核任务时，应审核环境和职业健康安全管理体系文件的编写或修改是否符合标准要求；

②当文件符合要求时，按审核方案的要求制定本次审核的审核计划；

③报批审核计划(通常由管理者代表审批)，应按要求将批准后的计划传递给内审组的成员和相关部门；

④准备审核过程所需的相关资料，如审核所依据的标准、管理手册、程序文件、有关

法律法规的要求、现场审核记录表、不合格报告表等，标准和文件必须是已经实施的有效版本；

⑤了解现场环境因素和危险有害因素控制运行的具体情况；

⑥必要时，指导内审员编写内部审核检查表；

⑦承担内部审核工作的部分审核任务；

⑧设法解决审核中出现的问题，当审核中出现的问题无法解决，难以实现审核目的时，及时向组织通报原因；

⑨需要时，协助内审员确定不符合项的严重程度；

⑩主持内审组的内部交流与沟通工作；

⑪代表内审组向组织通报审核情况、根据审核目的作出审核结论、提出改进建议等；

⑫收集审核记录，做好记录的整理及归档工作；

⑬负责收集审核借用的文件，并归还相应的部门；

⑭负责内部审核报告的编写；

⑮若审核方案规定不符合项跟踪验证由内审组负责，组长应安排跟踪验证人员。

(3)选择内审组成员时应考虑以下事项：

①内审组成员至少应具备内审员资格；

②为了保证内部审核的公正性和有效性，在组建内审组时，尽量安排各主要职能部门均有内审员参加审核；

③国家注册的审核员和实习审核员可以参加内审工作。

(4)内审组成员的主要职责：

①实施现场审核前，根据审核计划安排编制审核检查表；

②现场审核时，根据内审组长指导，认真开展审核工作；

③根据审核计划的安排，在规定的时间和范围内实施审核活动，若现场审核计划临时调整，根据组长安排实施审核；

④充分收集并记录客观证据；

⑤认真分析客观证据与审核准则的符合程度，得出审核发现；

⑥在内审组内部沟通与交流会上，客观地陈述审核发现，协助组长做出正确、合理、公正的审核结论；

⑦协助组长编写审核报告；

⑧需要时，跟踪验证审核发现不符合项的纠正情况。

(三)制定审核计划

审核计划一般由审核组长负责制定，审核计划主要内容包括：审核目的、审核范围、审核依据、审核组、审核时间、审核方法、取证日期、审核日程安排等。制定审核计划时应注意以下问题。

(1)分配审核任务时应注意各审核员任务的均匀性，给予足够的取证时间，以便审核员在规定的时间内能按时完成审核任务。

(2)不应安排内审员审核本人职能范围内的工作。

(3)涉及专业性强的条款，应安排精通环境和职业健康安全知识的内部审核员进行审核。

(4)如果内审组有技术专家支撑专业条款审核，技术专家不能做审核工作，应将专家安排在审核专业条款的小组，以支撑其他内审员对专业条款的审核。

审核计划示例：

某公司2021年度第1次全要素内审计划

EHSMS4－2021－21

审核目的：通过年度内部审核，检查本公司环境和职业健康安全管理体系的符合性、有效性和适宜性，寻找改进的机会，完善环境和职业健康安全管理体系。

审核范围：环境和职业健康安全管理体系覆盖的酯和醇类生产过程产生的环境因素和危险有害因素控制，食堂的环境因素控制。

审核依据：①ISO 14001：2015和ISO 45001标准；②公司环境和职业健康安全管理体系文件；③适用的法律法规；④顾客及其他相关方的要求；⑤周围居民及其他相关方对公司环境和安全健康行为与绩效的投诉及处理。

审核组：内审组长：××× 内审组成员：×××、×××、×××

审核时间：2021年6月17～18日

审核方法：抽样审核。可行时，每次抽取3～5个样本。

取证日期：2020年6月20日至本次审核。

审核日程安排

日期	第一组 ×××		第二组 ×××、×××		第三组 ×××	
	时间	区域/条款	时间	区域/条款	时间	区域/条款
第一天	8：00～8：30	首次会议	8：00～8：30	首次会议	8：00～8：30	首次会议
	8：30～12：00	总经理/管代 4，5，6.2，7.1，9，10	8：30～12：00	废物处理厂 8.1，8.2 和相关要素	8：30～12：00	综合办公室 7.2，7.3，7.5
	13：30～17：30	技术质量部 6.2，7.5.3，8.1，8.2	13：30～14：30	续审废物处理厂	13：30～15：30	供销部 8.1，8.2，7.4.3
			14：30～17：30	质量检验科 9.1，7.5.3	15：30～17：30	财务部(设施管理)7.1
第二天	8：00～12：00	生产部及车间 8.1，8.2，10.2	8：00～12：00	安环部 4，6，7.5，8.1，8.2	8：00～12：00	食堂和设备科 8.1及相关要素
	13：30～15：30	审核生产现场 8.1，8.2	13：30～15：30	续审安环部 9，10	13：30～15：30	补充审核
	15：30～16：30	内审组内部交流	15：30～16：30	内审组内部交流	15：30～16：30	内审组内部交流
	16：30～17：00	向公司领导汇报审核情况	16：30～17：00	向公司领导汇报审核情况	16：30～17：00	向公司领导汇报审核情况
	17：00～17：30	末次会议	17：00～17：30	末次会议	17：00～17：30	末次会议

批准人签字：××× 2021年6月20日

(四)编写审核检查表

1. 体系要素审核要点

对体系要素的理解是进行内部审核的基础，审核人员应切实把握各要素的审核要点，以利于编制审核检查表，实施审核工作。ISO 14001：2015 和 ISO 45001：2018 标准要素审核要点见表 7－1。

表 7－1 ISO 14001：2015 和 ISO 45001：2018 标准要素审核要点

要素	内部审核要点
4 组织所处的环境	
4.1 理解组织及其所处的环境	通过与最高管理者交谈和对环境与安全健康主管部门的审核，了解组织是否确定了与宗旨相关且影响环境和职业健康安全管理体系实现预期结果的能力的内部和外部问题？(可以是专门的报告，也可以是在组织的环境/职业健康安全专项战略规划中对内外环境的洞察。)
4.2 理解工作人员和其他相关方的需求和期望	1. 组织的工作人员包括哪些？他们有哪些与环境和职业健康安全有关的需求和期望？ 2. 组织还有哪些其他相关方？他们有哪些与环境和职业健康安全有关的需求和期望？ 3. 这些需求和期望中哪些已经是哪些可能成为法定要求或必须满足的其他要求？
4.3 确定环境和职业健康安全管理体系的范围	1. 组织的环境和职业健康安全管理体系范围是什么？ 2. 组织在确定范围时是否考虑了组织所面临的内部和外部问题？是否考虑了工作人员和其他相关方的要求？是否充分考虑了策划和/或执行的与工作相关的活动？是否考虑了在组织控制或影响范围内、能够影响组织的环境和职业健康安全绩效的活动、产品和服务？
4.4 环境和职业健康安全管理体系	是否按 ISO 14001：2015 和 ISO 45001：2018 标准要求的所有过程的要求建立、实施、保持和改进环境和职业健康安全管理体系？
5 领导作用和工作人员参与	
5.1 领导作用和承诺	与最高管理者交谈，了解其是如何通过标准要求的各个方面来发挥领导作用和履行承诺的？特别要关注如何承担全面责任？如何确保体系融入组织的业务过程？如何培养组织的环境和职业健康安全文化？如何组织并发挥组织的健康和安全委员会的作用？如何确保实现环境和职业健康安全管理体系的预期结果？如何制定方针和目标、进行内部沟通、支持其他领导履行相关职责？
5.2 环境和职业健康安全方针	1. 方针的内容是否满足相关承诺和框架的要求？ 2. 方针的管理是否形成文件、在内部沟通、可为相关方获取？ 3. 方针的内容及管理是否与组织业务相关且适宜？
5.3 组织的角色、职责和权限	是否通过文件化信息明确了组织的各层级的环境和职业健康安全职责、权限并在组织内得到充分沟通？

续表

要素	内部审核要点
5.4　工作人员的协商和参与	1. 是否建立了组织的工作人员参与职业健康安全管理事务的过程？ 2. 在机制、时间、培训、资源、渠道、无障碍方面如何确保参与顺畅和有效？ 3. 是否与组织的非管理性工作的人员就需求和期望、方针、职责、法律法规要求、目标及实现措施、外包采购及承包控制进行了充分的协商？
6　策划	
6.1　应对风险和机遇的措施	
6.1.1　总则	1. 组织在策划环境和职业健康安全管理体系时是否考虑了组织所处的内外环境、相关方的要求、管理体系范围以及需要应对的风险和机遇？ 2. 组织在确定风险和机遇及应对措施时是否考虑了环境因素、危险有害因素、环境以及职业健康安全风险和其他风险/机遇，以及法律法规要求？ 3. 在策划各过程变更时是否确定和评估了风险和机遇？是否在变更发生前进行过风险和机遇的评估？ 4. 是否保持了风险和机遇以及应对措施的文件化信息？
6.1.2　环境因素和危险有害因素辨识及风险和机遇的评价	
6.1.2.1　环境因素和危险有害因素辨识	1. 组织是否建立了环境因素和危险有害因素辨识的过程？并考虑了工作组织、领导作用、环境和职业健康安全文化、例行和非例行情况（基础设施、产品和服务过程、人的因素、工作流程或工艺流程）、内外部以往的事件、潜在情况、人员的因素、变更、相关方活动？ 2. 是否考虑了关于环境因素、危险有害因素的知识和信息的变更？
6.1.2.2　环境和职业健康安全风险以及环境和职业健康安全管理体系的其他风险的评价	1. 组织是否建立了过程？是否考虑了现有措施的有效性？是否确定和评估了相关的其他风险？ 2. 评价准则、方法是否体现主动性及系统化的方式？是否将评估结果文件化？
6.1.2.3　环境和职业健康安全机遇以及环境和职业健康安全管理体系的其他机遇的评价	1. 是否建立相关过程？在识别和评估机遇时考虑组织及组织的方针、过程、活动的计划内的变更？ 2. 是否考虑其他持续改进环境和职业健康安全管理体系的机遇？
6.1.3　合规义务	1. 组织是否建立过程？ 2. 组织是否确定并获取了适用于环境因素、危险有害因素、环境和职业健康安全体系、环境和职业健康安全风险法律法规和其他要求？ 3. 在建立、实施、保持和持续改进环境和职业健康安全管理体系时是否考虑了适用的法律法规和其他要求？ 4. 是否保持和保留了相关文件化信息？
6.1.4　措施的策划	1. 组织是否策划了应对风险和机遇、满足法律法规和其他要求、准备和响应紧急情况的措施？ 2. 措施是否考虑了组织的最佳实践、技术选择、财务、运行和经营要求？并根据风险和实际考虑了优先级及环境和职业健康安全管理体系的输出？ 3. 措施是否融入环境和职业健康安全管理体系和其他业务过程？ 4. 是否评价了措施的有效性？
6.2　环境和职业健康安全目标及其实现的策划	

续表

要素	内部审核要点
6.2.1 环境和职业健康安全目标	1. 是否在组织的相关职能和层次建立了环境和职业健康安全目标和指标？ 2. 目标、指标是否与方针保持一致，且可测量可评价？确定具体目标及指标时是否考虑了适用的要求、风险和机遇评估结果、与工作人员沟通结果？ 3. 目标和指标是否得到监视？得到沟通？并及时进行更新？ 4. 是否实现了本阶段的目标及指标？
6.2.2 实现环境和职业健康安全目标的措施的策划	1. 是否针对每一目标及指标均明确了目标/指标值？确定了责任人、具体实现措施、完成时间、需要的资源、评价方法？ 2. 组织是如何将目标融入组织的各业务过程的？ 3. 是否保持了文件化的目标信息？
7 支持	
7.1 资源	1. 组织确保环境和职业健康安全管理体系有效运行并实现环境和职业健康安全目标需要哪些资源？ 2. 组织如何提供这些资源？
7.2 能力	1. 组织是否从教育、培训、经验等方面确定了影响和可能影响组织环境和职业健康绩效的人员的能力要求？ 2. 组织是如何获得这些能力的？ 3. 是否保留了文件化的信息作为能力的证据？
7.3 意识	组织通过什么方式确保工作人员具备标准要求的相关意识？
7.4 沟通与信息交流	
7.4.1 总则	1. 组织是否建立了沟通与信息交流过程？是否考虑了相关方的观点、法律法规要求与环境和职业健康安全管理体系信息的一致性？ 2. 是否对沟通与信息交流做了安排，包括明确了沟通与信息交流的内容、时机、对象、方式、语言要求？ 3. 是否确保环境和职业健康安全有关沟通与交流的信息得到响应？ 4. 是否保持了文件化的沟通与信息交流证据？
7.4.2 内部沟通与信息交流	1. 组织是如何在各职能和层次就环境和职业健康安全相关信息进行内部沟通与交流的？特别是在管理体系变更后是否与工作人员进行过沟通与交流？ 2. 沟通与交流过程是如何促进工作人员为持续改进做贡献的？
7.4.3 外部沟通与信息交流	是如何依据法律法规要求就环境和职业健康安全管理体系的相关信息与外部相关方进行沟通与信息交流的？
7.5 文件化信息	
7.5.1 总则	组织建立了哪些环境和职业健康安全管理体系文件化信息？
7.5.2 创建和更新	文件的创建和更新是否有明确的标识和说明？是否有统一的格式？是否通过评审和批准并确保其适宜性和充分性？
7.5.3 文件化信息的控制	1. 组织是否对文件的发放、保护、检索、使用、存储、变更、保留和处置做出了规定并得到执行？ 2. 是否识别和确定与环境和职业健康安全管理体系相关的外来文件得到控制？

续表

要素	内部审核要点
8　运行	
8.1　运行策划和控制	
8.1.1　总则	1. 组织建立了哪些用于实现所策划的用于控制环境和职业健康安全风险、实现环境和职业健康安全目标的运行过程？是否确定了运行准则，并使工作适应工作人员？ 2. 运行准则是否得到了有效实施？且保持和保留了适当的文件化信息？ 3. 如果存在同一场所多单位共同作业，是否考虑了与其他组织协调环境和职业健康安全管理体系？
8.1.2　控制环境因素、消除危险有害因素，降低环境和职业健康安全风险	组织是否建立了用于控制环境因素、消除危险有害因素和降低环境和职业健康安全风险的过程？其控制措施是否遵循控制优先控制顺序（消除、替代、控制、管理、防护）？
8.1.3　变更管理	1. 组织是否建立了管理新的或已有的产品变更、服务变更、过程变更以及法律法规要求变更、相关知识和信息变更、知识的技术的发展？ 2. 对非预期变更如何进行管理？是否评审了非预期变更的后果？
8.1.4　采购	
8.1.4.1　总则	组织是否建立并有效运行用于控制与产品和服务的采购相关的环境和职业健康安全风险和环境因素以及危险有害因素？
8.1.4.2　承包方	1. 组织是否与承包商协调其采购过程，用于环境因素、危险有害因素辨识，并评估和控制由于承包方的运行活动对本组织的影响？评估和控制组织的活动对承包方工作人员的影响？评估和控制承包商活动对同一场所内其他承包方人员的影响？ 2. 组织是否明确选择和确定承包商的环境和职业健康安全准则？
8.1.4.3　外包	组织如何确保外包的职能和过程被纳入组织的环境和职业健康安全管理体系并得到控制，且能够根据外包职能和过程的不同，明确其控制的类型和程度，使其符合法律法规和其他要求以及环境和职业健康安全管理体系要求？
8.2　应急准备和响应	1. 组织是否建立并有效运行应急准备和响应过程？ 2. 过程是否建立紧急情况响应计划？提供急救、应急培训、定期测试和演习、评价应急响应绩效？是否与相关方沟通相关信息？且考虑了相关方的需求和能力，并确保相关方参与？ 3. 是否保持和保留有关过程和潜在紧急情况响应的文件化信息？
9　绩效评价	
9.1　监视、测量、分析和评价	
9.1.1　总则	1. 组织是否建立并有效运行监视测量分析和评价过程？过程是否明确了监视和测量的内容（法律法规的满足程度、环境因素以及危险有害因素和风险控制过程、目标进展、运行有效性、监视测量分析和评价方法、绩效准则、监视测量时间、分析评价和沟通时间）？ 2. 是否评价组织的环境和职业健康安全绩效？并确定环境和职业健康安全管理体系有效性？ 3. 用于监视和测量的设备是否按规定进行校准或验证？是否得到及时的维护和保养？

续表

要素	内部审核要点
9.1.2 合规性评价	1. 是否建立、实施和保护过程(频次、方法)，以评价组织的合规性？ 2. 如何保持对合规状况的知识和合规状况的了解？ 3. 当存在不合规性，是否及时采取了有效措施？ 4. 是否保留合规性评价结果的文件化信息？
9.2 内部审核	
9.2.1 总则	是否策划了内部审核过程？
9.2.2 内部审核方案	1. 是否策划并实施内部审核方案(频次、方法、职责、协商、策划要求和报告、准则、范围)？是否考虑了相关过程的重要性和以往审核的结果？ 2. 组织如何选择审核员？ 3. 是否将审核结果报告相关管理者、工作人员及其代表和相关方？ 4. 针对发现的问题的整改是否有利于持续提升环境和职业健康安全绩效？ 5. 是否保留审核方案实施和审核证据？
9.3 管理评审	1. 组织是否按规定的时间间隔进行了管理评审？ 2. 管理评审的内容是否充分全面(以往措施的有效性、内外部问题的变化、方针目标实现情况、环境和职业健康安全绩效、资源适当性)？ 3. 管理评审的输出是否包括：体系的“三性”(适宜性、充分性、有效性)、改进机会、变更需求、资源需求、其他业务过程的融合、与战略方向相关的结论？
10 改进	
10.1 总则	组织是如何确定改进机遇并实施必要措施的？
10.2 事件、不符合和纠正措施	1. 组织是否建立和实施事件、不符合和纠正措施管理过程？ 2. 对事件和不符合是否及时处理？ 3. 是否分析事件和不符合原因，并评估相关风险？ 4. 是否按照优先等级和变更管理要求确定和实施必要措施？ 5. 是否保持相关文件？
10.3 持续改进	1. 组织是如何考虑持续改进的？开展了哪些持续改进？ 2. 持续改进取得了哪些绩效？是否提升了环境和职业健康安全绩效？是否促进了员工参与实施改进的措施？ 3. 是否与员工沟通了持续改进的结果？保留了哪些持续改进的证据？

2. 编制审核检查表

(1)审核检查表的作用

审核检查表是审核员对受审核部门或体系要素进行审核和策划所必要的工作文件，也是现场审核的主要工作文件。检查表是内审员进行审核时的一种自用工具，主要对以下内容起备忘作用。

① 明确与审核目标有关的作用。审核采用的主要方法是抽样检查，抽什么样本、每种样本应抽取多少数量、如何抽样等等问题都要通过编写检查表解决，而且，这一切都要为达到审核目标服务。

② 使审核程序规范化，减少审核工作的随意性和盲目性。

③ 按检查表的要求进行调查研究可使审核目标始终保持明确。在现场审核中，种种现实情况和问题很容易转移审核员的注意力，有时甚至迷失大方向而在枝节问题上浪费大量的时间，检查表可以提醒审核员始终坚持主要审核目标，针对事先精心考虑的主要问题进行调查研究。

④ 保持审核进度。有了检查表，可以按调查的问题及样本的数量分配时间，使审核按计划进度进行。

⑤ 作为审核记录存档。检查表与审核计划一样也应与审核报告等一起存入该审核项目的档案中备查。

(2)审核检查表的编制

现场审核的方法很多，采用较多的是按要素审核和按部门审核的方法，以部门审核方法编写审核检查表时，其主要内容有：受审核部门、审核时间、审核员姓名；审核依据；审核项目和审核方式；检查与跟踪记录。

检查表的格式应灵活多样，不宜做硬性规定。检查表的布局和格式通常有两种形式，一种是“问－答”形式，答案是“是”或“否”；另一种是“问题－结论”形式。

根据审核计划的安排，检查表可分为按部门编写及按要素编写两种方法。无论是按部门编写还是按要素编写都应考虑：环境和职业健康安全管理体系标准及体系文件的要求；体系文件对所审核的各部门的要求，并对重要岗位进行重点检查；针对重要环境因素和危险有害因素控制的有效性；组织的环境和职业健康安全方针、目标和指标的完成情况，各部门应完成的要求；等等。

为保证各审核员所编制的检查表符合环境和职业健康安全管理体系审核规范的要求，保证体系审核的系统性，并尽量减少审核内容的重复，审核组长应对各审核员编制的检查表进行审阅，并可用审核要素分布表将各个受审核部门的审核要素进行分布统计，以保证管理体系标准中的各个要素均能获得有效的审核。

尽管审核检查表为审核提供了基本框架，但审核现场通常比想象的要复杂，审核过程中不可避免地会出现出乎预料的情况，因此，审核员应针对现场实际情况，采取灵活务实的态度，对审核获取的信息进行必要的追踪和补充，不能被审核检查表的内容和形式所束缚。

(3)审核检查表示例

环境和职业健康安全管理体系审核检查表可合并编制，也可单独编写，为便于理解，在此分别予以示例。

① 职业健康安全管理体系审核检查表示例见表7－2。

表7－2　职业健康安全管理体系内部审核检查表——空压站检查表示例

<table>
<tr><td colspan="3">受审核部门：×××动力处</td><td>编制日期：2021年11月21日</td><td>审核员：×××</td></tr>
<tr><td rowspan="2">序号</td><td colspan="2">审核依据</td><td rowspan="2">检查事项或检查方式</td><td rowspan="2">检查情况或跟踪记录</td></tr>
<tr><td>ISO 45001 标准条款</td><td>法律法规和其他要求</td></tr>
<tr><td>1</td><td>5.3</td><td>×××</td><td>查阅空压站相关人员形成文件的岗位、职责和权限；提问值班人员是否了解本岗位职责</td><td></td></tr>
</table>

续表

受审核部门：×××动力处			编制日期：2021 年 11 月 21 日	审核员：×××
序号	审核依据		检查事项或检查方式	检查情况或跟踪记录
	ISO 45001 标准条款	法律法规和其他要求		
2	6.1.2	×××	确认空压站危险有害因素辨识、风险评价和策划措施的过程及方法；查阅空压站形成文件的危险有害因素辨识、风险评价和策划措施的信息；确认现场危险有害因素、风险评价和控制措施的正确性，包括可能引发储气罐爆炸、触电、机械伤害、噪声等方面的危险有害因素	
3	7.2	×××	确认空压站人员能力的要求；确定空压站的相关人员是否满足规定的能力要求，如培训经历、操作技能等。	
4	8.1	×××	查阅空压站运行控制要求，确认储气罐、安全阀、压力表使用及空压机运行等运行准则的规定是否合理；现场观察和查阅运行记录，确定运行准则的执行情况，如：储气罐是否在检验周期内使用，现场支撑平稳，技术资料齐全，无严重腐蚀；安全阀、压力表灵敏可靠并定期校验；空压机外露传动部分应有牢固可靠的防护栏；操作间噪声符合标准等	
5	8.2	×××	查空压站是否针对火灾、储气罐爆炸等潜在紧急情况做出应急准备；确认应急过程的准确性，包括是否进行过评审和测试演练，查评审和测试演练记录	
6	9.1.1	×××	评审空压站监测和测量的过程；查空压站的日常检查记录；查压力表等监测设备的校准维护情况	
7	10.2	×××	评审空压站的事故、事件、不符合、纠正措施过程；确定空压站出现的事故、事件、不符合的纠正措施落实情况	

② 环境管理体系内部审核检查表示例如下：

三、现场审核

(一) 审核工作方法

审核员的基本任务是发现事实，这可通过提问或交谈、查阅文件和记录、现场观察等工作方法来获得。

环境管理体系内部审核检查表

EMS4－2021－28

受审核部门：危险化学品仓库
部门负责人：秦××
审核员：李××
审核日期：2021 年 6 月 17 日
过程及活动：危险化学品的仓储

序号	审核内容	审核要点	标准要求	审核记录	判定
1	组织结构和职责的合理性与充分性	1. 了解化学品库工作人员数量、分布、人员组成，分析判定其充分性； 2. 与负责人交谈，了解其日常、异常及紧急情况下的工作内容，从而评价其职责和权限的实现情况； 3. 与2～3名工作人员交谈，了解其对本身职责、权限的了解情况	5. 3		
2	风险和机遇	1. 与仓库负责人以及2名仓库保管员交谈，了解识别了哪些紧急情况，是否全面；了解其是否知道应对风险和机遇的措施； 2. 查阅应予以应对的风险和机遇清单，了解识别是否全面、评价是否合理	6. 1. 1		
3	环境因素识别和评价	1. 现场察看仓库储存的化学品种类，有无剧毒品，查化学危险品清单； 2. 查环境因素清单及评价记录，与现场观察到的化学危险品库储存、管理情况是否一致，判断是否有遗漏和评价不合理的情况	6. 1. 2		
4	合规义务	1. 询问仓库管理员是否清楚有关化学品管理的法律法规要求； 2. 与2～3名工作人员交谈，了解其是否熟悉有关法律法规的要求	6. 1. 3		
5	措施策划	1. 与仓库负责人以及2名仓库保管员交谈，了解其是否知道应对的风险和机遇的措施； 2. 现场观察有关措施的落实情况，了解有关措施是否针对了相关的风险和机遇	6. 1. 4		
6	环境目标	1. 与仓库负责人交谈，并查看有关目标文件，了解是否针对危险化学品库建立了目标； 2. 查阅目标文件，了解目标是否合理，是否具有针对性	6. 2. 1		
7	实现环境目标的措施的策划	1. 查阅有关管理方案，了解其内容是否全面、有效； 2. 查问仓库管理员对管理方案的了解和执行情况； 3. 调阅有关证实性资料，了解方案的执行情况	6. 2. 2		

续表

序号	审核内容	审核要点	标准要求	审核记录	判定
8	运行策划和控制的有效性	1. 调阅危险化学品库的管理制度，重点是有关重要环境因素和应对风险与机遇的制度，了解是否适宜、全面； 2. 从过去3个月的危险品库管理记录中分别抽取不同品种的危险化学品出入库记录，根据记录了解危险品出入库管理制度执行情况； 3. 现场观察剧毒品保管情况，是否执行“五双管理”规定； 4. 现场观察化学危险品储存保管情况，是否有防止危险化学品泄漏的措施； 5. 不同种类易发生化学反应的物质是否分开储存； 6. 现场观察库房通风、照明、消防通道、警示标识是否满足产品安全储存要求； 7. 检查消防距离是否足够、消防器材配置是否充分、合理、有效	8.1		
9	应急准备与响应	1. 了解针对已经识别的紧急情况，是否已制定了应急准备和响应措施，内容是否全面、适用； 2. 与仓库负责人以及2名仓库工作人员交谈，了解其是否了解有关的应急措施，是否经过演练； 3. 查阅最近一次的演练记录，了解是否符合要求，是否进行了评价； 4. 现场观察应急准备措施的实施可操作性和有效性	8.2		
10	监视、测量、分析和评价	1. 与仓库负责人交谈并查阅有关文件记录，了解仓库有哪些环境绩效参数？绩效评价准则是什么？ 2. 与仓库负责人交谈并查阅有关文件记录，了解策划了哪些监视测量项目？是否全面、可行？ 3. 调阅1月、3月和5月的检测以及分析评价记录，了解是否严格按照策划要求执行，并了解实际的绩效情况。	9.1.1		
11	不符合和纠正措施	1. 抽查过去3个月收到的不符合或隐患整改通知单； 2. 确认相关纠正措施的有效性和完成情况	10.2		

注：判定栏使用“√”表示“符合”“○”表示“基本符合”“×”表示“不符合”

1. 善于提问，注意倾听

提问应自然、合理，切忌生搬硬套。对现场不同层次和岗位的被访者所提的问题应有所不同，如与管理者交谈时应针对环境和职业健康安全方针、承诺和相关责任，对操作岗位上的员工，则应谈具体的工艺和操作中有关的环境和职业健康安全问题。

提问时应尽量提开放式的问题，即避免对方能用“是”“不是”回答的封闭性问题。提问可以遵循“5W＋1H”的原则，也可以用“出示、解释、记录、多少、程度、达标率”等关键词为引导，采用易于被理解的语言，充分利用事先准备的各种检查表，与对方进行公开式的讨论，启发对方的思考和兴趣。

审核员要注意认真听取被访者的回答，并作出适当的反应，记录要点。谈话时要注意观察对方的表情，在受审核方对提问产生误解或答非所问时，审核员应礼貌地加以引导。

2. 仔细观察，善于追踪验证

审核员要仔细观察现场活动、作业环境、设备和标记，查看有关记录。对现场发现要进行深入检查以确定客观证据。客观证据是指建立在通过观察、测量、试验或其他手段所获得的符合实际情况的信息上，客观证据可以是现场观察及文件审阅中存在的事实，也可以是与被审核的环境和职业健康安全活动负有责任的人员的谈话。审核员必须善于追踪环境和职业健康安全管理体系某一组成部分的来龙去脉，发现问题，获取客观证据。

3. 做好记录

审核员应确保审核证据的可追溯性，为此必须详细地进行记录，如采用笔录、录音、照相等方式，所做的记录包括时间、地点、人物、事实描述、凭证材料、涉及的文件、各种标识。这些信息均应字迹清楚、准确具体，便于复查。只有所获取的记录准确、完整，才能为审核结果作出合理的判断。

4. 注意安全

现场审核过程可能涉及审核员人身安全，应高度重视，受审核方有关人员应向审核员讲明其审核过程中可能遇到的风险。特别是外聘的审核人员具体应注意以下几点：

①如现场有安全程序，到现场之前应阅读，并遵照执行；

②未经许可不得操作安全设备；

③现场审核过程中应有受审核方指定的专人陪同；

④不要独自行动；

⑤未弄清安全通道前不要进入受控区域；

⑥不要用碰、闻、尝的方式检查未知物料；

⑦如遇事故，马上报告。

(二)审核方式

在现场审核中要注意根据组织的具体情况选择审核方式。在实际审核中经常用的审核方式有三种。

1. 自下而上和自上而下的审核方式

所谓自上而下的方式是指先到信息比较集中的部门了解总的情况，然后在此部门选择一批样本到使用这些样本的各部门去调查。采用这种审核方式的典型例子是对不符合情况进行调查，审核员先到安全处查询以往的不符合报告记录，然后抽样到各部门检查不符合纠正措施的落实情况和是否有预防措施。

所谓自下而上的方式是指先在许多部门调查研究，选择一批样本到某一集中管理的部门去审核。这类方式的典型例子是对培训的审核，审核员先到各部门查询员工接受培训的情况，然后到人事处或工会查询所选取的样本是否有培训记录。

2. 以环境因素和危险有害因素为主线的审核方式

这种审核方法以某些重要环境因素和危险有害因素作为审核线索，贯穿全部体系要素，通过审核环境和职业健康安全管理方案、控制程序及其运行状况以及监控状况及结果，将环境和职业健康安全管理体系的各要素有机地连接起来，最终综合审核发现做出对管理体系的总体评价。

使用这种审核方式通常又可按正向审核和逆向审核两种思路进行。正向审核是指依据环境和职业健康安全管理体系运作的顺序进行审核，如从文件内容查到实施情况，从活动、产品和服务的始点到终端，从重要环境因素和危险有害因素辨识与评价到运行控制，这种方法可以系统地了解体系运行的整个过程，查证其接口和协调情况，但耗时较长。逆向审核是依据环境和职业健康安全管理体系运作的反向顺序进行审核。它与正向审核的思路正好相反，其优点是从体系运行所形成的结果查起，有强烈的针对性，切实具体，但在情况复杂或审核时间有限时，不易达到预期目的。

例如，针对某一重要环境因素或危险有害因素开展正向审核：

①该重要环境因素或危险有害因素是否已被识别评价出来？是如何被识别和评价的？

②有无对此重要环境因素或危险有害因素的目标、指标和管理方案？

③此项管理职责是否明确、落实？相关人员是否接受了培训？

④与此重要环境因素或危险有害因素相关的运行控制程序是否文件化并下发到相关岗位？运行记录情况？

⑤是否对此重要环境因素或危险有害因素实施了监测？监测结果如何？

⑥前次内审对此重要环境因素或危险有害因素的审核结果如何？有无相关不符合项？如何纠正？纠正的结果如何？

⑦管理评审对相关问题的评论及结论如何？

最终综合上述问题的审核发现，对体系做出总体评价。

逆向审核与上述思路相反，可先检查选定的重要环境因素或危险有害因素监测结果，根据发现的问题向上追踪到各要素，最后做出综合评价。

3. 按部门和按要素的审核方式

按部门审核是以部门为中心。一个部门往往承担若干个要素的职能，因此审核时应以其主要职能为主线进行审核，不可能也没有必要把这个部门有关的所有要素都查到。按部门审核时，审核组对涉及的各个要素一次审核清楚，不必反复去部门走访，其效率高，比较实用和受到被审核方的欢迎，但最后还要按要素把各部门的审核结果集中整理，得出总的结论。一般情况下采用按部门审核的方式较为普遍。

按要素审核是以要素为中心，一个要素往往要牵涉多个部门，因而需要到不同部门去审核同一要素才能达到审核目的，每个部门要重复接受多次审核才算完成受审任务。这种方法的优点是目标集中，更易体现与环境和职业健康安全管理体系标准或体系文件的符合性，其缺点是审核效率较低。

以上几种方式最常用的是按部门审核。但这种方式操作起来有一定的困难，因为一个部门往往涉及多个职能和多个要素，在审核过程中需要抽取一个部门多方面环境和职业健康安全活动的样本，故这种方式宜供有经验的审核人员使用。比较稳妥的做法是事先编制检查表，并从多方面收集信息，做好记录。实际审核中往往将以上几种方式结合使用。

(三)审核控制

为使审核顺利完成，审核组长必须对现场审核的全过程进行有效控制。

1. 审核计划控制

现场审核时，原则上要严格按照审核计划中有关日程和时间的安排进行。无特殊情况不应轻易改变审核计划，随便增减审核人员、部门和时间。

2. 审核活动控制

(1)合理选取样本

通过合理地选取样本开展审核，是对体系进行客观评价的关键。选择样本时应考虑到环境和职业健康安全风险的复杂性，做到随机抽样，样本要合理策划，尽量分布均匀，以保证审核的系统性和完整性。

(2)注意发现体系中存在的主要问题和相关结果

审核过程中应注意对审核发现的深入分析，从体系运行中去寻找答案。如审核员常会发现受审核方的体系在文件与资料控制方面存在很多问题，对此审核员应将重点放在可能造成管理混乱、影响体系运行会造成重大事故(甚至体系失效)的问题上，如文件的有效版本、文件的更改和外来文件的控制等，而不应把精力放在无关紧要的细节上。

审核过程中常常是分组进行审核活动，每位审核员所接触的只是受审核方环境和职业健康安全管理体系的一部分，因此每位审核员不仅要分析各自观察结果对环境和职业健康安全管理体系的影响，还应根据各要素、部门和活动的相互关系，分析观察结果的相互影响、因果关系、共性问题等，以便对其环境和职业健康安全管理体系作出正确评价。

(3)控制审核气氛

从首次会议到末次会议，审核组长都应保证审核在和谐融洽的气氛中进行，避免发生争执。审核员应尊重对方，正确对待受审核方的各种态度，始终保持耐心和礼貌，以实事求是和诚恳的态度，确保审核结果的客观公正性。

3. 审核结果控制

(1)判定不符合必须以客观事实为基础，以审核准则为依据

应从体系中寻找产生不符合的根本原因，对有的问题要透过现象看本质。例如，某企业产品检测间的出入口与门廊车辆行驶车道相交汇，容易出现人员伤害事故，对此我们应进行具体的分析，不能简单地判断为不符合 ISO 45001：2018 标准条款中的 6. 1. 2. 1。因为在检测间的出入口与车道之间有一条黄线，表明受审核方在危害辨识过程中已认清了这一风险，只是对这一风险的预防措施不力，因此应判定不符合条款 9. 1. 2。同样，当出现违反法律、法规的情形时也不能简单判断为标准条款中的 6. 1. 3 不符合，因为这一条款只规定要有获取和识别法律、法规和其他要求的程序，并不一定构成不符合法律、法规的原因。真正不符合的原因要做更进一步的调查，做出与事实相一致的判定。

(2)与受审核方共同确认事实

审核员应征求受审核方对所发现的不符合事实的意见，出具的不符合报告应得到受审核方的确认并加以签字，以保证环境和职业健康安全管理体系审核的公正、透明和规范。同时也使受审核方易于采取纠正措施，有助于不符合项的消除和解决。

如果受审核方确实有真实的客观证据能够推翻某个不符合项，审核方应撤销该项不符

合项报告。在其他情况下，当双方有争执时，审核员则应尽量耐心地说服受审核方，并强调审核是针对体系，而不是针对人。

(3)审核组内部相互沟通，统一意见

有些问题或不符合项发生在现场，但根源不一定在现场，有可能是工作人员管理上的失误所致。因此，审核员发现不符合事实后，应借助各种信息渠道加以佐证，其中特别重要的是在审核组内进行沟通和交流。从而在更宽的层面上形成全面和准确的判断，避免局限性，真正从整体上把握体系存在的问题。

(四)实施现场审核

1. 首次会议

首次会议由内审组长主持。参加人员主要有最高管理者、环境和职业健康安全管理者代表、受审核部门(岗位)的负责人、内审组的全体成员。首次会议是内审组与受审核方进行审核过程安排方面的信息交流。如果内审组是由组织内部的内审员组成(目前绝大多数组织是这种情况)，内审组对组织情况比较了解，首次会议的内容可以简短些，这种情况下，首次会议交流的主要信息如下：

①询问内审计划中的时间安排是否与各部门或岗位的某些工作安排发生冲突，若有冲突，组长与受审核的部门或岗位商量调整时间；

②简要介绍审核的方法和程序，若采取抽样审核，应说明抽样的不确定性；

③确定即将进行下一部门或岗位审核前的联络方式，以便受审核部门或岗位做好准备；

④询问末次会议的时间安排是否与领导层安排发生冲突(最高管理者和管理者代表至少应有1人参加末次会议)，若有冲突，首次会议应商量确定末次会议的时间。

如果组织委托外部具有内审员以上资格的人员进行内部审核，必要时，首次会议还需增加以下内容：

①内审组长向参加会议的人员介绍内审组的成员；

②组织向内审组介绍参加会议的成员；

③必要时，要求配备向导员或联络员；

④询问组织是否有特殊要求的审核现场，如哪些现场审核员进入应穿戴防护服装和帽子，哪些现场只能从外面观看，不能入内等；

⑤确定审核员整理资料和交流沟通的工作场所。

2. 实施内部审核

(1)启动审核

首次会议完毕后，内审组全面启动审核工作，内审组全体成员按首次会议调整后的计划安排，分组进行审核。审核员按检查表拟定的内容，通过面谈、现场观察、检查记录、查阅文件等方式收集客观证据，并将收集到的证据客观地进行描述记录，然后将收集到的审核证据与审核准则进行比较，客观地评价所收集的证据与审核准则的符合程度，记录判定结果。

(2) 审核证据判定

内审员在判定收集的客观证据符合性时，应熟悉标准要求、组织的文件要求、相关法律法规和其他要求的规定，所以，内审员在审核前，应仔细阅读与本人审核条款有关的环境和职业健康安全管理体系文件以及相关的法律法规要求，了解组织的相关规定，只有这样才能做出正确的判断。

(3) 不符合性质确定

通常评价不符合项的程度有：轻微不符合；一般不符合；严重不符合。具有下列情况之一者即是严重不符合：

①出现的不符合影响面大，导致某重要环境因素和(或)危险有害因素失控；

②所审核的标准条款在环境和职业健康安全管理体系中没有运行；

③环境和职业健康安全管理体系覆盖的部门或区域没有运行其管理体系；

④发生重要的环境影响和(或)安全生产事故、职业病，没有采取有效的纠正措施；

⑤违反法律法规和其他要求，且没有发现违规行为。

(4) 内审组内部交流

现场审核取证工作完成后，内审组长应召开并主持交流会。在交流会上，审核员将自己审核的部门和条款的取证情况进行汇报，主要交流审核发现好的方面，存在不符合的方面，审核过程中出现影响审核正常进行的异常情况，以及处理的方法及结果。对于会上讨论没有达成一致意见的事项，由组长做决定，内审组应遵从组长的意见。在交流会上通常讨论如下事项：

①审核中发现的哪些不符合项应开不符合报告；

②审核过程中出现的异常情况处理方式和结果是否正确，是否应采取补救措施；

③本次内部审核最终综合性评价的结论；

④根据审核员收集的信息，从本次审核发现的问题出发，建议环境和职业健康安全管理体系(包括对环境和安全健康有利的新工艺和新技术)应做哪些改进；

⑤确定审核报告的编写人；

⑥若在审核报告中阐述某些特殊情况，可以讨论描述的方式。

(5) 不符合报告要求

开出不符合报告的目的是要求产生不符合项的部门或岗位能分析产生不符合的原因，针对原因制定措施，另外，还应“举一反三”，查找是否还有类似的不符合存在，以杜绝以后再有类似的不符合出现。这表明不是内部审核过程中发现的所有不符合均要开不符合报告。审核发现的不符合是否开不符合报告，应视情况而定，对于那些轻微不符合、不需要采取纠正措施即可纠正的不符合、偶然出现的不符合，通常口头与相关部门负责人和(或)当事人交流，让其自行采取措施改进。不符合报告内容主要包括：

①出现不符合项的部门；

②客观描述所发现的不符合事实，描述的事实应具有可再现性，描述不符合事实的语言应精炼、内容应清晰易懂；

③描述客观证据与审核准则中的哪个条款比较后，发现了不符合；

④判定不符合项的严重程度；

⑤不符合项的部门或岗位负责人签字；

⑥对不符合改进的要求，即是否要求对不符合实施纠正；

⑦开出的不符合报告通常经组长和相关人员签字。

(6)内部审核报告

内部审核报告是在内审组长指导下或由内审组长亲自编写，内审组长对内部审核报告的准确性和完备性负责。审核报告中涉及的项目应是审核计划中所确定的。内部审核报告是对内审情况的综述，报告中应包含审核发现和其概要，并辅以支持证据。审核报告应由组长注明签发日期并署名。组长根据内审方案和组织的要求编写内部审核报告，内部审核报告的主要内容包括：

①审核的目的、范围和审核方案要求；

②审核准则，包括审核中引用文件的清单；

③审核持续的时间和进行审核的日期；

④受审核部门或代表名单；

⑤重要环境因素和危险有害因素控制运行方面重点审核了哪些项目；

⑥发现好的方面，不符合的方面，开出不符合报告及其分布；

⑦出现异常情况的解决方式，以及对内审结论的影响程度；

⑧审核结论，如：

a)运行的环境和职业健康安全管理体系与环境和职业健康安全管理体系审核准则的符合情况；

b)环境和职业健康安全管理体系是否得到了正确的实施和保持；

c)内部管理评审过程是否能确保环境和职业健康安全管理体系的持续适用性与有效性；

⑨环境和职业健康安全管理体系改进的建议；

⑩审核报告内容保密范围及保密性质。

3. 末次会议

在内审组内部交流会议结束之后，组长应召开并主持末次会议，主要参加人员有最高管理者、环境和职业健康安全管理者代表、受审核部门(岗位)的负责人、内审组的全体成员。召开末次会议的主要目的是向组织汇报审核发现的情况，重点是汇报审核发现不符合的事实证据，使审核部门能清楚地认识到自身存在的不足。如果受审核部门对审核发现的不符合事实持有异议，应在末次会议上提出来，组长在会议上确定解决的方法(再次验证、更改判定等)。关于审核发现的重要性和措辞的最终决定权属于内审组长，无论受审核部门是否持有异议。

末次会议主要内容有：

①审核小组分别阐述自己审核范围的情况，阐述不符合事实时，应抓住重点；

②内审组长宣读不符合报告，并征求与会者的意见，若有异议，会上讨论解决；

③宣读审核报告的结论，并征求与会者的意见，关于审核报告结论措辞上的异议可以

商量解决，但最终决定权在内审组长；

④组织领导讲话，完毕，组长宣布末次会议结束。这也表明本次现场审核活动结束。

4. 不符合项的关闭

末次会议结束时，内审组长将不符合报告交给相关部门负责人。各部门在收到不符合报告后，应负责调查并分析产生不符合的原因，若涉及技术上的问题，可请其他部门技术人员共同进行调查分析。在查清产生不符合的原因后，应针对原因制定纠正措施，这种措施是预防以后再产生类似的不符合。如果不符合报告中要求对已存在的不符合实施纠正，部门负责人还应要求相关人员对其进行纠正。

5. 不符合报告示例

不符合报告

EHSMS－2021－20/00

部门：三废处理厂　　　　日期：2021 年 11 月 25 日

不符合事实描述：

在水处理车间，查现场《过程监测结果记录表》EHSMS4－2021－11/00 时发现，2021 年 6 月 3～24 日的废水处理过程监测记录中无测量数据，仅在判定栏内填写“合格”，不符合 EHSMS05－23－00 检验规程要求。

不符合 ISO 14001：2015 标准　　第 7.5.3 条款要求　　属不符合类型：一般■　严重□

受审核部门意见：

情况属实

部门负责人签字：×××

改进要求：

纠正□　　采取纠正措施 ■

审核员签字：×××　　内审组长签字：×××

原因分析：

经调查了解到，该段时间的过程测量及记录由新来操作人员×××在做，他经培训合格后上岗。每天他是按程序文件要求实施监测，但他认为只要合格，记录数据意义不大。

纠正/预防措施：

1. 对×××进行数据记录重要性的培训，自学《废水监测和测量程序》《记录管理程序》；

2. 自下周起，由班长××负责×××的岗位操作培训工作，然后通过实际操作考核×××监测方法和数据记录是否正确，直到全部合格为止。

3. ××将考核内容与考核成绩填写在《实际操作考核记录》表中，报环境和职业健康安全管理者代表批准后交办公室备案。

部门负责人签字：×××

验证纠正措施的实施效果：

抽查 11 月 27 日至 12 月 6 日×××的检测记录，没有发现不合格记录。

验证人签字：　×××　　日期：2021 年 12 月 7 日

---

6. 内部审核报告示例

环境和职业健康安全管理体系内部审核报告

EHSMS－2021－27

审核日期	2021 年 11 月 24～25 日
审核目的	检查本公司环境和职业健康安全体系的实施与保持情况，寻找改进的机会，完善环境和职业健康安全管理体系。
审核范围	环境和职业健康安全管理体系覆盖酯和醇类生产过程产生的环境因素和危险有害因素控制，食堂的环境因素控制。
审核依据	ISO 14001：2015 和 ISO 45001：2018 标准；公司环境和职业健康安全管理体系文件；适用的环境和职业健康安全法律法规；相关方要求。
内审组成员	内审组长：××× 内审组成员：×××、×××、×××

审核情况综述：

本次环境和职业健康安全管理体系内部审核经历了 2 整天的时间，审核的部门有生产部、安环部、技术部、供销部、综合办公室、财务部以及各部门的下属机构，审核过程进行顺利，各部门和相关人员非常支持本次审核工作，均能积极提供审核过程中所需要的客观证据，所以本次审核基本能客观反映本公司近一年来环境和职业健康安全管理体系运行的真实情况。

本次审核是全要素、全部门审核，审核过程中发现了 7 项不符合，没有发现严重不符合项，其中有 4 项不符合开出了不符合报告，另外 2 项不符合是因没有及时发现设备泄漏情况造成的，在不符合出现后，操作人员已经采取了纠正措施，检查后面的相关记录，并察看了现场，均未发现类似的不符合再次出现。还有一项是轻微的不符合，已口头通知相关人员改正。

开出的 4 份不符合报告分布在：一车间（ISO 45001－8. 1. 2）、三废处理厂（ISO 14001－8. 1、ISO 14001－9. 1. 1）、综合办公室（ISO 14001－7. 3&ISO 45001－7. 3），不符合事实描述见不符合报告。

在本次审核中，对重要环境因素和危险有害因素控制检查情况如下：

1. 检查了外排的废气、废水记录总计 27 份，排放指标均控制在本公司执行的环境排放标准以内，检查了职业危害因素监测记录，监测结果均在职业接触限值以内，未发现有违规现象，查安环部的合规性评价记录 10 份，也未发现违规；

2. 检查了过程监测记录 12 份，发现其中有两份记录控制数据没有全部填写；

3. 查看了与重要环境因素和危险有害因素有关的运行现场，现场的操作人员基本能按操作指导文件操作，没有按操作文件操作的岗位已开出不符合报告；

4. 从保存的记录中可以看出，相关操作人员基本能按规定时间间隔进行监视和测量；

5. 检查了电话记录和相关方的投诉记录，未发现顾客和周围居民有关环境方面的投诉；

6. 检查了环保监测部门对本公司的环境监测报告，所检指标符合要求；

7. 本次审核，对上次审核中发现的 5 项不符合全部进行了跟踪验证，上次的不符合项已经关闭，但在本次审核中，另一部门又发现了类似的不符合，已开出了不符合报告；

8. 本次审核还对去年的管理评审中提出的 3 项改进项目进行了跟踪，3 项改进已全部完成，改进后的效果良好。

在审核过程中，抽查了三废处理厂、一车间、二车间目标与指标完成情况，发现一车间、二车间节能指标完成了 95%，节约原材料指标完成 102%，其他指标已 100% 完成。

内审组对各审核小组的审核发现进行了认真的分析和讨论后认为，自 2020 年 9 月 20 日至今，本公司各部门和岗位能按环境和职业健康安全管理体系要求运行，环境和职业健康安全管理体系能得到较好的实施和保持。

内审组认为有利的改进是增加废水深度处理设施，争取零排放。（附内审记录总计 28 页）

编写人：××× 批准人：××× 2021 年 12 月 25 日

第三节 管理评审

管理评审是由组织的最高管理者对环境和职业健康安全现状进行系统的评价，以确定环境和职业健康安全方针、环境和职业健康安全管理体系和程序是否仍适合于环境和职业健康安全目标、环境和职业健康安全法规和变化了的内外部条件。因此，它也是内部环境和职业健康安全管理体系审核的一种形式，是一种高层次的对环境和职业健康安全管理体系的全面审查，是一种重要的内部管理工具。内部审核与管理评审的关系见表7－3。

表7－3 内部审核与管理评审的关系

比较项目	内部审核	管理评审
人员	审核员	最高管理者
内容	审核体系文件的符合程度，验证体系运行的有效性	对内部管理体系审核结论评定，能否达到目标，体系是否需要调整改变
类型	内部或请外部	内部
方式	现场	会议或现场
结果	提出不合格的纠正措施	提出体系改进措施

一、管理评审的内容与步骤

1. 管理评审与改进的关系

管理评审是环境和职业健康安全管理体系实施与运行的一个重要组成部分，是保持环境和职业健康安全管理体系持续有效的重要手段，所以管理评审的主要目的是寻找改进的方面。改进要花费一定的时间，需要投入一定的人力和财力，有权决策改进的人是最高管理者，所以管理评审是最高管理者的职责，管理评审会议也必须由最高管理者主持，任何人不能替代。

最高管理者虽然是改进的决策者，但决策还应建立在以事实为依据的基础上，这种事实就是各部门在评审会上交流的信息(即评审输入)。最高管理者通过评审会上输入的各种信息了解组织环境和职业健康安全管理体系的不足，但具体哪些方面需要立即实施改进，如何进行改进，最高管理者不一定能做出最佳的决策，还应该集思广益，在听取大家建议的基础上，再根据组织的发展方向、目前的状况和财力情况，对改进做出最佳的决策。

2. 管理评审内容

管理评审通过年度计划安排，一般每年进行一次，也可随着内、外部条件的变化而及时进行管理评审。管理评审的内容包括：

(1)环境和职业健康安全方针的持续有效性；

(2)环境和职业健康安全目标、指标的持续适宜性；

(3)环境和职业健康安全目标、指标和环境与安全健康绩效的实现程度；

(4)环境和职业健康安全管理体系内部审核结果，内审报告提出的所有建议及纠正措施实施情况；

(5)环境因素与危险有害因素风险控制措施的适宜性，各类事故、事件中吸取的教训；

(6)相关方关注的问题，内、外部反馈的信息；

(7)是否需要针对下述情况对环境和职业健康安全方针、计划、管理手册及有关文件进行修订；

① 在某些方面日益增长的环境和安全健康要求；

② 对环境和安全健康工作的日益重视；

③ 法律、法规方面新的要求；

④ 相关方的要求；

⑤ 市场及分包方的要求；

⑥ 组织经营的变化；

⑦ 环境和安全健康观念的变化。

3. 管理评审步骤

管理评审一般分为六个步骤。

(1)制定评审计划

根据最高管理者提出的要求，由管理者代表或指派环境和职业健康安全主管部门编制管理评审计划，报最高管理者批准后由主管部门于评审两周前分发、通知参加评审的人员。

(2)准备评审资料

由管理者代表组织主管部门及有关部门汇集、准备评审资料。评审资料一般包括：

① 本部门执行环境和职业健康安全管理体系的有关文件；

② 对有关文件的执行计划、措施及执行记录或报告；

③ 相关方要求的信息反馈单、环境和职业健康安全记录；

④ 内部审核提出的不符合项及改进措施的执行、验证记录或报告；

⑤ 本部门对执行环境和职业健康安全计划、目标、指标情况的自我评价，包括成绩、问题、改进措施、目标；

⑥ 本部门实现改进环境和职业健康安全绩效的关键环节、风险和范围，资源方面有何困难、所需帮助等。

评审资料应尽可能充分、全面，由管理者代表向最高管理者提交环境和职业健康安全管理体系运行情况报告。

(3)召开评审会议

最高管理者主持召开评审会议，由主管部门记录评审会议结果并编制评审报告。

(4)批发评审报告

评审报告报管理者代表审核，最高管理者批准，分发参加评审的人员和相关部门。

(5)报告留存

管理评审记录及报告由主管部门保存并归档，保存期至少3年。

(6)评审后的要求

① 通过管理评审发现的问题，由管理者代表签发“纠正/预防措施通知单”，由主管部门发至责任部门。

② 责任部门组织调查分析产生不符合的原因，制定改进和纠正措施并组织实施，填写过程和结果记录。

③ 主管部门组织环境和职业健康安全改进和纠正措施结果验证，填写验证报告。

④ 由原编制、审批部门办理改进和纠正措施所涉及的文件更改。

管理评审的方法可以灵活，不必在一次评审中涉及所有的要素，可以在一段时期内采取滚动评审的办法，陆续完成所需评审的范围。管理评审的形式可以采取现场调查、分析研究形成评审报告讨论稿，由最高管理者或委托环境和职业健康安全管理者代表主持会议，讨论评审报告讨论稿，并形成结论。由最高管理者审批后形成文件，下达、存档。

二、如何从输入的信息中寻找改进的机会

1. 从内审和合规性评价中寻找改进机会

管理评审的输入信息之一是“内部审核和合规性评价的结果”。内审是以事实为依据，以审核准则为判定标准，从多方面来检查环境和职业健康安全管理体系的运行情况。内审员审核时发现的不符合项就是体系运行与准则之间的差距，需要改进。另外环境内审员通过实地考察，最能了解目前的环境和职业健康安全管理体系与环境因素和危险有害因素控制新技术和新工艺的差距，所以内审报告中应提出改进的建议。合规性评价是从监测和测量结果的信息中找出与法律法规和其他要求的差距，应对这种差距实施改进。

2. 从来自外部的信息中寻找改进机会

管理评审另一方面的输入信息是来自外部相关方交流的信息，外部交流的信息主要有：

①法律法规、环境和职业健康安全标准的修订；

②环境因素和危险有害因素控制新技术和新工艺发展；

③其他组织事故处理的经验；

④顾客、居民的抱怨等。

前两种信息为组织提供了因变化而产生的差距，第三种信息为组织提供了改进的“经验”，第四种信息表明组织未取得良好的环境和职业健康安全绩效，需要改进。

3. 从组织取得的环境和职业健康安全绩效中寻找改进机会

组织的监测和测量信息和目标和指标的实现程度能反映组织取得的环境和职业健康安全绩效。如果绩效不好，表明组织的重要环境因素和(或)危险有害因素控制得不好，那么与控制有关的人员、设施、材料、方法、环境有待改进。

4. 从改进措施的实施状况寻找改进机会

跟踪已存在或潜在不符合的改进和以前管理评审决定的改进，了解这两种改进的实施情况和实施后的效果，如果以前改进没有得到很好的实施或实施后的效果不好，则需调查并分析其原因，针对原因确定继续改进的措施。

三、管理评审的输出

1. 管理评审的输出

管理评审输出的重点是改进的决定以及如何实施改进的措施。因为管理评审虽然包括对环境和职业健康安全管理体系运行好的方面的评审，好的方面在以后的运行中继续保持，不需要再附加安排和要求，而改进的方面则需要一定的时间、技术和资源，这些都应在管理评审时落实，而且应记录落实的情况，便于后面改进措施的实施和验证，所以管理评审输出的重点是改进的内容。管理评审报告是对评审过程的综述，报告无固定格式，其内容应包含改进的内容和改进措施的安排。

2. 管理评审输出示例

2021 年度管理评审报告

评审时间	2021 年 12 月 15 日	会议地点	公司大会议室
参加评审人员	总经理、环境和职业健康安全管理者代表、各部门负责人，内审员(见会议签到表)		
评审目的	总结环境和职业健康安全管理体系一年运行情况，确定改进的内容和改进的措施。		

评审内容概要：

本次管理评审会议历时一天，各部门负责人或代表汇报了本部门职能范围内环境和职业健康安全管理体系的运行情况和存在的不足，内审组长代表内审组汇报了内审发现的不足，见会议记录和部门汇报材料。综合这些汇报信息，总的来说，我公司的环境和职业健康安全管理体系基本适宜，重要环境因素和危险有害因素控制有效。从大家提出改进的建议和平时运行中出现的问题来看，还存在以下不足：

1. 我公司现在的职业健康安全管理体系是按 OHSAS 18001：2011 建立的，现已颁发 ISO 45001：2018，应考虑标准替代问题。

2. 从检测数据看，处理的水、气中污染物指标虽能达到排放要求，但回用率不高，与清洁生产差距较大。

3. 本公司生产产品耗水量较大，目前最先进的生产技术和工艺是微量水生产，且无排放。

4. 综合办公室缺 1 名打字内勤人员，安环部缺 1 名安全管理人员。

5. 水处理工艺上没有自动在线监控设备，导致投药量控制不准确，有时会出现处理的水质波动现象。

评审会讨论决定目前应实施的改进项目(其改进决定的论证见会议记录)有：

1. 按 ISO 45001：2018 标准修订职业健康安全管理体系文件，具体措施：

(1)综合办公室总体负责安排文件修订、统稿、更换工作，原文件由哪个部门编写，现在其修订工作则由该部门承担；

(2)修订文件前，请咨询人员对我公司中层以上干部进行标准知识培训，累计时间 2 ~ 3 天，安排在晚间或星期六、日；

(3)修订后文件交综合办公室，由咨询人员修改并统稿，然后交相关授权人审批；

(4)文件修订完成时间 2022 年 3 月底。

2. 从人才交流市场招聘 2 名新员工，要求如下：

(1)评审会议结束后，综合办公室派人去人才市场进行员工招聘，如果没有合适人选，可去本市大学内张贴招聘广告，临时兼职也可；

(2)打字兼内勤人员要求：打字速度≥120 字/min，40 岁以下，高中以上文化，男女不限；

(3)安全管理人员要求：大学本科以上学历，化学工程或安全工程专业，具备一定的安全管理知识；

(4)待遇及试用期按本公司新员工管理规定。

3. 强化水处理过程控制。措施如下：

(1)安环部对目前操作过程进行调查分析，从增加检测频次和项目入手来强化过程控制；

(2)制定详细作业指导书，必要时，可添加适当的测量设备，费用控制在 5 万元内；

(3)完成时间 2022 年 1 月 30 日。

总经理签字：×××　　　　日期：2021 年 12 月 18 日

第四节　认证审核

一个组织历经体系的策划、初始评审、文件编写和体系的试运行，直至管理评审，一个完整的运行周期完成，这时如果认为条件成熟，组织便可以申请环境和职业健康安全管理体系认证了，环境和职业健康安全管理体系认证是由获得认可资格的环境和职业健康安全管理体系认证机构依据审核准则对受审核方的环境和职业健康安全管理体系通过实施审核及认证评定，确认受审核方的环境和职业健康安全管理体系的符合性及有效性，并颁发证书与标志的过程。环境和职业健康安全管理体系认证审核由于其是独立于受审核方，且不受其经济利益制约的第三方机构依据特定的审核准则，按规定的程序和方法对受审核方进行的审核，所以具备较强的权威性、公正性和客观性。

环境和职业健康安全管理体系认证的实施程序如图 7－2 所示。

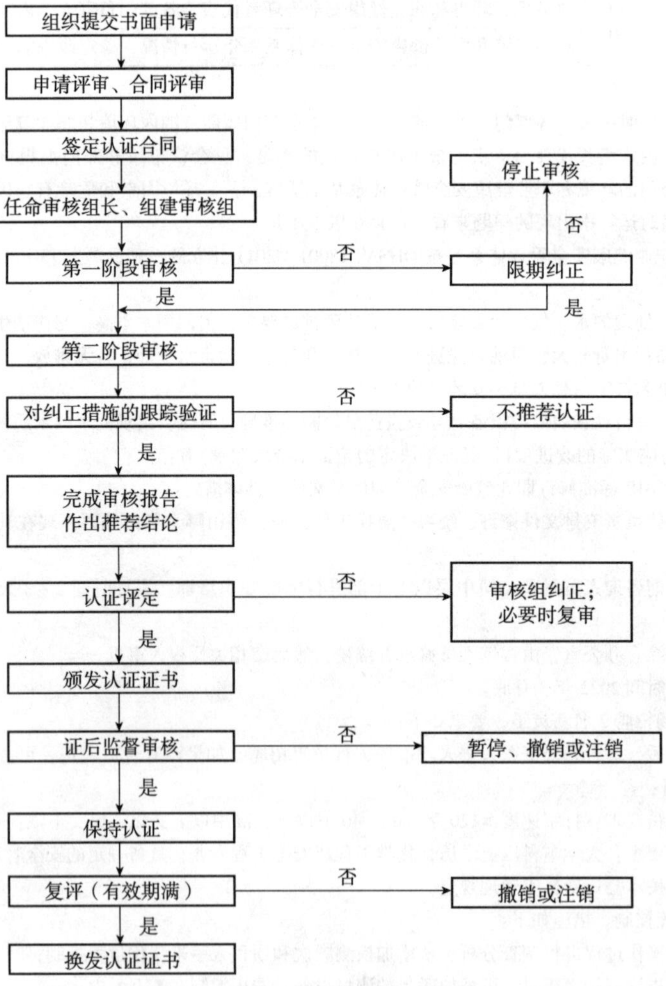

图 7－2　管理体系认证的实施程序

一、环境和职业健康安全管理体系认证的申请及受理

1. 提出申请

已建立并有效运行了环境和职业健康安全管理体系的组织，可向认证机构提出环境和职业健康安全管理体系认证申请。组织在申请时应选择经全国环境和职业健康安全管理体系认证机构认可委员会认可的认证机构，并向认证机构了解环境和职业健康安全管理体系认证程序及其他有关要求。认证机构向有认证意向的组织提供认证申请书及其他公开文件，公开文件应简要描述认证审核的条件、需要提供的资料、认证审核以及年监、扩大、变更和复评等的程序，申请方的权利及义务等内容。

申请认证的组织应按认证机构的要求填写认证申请书，并附上相关材料，认证申请也可由委托方提出。

在认证申请中一般认证机构需要了解组织的背景情况，包括：名称、地址、法律地位、联系方式、产品及其用途、产量、产值、所有制形式、员工人数、占地面积、建筑面积以及经济活动类型等一般情况，组织有可能造成较大环境和职业健康安全影响的活动、产品及服务等，组织的环境和职业健康安全管理状况，如体系建立情况、组织机构及绩效。组织还应向认证机构明确希望开始审核的时间及审核范围。

2. 受理申请

认证机构在接到申请表及相关材料以后，应对申请组织进行申请评审和合同评审，以确定是否可以受理认证申请。

申请评审是对申请方提交的申请材料进行初步评审，以确定申请方是否具备申请认证的条件。申请受理的一般条件是：

① 申请方具有法人资格，持有有关登记注册证明，具备二级或委托方法人资格也可；

② 申请方应按环境和职业健康安全管理体系审核规范或国际公认的职业安全卫生管理体系规范建立了文件化的环境和职业健康安全管理体系；

③ 申请方的环境和职业健康安全管理体系已按文件的要求有效运行，并已做过一次完整的内审及管理评审；

④ 申请方的环境和职业健康安全管理体系有效运行，一般应将全部要素运行一遍，并至少达 3 个月的运行纪录。

合同评审是认证机构对承担该认证项目的能力进行自我评价的工作过程。合同评审通常包括对申请方的产品、活动、服务进行归类，分析其主要的环境因素和危险有害因素，确定其专业类别，判断本机构的认可业务是否包含了申请方的专业领域，同时分析自身具备的审核资源与能力是否满足认证审核项目的需求。

认证机构通过申请评审与合同评审对是否接受认证申请进行确认，如果接受申请，即可与委托方或受审核方签订认证合同，并各自承担合同中规定的责任。对未通过审查的企业，认证机构通知企业进行补充、纠正或重新申请。

合同额取决于审核工作量(即所需人数)，对于单位工作量所需费用，国家有关部委专门发文加以规范。审核工作量的多少又取决于组织的实际情况，决定审核工作量的因素是多方面的，包括：组织的规模(占地面积、人数)，环境和职业健康安全影响的复杂程度、

行业特点，体系的复杂程度(单一或复合体系)等。

3. 明确委托方与受审核方的职责和义务

委托方是指提出审核要求，委托进行审核的组织。委托方可以是受审核方或其相关方，或是拥有法人或合同权力提出审核委托的组织。

受审核方指接受审核的组织，在实际运作中，委托方与受审核方多为同一组织，委托方也可是受审核方的上级机构、总公司等相关方。

在认证活动中，委托方与受审核方的责任是有所区别的：

(1)委托方的责任和义务

① 决定审核的启动与实施；

② 与受审核方接触，取得后者的充分合作并启动审核；

③ 确定审核目的；

④ 选择审核机构，对审核组长及审核组的组成予以确认；

⑤ 提供开展审核所需要的资源，包括按规定交纳申请、认证费用及年监费用；

⑥ 与审核组长商定审核范围；

⑦ 确认环境和职业健康安全管理体系审核准则；

⑧ 确定审核计划；

⑨ 接受审核报告并决定其分发范围；

⑩ 如对认证活动、人员及认证结果有争议，可向认证机构提出申诉和投诉。

(2)受审核方的责任和义务

① 视需要向员工传达审核的目的与范围；

② 向认证机构提供环境和职业健康安全管理体系文件及资料；

③ 向审核组提供必要的工作条件，保证审核的有效进行；

④ 选派负责并胜任的人员配合审核组工作，担任现场向导，向审核员介绍审核现场的健康、安全及其他有关要求；

⑤ 应审核员的要求，为他们提供有关信息和记录以及现场观察的便利条件；

⑥ 协助审核组实现审核目的；

⑦ 如无委托方的明令禁止，接受审核报告副本。

二、认证审核

1. 审核的策划和准备

环境和职业健康安全管理体系审核的策划和准备是现场审核前必不可少的重要环节，主要包括：确定审核范围；组成审核组；制定审核计划；准备审核工作文件。

(1)确定审核范围

审核范围是指受审核的环境和职业健康安全管理体系所覆盖的活动、产品和服务的范围。确定审核范围实质上就是明确受审核方作出持续改进及遵守相关法律法规和其他要求的承诺、保证其环境和职业健康安全管理体系实施和正常运行的责任范围。因此，准确地界定和描述审核范围，对认证机构、审核员、受审核方、委托方以及相关方都是极其重要的问题。

审核范围决定了审核的内容、场所、工作量、审核组成员的构成和规模以及是否需要聘请外部的技术专家参与，因此，在进行合同评审时，认证机构应确保有能力对其审核范围进行认证。审核范围应在初访时进行现场确认，审核组根据审核范围编写审核计划和其他审核工作文件。

确定审核范围时需要综合考虑多种因素，包括：

①受审核方组织机构的设置及其管理权限所覆盖的范围；

②受审核方产品、活动和服务中的类型和性质；

③危险因素及潜在后果的独立性和相关性；

④受审核方作业场所的分布状况及其地理范围；

⑤管理者对组织投入产出的责任；

⑥受审核方的特殊情况，即是否有排除在审核范围之外的场所和地点，等等。

一般可用以下三种方式确定审核范围：

①根据组织的管理权限来确定；

②根据组织的活动来确定；

③根据组织的现场区域来确定。

在确定审核范围时，往往由于组织实际情况的复杂性，很难简单地通过上述因素中的某一个方面来对审核范围进行清晰的界定，这时应对这三个方面进行综合考虑，确保审核范围的合理性。

审核范围的描述要做到简明、清晰、准确。审核范围的描述通常应考虑组织的现场范围、管理领域和活动领域。作业现场的范围可以用地名、街道、建筑物名称进行描述；管理范围可以其行政名称来表述；活动领域则应根据其主要活动内容来说明。

(2)组成审核组

① 确定审核组规模和成员。确定审核范围之后，认证机构应根据申请方的规模、特点、环境因素与危险有害，确定审核组的规模，委派合适人选担任审核组长，并由审核组长组成审核组，明确审核组成员的职责与活动范围。

为使审核具有客观公正性，审核组成员至少近三年内与被审核方无任何经济利益关系，并未就建立环境和职业健康安全管理体系向组织提供咨询服务。审核组成员名单应提交受审核方予以确认。

审核组中至少应配备一名相关专业的审核员，必要时可聘请技术专家；审核组中实习审核员人数一般不应超过审核员总数的1/2，且实习审核员不能独立承担审核任务。

② 审核组成员应具备的知识和能力要求。一个环境和职业健康安全审核员除了应具备必需的培训、教育、工作经历和从事环境和职业健康安全领域的工作经历外，审核员的良好素质是顺利实施现场审核的一个重要保证。一个合格的外审员除应具备内审员的知识和能力要求外，还应具有认证程序和要求方面的知识，具备较强的适应环境的能力，不屈从于无事实根据要求改变审核结论的压力，具有较强的语言和文字表达能力，等等。

(3)制定审核计划

审核计划是指导现场审核工作的重要依据。审核计划应经受审核方确认，包括在首次会议上的确认，如受审核方有特殊情况，审核组可适当加以调整。审核一般分为初始审核和正式审核两个阶段，由于这两个阶段审核工作的侧重点有所不同，因此，需要分别制定审核计划。

审核计划的内容包括：审核目的；审核范围；审核准则；审核组成员及其分工；审核日期；审核人/日数；审核日程安排；保密要求等。认证的审核目的是通过环境和职业健康安全管理体系认证，实现取证和注册。审核组应严守受审核方对保密的要求，包括产品、组织和审核信息等，在没有得到受审核方同意的情况下，不得向任何第三方透露。

(4)编制审核工作文件

认证审核过程中需要用到大量的审核工作文件，实施审核前应认真进行编制，以此作为现场审核时的指南。现场审核中需用到的审核工作文件主要有：审核计划；审核检查表；审核任务分配表；审核计划日程表；首末次会议签到表；审核记录；不符合报告；不符合项分布表；审核报告。审核组应根据以上工作文件的作用和特点，设计出一套规范化的表格，使现场审核按照预定的要求进行。

2. 审核的实施

环境和职业健康安全管理体系审核通常分为两个阶段。第一阶段审核称为初始审核，简称初审，第二阶段称为正式审核，也称现场审核。初审又由文件审核和初访两部分组成。初访是审核组与受审核方之间的正式接触，是正式审核前双方了解和沟通的第一次机会。因此，双方均应加强合作，充分交流信息，为开展第二阶段审核工作做好准备。初访并不是认证过程中必不可少的程序，是否进行初访主要取决于认证机构对组织的了解情况和文件审查的结果。

(1)初始审核。认证机构与受审核方签订合同，经过合同评审，根据受审核方经营的性质、环境和职业健康安全风险的特点以及审核范围等因素组建审核组并通知受审核方确认后，即可进入初始审核。

此阶段审核没有严格的首、末次会议等固定的形式，可由审核组依据具体情况确定。初审的目的主要有两个方面，一是收集必要的信息，文件审核可使审核组对组织的环境和职业健康安全管理体系形成初步了解，通过对现场的初访，确认体系实施和运行的基本情况和存在的问题，为正式审核确立重点；二是确定进行正式审核的可行性和条件，通过初审，审核组提出体系存在的问题，受审核方应按期进行整改，只有在整改完成后，方可进行正式审核。

① 文件审核。在进行现场审核前，审核组长应组织审核组成员对受审核方提交的环境和职业健康安全管理手册、程序文件，以及环境因素和危险有害因素清单、法律法规清单、目标、指标、环境和职业健康安全管理方案等进行审查。除此之外，审核组还可视具体情况对以下背景材料进行审查：建设项目劳动安全卫生预评价报告、“三同时”验收报告、以往事故记录、相关法律法规、厂区平面图、工艺流程图等。文件审核一般在认证机构决定受理认证申请之后、初访之前进行。

文件审核可以使审核组了解受审核方的环境和职业健康安全管理体系文件是否符合环境和职业健康安全管理体系审核规范的要求，从而确定是否进行现场审核，同时通过文件审查，了解受审核方的环境和职业健康安全管理体系运行情况，以便为正式审核作好准备。

② 初访。初访是认证机构人员第一次到受审核方现场了解情况，进行详细沟通的活动。

初访的目的和内容包括：了解组织的基本情况，对有关体系文件进行补充审核，考虑其可操作性和合理性；评审组织的内审和管理评审信息和记录，确认其可信度；对受审核方的重要环境因素和危险有害因素，环境和职业健康安全方针、目标、管理方案、运行控制、应急准备和响应、绩效测量和监测等要素策划的一致性进行评价；初步确认受审核方文件化的环境和职业健康安全管理体系与实际运行的环境和职业健康安全管理体系的一致性。认证机构一般要求受审核方应建立文件化的体系，并运行3个月以上，开展完整的内部审核及管理评审以后，才可进行认证审核。初访的重点是确定组织是否建立了一个自我发现、自我纠正和自我完善的机制；收集制定审核计划所需资料，认证机构通过初访与受审核方之间进行充分的沟通，了解组织的规模、机构设置、生产流程、产品范围、保密要求等概况，从而为制订审核计划、评估工作量以及配备审核组成员提供依据；初步商定正式现场审核的日期。

初访与正式审核相似，两者均应有计划及报告，首末次会议以及了解和收集现场客观证据的过程，但初访所用时间较短，主要是从大的方面了解主要内容，审核员对初访过程中发现的问题只开具《问题清单》，不开列《不符合报告》，并与受审核方有关领导交换意见。初访的结果要形成初访报告提交给认证机构及受审核方。

初访报告主要内容有：受审核方环境和职业健康安全管理体系要素概述(文件审核结论；体系建立与运行时间及基本运行情况；环境因素与危险有害因素的识别、评价和基本控制情况；适用于组织的环境和职业健康安全法律、法规和其他要求的获取和符合情况；环境和职业健康安全方针、目标、指标和管理方案的合理性；组织机构设置和职责分工；内审和管理评审的有效性)；目前存在的主要问题及是否具备现场审核条件的结论；确定现场审核的重点以及制订抽样方案。

(2)现场审核

现场审核的目的是验证环境和职业健康安全管理体系标准和体系文件的实际执行情况。通过现场采集客观证据，对体系运行状况是否符合标准的要求和体系文件规定作出判断，并据此对受审核方是否通过环境和职业健康安全管理体系认证作出结论。因此现场审核是一种符合性审核，用以证实受审核方在获准认证的范围内已经实施并保持了有效的环境和职业健康安全管理体系。

现场审核的实施方法与程序与内部审核基本一致。但审核报告的内容有所区别，认证审核报告通常包括如下内容：

① 受审核方的基本情况：主要包括受审核方名称、地址、电话、传真、邮编以及产品、活动和服务的内容，组织的规模和危险因素的特点。

② 受审核方的环境和职业健康安全管理体系概述：包括体系建立和运行的时间，文件的结构和整体情况。

③ 初审简况：包括文件审核和初访。

④ 现场审核简况：包括审核类型、目的、范围、依据、方式。审核日期及程序；认证机构及审核组成员名单(姓名、审核工作职务、资格)以及审核结果及评价。

⑤ 审核总结：

a. 受审核方的环境和职业健康安全管理体系与环境和职业健康安全管理体系标准的符合情况；

b. 受审核方遵守法律、法规和其他要求的情况；

c. 受审核方环境和职业健康安全管理体系实施的有效性；

d. 体系存在的主要问题。

⑥ 受审核方采取纠正措施的方案、时间及跟踪意见。

⑦ 审核结论(决定是否推荐注册)：

a. 组织的环境和职业健康安全管理体系对审核准则的符合情况；

b. 体系是否得到了正确的实施与保持；

c. 内部管理评审过程是否已确保环境和职业健康安全管理体系的持续适用性与有效性；

d. 是否推荐认证注册。

⑧ 审核报告发放范围。

⑨ 声明所附文件件数及页数。

⑩ 审核方与受审核方签名及签署日期：审核报告应经过认证机构的评审后才能正式分发。审核报告应由审核组长提交委托方(一般情况下即为受审核方)。审核报告属机密文件，审核员和收到审核报告的各方都应为受审核方保守机密。

3. 纠正措施跟踪验证

对于提出的各项不符合项，审核组应要求受审核方在规定期限内进行整改，这包括针对每一个不符合项进行不符合的原因分析，制订合理有效的纠正措施及预防措施，并付诸实施，并将纠正措施与结果报告审核组，同时附上相关证明材料。

纠正及预防措施的提出与完成应把握以下原则：

①受审核方针对不符合进行的原因分析应切中要害，而非避重就轻或浮于表面；

②采取纠正措施的力度应与不符合项伴随的环境和职业健康安全影响相匹配；

③预防措施应防患未然，能够举一反三，避免同类问题的发生；

④纠正与预防措施的制定及完成应及时；

⑤完成后的效果应能将伴随的环境和职业健康安全影响控制住；

⑥实施情况应有记录可查，提交的资料应充分，能够全面反映措施的实施情况及其效果。如需要应以照片、实施记录、报告、监测报告、资格部门证明、合同副本等形式证明；

⑦如纠正措施引起程序修改，修改内容应适用有效，按照文件控制规定完成相应的修改批准和发放手续并予以记录，且程序已被执行并附记录。

审核组应对纠正与预防措施予以验证，验证分为文件验证与现场跟踪验证两种方式，验证方式可视不符合及纠正的实际情况由审核组长决定，如果某些效果确需较长的时间才能最终体现，可作为遗留问题待下一次例行审核时再检查。

纠正措施的提出完成及验证一般应以文件化的形式体现，受审核方和审核组均应以签字表示相应责任，纠正措施的报告、验证资料将会同审核报告以及其他审核记录由审核组一并提交认证评定。

4. 认证评定

认证机构应设有负责认证评定的组织或部门，授权对审核过程及其结果进行评定，作出认证结论。国内多数机构将这一部门称为技术委员会，它是由认证机构内部或外部对环境和职业健康安全管理、环境和职业健康安全专业知识和环境和职业健康安全管理体系审核有较丰富经验的专家组成，认证评定应独立于审核工作之外，具备相对客观公正性。

审核组长整理出全部审核资料之后会同审核报告，不符合纠正措施报告及验证材料以及体系文件一并提交技术委员会，技术委员会委员通过审阅资料召开会议等方式形成认证结论，即：通过认证、不通过认证或暂缓通过认证三种结论，值得注意的是，如果审核组提出不推荐认证的意见，则技术委员会不能作出相反的决议。

认证评定通过以后即可签发认证证书了，认证证书一般由认证机构的最高管理者签发。认证机构会将认证评定结论正式通知受审核方，并在有关媒体进行公报。

三、认证后监督及复评

环境和职业健康安全管理体系认证机构对获准认证的受审核方在证书有效期内(一般为三年)应定期实施监督审核，以验证其是否持续满足认证标准的要求。这是促使受审核方环境和职业健康安全管理体系有效保持和不断改进的主要手段。

认证后监督包括监督审核和管理，对在监督审核和管理过程中所发现的问题受审核方应及时进行整改，如遇特殊情况认证机构可组织复审。监督审核和复审程序应与对受审核方进行初次审核的程序一致。受审核方的认证证书有效期满时，可通过复评再次获准认证。

1. 监督审核

(1)监督审核的目的

验证获证组织的环境和职业健康安全管理体系是否持续满足认证标准的要求或考察组织运行引起的环境和职业健康安全管理体系的变化是否符合认证要求。

(2)监督审核需要了解的内容

①认证机构对组织环境和职业健康安全管理体系监督的频次和深度应视组织环境因素和危险有害因素的复杂性及环境和职业健康安全影响程度等情况决定，通常至少一年一次，对初次通过认证组织的首次监督审核应在通过认证后半年内进行。

②每次监督审核认证机构均派出正式审核组按初次现场审核的程序进行。

③监督审核可采用抽样的方式进行。如果获证组织分布于几个不同的场所，每次监督审核可针对不同的现场进行抽样，但应确保在三年中覆盖全部现场，其中每年对其总部的审核至少一次。

④每次监督审核应涉及全部环境和职业健康安全管理体系要素，三年内的不同次监督审核对各个要素审查的深度和广度可各有侧重，特别应注意对初次现场审核或上次监督审核遗留问题的检查。

⑤较之初次审核，监督审核的要求不仅不应放松，反而应适度从严，如发现与上次审核相同的问题，应考虑不符合性质的升级。

⑥监督审核之后，审核组应为认证评定提供审核记录及报告，以便对受审核方环境和职业健康安全管理体系作出保持认证证书，认证暂停或认证撤销的决定。

(3)监督审核方案

每次监督审核均应特别关注以下内容：

①环境和职业健康安全管理体系在实现组织的环境和职业健康安全方针、目标方面的持续有效性；

②重要环境因素和危险有害因素的控制；

③内审及内审结论的跟踪；

④组织有关环境和职业健康安全法律、法规符合性的定期评价工作是否有效，是否及时向认证机构通报了违法行为；

⑤为实现整体环境和职业健康安全绩效的改进，依据组织的环境和职业健康安全方针对环境和职业健康安全管理体系加以不断改进而采取的方案措施、计划等的进展情况；

⑥与相关方的信息交流，包括有关接收、记录及反应程序以及执行情况；

⑦上次审核中发现的不符合所采取纠正措施的现场验证；

⑧体系文件的修改与调整；

⑨体系范围的变更；

⑩认证证书、标志和报告的使用和宣传情况；

⑪选定的其他审核内容。

监督审核同认证审核一样，可以采用审阅文件、查阅记录、现场观察、交谈及会谈的方式。需指出的是与负责环境和职业健康安全管理体系的环境和职业健康安全管理者代表交谈是监督审核的重要内容之一，因为他们在环境和职业健康安全管理体系的建立、实施、维护保持中起着核心的作用，这种关键职能的作用对体系的持续良好运行至关重要。

审核组还应根据获证组织对其环境和职业健康安全管理体系所作的重大更改(或发生了可能影响其认证资格的其他变化)或其具体的环境和职业健康安全问题及时调整其监督方案，以保证监督方案的合理性。

(4)监督审核结论

监督审核结束以后，审核组应作出以下主要结论：

①环境和职业健康安全管理体系是否得到正确的实施和保持；

②环境和职业健康安全管理体系是否确保持续适用性和有效性；

③重要环境因素和危险有害因素是否得到有效控制；

④组织是否持续遵守环境和职业健康安全法律、法规及其他要求，有无违法超标现象；

⑤不符合项是否破坏体系的完整性、有效性，是否得到纠正；

⑥是否推荐保持认证证书或暂停、撤销认证证书；

⑦对下一次监督审核应关注的要点及需要重点抽查的要素提出线索和建议。

2. 监督审核和管理中发现问题的处置

监督审核和管理中对所发现问题，视轻重程度有三种处置方式。

(1)认证暂停

有下列情况之一的，认证机构暂停认证证书持有者使用认证证书和标志的资格：

①认证证书持有者未经认证机构批准，对获准认证的环境和职业健康安全管理体系进行了重要更改，且该项更改影响到认证资格；

②监督审核发现认证证书持有者环境和职业健康安全管理体系达不到规定要求，但严重程度尚不构成撤销认证资格；

③认证证书持有者对认证证书和标志的使用不符合认证机构的规定；

④认证证书持有者未按期交纳认证费用且经指出后未予纠正；

⑤发现其他违反认证规则的情况。

认证暂停后，若认证证书持有者在规定的时间内满足规定的条件后，认证机构取消暂停，否则撤销认证资格，收回认证证书。

(2)认证撤销

有下列情况之一的，认证机构应撤销认证证书持有者使用认证证书和标志的资格，收回认证证书：

①暂停认证资格的通知发出后，认证证书持有者未按规定要求采取适当纠正措施；

②监督审核发现认证证书持有者环境和职业健康安全管理体系存在严重的不符合规定要求的情况；

③出现认证机构与认证证书持有者之间正式协议中特别规定的其他构成认证资格撤销的情况。

(3)认证注销

认证注销是认证机构注销认证证书持有者使用认证证书和标志的资格，并收回环境和职业健康安全管理体系认证证书。有下列情况之一时，应予以认证注销：

①由于认证规则发生变更，认证证书持有者不愿或不能确保符合新要求；

②在认证证书有效期届满时，认证证书持有者未在认证证书有效期届满前足够时间内向认证机构提出重新认证申请；

③认证证书持有者正式提出注销。

3. 复评

复评是对组织的环境和职业健康安全管理体系运行再一次的认证审核，包括认证证书有效期届满时，组织重新提出认证申请，认证机构受理并重新对组织进行的审核，以及组织发生重大变更而进行的再一次认证审核。

(1)复评的目的

为了证实组织的环境和职业健康安全管理体系持续满足环境和职业健康安全管理体系标准的要求，且环境和职业健康安全管理体系得到了很好的实施和保持。

(2)复评的要求

①对组织环境和职业健康安全管理体系的定期复评一般不应超过三年，复评应在认证证书有效期限终止前三个月内对组织的环境和职业健康安全管理体系的实施和保持情况进行审核；

②获准认证的受审核方在认证证书有效期内出现以下情况时，由认证机构组织复评：

a. 获准认证的受审核方出现重大变更可能影响组织的活动与运行(例如组织所有权，人员或设备的改变等)；

b. 获准认证的受审核方发生了影响到其认证基础的更改(如：体系认证标准变更或体系认证范围扩大或缩小)；

c. 相关方的严重投诉、抱怨，或其他来自相关方的信息的分析，表明已获认证的组织不再满足认证机构的要求；

③复评所需的人日数在认证基础无更改的情况下可比初次审核略少；

④复评的审核方法与初次审核相同，复评方案应考虑上一次审核的结果，并至少包括

环境和职业健康安全管理体系文件的审核和现场的审核；

⑤复评至少应确保组织：

a. 环境和职业健康安全管理体系的所有要素之间要统一协调；

b. 发生变更后，环境和职业健康安全管理体系运行良好；

c. 环境和职业健康安全管理体系得到有效的保持；

⑥复评过程中，审核组应检查组织投诉、申诉及对其所采取的纠正措施的记录，并检查组织是否符合认证要求；

⑦复评报告除应包括审核报告要求的全部内容外还应包括对前次审核发现的不符合的纠正情况。

(3)复评的结论

认证机构根据复评结果，作出是否换发证书的决定。

思考题

1. 如何实施和保持环境管理体系？
2. 某时间段的内部审核的程序有哪些？
3. 内审方案通常包含哪些内容？
4. 环境管理体系内审员应具备什么能力？
5. 内审组长和内审组成员各有哪些职责？
6. 内部审核活动应有哪些步骤？
7. 内部审核的首、末次会议各有哪些内容？
8. 现场审核时，用什么方式获取客观证据？
9. 内审员审核时发现分析天平和 pH 计不在有效检定期内，请你以此为例开一份不符合报告。
10. 内审报告应包括哪些内容？
11. 管理评审会议为什么要由最高管理者主持？
12. 管理评审的主要目的是什么？
13. 如何编写管理评审报告，通常包括哪些内容？
14. 管理体系的认证审核有哪些程序？
15. 受理认证审核申请的一般条件有哪些？
16. 初访的目的和内容是什么？
17. 监督审核的目的是什么？
18. 监督审核结论有哪些？
19. 监督审核中发现问题的处置方式有哪些？
20. 复评有哪些要求？

第八章　安全生产标准化

第一节　安全生产标准化的产生背景与意义

一、安全生产标准化工作背景

自 20 世纪 80 年代以来，我国一些企业就已开展安全质量标准化工作，并取得较好效果。这些企业包括煤炭、冶金、有色、建材、黄金等部门。它们为加强安全生产基础工作，适应企业改革和发展的需要，在行业内开展安全质量标准化活动，为加强企业安全生产管理打下了很好的基础，积累了一定的经验。2004 年初，《国务院关于进一步加强安全生产工作的决定》(国发〔2001〕2 号，以下简称《决定》) 指出，安全生产关系人民群众的生命财产安全，关系改革发展和社会稳定大局。当前，要进一步加强安全生产工作，尽快实现我国安全生产局面的根本好转。《决定》分 5 部分共 23 条。第一部分：提高认识，明确指导思想和奋斗目标；第二部分：完善政策，大力推进安全生产各项工作；第三部分：强化管理，落实生产经营单位安全生产主体责任；第四部分：完善制度，加强安全生产监督管理；第五部分：加强领导，形成齐抓共管的合力。第三部分及第 11 条指出："制定和颁布重点行业、领域安全生产技术规范和安全生产质量工作标准，在全国所有工矿、商贸、交通运输、建筑施工等企业普遍开展安全质量标准化活动。企业生产流通各个环节、各个岗位建立严格的安全生产质量责任制。生产经营活动和行为，必须符合安全生产有关法律法规和安全生产技术规范的要求，做到规范化和标准化。"国家安全生产监督管理总局为贯彻落实国务院《决定》和国务院领导同志的指示精神，下发了《关于开展安全质量标准化活动的指导意见》(安监管政法字〔2004〕62 号)，对开展此项工作进行了全面部署，提出了明确要求，煤矿、非煤矿山、危险化学品、烟花爆竹、冶金、机械等行业、领域均开展了安全质量标准化创建工作。

2004 年，国家安全生产监督管理总局组织起草了《危险化学品从业单位安全质量标准化标准及考核评级办法》(征求意见稿)，并在江苏省、山东省的 4 市 26 个试点单位进行了安全标准化试点工作。试点工作取得了阶段性成果，有效提高了试点单位的安全生产管理水平。2005 年 10 月 13 日，国家安全生产监督管理总局与陶氏化学公司在北京签署了开展危险化学品安全管理示范合作项目意向书。公司以无偿赠款方式支持开展该项目。同时，根据试点工作所取得的经验，在广泛征求专家意见和建议的基础上，国家安全生产监督管理总局对"征求意见稿"进行了修订，形成了《危险化学品从业单位安全标准化规范》，并通过了国家安全生产监督管理总局组织的专家评审，于 2005 年 12 月 16 日下发了《关于印发〈危险化学品从业单位安全标准化规范(试行)〉和危险化学品从业单位安全标准化考核机构管理办法(试行)的通知》(安监总危化字[2005] 198号)，开始在全国范围内的危险化学品从业单位实施安全标准化活动。经过两年多的推行，安全标准化工作已初见成效，企业的安全管理水平普遍得到提高。为进一步加强安全标准化推行的力度、深度和广度，国家安全生产监督管理总局发布了《关于下达2007年安全生产行业标准项目计划的通知》(安监总政法[2007]96号)，由国家安全生产监督管理总局化学品登记中心承担了安全生产行业标准化规范和行业实施指南的制定工作。国家安全生产监督管理总局2008年11月19日发布《危险化学品从业单位安全标准化通用规范》(AQ 3013—2008)，并于2009年1月1日实施。

2010年4月15日，国家安全生产监督管理总局以2010年第9号公告发布了《企业安全生产标准化基本规范》(AQ/T 9006—2010)安全生产行业标准，2010年6月1日起实施。为针对行业特点，加强制度建设，国家安全生产监督管理总局先后发布了《金属非金属矿山安全标准化规范》(AQ 2007—2006)系列标准、《氯碱生产企业安全标准化实施指南》(AQ/T 3016—2008)、《合成氨生产企业安全标准化实施指南》(AQ/T 3017—2008)、《硫酸生产企业安全生产标准化实施指南》(AQ 3037—2010)、《电石生产企业安全生产标准化实施指南》(AQ 3038—2010)、《溶解乙炔生产企业安全生产标准化实施指南》(AQ 3039—2010)、《涂料生产企业安全生产标准化实施指南》(AQ 3040—2010)等安全生产标准化实施指南以及一系列考核评级标准。2016年12月13日中华人民共和国国家质量监督检验检疫总局、中国国家标准化管理委员会发布《企业安全生产标准化基本规范》(GB/T 33000—2016)，将其从行业标准提升为国家标准。

国家安全生产监督管理总局关于印发2011年工作要点的通知(安监总政法〔2011〕19号)中指出：“五、以广泛开展安全生产标准化创建活动为有效载体，全面推进企业安全达标。(二十)全面开展安全生产标准化创建活动。在全国工矿商贸和交通运输企业普遍开展以‘企业达标升级’为主要内容的安全生产标准化创建活动。认真贯彻张德江副总理在全国煤矿班组安全建设推进会上的重要讲话精神，把班组建设作为安全管理的关键环节，从班组和岗位安全生产标准化这个基点抓起，推动专业达标和企业达标，把企业安全生产纳入制度化、规范化轨道，夯实筑牢企业安全生产根基。高危行业的危险化学品企业必须在2012年底前、煤矿等其他高危行业的企业必须在2011年底前达到三级以上安全生产标准化水平，重点企业要达到一级标准。冶金、机械等其他行业的企业必须制定达标规划，确保三年内全部达标，逾期不达标的要依法停产整顿直至依法关闭。各级安全监管部门和有关部门要加强对这项工作的综合监管、监督管理、统计分析和行业指导。”

2013年1月29日，国家安全监管总局等部门下发《关于全面推进全国工贸行业企业安全生产标准化建设的意见》(安监总管四〔2013〕8号)。提出要进一步建立健全工贸行业企业安全生产标准化建设政策法规体系，加强企业安全生产规范化管理，推进全员、全方位、全过程安全管理。力求通过努力，实现企业安全管理标准化、作业现场标准化和操作过程标准化，2015年年底前所有工贸行业企业实现安全生产标准化达标，企业安全生产基础得到明显强化。

2021年9月1日起施行的中华人民共和国安全生产法第四条规定，生产经营单位必须遵守本法和其他有关安全生产的法律、法规，加强安全生产管理，建立健全全员安全生产责任制和安全生产规章制度，加大对安全生产资金、物资、技术、人员的投入保障力度，改善安全生产条件，加强安全生产标准化、信息化建设，构建安全风险分级管控和隐患排查治理双重预防机制，健全风险防范化解机制，提高安全生产水平，确保安全生产。第二十一条第一款规定生产经营单位的主要负责人负有“建立健全并落实本单位全员安全生产责任制，加强安全生产标准化建设”的职责。

二、安全生产标准化的概念及内涵

1. 安全生产标准化的概念

通过建立安全生产责任制，制定安全管理制度和操作规程，排查治理隐患和监控重大危险源，建立预防机制，规范生产行为，使各生产环节符合有关安全生产法律法规和标准规范的要求，人、机、物、环处于良好的生产状态，并持续改进，不断加强企业安全生产规范化建设。

2. 安全生产标准化的基本内涵

安全生产标准化要求生产经营单位分析生产安全风险，建立预防机制，健全科学的安全生产责任制、安全生产管理制度和操作规程，使各生产环节和相关岗位的安全工作符合法律法规、标准规程等规定，达到和保持一定的标准，并持续改进、完善和提高，使企业的人、机、物、环始终处于在最好的安全状态下运行，进而保证和促进企业在安全的前提下健康快速发展。

三、安全生产标准化工作的意义

1. 安全生产标准化是全面贯彻我国安全法律法规、落实企业主体责任的基本手段

各行业安全生产标准化考评标准，均体现了法律法规、标准规程的具体要求，以管理标准化、操作标准化、现场标准化为核心，制定符合自身特点的各岗位、工种的安全生产规章制度和操作规程，做到安全管理有章可循、有据可依、照章办事的良好局面，规范和提高从业人员的安全操作技能。

通过建立健全安全生产责任制，将安全生产责任从企业法人落实到每个从业人员、操作岗位，强调全员参与的重要意义，进行全员、全过程、全方位的梳理工作，全面细致地查找各种事故隐患和问题及与考评标准规定不符合的地方，制定切实可靠的整改计划，落实各项整改措施，从而将安全生产的主体责任落实到位，促使企业安全生产状况持续好转。

2. 安全生产标准化是体现安全管理先进思想、提升企业安全管理水平的重要方法

安全生产标准化是在传统的安全质量标准化基础上，借鉴国外现代先进安全管理思想，强化风险管理，注重过程控制，做到持续改进，比传统的质量标准化具有更先进的理念和方法，比引进的职业安全健康管理体系有更具体的实际内容，是现代安全管理思想和科学方法的中国化，有利于形成和促进企业安全文化建设，促进安全管理水平的不断提升。

3. 安全生产标准化是改善设备设施状况、提高企业本质安全水平的有效途径

开展安全生产标准化活动重在基础、重在基层、重在落实、重在治本。各行业的考核标准在隐患排查的基础上，对现场设备设施提出了具体的条件，促使企业淘汰落后生产技术、设备，特别是危及安全的落后技术、工艺和装备，从根本上解决了企业安全生产的根本素质问题，提高企业的安全技术水平和生产力的整体发展水平，提高安全保障能力。

4. 安全生产标准化是预防控制风险、降低事故发生的有效办法

通过创建安全生产标准化工作，使隐患排查工作制度化、规范化和常态化，切实改变运动式的工作方法，对危险源做到可防可控，尤其是通过作业标准化，大大减少了习惯性违章指挥和违章作业现象，控制了事故多发的关键因素，全面降低事故风险，将事故消灭在萌芽状态，减少一般事故，进而扭转重特大事故频繁发生的被动局面。

5. 安全生产标准化是建立约束机制、树立企业良好形象的重要措施

安全生产标准化强调过程控制和系统管理，将贯彻国家有关法律法规、标准规程的行为过程及结果定量化或定性化，使安全生产工作处于可控状态，通过绩效考核、内部评审等方式、方法和手段的结合，形成了有效的安全生产激励约束机制。通过安全生产标准化，企业管理上升到一个新的水平，减少伤亡事故，提高企业竞争力，促进了企业发展，将为达标企业树立良好的社会形象。

6. 安全生产标准化是建立长效机制、提高安全监管水平的有力抓手

安全生产标准化是一项系统、全面、基础和长期的工作，克服了工作的随意性、临时性和阶段性，做到用法规抓安全，用制度保安全，实现企业安全生产工作规范化、科学化。开展安全生产标准化工作对于冶金、有色、机械等无行政许可的行业，完善了监管手段，在一定程度上解决了监管缺乏手段的问题，提高了监管力度和监管水平。

第二节　企业安全生产标准化基本规范

一、企业安全生产标准化基本规范的主要特点

1. 先进性

吸收了管理体系的思想，采用了国际通用的策划、实施、检查、改进（PDCA）动态循环的现代安全管理模式，以实现自我检查、自我纠正和自我完善，达到持续改进的目的，具有管理方法上的先进性。

2. 系统全面性

内容涉及安全生产的各个方面，从安全生产目标、组织机构和职责、安全投入、法律法规和安全管理制度、隐患排查和治理、培训教育、生产设备设施、作业安全、职业健康、应急救援、事故报告调查和处理、绩效评估和持续改进等十三个方面提出了比较全面

的要求，具有系统性和全面性。

3. 可操作性

结合我国已经制定的标准化工作的做法和经验，对核心要素都提出了具体、细化的内容要求。企业在贯彻规范的过程中，全员参与规章制度、操作规程的制定，并进行定期评估检查，这样使得规章制度、操作规程与企业的实际情况紧密结合，避免"两张皮"情况的发生，有较强的可操作性，便于企业实施。

4. 通用性

总结归纳了煤矿、危险化学品、金属非金属矿山、烟花爆竹、冶金、机械等已经颁布的行业安全生产标准化标准中的共性内容，从安全管理的共同要求出发，提出了共同的基本要求，普遍适用于各行业，是各行业安全生产标准化的"基本"标准，保证了各行业安全生产管理工作的一致性。

5. 管理量化性

吸收了传统标准化分级管理的思想，有配套的评分细则，在企业自主建立和外部评审定级中，根据对比衡量，得到量化的评价结果，能够较真实地反映自身的安全管理水平和改进方向，便于企业进行有针对性的改进、完善。量化的评价结果也是安全生产监督管理部门分类监管的依据。

6. 强调预测预警

规范要求企业应根据生产经营状况及隐患排查治理情况，运用定量的安全生产预测预警技术，建立体现企业安全生产状况及发展趋势的预警指数系统。企业应根据安全生产标准化的评定结果和安全生产预警指数系统所反映的趋势，对安全生产目标、指标、规章制度、操作规程等进行修改完善，持续改进，不断提高安全绩效。

7. 先进管理理念与传统管理思想相结合

将事故隐患排查与危险源辨识相结合，将持续改进与分级考评相结合，从而实现先进管理理念与传统管理思想的融合。

二、企业安全生产标准化基本规范的主要内容

《企业安全生产标准化基本规范》(GB/T 33000—2016)的主要内容包括：范围、规范性引用文件、术语和定义、一般要求(原则、建立和保持、评定和监督)和核心要求(8 个一级要素、28 个二级要素)，见表 8 – 1。

表 8 – 1 《企业安全生产标准化基本规范》的主要内容

章节	一级要素	二级要素
1 范围		
2 规范性引用文件		
3 术语和定义	3.1 企业安全生产标准化	
	3.2 安全生产绩效	
	3.3 企业主要负责人	

续表

章节	一级要素	二级要素
3　术语和定义	3.4　相关方	
	3.5　承包商	
	3.6　供应商	
	3.7　变更管理	
	3.8　安全风险	
	3.9　安全风险评估	
	3.10　安全风险管理	
	3.11　工作场所	
	3.12　作业环境	
	3.13　持续改进	
4　一般要求	4.1　原则	
	4.2　建立和保持	
	4.3　自评和评审	
5　核心要求	5.1　目标职责	5.1.1　目标 5.1.2　机构和职责 5.1.3　全员参与 5.1.4　安全生产投入 5.1.5　安全文化建设 5.1.6　安全生产信息化建设
	5.2　制度化管理	5.2.1　法规标准识别 5.2.2　规章制度 5.2.3　操作规程 5.2.4　文档管理
	5.3　教育培训	5.3.1　教育培训管理 5.3.2　人员教育培训
	5.4　现场管理	5.4.1　设备设施管理 5.4.2　作业安全 5.4.3　职业健康 5.4.4　警示标志
	5.5　安全风险管控及隐患排查治理	5.5.1　安全风险管理 5.5.2　重大危险源辨识与管理 5.5.3　隐患排查治理 5.5.4　预测预警
	5.6　应急管理	5.6.1　应急准备 5.6.2　应急处置 5.6.3　应急评估

续表

章节	一级要素	二级要素
5 核心要求	5.7 事故管理	5.7.1 报告 5.7.2 调查和处理 5.7.3 管理
	5.8 持续改进	5.8.1 绩效评定 5.8.2 持续改进

三、企业安全生产标准化基本规范与职业健康安全管理体系的比较

《企业安全生产标准化基本规范》(GB/T 33000—2016)核心要求二级要素与《职业健康安全管理体系　要求及使用指南》(GB/T 45001—2020)要素的比较见表8－2。

表8－2 《企业安全生产标准化基本规范》核心要求要素与《职业健康安全管理体系　要求及使用指南》要素比较

《企业安全生产标准化基本规范》(GB/T 33000—2016)核心要求要素 一级要素	二级要素	《职业健康安全管理体系　要求及使用指南》(GB/T 45001—2020)要素
5.1 目标职责	5.1.1 目标	6.2.1 职业健康安全目标 6.2.2 实现职业健康安全目标的策划
	5.1.2 机构和职责	5.3 组织的角色、职责和权限
	5.1.3 全员参与	5.4 工作人员的协商和参与
	5.1.4 安全生产投入	7.1 资源
	5.1.5 安全文化建设	5.1 领导作用与承诺
	5.1.6 安全生产信息化建设	7.5 文件化信息 7.5.2 创建和更新
5.2 制度化管理	5.2.1 法规标准识别	6.1.3 法律法规要求和其他要求的确定
	5.2.2 规章制度	
	5.2.3 操作规程	8.1.2 消除危险源和降低职业健康安全风险
	5.2.4 文档管理	7.5.3 文件化信息的控制
5.3 教育培训	5.3.1 教育培训管理	7.2 能力 7.3 意识
	5.3.2 人员教育培训	
5.4 现场管理	5.4.1 设备设施管理	8.1.3 变更管理 8.1.4 采购
	5.4.2 作业安全	8.1.2 消除危险源和降低职业健康安全风险
	5.4.3 职业健康	
	5.4.4 警示标志	

续表

《企业安全生产标准化基本规范》（GB/T 33000—2016）核心要求要素		《职业健康安全管理体系　要求及使用指南》（GB/T 45001—2020）要素
一级要素	二级要素	
5.5　安全风险管控及隐患排查治理	5.5.1　安全风险管理 5.5.2　重大危险源辨识与管理 5.5.3　隐患排查治理 5.5.4　预测预警	6.1.2　危险源辨识及风险和机遇的评价
5.6　应急管理	5.6.1　应急准备 5.6.2　应急处置 5.6.3　应急评估	8.2　应急准备和响应
5.7　事故管理	5.7.1　报告 5.7.2　调查和处理 5.7.3　管理	10.2　事件、不符合和纠正措施
5.8　持续改进	5.8.1　绩效评定	9.1　监视、测量、分析和评价绩效 9.2　内部审核 9.3　管理评审
	5.8.2　持续改进	10.3　持续改进

与《职业健康安全管理体系　要求及使用指南》（GB/T 45001—2020）相比，《企业安全生产标准化基本规范》（GB/T 33000—2016）核心要求二级要素没有涉及“4 组织所处的环境”“5.2 职业健康安全方针”“5.4 工作人员的协商和参与”“7.4 沟通”等要素。企业在实施安全生产标准化过程中，可以借鉴这些要素的要求加以完善。对于既要实施安全生产标准化，又要建立职业健康安全管理体系的企业，应将其中一个标准的要素要求融入另一个标准之中，建立既符合《企业安全生产标准化基本规范》（GB/T 33000—2016）又符合《职业健康安全管理体系　要求及使用指南》（GB/T 45001—2020）要求的综合管理体系。

四、企业安全生产标准化考评程序

企业安全生产标准化考评程序如图 8－1 所示。

（1）企业自评

企业成立自评机构，按照评定标准的要求进行自评，形成自评报告。企业自评可以邀请专业技术服务机构提供支持。

（2）申请评审

企业根据自评结果，经相应的安全生产监督管理部门（以下简称安全监管部门）同意后，提出书面评审申请。

申请安全生产标准化一级企业的，经所在地省级安全监管部门同意后，向一级企业评审组织单位提出申请；申请安全生产标准化二级企业的，经所在地市级安全监管部门同意后，向所在地省级安全监管部门或二级企业评审组织单位提出申请；申请安全生产标准化三级企业的，经所在地县级安全监管部门同意后，向所在地市级安全监管部门或三级企业评审组织。

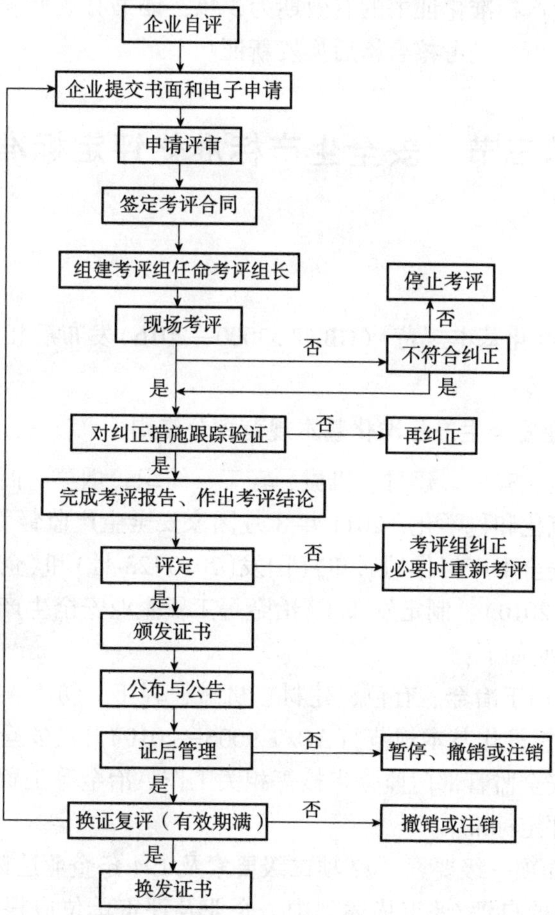

图 8－1　考核评级程序

符合申请要求的，通知相关评审单位组织评审；不符合申请要求的，书面通知申请企业，并说明理由。由评审组织单位受理申请的，评审组织单位对申请进行初步审查，报请审核公告的安全监管部门核准同意后，方可通知相关评审单位组织评审。

(3)评审报告

评审单位收到评审通知后，应按照相关评定标准的要求进行评审。评审完成后，经申请受理单位初步审查后，将符合要求的评审报告，报送审核公告的安全监管部门；对于不符合要求的评审报告，书面通知评审单位，并说明理由。

评审结果未达到企业申请等级的，经申请企业同意，限期整改后重审；或根据评审实际达到的等级，向相应的安全监管部门申请审核。

评审工作应在收到评审通知之日起三个月内完成(不含企业整改时间)。

(4)审核公告

审核公告的安全监管部门对提交的评审报告进行审核，对符合标准的企业予以公告；对不符合标准的企业，书面通知申请受理单位，并说明理由。

(5)颁发证书和牌匾

经公告的企业，由安全监管部门或指定的评审组织单位颁发相应等级的安全生产标准化证书和牌匾。安全生产标准化证书的有效期为3年，证书有效期满前3个月内，企业向原考核机构提出换证申请，经考核合格后换发新证。

第三节　安全生产标准化评定标准

一、工贸行业

《企业安全生产标准化基本规范》(GB/T 33000—2016)发布后相关评定标准尚未进行调整，以下内容仅供参考。

1. 冶金等工贸企业安全生产标准化基本规范评分细则

为进一步推进冶金、有色、建材、机械、轻工、纺织、烟草、商贸等行业安全生产标准化工作制度化、规范化和科学化，2011年8月国家安全生产监督管理总局依据《国务院关于进一步加强企业安全生产工作的通知》(国发〔2010〕23号)和《企业安全生产标准化基本规范》(AQ/T 9006—2010)，制定发布了《冶金等工贸企业安全生产标准化基本规范评分细则》。该细则考评说明如下：

(1)本评分细则适用于冶金、有色、建材、机械、轻工、纺织、烟草、商贸等行业企业根据《企业安全生产标准化基本规范》(AQ/T 9006—2010)开展安全生产标准化自评、申请、外部评审及各级安全监管部门监督审核等相关工作。冶金等工贸企业已有专业评定标准的，优先适用专业评定标准。

(2)本标准共有13项一级要素、42项二级要素及194条企业达标标准。

(3)在评分细则中的自评/评审描述列中，企业及评审单位应根据评分细则的有关要求，针对企业实际情况，如实进行得分及扣分点说明、描述，并在自评扣分点及原因说明汇总表中逐条列出。

(4)本评定标准中累计扣分的，均为直到该考评内容分数扣完止，不出现负分。有特别说明扣分的(在考评方式中加粗的内容)，在该类目内进行扣分。

(5)本评定标准共计1000分，最终标准化得分换算成百分制。换算公式如下：

标准化得分(百分制)=标准化工作评定得分÷(1000－不参与考评内容分数之和)×100。最后得分采用四舍五入，取小数点后一位数。

(6)标准化等级共分为一级、二级、三级，其中一级为最高。评定所对应的等级须同时满足标准化得分和安全绩效等要求，取最低的等级来确定标准化等级，见表8－3。

表8－3　标准化等级确定依据

评定等级	标准化得分	安全绩效
一级	≥90	应为大型企业集团、上市公司或行业领先企业。申请评审之日前一年内，大型企业集团、上市集团公司未发生较大以上生产安全事故，集团所属成员企业90%以上无死亡生产安全事故；上市公司或行业领先企业无死亡生产安全事故

续表

评定等级	标准化得分	安全绩效
二级	≥75	申请评审之日前一年内，大型企业集团、上市集团公司未发生较大以上生产安全事故，集团所属成员企业80%以上无死亡生产安全事故；企业死亡人员未超过1人
三级	≥60	申请评审之日前一年内生产安全事故累计死亡人员未超过2人

(7)冶金等工贸企业安全生产标准化考评程序、有效期、等级证书和牌匾等按照《全国冶金等工贸企业安全生产标准化考评办法》(安监总管四〔2011〕84号)的有关要求执行。

2. 冶金等工贸行业小微企业

冶金等工贸行业小微企业面广量大，且普遍存在注重经济效益，生产投入成本所占比重不高的情况。安全生产方面，小微企业在安全生产责任、安全生产监管、安全基础升级、安管人员配备、安全资金投入等方面难以得到有效落实。为进一步推进冶金、有色、建材、机械、轻工、纺织、烟草、商贸等行业(以下统称冶金等工贸行业)小微企业安全生产标准化工作制度化、规范化和科学化，2014年2月，国家安全生产监督管理总局依据《企业安全生产标准化基本规范(AQ/T 9006—2010)》，制定发布了《冶金等工贸行业小微企业安全生产标准化评定标准》。冶金等工贸行业小微企业安全生产标准化评定标准考评说明如下。

(1)本评定标准依据《企业安全生产标准化基本规范》(AQ/T 9006—2010)制定。

(2)本评定标准适用于冶金、有色、建材、机械、轻工、纺织、烟草、商贸等行业小微企业开展安全生产标准化自评、申请、评审工作。

(3)本评定标准所称冶金等工贸行业小微企业，依据工业和信息化部《关于印发中小企业划型标准规定的通知》(工信部联企业〔2011〕300号)确定。

(4)本评定标准共有11项考评类目及51条标准条款。

(5)本评定标准中累计扣分的，均为直到该考评内容分数扣完止，不出现负分。有特别说明扣分的(在评分方式中加粗的内容)，在该类目内进行扣分。

(6)本评定标准共计100分，得分计算公式如下：

标准化得分 = 标准化工作评定得分 ÷ (100 - 不参与考评内容分数之和) × 100。最后得分采用四舍五入，取小数点后一位数。

(7)考评程序：

①企业自评：小微企业按照本评定标准的要求进行自评，形成自评报告。如所在地安全监管部门已制定发布相关标准，可依据其进行自评创建。

②申请评审：企业根据自评结果，向所在地县级安全监管部门提交《冶金等工贸行业小微企业安全生产标准化评审申请表》。

企业同时还需要在冶金等工贸企业安全生产标准化达标信息管理系统中提交评审申请。国家安全监管总局网站“在线办事”栏目和机关子站“监管四司”等两个入口均可进入信息系统，信息系统操作方法见登录页面。

③评审：小微企业评审方法由地方安全监管部门制定。

④公告：地方安全监管部门应定期对达标企业进行公告。小微企业达标不分等级，达

标企业统一规定为“安全生产标准化达标企业”。

“安全生产标准化达标企业”应满足：申请评审之日前一年内未发生死亡事故，小型企业评审得分≥75分，微型企业评审得分≥60分。

(8)安全生产条件较好、管理水平较高的小微企业，可申请开展安全生产标准化三级及以上企业达标创建。

(9)“安全生产标准化达标企业”公告有效期为3年。期满前3个月，小微企业可按本办法的规定申请延期。

(10)在有效期内，企业发生造成一次死亡1人及以上或造成较大社会影响的生产安全事故的，由原公告部门撤销其“安全生产标准化达标企业”称号。

3. 冶金等工贸企业安全生产标准化专业评定标准

除《冶金等工贸企业安全生产标准化基本规范评分细则》外，国家安全生产监督管理总局还陆续发布了以下专业评定标准。

机械制造企业安全生产标准化评定标准

冶金企业安全生产标准化评定标准(轧钢)

冶金企业安全生产标准化评定标准(焦化)

冶金企业安全生产标准化评定标准(烧结球团)

冶金企业安全生产标准化评定标准(铁合金)

水泥企业安全生产标准化评定标准

氧化铝企业安全生产标准化评定标准

电解铝(含熔铸、碳素)企业安全生产标准化评定标准

冶金企业安全生产标准化评定标准(炼钢)

冶金企业安全生产标准化评定标准(炼铁)

冶金企业安全生产标准化评定标准(煤气)

平板玻璃企业安全生产标准化评定标准

建筑卫生陶瓷企业安全生产标准化评定标准

白酒生产企业安全生产标准化评定标准

啤酒生产企业安全生产标准化评定标准

乳制品生产企业安全生产标准化评定标准

仓储物流企业安全生产标准化评定标准

商场企业安全生产标准化评定标准

食品生产企业安全生产标准化评定标准

纺织企业安全生产标准化评定标准

造纸企业安全生产标准化评定标准

有色重金属冶炼企业安全生产标准化评定标准

有色金属压力加工企业安全生产标准化评定标准

调味品生产企业安全生产标准化评定标准

服装生产企业安全生产标准化评定标准

酒店业企业安全生产标准化评定标准

酒类(葡萄酒、露酒)生产企业安全生产标准化评定标准
石膏板生产企业安全生产标准化评定标准
饮料企业安全生产标准化评定标准

二、危化行业

2011 年 6 月 20 日，国家安全生产监督管理总局下发了《国家安全监管总局关于印发危险化学品从业单位安全生产标准化评审标准的通知》(安监总管三〔2011〕93 号)，为危化品从业单位安全生产标准化建设提供指导。

2011 年 9 月 16 日，国家安全生产监督管理总局下发了《国家安全监管总局关于印发危险化学品从业单位安全生产标准化评审工作管理办法的通知》(安监总管三〔2011〕145 号)，文件规定了危化品企业安全生产标注化评审条件、流程、评审单位、达标分级及其他相关要求。

危化行业安全生产标准化评审具体标准有：
危险化学品从业单位安全标准化通用规范
氯碱生产企业安全生产标准化实施指南
合成氨生产企业安全生产标准化实施指南
硫酸生产企业安全生产标准化实施指南
涂料生产企业安全生产标准化实施指南
溶解乙生产企业安全生产标准化实施指南
电石生产企业安全生产标准化实施指南

三、非煤矿山

2011 年 8 月 11 日国家安全生产监督管理总局下发了《国家安全监管总局关于进一步加强非煤矿山安全生产标准化建设工作的通知》(安监总管一〔2011〕104 号)、《金属非金属矿山安全标准化规范导则》《关于印发金属非金属矿山安全生产标准化评分方法的通知》(安监总厅管一〔2011〕177 号)、《石油行业安全生产标准化导则》。

金属非金属矿山安全标准化规范　导则
金属非金属矿山安全标准化规范　地下矿山实施指南
金属非金属矿山安全标准化规范　露天矿山实施指南
金属非金属矿山安全标准化规范　尾矿库实施指南
金属非金属矿山安全标准化规范　小型露天采石场实施指南
石油行业安全生产标准化　导则
石油行业安全生产标准化　地球物理勘探实施规范
石油行业安全生产标准化　钻井实施规范
石油行业安全生产标准化　测录井实施规范
石油行业安全生产标准化　井下作业实施规范
石油行业安全生产标准化　陆上采油实施规范

石油行业安全生产标准化　陆上采气实施规范
石油行业安全生产标准化　海上油气生产实施规范
石油行业安全生产标准化　管道储运实施规范
石油行业安全生产标准化　工程建设施工实施规范

四、其他行业

其他行业安全生产标准化相关办法及标准举例如下：
煤矿安全质量标准化基本要求及评分办法
住房城乡建设部办公厅关于开展建筑施工安全生产标准化考评工作的指导意见
建筑施工安全生产标准化考评暂行办法
电力企业安全生产标准化规范及达标评级标准
电力安全标准化达标评级管理办法
电力安全生产标准化达标评级实施细则
交通运输企业安全生产标准化考评管理办法
交通运输企业安全生产标准化达标考评指标
交通运输企业安全生产标准化建设评价管理办法
烟花爆竹生产企业安全生产标准化评审标准
烟花爆竹经营企业安全生产标准化评审标准

思考题

1. 开展安全生产标准化工作有哪些作用？

2. 安全生产标准化的概念及其内涵是什么？

3. 企业安全生产标准化基本规范有哪些特点？

4. 企业安全生产标准化基本规范与职业健康安全管理体系标准有哪些区别？

5. 企业如何同时满足《企业安全生产标准化基本规范》和《职业健康安全管理体系　要求及使用指南》的标准要求？

附录一

GB/T 24001—2016/ISO 14001：2015《环境管理体系　要求及使用指南》

前　言

本标准按照 GB/T 1.1—2009 给出的规则起草。

本标准代替 GB/T 24001—2004《环境管理体系　要求及使用指南》，与 GB/T 24001—2004 相比，除编辑性修改外主要技术性变化如下：

——采用了 ISO/IEC 导则第 1 部分附件 SL 中的高阶结构；

——修改了术语和定义；

——提出了战略环境管理的思维；

——采用了基于风险的思维；

——强化了领导的作用；

——承诺从污染预防扩展到保护环境；

——强调将环境管理体系融入组织的业务过程；

——更加强调提升环境绩效；

——明确要求运用生命周期观点；

——细化了内、外部信息交流的要求；

——对文件化信息的要求更加灵活。

本标准使用翻译法等同采用 ISO 14001：2015《环境管理体系　要求及使用指南》(英文版)。

本标准由全国环境管理标准化技术委员会(SAC/TC207)提出并归口。

本标准主要起草单位：中国标准化研究院、华夏认证中心有限公司、方圆标志认证集团有限公司、中国质量认证中心、中国合格评定国家认可中心、国家认监委认证技术研究所、中国认证认可协会、天津天地伟业科技有限公司、中质协质量保证中心、中国船级社质量认证公司、宝山钢铁股份有限公司、海尔集团、广汽本田汽车有限公司、苏州高新区管委会、上海大众汽车有限公司、南京造币有限公司。

本标准主要起草人：黄进、王顺琪、王瑜、杨振强、刘克、林翎、陈春瑜、李辰暄、孙佳林、张瑜、糜建青、任贤全、瞻松光、顾军、胡轶敏、周忻。

本标准所代替标准的历次版本发布情况为：

—— GB/T 24001—1996、GB/T 24001—2004。

引　言

0.1　背景

为了既满足当代人的需求，又不损害后代人满足其需求的能力，必须实现环境、社会和经济三者之间的平衡。通过平衡这“三大支柱”的可持续性，以实现可持续发展目标。

随着法律法规的日趋严格，以及因污染、资源的低效使用、废物管理不当、气候变化、生态系统退化、生物多样性减少等给环境造成的压力不断增大，社会对可持续发展、透明度和责任的期望值已发生了变化。

因此，各组织通过实施环境管理体系，采用系统的方法进行环境管理，以期为“环境支柱”的可持续性做出贡献。

0.2　环境管理体系的目的

本标准旨在为各组织提供框架，以保护环境，响应变化的环境状况，同时与社会经济需求保持平衡。本标准规定了环境管理体系的要求，使组织能够实现其设定的环境管理体系的预期结果。

环境管理的系统方法可向最高管理者提供信息，通过下列途径以获得长期成功，并为促进可持续发展创建可选方案：

——预防或减轻不利环境影响以保护环境；

——减轻环境状况对组织的潜在不利影响；

——帮助组织履行合规义务；

——提升环境绩效；

——运用生命周期观点，控制或影响组织的产品和服务的设计、制造、交付、消费和处置等的方式，能够防止环境影响被无意地转移到生命周期的其他阶段；

——实施环境友好的、且可巩固组织市场地位的可选方案，以获得财务和运营收益；

——与有关的相关方沟通环境信息。

本标准不拟增加或改变组织的法律法规要求。

0.3　成功因素

环境管理体系的成功实施取决于最高管理者领导下的组织各层次和职能承诺。组织可利用机遇，尤其是那些具有战略和竞争意义的机遇，预防或减轻不利的环境影响，增强有益的环境影响。通过将环境管理融入组织的业务过程、战略方向和决策制定过程，与其他业务的优先项相协调，并将环境管理纳入组织的全面管理体系中，最高管理者就能够有效地应对其风险和机遇。成功实施本标准可使相关方确信组织已建立了有效的环境管理体系。

然而，采用本标准本身并不保证能够获得最佳环境结果。本标准的应用可因组织所处环境的不同而存在差异。两个组织可能从事类似的活动，但是可能拥有不同的合规义务、环境方针承诺，使用不同的环境技术，并有不同的环境绩效目标，然而它们均可能满足本标准的要求。

环境管理体系的详略和复杂程度将取决于组织所处的环境、其环境管理体系的范围、其合规义务，以及其活动、产品和服务的性质，包括其环境因素和相关的环境影响。

0.4　策划—实施—检查—改进 模式

构成环境管理体系的方法是基于策划、实施、检查与改进(PDCA)的概念。PDCA 模式为组织提供了一个循环渐进的过程，用以实现持续改进。该模式可应用于环境管理体系及其每个单独的要素。该模式可简述如下：

——策划：建立所需的环境目标和过程，以实现与组织的环境方针相一致的结果。

——实施：实施所策划的过程。

——检查：根据环境方针(包括其承诺)、环境目标和运行准则，对过程进行监视和测量，并报告结果。

——改进：采取措施以持续改进。

图 1 展示了本标准采用的结构如何融入 PDCA 模式，它能够帮助新的和现有的使用者理解系统方法的重要性。

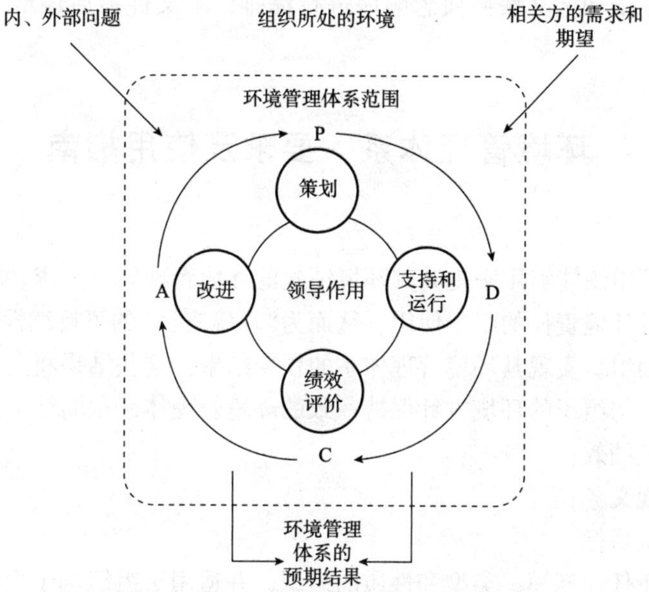

图 1　PDCA 与本标准结构之间的关系

0.5　本标准内容

本标准符合 ISO 对管理体系标准的要求。这些要求包括一个高层结构，相同的核心正文，以及具有核心定义的通用术语，目的是方便使用者实施多个 ISO 管理体系标准。

本标准不包含针对其他管理体系的要求，例如：质量、职业健康安全，能源或财务管理。

然而，本标准使组织能够运用共同的方法和基于风险的思想，将其环境管理体系与其他管理体系的要求进行整合。

本标准包括了评价符合性所需的要求。任何有愿望的组织均可能通过以下方式证实符合本标准：

——进行自我评价和自我声明；

——寻求组织的相关方(例如：顾客)，对其符合性进行确认；

——寻求组织的外部机构对其自我声明的确认；

——寻求外部组织对其环境管理体系进行认证或注册。

附录 A 提供了解释性信息以防止对本标准要求的错误理解。附录 B 显示了本标准与以往版本之间概括的技术对照。有关环境管理体系的实施指南包含在 GB/T 24004 中。

本标准使用以下词语：

——“应”(shall)表示要求；

——“应当”(should)表示建议；

——“可以”(may)表示允许；

——“可、可能、能够”(can)表示可能性或能力。

标记“注”的信息旨在帮助理解或使用本文件。第3章使用的“注”提供了附加信息，以补充术语信息，可能包括使用术语的相关规定。

第3章中的术语和定义按照概念顺序进行编排，本文件最后还给出了按字母顺序的索引。

环境管理体系　要求及使用指南

1　范围

本标准规定了组织能够用来提升其环境绩效的环境管理体系要求。本标准可供寻求以系统的方式管理其环境责任的组织使用，从而为“环境支柱”的可持续性做出贡献。

本标准可帮助组织实现其环境管理体系的预期结果，这些结果将为环境、组织自身和相关方带来价值。与组织的环境方针保持一致的环境管理体系预期结果包括：

——提升环境绩效；

——履行合规义务；

——实现环境目标。

本标准适用于任何规模、类型和性质的组织，并适用于组织基于生命周期观点确定的其活动、产品和服务中能够控制或能够施加影响的环境因素。本标准未提出具体的环境绩效准则。

本标准能够全部或部分地用于系统地改进环境管理。然而，只有本标准的所有要求都被包含在了组织的环境管理体系中且全部得以满足，组织才能声明符合本标准。

2　规范性引用文件

无规范性引用文件。

3　术语和定义

下列术语和定义适用于本文件。

3.1　与组织和领导作用有关的术语

3.1.1　管理体系 management system

组织(3.1.4)用于建立方针、目标(3.2.5)以及实现这些目标的过程(3.3.5)的相互关联或相互作用的一组要素。

注1：一个管理体系可关注一个或多个领域(例如：质量、环境、职业健康和安全、能源、财务管理)。

注2：体系要素包括组织的结构、角色和职责、策划和运行、绩效评价和改进。

注3：管理体系的范围可能包括整个组织、其特定的职能、其特定的部门，或跨组织的一个或多个职能。

3.1.2　环境管理体系 environmental management system

管理体系(3.1.1)的一部分，用来管理环境因素(3.2.2)、履行合规义务(3.2.9)，并应对风险和机遇(3.2.11)。

3.1.3　环境方针 environmental policy

由最高管理者(3.1.5)就环境绩效(3.4.11)正式表述的组织(3.1.4)的意图和方向。

3.1.4　组织 organization

为实现其目标(3.2.5)而具有职责、权限和相互关系构成自身功能的一个人或一组人。

注1：组织包括但不限于个体经营者、公司、集团公司、商行、企事业单位、政府机构、合股经营的公司、公益机构、社团，或上述单位中的一部分或其结合体，无论其是否具有法人资格、公营或私营。

3.1.5　最高管理者 top management

在最高层指挥并控制组织(3.1.4)的一个人或一组人。

注1：最高管理者有权在组织内部授权并提供资源。

注2：若管理体系(3.1.1)的范围仅涵盖组织的一部分，则最高管理者是指那些指挥并控制组织该部分的人员。

3.1.6　相关方 interested party

能够影响决策或活动、受决策或活动影响，或感觉自身受到决策或活动影响的个人或组织(3.1.4)。

示例：相关方可包括顾客、社区、供方、监管部门、非政府组织、投资方和员工。

注1："感觉自身受到影响"意指组织已知晓这种感觉。

3.2　与策划有关的术语

3.2.1　环境 environment

组织(3.1.4)运行活动的外部存在，包括空气、水、土地、自然资源、植物、动物、人，以及它们之间的相互关系。

注1：外部存在可能从组织内延伸到当地、区域和全球系统。

注2：外部存在可能用生物多样性、生态系统、气候或其他特征来描述。

3.2.2　环境因素 environmental aspect

一个组织(3.1.4)的活动、产品和服务中与环境或能与环境(3.2.1)发生相互作用的要素。

注1：一项环境因素可能产生一种或多种环境影响(3.2.4)。重要环境因素是指具有或能够产生一种或多种重大环境影响的环境因素。

注2：重要环境因素是由组织运用一个或多个准则确定的。

3.2.3　环境状况 environmental condition

在某个特定时间点确定的环境(3.2.1)的状态或特征。

3.2.4　环境影响 environmental impact

全部或部分地由组织(3.1.4)的环境因素(3.2.2)给环境(3.2.1)造成的不利或有益的变化。

3.2.5　目标 objective

要实现的结果。

注1：目标可能是战略性的、战术性的或运行层面的。

注2：目标可能涉及不同的领域(例如：财务、健康与安全以及环境的目标)，并能够应用于不同层面[例如：战略性的、组织层面的、项目、产品、服务和过程(3.3.5)]。

注3：目标可能以其他方式表达，例如：预期结果、目的、运行准则、环境目标(3.2.6)，或使用其他意思相近的词语，例如：指标等表达。

3.2.6　环境目标 environmental objective

组织(3.1.4)依据其环境方针(3.1.3)建立的目标(3.2.5)。

3.2.7　污染预防 prevention of pollution

为了降低不利的环境影响(3.2.4)而采用(或综合采用)过程(3.3.5)、惯例、技术、材料、产品、服务或能源以避免、减少或控制任何类型的污染物或废物的产生、排放或废弃。

注：污染预防可包括源消减或消除，过程、产品或服务的更改，资源的有效利用，材料或能源替代，再利用、回收、再循环、再生或处理。

3.2.8　要求 requirement

明示的、通常隐含的或必须满足的需求或期望 。

注1："通常隐含的"是指对组织(3.1.4)和相关方(3.1.6)而言是惯例或一般做法，所考虑的需求或期望是不言而喻的。

注2：规定要求是指明示的要求，例如：文件化信息(3.3.2)中规定的要求。

注3：法律法规要求以外的要求一经组织决定遵守即成为义务。

3.2.9　合规义务 compliance obligations [首选术语]

法律法规和其他要求 legal requirements and other requirements[许用术语]

组织(3.1.4)必须遵守的法律法规要求(3.2.8)，以及组织必须遵守或选择遵守的其他要求。

注1：合规义务是与环境管理体系(3.1.2)相关的。

注2：合规义务可能来自强制性要求，例如：适用的法律和法规，或来自自愿性承诺，例如：组织的和行业的标准、合同规定、操作规程、与社团或非政府组织间的协议。

3.2.10　风险 risk

不确定性的影响。

注1：影响指对预期的偏离——正面的或负面的。

注2：不确定性是一种状态，是指对某一事件、其后果或其可能性缺乏(包括部分缺乏)信息、理解或知识。

注3：通常用潜在"事件"(见GB/T 23694 中的4.5.1.3)与"后果"(见GB/T 23694 中的4.6.1.3)，或两者的结合来描述风险的特性。

注4：风险通常以事件后果(包括环境的变化)与相关的事件发生的"可能性"(见GB/T 23694 中的4.6.1.1)的组合来表示。

3.2.11　风险和机遇 risks and opportunities

潜在的不利影响(威胁)和潜在的有益影响(机会)。

3.3　与支持和运行有关的术语

3.3.1　能力 competence

运用知识和技能实现预期结果的本领。

3.3.2　文件化信息 documented information

组织(3.1.4)需要控制并保持的信息，以及承载信息的载体。

注1：文件化信息可能以任何形式和承载载体存在，并可能来自任何来源。

注2：文件化信息可能涉及：

——环境管理体系(3.1.2)，包括相关过程(3.3.5)；

——为组织运行而创建的信息(可能被称为文件)；

——实现结果的证据(可能被称为记录)。

3.3.3　生命周期 life cycle

产品(或服务)系统中前后衔接的一系列阶段，从自然界或从自然资源中获取原材料，直至最终处置。

注1：生命周期阶段包括原材料获取、设计、生产、运输和(或)交付、使用、寿命结束后处理和最终处置。

[修订自：GB/T 24044—2008 中的3.1，词语“(或服务)”已加入该定义，并增加了“注1”]

3.3.4　外包 outsource

安排外部组织(3.1.4)承担组织的部分职能或过程(3.3.5)。

注1：尽管外包的职能或过程在管理体系(3.1.1)范围之内，但外部组织是处在管理体系覆盖范围之外。

3.3.5　过程 process

将输入转化为输出的一系列相互关联或相互作用的活动。

注1：过程可形成也可不形成文件。

3.4　与绩效评价和改进有关的术语

3.4.1　审核 audit

获取审核证据并予以客观评价，以判定审核准则满足程度的系统的、独立的、形成文件的过程(3.5.5)。

注1：内部审核由组织(3.1.4)自行实施执行或由外部其他方代表其实施。

注2：审核可以是结合审核(结合两个或多个领域)。

注3：审核应由与被审核活动无责任关系、无偏见和无利益冲突的人员进行，以证实其独立性。

注4：“审核证据”包括与审核准则相关且可验证的记录、事实陈述或其他信息；而“审核准则”则是指与审核证据进行比较时作为参照的一组方针、程序或要求(3.2.8)，GB/T 19011—2013 中3.3和3.2中分别对它们进行了定义。

3.4.2　符合 conformity

满足要求(3.2.8)。

3.4.3　不符合 nonconformity

未满足要求(3.2.8)。

注1：不符合与本标准要求及组织(3.1.4)自身规定的附加的环境管理体系(3.1.2)要求有关。

3.4.4　纠正措施 corrective action

为消除不符合(3.4.3)的原因并预防再次发生所采取的措施。

注1：一项不符合可能由不止一个原因导致。

3.4.5　持续改进 continual improvement

不断提升绩效(3.4.10)的活动。

注1：提升绩效是指运用环境管理体系(3.1.2)，提升符合组织(3.1.4)的环境方针(3.1.3)的环境绩效(3.4.11)。

注2：该活动不必同时发生于所有领域，也并非不能间断。

3.4.6　有效性 effectiveness

实现策划的活动并取得策划的结果的程度。

3.4.7　参数 indicator

对运行、管理或状况的条件或状态的可度量的表述。

［来源：ISO 14031：2013 中的3.15］

3.4.8　监视 monitoring

确定体系、过程(3.3.5)或活动的状态。

注1：为了确定状态，可能需要实施检查、监督或认真地观察。

3.4.9　测量 measurement

确定数值的过程(3.3.5)。

3.4.10　绩效 performance

可度量的结果。

注1：绩效可能与定量或定性的发现有关。

注2：绩效可能与活动、过程(3.3.5)、产品(包括服务)、体系或组织(3.1.4)的管理有关。

3.4.11　环境绩效 environmental performance

与环境因素(3.2.2)的管理有关的绩效(3.4.10)。

注1：对于一个环境管理体系(3.1.2)，可能依据组织(3.1.4)的环境方针(3.1.3)、环境目标(3.2.6)或其他准则，运用参数(3.4.7)来测量结果。

4　组织所处的环境

4.1　理解组织及其所处的环境

组织应确定与其宗旨相关并影响其实现环境管理体系预期结果的能力的外部和内部问题。这些问题应包括受组织影响的或能够影响组织的环境状况。

4.2　理解相关方的需求和期望

组织应确定：

a)与环境管理体系有关的相关方；

b)这些相关方的有关需求和期望(即要求)；

c)这些需求和期望中哪些将成为其合规义务。

4.3　确定环境管理体系的范围

组织应确定环境管理体系的边界和适用性，以界定其范围。

确定范围时组织应考虑：

a)4.1 所提及的内、外部问题；

b)4.2 所提及的合规义务；

c)其组织单元、职能和物理边界；

d)其活动、产品和服务；

e)其实施控制与施加影响的权限和能力。

范围一经界定，在该范围内组织的所有活动、产品和服务均须纳入环境管理体系。

范围应作为文件化信息予以保持，并可为相关方所获取。

4.4　环境管理体系

为实现组织的预期结果，包括提升其环境绩效，组织应根据本标准的要求建立、实施、保持并持续改进环境管理体系，包括所需的过程及其相互作用。

组织建立并保持环境管理体系时，应考虑4.1 和4.2 中所获得的知识。

5　领导作用

5.1　领导作用与承诺

最高管理者应证实其在环境管理体系方面的领导作用和承诺：

a)对环境管理体系的有效性负责；

b)确保建立环境方针和环境目标，并确保其与组织的战略方向及所处的环境相一致；

c)确保将环境管理体系要求融入组织的业务过程；

d)确保可获得环境管理体系所需的资源；

e)就有效环境管理的重要性和符合环境管理体系要求的重要性进行沟通；

f)确保环境管理体系实现其预期结果；

g)指导并支持员工对环境管理体系的有效性做出贡献；

h)促进持续改进；

i)支持其他相关管理人员在其职责范围内证实其领导作用。

注： 本标准所提及的“业务”可从广义上理解为涉及组织存在目的的那些核心活动。

5.2　环境方针

最高管理者应在确定的环境管理体系范围内建立、实施并保持环境方针，环境方针应：

a)适合于组织的宗旨和组织所处的环境，包括其活动、产品和服务的性质、规模和环境影响；

b)为制定环境目标提供框架；

c)包括保护环境的承诺，其中包含污染预防及其他与组织所处环境有关的特定承诺；

注： 保护环境的其他特定承诺可包括资源的可持续利用、减缓和适应气候变化、保护生物多样性和生态系统。

d)包括履行其合规义务的承诺；

e)包括持续改进环境管理体系以提高环境绩效的承诺。

环境方针应：

——以文件化信息的形式予以保持；

——在组织内得到沟通；

——可为相关方获取。

5.3　组织的角色、职责和权限

最高管理者应确保在组织内部分配并沟通相关角色的职责和权限。

最高管理者应对下列事项分配职责和权限：

a)确保环境管理体系符合本标准的要求；

b)向最高管理者报告环境管理体系的绩效，包括环境绩效。

6 策划

6.1 应对风险和机遇的措施

6.1.1 总则

组织应建立、实施并保持满足6.1.1至6.1.4的要求所需的过程。

策划环境管理体系时，组织应考虑：

a)4.1所提及的问题；

b)4.2所提及的要求；

c)其环境管理体系的范围；

并且，应确定与环境因素(见6.1.2)、合规义务(见6.1.3)、4.1和4.2中识别的其他问题和要求相关的需要应对的风险和机遇，以：

——确保环境管理体系能够实现其预期结果；

——预防或减少不期望的影响，包括外部环境状况对组织的潜在影响；

——实现持续改进。

组织应确定其环境管理体系范围内的潜在紧急情况，特别是那些可能具有环境影响的潜在紧急情况。

组织应保持以下内容的文件化信息：

——需要应对的风险和机遇；

——6.1.1至6.1.4中所需的过程，其详尽程度应使人确信这些过程能按策划得到实施。

6.1.2 环境因素

组织应在所界定的环境管理体系范围内，确定其活动、产品和服务中能够控制和能够施加影响的环境因素及其相关的环境影响。此时应考虑生命周期观点。

确定环境因素时，组织必须考虑：

a)变更，包括已纳入计划的或新的开发，以及新的或修改的活动、产品和服务；

b)异常状况和可合理预见的紧急情况。

组织应运用所建立的准则，确定那些具有或可能具有重大环境影响的环境因素，即重要环境因素。

适当时，组织应在其各层次和职能间沟通其重要环境因素。

组织应保持以下内容的文件化信息：

——环境因素及相关环境影响；

——用于确定其重要环境因素的准则；

——重要环境因素。

注：重要环境因素可能导致与不利环境影响(威胁)或有益环境影响(机会)有关的风险和机遇。

6.1.3 合规义务

组织应：

a)确定并获取与其环境因素有关的合规义务；

b)确定如何将这些合规义务应用于组织；

c)在建立、实施、保持和持续改进其环境管理体系时必须考虑这些合规义务。

组织应保持其合规义务的文件化信息。

注：合规义务可能会给组织带来风险和机遇。

6.1.4　措施的策划

组织应策划：

a)采取措施管理其：

1)重要环境因素；

2)合规义务；

3)6.1.1 所识别的风险和机遇。

b)如何：

1)在其环境管理体系过程(见6.2，第7章，第8章 和9.1)中或其他业务过程中融入并实施这些措施；

2)评价这些措施的有效性(见9.1)。

当策划这些措施时，组织应考虑其可选技术方案、财务、运行和经营要求。

6.2　环境目标及其实现的策划

6.2.1　环境目标

组织应针对其相关职能和层次建立环境目标，此时必须考虑组织的重要环境因素及相关的合规义务，并考虑其风险和机遇。

环境目标应：

a)与环境方针一致；

b)可度量(如可行)；

c)得到监视；

d)予以沟通；

e)适当时予以更新。

组织应保持环境目标的文件化信息。

6.2.2　实现环境目标的措施的策划

策划如何实现环境目标时，组织应确定：

a)要做什么；

b)需要什么资源；

c)由谁负责；

d)何时完成；

e)如何评价结果，包括用于监视实现其可度量的环境目标的进程所需的参数(见9.1.1)。

组织应考虑如何能将实现环境目标的措施融入其业务过程。

7　支持

7.1　资源

组织应确定并提供建立、实施、保持和持续改进环境管理体系所需的资源。

7.2　能力

组织应：

a)确定在其控制下工作，对其环境绩效和履行合规义务的能力有影响的人员所需的能力；

b)基于适当的教育、培训或经历，确保这些人员是能胜任的；

c)确定与其环境因素和环境管理体系相关的培训需求；

d)适用时，采取措施以获得所必需的能力，并评价所采取措施的有效性。

注：适用的措施可能包括，例如：向现有员工提供培训、指导，或重新分配工作；或聘用、雇佣能胜任的人员。

组织应保留适当的文件化信息作为能力的证据。

7.3 意识

组织应确保在其控制下工作的人员意识到：

a)环境方针；

b)与他们的工作相关的重要环境因素和相关的实际或潜在的环境影响；

c)他们对环境管理体系有效性的贡献，包括对提高环境绩效的贡献；

d)不符合环境管理体系要求，包括未履行组织合规义务的后果。

7.4 信息交流

7.4.1 总则

组织应建立、实施并保持与环境管理体系有关的内部与外部信息交流所需的过程，包括：

a)信息交流的内容；

b)信息交流的时机；

c)信息交流的对象；

d)信息交流的方式。

策划信息交流过程时，组织应：

——必须考虑其合规义务；

——确保所交流的环境信息与环境管理体系形成的信息一致且真实可信。

组织应对其环境管理体系相关的信息交流做出响应。

适当时，组织应保留文件化信息，作为其信息交流的证据。

7.4.2 内部信息交流

组织应：

a)在其各职能和层次间就环境管理体系的相关信息进行内部信息交流，适当时，包括交流环境管理体系的变更；

b)确保其信息交流过程使在其控制下工作的人员能够为持续改进做出贡献。

7.4.3 外部信息交流

组织应按其合规义务的要求及其建立的信息交流过程，就环境管理体系的相关信息进行外部信息交流。

7.5 文件化信息

7.5.1 总则

组织的环境管理体系应包括：

a)本标准要求的文件化信息；

b)组织确定的实现环境管理体系有效性所必需的文件化信息。

注：不同组织的环境管理体系文件化信息的复杂程度可能不同，取决于：

——组织的规模及其活动、过程、产品和服务的类型；

——证明履行其合规义务的需要；

——过程的复杂性及其相互作用；

——在组织控制下工作的人员的能力。

7.5.2　创建和更新

创建和更新文件化信息时，组织应确保适当的：

a)识别和说明(例如：标题、日期、作者或参考文件编号)；

b)形式(例如：语言文字、软件版本、图表)与载体(例如：纸质的、电子的)；

c)评审和批准，以确保适宜性和充分性。

7.5.3　文件化信息的控制

环境管理体系及本标准要求的文件化信息应予以控制，以确保其：

a)在需要的时间和场所均可获得并适用；

b)得到充分的保护(例如：防止失密、不当使用或完整性受损)。

为了控制文件化信息，组织应进行以下适用的活动：

——分发、访问、检索和使用；

——存储和保护，包括保持易读性；

——变更的控制(例如：版本控制)；

——保留和处置。

组织应识别其确定的对环境管理体系策划和运行所需的来自外部的文件化信息，适当时，应对其予以控制。

注："访问"可能指仅允许查阅文件化信息的决定，或可能指允许并授权查阅和更改文件化信息的决定。

8　运行

8.1　运行策划和控制

组织应建立、实施、控制并保持满足环境管理体系要求以及实施6.1和6.2所识别的措施所需的过程，通过：

——建立过程的运行准则；

——按照运行准则实施过程控制。

注：控制可包括工程控制和程序控制。控制可按层级(例如：消除、替代、管理)实施，并可单独使用或结合使用。

组织应对计划内的变更进行控制，并对非预期性变更的后果予以评审，必要时，应采取措施降低任何不利影响。

组织应确保对外包过程实施控制或施加影响，应在环境管理体系内规定对这些过程实施控制或施加影响的类型与程度。

从生命周期观点出发，组织应：

a)适当时，制定控制措施，确保在产品或服务设计和开发过程中，落实其环境要求，此时应考虑生命周期的每一阶段；

b)适当时，确定产品和服务采购的环境要求；

c)与外部供方(包括合同方)沟通组织的相关环境要求；

d)考虑提供与其产品和服务的运输或交付、使用、寿命结束后处理和最终处置相关的潜在重大环境影响的信息的需求。

组织应保持必要程度的文件化信息，以确信过程已按策划得到实施。

8.2 应急准备和响应

组织应建立、实施并保持对6.1.1中识别的潜在紧急情况进行应急准备并做出响应所需的过程。

组织应：

a)通过策划的措施做好响应紧急情况的准备，以预防或减轻它所带来的不利环境影响；

b)对实际发生的紧急情况做出响应；

c)根据紧急情况和潜在环境影响的程度，采取相适应的措施预防或减轻紧急情况带来的后果；

d)可行时，定期试验所策划的响应措施；

e)定期评审并修订过程和策划的响应措施，特别是发生紧急情况后或进行试验后；

f)适用时，向有关的相关方，包括在组织控制下工作的人员提供与应急准备和响应相关的信息和培训。

组织应保持必要程度的文件化信息，以确信过程按策划得到实施。

9 绩效评价

9.1 监视、测量、分析和评价

9.1.1 总则

组织应监视、测量、分析和评价其环境绩效。

组织应确定：

a)需要监视和测量的内容；

b)适用时的监视、测量、分析与评价的方法，以确保有效的结果；

c)组织评价其环境绩效所依据的准则和适当的参数；

d)何时应实施监视和测量；

e)何时应分析和评价监视和测量结果。

适当时，组织应确保使用和维护经校准或验证的监视和测量设备。

组织应评价其环境绩效和环境管理体系的有效性。

组织应按其合规义务的要求及其建立的信息交流过程，就有关环境绩效的信息进行内部和外部信息交流。

组织应保留适当的文件化信息，作为监视、测量、分析和评价结果的证据。

9.1.2 合规性评价

组织应建立、实施并保持评价其合规义务履行情况所需的过程。

组织应：

a）确定实施合规性评价的频次；

b）评价合规性，需要时采取措施；

c）保持其合规状况的知识和对其合规情况的理解。

组织应保留文件化信息，作为合规性评价结果的证据。

9.2　内部审核

9.2.1　总则

组织应按计划的时间间隔实施内部审核，以提供下列关于环境管理体系的信息：

a）是否符合：

1）组织自身环境管理体系的要求；

2）本标准的要求；

b）是否得到了有效的实施和保持。

9.2.2　内部审核方案

组织应建立、实施并保持一个或多个内部审核方案，包括实施审核的频次、方法、职责、策划要求和内部审核报告。

建立内部审核方案时，组织必须考虑相关过程的环境重要性、影响组织的变化以及以往审核的结果。

组织应：

a）规定每次审核的准则和范围；

b）选择审核员并实施审核，确保审核过程的客观性与公正性；

c）确保向相关管理者报告审核结果。

组织应保留文件化信息，作为审核方案实施和审核结果的证据。

9.3　管理评审

最高管理者应按计划的时间间隔对组织的环境管理体系进行评审，以确保其持续的适宜性、充分性和有效性。

管理评审应包括对下列事项的考虑：

a）以往管理评审所采取措施的状况；

b）以下方面的变化：

1）与环境管理体系相关的内、外部问题；

2）相关方的需求和期望，包括合规义务；

3）其重要环境因素；

4）风险和机遇。

c）环境目标的实现程度；

d）组织环境绩效方面的信息，包括以下方面的趋势：

1）不符合和纠正措施；

2）监视和测量的结果；

3）其合规义务的履行情况；

4）审核结果。

e）资源的充分性；

f)来自相关方的有关信息交流，包括抱怨；

g)持续改进的机会。

管理评审的输出应包括：

——对环境管理体系的持续适宜性、充分性和有效性的结论；

——与持续改进机会相关的决策；

——与环境管理体系变更的任何需求相关的决策，包括资源；

——如需要，环境目标未实现时采取的措施；

——如需要，改进环境管理体系与其他业务过程融合的机会；

——任何与组织战略方向相关的结论。

组织应保留文件化信息，作为管理评审结果的证据。

10　改进

10.1　总则

组织应确定改进的机会(见9.1、9.2 和9.3)，并实施必要的措施，以实现其环境管理体系的预期结果。

10.2　不符合和纠正措施

发生不符合时，组织应：

a)对不符合做出响应，适用时：

1)采取措施控制并纠正不符合；

2)处理后果，包括减轻不利的环境影响；

b)通过以下方法评价消除不符合原因的措施需求，以防止不符合再次发生或在其他地方发生：

1)评审不符合；

2)确定不符合的原因；

3)确定是否存在或是否可能发生类似的不符合。

c)实施任何所需的措施；

d)评审所采取的任何纠正措施的有效性；

e)必要时，对环境管理体系进行变更。

纠正措施应与所发生的不符合造成影响(包括环境影响)的重要程度相适应。

组织应保留文件化信息作为下列事项的证据：

——不符合的性质和所采取的任何后续措施；

——任何纠正措施的结果。

10.3　持续改进

组织应持续改进环境管理体系的适宜性、充分性与有效性，以提升环境绩效。

附录 A

(资料性附录)

本标准使用指南

A.1　总则

本附录所给出的附加信息旨在防止对本标准所包含的要求的错误理解。这些信息的阐述与标准要求保持一致，不拟增加、扣除或以任何方式修改本标准的要求。

本标准所包含的要求需要从系统或整体的角度进行考虑。使用者不应当脱离其他条款孤立地阅读本标准的特定句子或条款。某些条款中的要求与其他条款中的要求之间存在着相互联系。例如：组织需要理解其环境方针中的承诺与其他条款规定的要求之间的联系。

对变更的管理是组织保持环境管理体系，以确保能够持续实现其环境管理体系预期结果的一个重要组成部分。本标准诸多要求中均提出对变更的管理，包括：

——保持环境管理体系(见4.4)；

——环境因素(见6.1.2)；

——内部信息交流(见7.4.2)；

——运行控制(见8.1)；

——内部审核方案(见9.2.2)；以及

——管理评审(见9.3)。

作为变更管理的一部分，组织应当处理计划内与计划外的变更，以确保这些变更的非预期结果不对环境管理体系的预期结果产生负面影响。变更包括以下示例：

——计划的对产品、过程、运行、设备或设施的变更；

——员工或外部供方(包括合同方)的变更；

——与环境因素、环境影响和相关技术有关的新信息；

——合规义务的变更。

A.2　结构和术语的说明

为改进与其他管理体系标准之间的一致性，本标准的条款结构和一些术语已做出了变更。然而，本标准并未要求必须将其条款结构或术语应用于组织环境管理体系文件，也未要求必须以本标准使用的术语替代组织使用的术语。组织可选择使用适合其业务的术语，例如："记录""文件"或"规程"，而不一定用"文件化信息"。

A.3　概念的说明

除了条款3 给出的术语和定义外，以下还对选取概念进行了说明，以防止错误理解：

——本标准中，"any(任何)"一词的使用意指选用或选择。

——"appropriate(适当的)"与"applicable(适用的)"不得互换。"适当的"意指适合于或适于……的，并意味着某种程度的自由；而"适用的"意指相关的或有可能应用的，且意味着如果能够做到，就需要做。

——"consider(考虑)"一词意指有必要考虑这一话题，但可拒绝考虑；而"take into account(必须考虑)"意指有必要考虑这一话题，但不能拒绝考虑。

——"continual(持续)"指发生在一段时期内的持续，但可能有间断；而"continuous(连续)"指不间断的持续，因此应当使用"持续"来描述改进。

——本标准中，"effect(影响)"一词用来描述组织变化的结果；"environmental impact(环境影响)"特指对环境造成变化的结果。

——"ensure(确保)"一词意指职责可以委派，但责任不能委派。

——本标准使用了术语"interested party(相关方)"，"stakeholder(利益相关方)"是其同义词，代表了相同概念。

本标准使用了一些新的术语。以下对其进行简单解释，有助于新的使用者和本标准前版标准的使用者理解。

——“compliance obligations（合规义务）”短语替代了前版标准的短语“legalre quirements and other requirements to which the organization subscribes（法律法规要求和组织应遵守的其他要求）”，这一新短语的含义与前版标准无区别。

——“documented information（文件化信息）”替代了前版标准中的名词“documentation（文件）”“documents（文档）”和“records（记录）”。为了区分“文件化信息”这一通用术语的含义，本标准现使用短语“保留（retain）文件信息作为……的证据”来表示记录，用短语“maintain（保持）文件化信息”来表示记录以外的文件。短语“作为…的证据”并非满足法律证据的要求，而只是表明需要保留的客观证据。

——短语“external provider（外部供方）”意指提供产品或服务的外部供方组织（包括合同方）。

——将“identify（识别、确定）”改为“determine（确定）”旨在与标准化的管理体系术语保持一致。“确定”一词意指获得认知的探索过程，其含义与前版标准无区别。

——短语“预期结果（intended outcome）”指组织通过实施其环境管理体系想要实现的结果。最低限度的预期结果包括提升环境绩效、履行合规义务和实现环境目标。组织可针对其环境管理体系设定附加的预期结果，例如与其保护环境的承诺相一致，组织可建立一个致力于实现可持续发展的预期结果。

——短语“person（s）doing work under its control（在其控制下工作的人员）”包括为组织工作的人员和那些代表组织工作并承担相应职责的人员（例如：合同方）。以此代替前版标准中的短语“persons working for it or on its behalf, persons working for or on behalf of the organization（为组织或代表组织工作的人员）”，这一新短语的含义与前版标准无区别。

——前版标准中使用的“target（指标）”这一概念已包含在术语“environmental objective（环境目标）”中。

A.4 组织所处的环境

A.4.1 理解组织及其所处的环境

4.1 旨在针对可能对组织管理其环境责任的方式产生影响（正面的或负面的）的重要问题提供一个高层次的、概念性的理解。这些问题是组织的重要议题，也是需要探讨和讨论的问题，或是对组织实现其设定的环境管理体系预期结果的能力造成影响的变化着的情况。

可能与组织所处的环境相关的内、外部问题示例如下：

a）与气候、空气质量、水质量、土地利用、现存污染、自然资源的可获得性、生物多样性等相关的、可能影响组织目的或受组织环境因素影响的环境状况；

b）外部的文化、社会、政治、法律、监管、财务、技术、经济、自然以及竞争环境，包括国际的、国内的、区域的和地方的；

c）组织内部特征或条件，例如：其活动、产品和服务、战略方向、文化与能力（即：人员、知识、过程、体系）。

理解组织所处的环境可用于建立、实施、保持并持续改进其环境管理体系（见4.4）。

4.2　所确定的内外部问题可能给组织或环境管理体系带来风险和机遇（见6.1.1至6.1.3）。组织可从中确定那些需要应对和管理的风险和机遇（见6.1.4，6.2，第7章，第8章和9.1）。

A.4.2　理解相关方的需求和期望

本标准希望组织对那些已确定与其有关的内外部相关方所明示的需求和期望有一个总体的（即高层次非细节性的）理解。组织在确定这些需求和期望中哪些他们必须遵守或选择遵守时，即合规义务（见6.1.1）时，需考虑其所获得的知识。

当某相关方认为其受到组织有关环境绩效的决策或活动的影响时，则组织应考虑该相关方向其告知或披露的相关需求和期望。

相关方的要求不一定是组织必须满足的要求。一些相关方的要求体现了强制性的需求和期望，因为这些需求和期望已被纳入法律、法规、规章、政府或甚至法庭判决的许可和授权中。组织可决定是否自愿接受或采纳相关方的其他需求和期望（例如：纳入合同关系或签署自愿性协议），组织一旦采纳了这些需求和期望，它们就成为组织的要求，即成为合规义务，并在策划环境管理体系（见4.4）时必须予以考虑。对组织合规义务更详细的分析见6.1.3。

A.4.3　确定环境管理体系的范围

环境管理体系的范围旨在明确应用环境管理体系的、物理的和组织的边界，尤其是如果组织属于某大型组织的一部分时，组织可自主灵活地界定其边界。可选择在整个组织内实施本标准，或只在组织的特定部分实施，只有该部分的最高管理者有权限建立环境管理体系。

确定范围时，环境管理体系的可信性取决于组织边界的选取。组织应运用生命周期观点考虑其对活动、产品和服务能够实施控制或施加影响的程度。范围的设定不应用来排除具有或可能具有重要环境因素的活动、产品、服务或设施，或规避其合规义务。范围是对包含在其环境管理体系边界内组织运行的真实并具代表性的声明，且不应当对相关方造成误导。

一旦组织宣称符合本标准，则要求组织对范围的声明可为相关方获取。

A.4.4　环境管理体系

组织有权力和责任决定如何满足本标准要求，包括以下事项的详略程度：

a）建立一个或多个过程，以确信它（们）按策划得以控制和实施，并实现期望的结果；

b）将环境管理体系要求融入其各项业务过程中，例如：设计和开发、采购、人力资源、营销和市场等；

c）将与组织所处的环境（见4.1）和相关方要求（见4.2）有关的问题纳入其环境管理体系。

如果在组织内的一个或多个特定部分实施本标准，则也可采用组织其他部分制定的方针、过程和文件化信息来满足本标准的要求，只要它们适用于这个（些）特定部分。

关于将保持环境管理体系作为变更管理的一部分的信息，见A.1。

A.5　领导作用

A.5.1　领导作用和承诺

为了证明领导作用和承诺，最高管理者负有环境管理体系有关的特定职责，应当亲自参与或进行指导。最高管理者可向他人委派这些行动的职责，但有责任确保这些行动得到实施。

A. 5. 2　环境方针

环境方针是声明承诺的一系列原则，最高管理者在这些承诺中概述了组织支持并提升其环境绩效的意图。环境方针使组织能够制定其环境目标(见6. 2)，采取措施实现环境管理体系的预期结果，并实现持续改进(见10)。

本标准规定了环境方针的三项基本承诺：

a)保护环境；

b)履行组织的合规义务；

c)持续改进环境管理体系以提升环境绩效。

这些承诺体现在组织为满足本标准特定要求所建立的过程中，以确保一个坚实、可信和可靠的环境管理体系。

保护环境的承诺不仅是通过污染预防防止不利的环境影响，还要保护自然环境免遭因组织的活动、产品和服务而导致的危害与退化。组织追求的特定承诺应当与其所处的环境(包括当地的或地区的环境状况)相关。这些承诺可能涉及，例如：水质量、再循环或空气质量的问题，并可能包括与减缓和适应气候变化、保护生物多样性与生态系统，以及环境修复相关的承诺。

所有承诺均很重要，某些相关方特别关注组织履行其合规义务的承诺，尤其是满足适用法律法规要求的承诺。本标准规定了一系列与该承诺相关的相互关联的要求，包括下列需求：

——确定合规义务；

——确保按照这些合规义务实施运行；

——评价合规义务的履行情况；

——纠正不符合。

A. 5. 3　组织的岗位、职责和权限

参与组织环境管理体系的人员应当对其在遵守本标准要求和实现预期结果方面的角色、职责和权限有清晰的理解。

5. 3　识别的特定角色和职责可分派给某一个人，有时被称为“管理者代表”，也可由几个人分担，或分派给最高管理层的某位成员。

A. 6　策划

A. 6. 1　应对风险和机遇的措施

A. 6. 1. 1　总则

6. 1. 1　建立过程的总体目的在于确保组织能够实现其环境管理体系的预期结果，预防或减少非预期影响以实现持续改进。组织可通过确定其需要应对的风险和机遇，策划措施进行处理来确保实现上述目的。风险和机遇可能与环境因素、合规义务，其他问题，或其他相关方的需求和期望有关。

环境因素(见A. 6. 1. 2)可能产生与不利环境影响、有益环境影响，以及对组织的其他影响有关的风险和机遇。与环境因素有关的风险和机遇的确定，可作为重要性评价的一部分，也可单独确定。

合规义务(见 A. 6. 1. 3)可能产生风险和机遇，例如：未履行合规义务可损害组织的声誉或导致诉讼；或更严格地履行合规义务，则能够提升组织的声誉。

组织也可能存在与其他问题有关的风险和机遇，包括环境状况，或相关方的需求和期望，这些都可能影响组织实现其环境管理体系预期结果的能力。例如：

a)由于员工文化或语言的障碍，未能理解当地的工作程序而导致的环境泄漏；

b)因气候变化而导致的洪涝的增强，可影响组织的经营场地；

c)由于经济约束，导致缺乏可获得的资源来保持一个有效的环境管理体系；

d)通过政府财政资助引进新技术，可能改善空气质量；

e)旱季缺水可能影响组织运行其排放控制设备的能力。

紧急情况是意外的或不期望的事件，需要紧急运用特殊的能力、资源或过程加以预防或减轻其实际或潜在的后果。紧急情况可能导致不利环境影响或对组织造成其他影响。组织在确定潜在的紧急情况(例如：火灾、化学品溢出、恶劣天气)时，应当考虑以下内容：

——现场的危险物品(例如：易燃液体、储油箱、压缩气体)的性质；

——紧急情况最有可能的类型和规模；

——附近设施(例如：工厂、道路、铁路线)发生紧急情况的可能性。

尽管须确定和应对风险和机遇，但并不要求进行正式的风险管理或文件化的风险管理过程。组织可自行选择确定风险和机遇的方法。方法可涉及简单的定性过程或完整的定量评价，这取决于组织运行所处的环境。

识别风险和机遇(见 6. 1. 1 ~6. 1. 3)是策划措施(见 6. 1. 4)和建立环境目标(见 6. 2)的输入。

A. 6. 1. 2　环境因素

组织确定其环境因素和相关环境影响，进而确定那些需要通过其环境管理体系进行管理的重要环境因素。

全部地或部分地由环境因素给环境造成的任何不利或有益的变化称为环境影响。环境影响可能发生在地方、区域或是全球范围，且可能是直接的、间接的或自然累积的影响。环境因素和环境影响之间是因果关系。

确定环境因素时，组织要考虑生命周期观点。但并不要求进行详细的生命周期评价，只需认真考虑可被组织控制或影响的生命周期阶段就足够了。产品或服务的典型生命周期阶段包括原材料获取、设计、生产、运输和(或)交付、使用、寿命结束后处理和最终处置。适用的生命周期阶段将根据活动、产品和服务的不同而不同。

组织需要确定其环境管理体系范围内的环境因素。必须考虑与其现在的及过去的活动、产品和服务，计划的或新的开发，新的或修改的活动、产品和服务相关的输入和输出(包括预期的和非预期的)。运用的方法应当考虑正常的和异常的运行状况、关闭与启动状态，以及 6. 1. 1 中识别的可合理预见的紧急情况。组织应当注意之前曾发生过的紧急情况。关于将环境因素作为变更管理的一部分的信息，见 A. 1。

组织不必单个考虑每个产品、组件或原材料以确定和评价其环境因素。当这些活动、产品和服务具有相同特性时，可对其进行分组或分类。

确定其环境因素时，组织可能考虑下列事项：

a)向大气的排放

b)向水体的排放；

c)向土地的排放；

d)原材料和自然资源的使用；

e)能源使用；

f)能量释放，例如：热能、辐射、振动(噪声)和光能；

g)废物和(或)副产品的产生；

h)空间利用。

除组织能够直接控制的环境因素外，组织还应确定是否存在其能够施加影响的环境因素。这些环境因素可能与组织使用的由其他方提供的产品和服务有关，也可能与组织向外部提供的产品和服务有关，包括外包过程相关的产品和服务。对于组织向其他方提供的产品和服务，组织可能仅对产品和服务的使用与寿命结束后处理具有有限的影响。但任何情况下均由组织确定其能够实施控制的程度，其能够施加影响的环境因素，以及其选择施加这种影响的程度。

应当考虑与组织活动、产品和服务相关的环境因素，例如：

——其设施、过程、产品和服务的设计和开发；

——原材料的获取，包括开采；

——运行或制造过程，包括仓储；

——设施、组织的资产和基础设施的运行和维护；

——外部供方的环境绩效和实践；

——产品运输和服务交付，包括包装；

——产品存储、使用和寿命结束后处理；

——废物管理，包括再利用、翻新、再循环和处置。

确定重要环境因素的方法不是唯一的。但所使用的方法与准则应当提供一致的结果。组织应设立确定其重要环境因素的准则。环境准则是评价环境因素首要的和最低的准则。准则可与环境因素有关，例如：类型、规模、频次等，还可与环境影响有关，例如：规模、严重程度、持续时间、暴露时间等，也可运用其他准则。当仅考虑某项环境准则时，一项环境因素可能不是重要环境因素，但当考虑了其他准则时，它或许可能达到或超过确定重要性的阈值。这些其他准则可能包括组织的问题，例如：法律要求或相关方的关注。这些其他准则不应被用来使基于其环境影响的重要因素降低等级。

一项重要环境因素可能导致一种或多种重大环境影响，并可能因此导致为确保组织能够实现其环境管理体系的预期结果而需要应对的风险和机遇。

A. 6. 1. 3 合规义务

组织需详细确定其在4. 2 中识别的适用于其环境因素的合规义务，并确定这些合规义务如何适用于组织。合规义务包括组织须遵守的法律法规要求，及组织须遵守的或选择遵守的其他要求。

适用时，与组织环境因素相关的强制性法律法规要求可能包括：

a)政府机构或其他相关权力机构的要求；

b)国际的、国家的和地方的法律法规；

c)许可、执照或其他形式授权中规定的要求；

d)监管机构颁布的法令、条例或指南；

e)法院或行政的裁决；

合规义务也包括组织须采纳或选择采纳的，与其环境管理体系有关的其他相关方的要求。

如果适用，这些要求可能包括：

——与社会团体或非政府组织达成的协议；

——与公共机关或客户达成的协议；

——组织的要求；

——自愿性原则或业务守则；

——自愿性环境标志或环境承诺；

——组织签订的合同约定的义务；

——相关的组织标准或行业标准。

A. 6. 1. 4　措施的策划

组织需在高层面上策划环境管理体系中须采取的措施，以管理其重要环境因素、合规义务，以及 6. 1. 1 识别的为实现其环境管理体系的预期结果而被组织优先考虑的风险和机遇。

策划的措施可包括建立环境目标(见 6. 2)，或以单独或结合的方式融入其他的管理体系或其他过程。一些措施还可通过其他管理体系提出，例如：与职业健康安全或业务连续性有关的管理体系；或通过与风险、财务或人力资源管理有关的其他业务过程提出。

当考虑其技术选项时，组织应当考虑在经济可行、成本效益高和适用的前提下，采用最佳可行技术。但这并不意味着组织必须使用环境成本核算的方法。

A. 6. 2　环境目标及其实现的策划

最高管理者可从战略层面、战术层面或运行层面来制定环境目标。战略层面包括组织的最高层次，其目标能够适用于整个组织。战术和运行层面可能包括针对组织内具体单元或职能的环境目标，应当与组织的战略方向相一致。

应当与在组织控制下工作的、具备影响实现环境目标能力的人员沟通环境目标。

“必须考虑重要环境因素”的要求并不意味着必须针对每项重要环境因素建立一个环境目标，而是建立环境目标时应优先考虑这些重要环境因素。

“与环境方针保持一致”指环境目标是与最高管理者在环境方针中做出的承诺保持总体协调一致，包括持续改进的承诺。

选择参数来评价可度量的环境目标的实现情况。“可度量”指可能使用与规定尺度有关的定性的或定量的方法，以确定是否实现了环境目标。“可行时”表示某些情况下可能无法度量环境目标。但重要的是组织需能够确定环境目标是否得以实现。

关于环境参数的附加信息见 GB/T 24031。

A.7 支持

A.7.1 资源

资源是环境管理体系有效运行和改进，以及提升环境绩效所必需的。最高管理者应当确保那些负有环境管理职责的人员得到必需的资源支持。内部资源可由外部供方来补充。

资源可能包括人力资源、自然资源、基础设施、技术和财务资源。例如：人力资源包括专业技能和知识；基础设施资源包括组织的建筑物、设备、地下储罐和排水系统等。

A.7.2 能力

本标准的能力要求适用于那些可能影响组织环境绩效的、在组织控制下工作的人员，包括：

a)其工作可能造成重大环境影响的人员；

b)被委派了环境管理体系职责的人员，包括：

1)确定并评价环境影响或合规义务；

2)为实现环境目标做出贡献；

3)对紧急情况做出响应；

4)实施内部审核；

5)实施合规性评价。

A.7.3 意识

对环境方针的认知不应当理解为需要熟记承诺或在组织控制下工作的人员保存有文件化的环境方针的文本。而是这些人员应当意识到环境方针的存在、环境方针目的及他们在实现承诺中所起的作用，包括他们的工作如何能影响组织履行其合规义务的能力。

A.7.4 信息交流

信息交流使组织能够提供并获得与其环境管理体系相关的信息，包括与其重要环境因素、环境绩效、合规义务和持续改进建议相关的信息。信息交流是一个双向的过程，包括在组织的内部和外部。

组织在建立其信息交流过程时，应当考虑内部组织结构，以确保与最适当的职能和层次进行信息交流。可能采用一种方式可能就足以满足多个不同相关方的需求，而对于个别相关方的特殊需求，则可能需要多重信息交流方式。

组织所接收的信息可能包括相关方对与组织环境因素管理有关的特定信息的需求，或可能包括对组织实施管理的方式的总体印象或看法。这些印象和看法可能是正面或是负面的。若是负面看法(例如：投诉)，则重要的是组织要及时给出明确的回复。对这些投诉进行事后分析能为寻求环境管理体系的改进机会提供有价值的信息。

信息交流应当具有下列特性：

a)透明化，即组织对其获得报告内容的方式是公开的；

b)适当性，以使信息满足相关方的需求，并促使其参与；

c)真实性，不会使那些相信所报告信息的人员产生误解；

d)事实性、准确性与可信性；

e)不排除相关信息；

f)使相关方可理解。

关于将信息交流作为变更管理的一部分的信息，见 A.1。关于信息交流的附加信息见 GB/T 24063。

A.7.5　文件化信息

组织应当创建并保持充分的文件化信息，以确保实施适宜、充分和有效的环境管理体系。首要关注点应当放在环境管理体系的实施和环境绩效，而非复杂的文件化信息控制系统。

除了本标准特定条款所要求的文件化信息外，组织可针对透明性、责任、连续性、一致性、培训，或易于审核等目的，选择创建附加的文件化信息。

可使用最初并非以环境管理体系的目的而创建的文件化信息。环境管理体系的文件化信息可与组织实施的其他管理体系信息相整合。文件化信息不一定以手册的形式呈现。

A.8　运行

A.8.1　运行策划和控制

运行控制的类型和程度取决于运行的性质、风险和机遇、重要环境因素及合规义务。组织可灵活选择确保过程有效和实现预期结果所需的运行控制方法的类型，可以是单一或组合方式。此类方法可能包括：

a)设计一个或多个防止错误并确保一致性结果的过程；

b)运用技术来控制一个或多个过程并预防负面结果(即工程控制)；

c)启用能胜任的人员，确保获得预期结果；

d)按规定的方式实施一个或多个过程；

e)监视或测量一个或多个过程，以检查结果；

f)确定所需使用的文件化信息及其数量。

组织其自身在业务过程(例如：采购过程)中决定所需的控制程度，对外包过程或对产品和服务的供方实施控制或施加影响，其决定应基于对下列因素：

——知识、能力和资源，包括：

——外部供方满足组织环境管理体系要求的能力；

——组织确定适当控制或评价控制充分性的技术能力；

——产品和服务对组织实现其环境管理体系预期结果的能力所具有的重要性和潜在影响；

——对过程控制进行共享的程度；

——通过采用其常规的采购过程，实现必要的控制的能力；

——可获得的改进机会。

当一个过程被外包或当产品和服务由外部供方提供时，组织实施控制或施加影响的能力可能发生由直接控制向有限控制或不能影响的变化。某些情况下，发生在组织现场的外包过程可能直接受控；而另一些情况下，组织影响外包过程或外部供方的能力可能是有限的。

在确定与外部供方(包括合同方)有关的运行控制的程度和类型时，组织可考虑以下一个或多个因素，例如：

——环境因素和相关的环境影响；

——与组织制造产品或提供服务相关的风险和机遇；

——组织的合规义务；

关于将运行控制作为变更管理的一部分的信息，见 A.1。关于生命周期观点的信息见 A.6.1.2。

外包过程是满足下述所有条件的一种过程：

——在环境管理体系的范围之内；

——对于组织的运行是必需的；

——对环境管理体系实现其预期结果是必需的；

——组织保有符合要求的责任；

——组织与外部供方存在一定关系，此时，相关方会认为该过程是由组织实施的。

环境要求是组织为其相关方(例如：采购、顾客、外部供方等内部职能)等建立并与其进行沟通的，与环境有关的需求和期望。

组织的某些重大环境影响可能发生在产品或服务的运输、交付、使用、寿命结束后处理或最终处置阶段。通过提供信息，组织有可能预防或减轻这些生命周期阶段的不利环境影响。

A.8.2 应急准备和响应

以一种适合于组织特别需求的方式，对紧急情况做出准备和响应是每个组织的职责。关于确定紧急情况的信息见 A.6.1.1。

策划应急准备和响应过程时，组织应当考虑：

a)响应紧急情况的最适当的方法；

b)内部和外部信息交流过程；

c)预防或减轻环境影响所需的措施；

d)针对不同类型紧急情况所采取的减轻和响应措施；

e)开展紧急情况后评估的需要，以确定并实施纠正措施；

f)定期试验策划的应急响应措施；

g)对应急响应人员进行培训；

h)关键人员和救助机构名录，包括详细的联系方式(例如：消防部门、泄漏清理服务部门)；

i)疏散路线和集合地点；

j)从邻近组织获得相互援助的可能性。

A.9 绩效评价

A.9.1 监视、测量、分析和评价

A.9.1.1 总则

当确定应当监视和测量的内容时，除了环境目标的进展外，组织应当考虑其重要环境因素、合规义务和运行控制。

组织应当在其环境管理体系中规定进行监视、测量、分析和评价所使用的方法，以确保：

a)监视和测量的时机与分析和评价结果的需求相协调；

b)监视和测量的结果是可靠的、可重现的和可追溯的；

c)分析和评价是可靠的和可重现的，并能使组织报告趋势；

应当向具有职责和权限的人报告对环境绩效分析和评价的结果，以便启动适当的措施。

关于环境绩效评价的附加信息见 GB/T 24031。

A. 9. 1. 2　合规性评价

合规性评价的频次和时机可根据要求的重要性、运行条件的变化、合规义务的变化，以及组织以往绩效的变化而变化。组织可使用多种方法保持其对合规状态的认知和理解，然而，所有合规义务均需定期予以评价。

如果合规性评价结果表明未满足法律法规要求，组织则需要确定并采取必要措施以实现合规。这可能需要与监管部门进行沟通，并就采取一系列措施满足其法律法规要求签订协议。协议一经签订，则成为合规义务。

若不合规项通过环境管理体系过程已予以识别并纠正，则不合规项不必升级为不符合。与合规性有关的不符合，即使尚未导致实际的不符合法律法规要求，也需要予以纠正

A. 9. 2　内部审核

只要可行，审核员均应当独立于被审核的活动，并应当在任何情况下均以不带偏见、不带利益冲突的方式进行审核。

内部审核所识别的不符合应采取适当的纠正措施。

考虑以往的审核结果时，组织应当考虑以下内容：

a)以往识别的不符合及所采取措施的有效性；

b)内外部审核的结果。

关于制定内部审核方案、实施环境管理体系审核并评价审核人员能力的附加信息见 GB/T 19011。关于将内审方案作为变更管理的一部分的信息，见 A. 1。

A. 9. 3　管理评审

管理评审应当是高层次的，不必对详尽信息进行彻底评审。管理评审的主题不需要一次全部评审完，评审可在一段时期内开展，并可成为定期安排的管理活动的一部分，例如：董事会议或运营会议；它不需要成为一项单独的活动。

由最高管理者来评审来自相关方的有关抱怨，以确定改进的机会。

关于将管理评审作为变更管理的一部分的信息，见 A. 1。

“适宜性”指环境管理体系如何适合于组织、其运行、文化及业务系统。“充分性”指组织的环境管理体系是否符合本标准要求，并予以适当地实施。“有效性”指组织的环境管理体系是否正在实现其预期的结果。

A. 10　改进

A. 10. 1　总则

采取措施进行改进时，组织应当考虑来自环境绩效分析和评价、合规性评价、内部审核和管理评审的结果。

改进的示例包括纠正措施、持续改进、突破性变更、革新和重组。

A. 10. 2　不符合和纠正措施

环境管理体系的主要用途之一是作为预防性工具。预防措施的概念目前包含在 4. 1

(即理解组织及其所处的环境)和6.1(即应对风险和机遇的措施)中。

A.10.3　持续改进

支持持续改进的措施的等级、程度与时间表由组织确定。通过整体运用环境管理体系或改进其一个或多个要素，可提升环境绩效。

附录B
(资料性附录)
GB/T 24001—2016与GB/T 24001—2004之间的对应情况

表B.1显示了GB/T 24001—2016与前版GB/T 24001—2004之间的对应情况。

表B.1　GB/T 24001—2016与GB/T 24001—2004之间的对应情况

GB/T 24001—2016		GB/T 24001—2004	
条款标题	条款号	条款号	条款标题
引言			引言
范围	1	1	范围
规范性引用文件	2	2	规范性引用文件
术语和定义	3	3	术语和定义
组织所处的环境(仅标题)	4		
		4	环境管理体系要求(仅标题)
理解组织及其所处的环境	4.1		
理解相关方的需求和期望	4.2		
确定环境管理体系的范围	4.3	4.1	总要求
环境管理体系	4.4		
领导作用(仅标题)	5		
领导作用与承诺	5.1		
环境方针	5.2	4.2	环境方针
组织的角色、职责和权限	5.3	4.4.1	资源、作用、职责和权限
策划(仅标题)	6	4.3	策划(仅标题)
应对风险和机遇的措施(仅标题)	6.1		
总则	6.1.1		
环境因素	6.1.2	4.3.1	环境因素
合规义务	6.1.3	4.3.2	法律法规和其他要求
措施策划	6.1.4		
环境目标及其实现的策划(仅标题)	6.2		
环境目标	6.2.1	4.3.3	目标、指标和方案
实现环境目标的措施的策划	6.2.2		
支持(仅标题)	7	4.4	实施和运行(仅标题)
资源	7.1	4.4.1	资源、作用、职责、责任和权限
能力	7.2	4.4.2	能力、培训和意识
意识	7.3		

续表

GB/T 24001—2016		GB/T 24001—2004	
条款标题	条款号	条款号	条款标题
信息交流(仅标题)	7.4	4.4.3	信息交流
总则	7.4.1		信息交流
内部信息交流	7.4.2		信息交流
外部信息交流	7.4.3		信息交流
文件化信息(仅标题)	7.5	4.4.4	文件
总则	7.5.1		
创建和更新	7.5.2	4.4.5	文件控制
		4.5.4	记录控制
文件化信息的控制	7.5.3	4.4.5	文件控制
		4.5.4	记录控制
运行(仅标题)	8	4.4	实施和运行(仅标题)
运行策划和控制	8.1	4.4.6	运行控制
应急准备和响应	8.2	4.4.7	应急准备和响应
绩效评价(仅标题)	9	4.5	检查(仅标题)
监视、测量、分析和评价(仅标题)	9.1	4.5.1	绩效测量和监视
总则	9.1.1		
合规性评价	9.1.2	4.5.2	合规性评价
内部审核(仅标题)	9.2	4.5.5	内部审核
总则	9.2.1		
内部审核方案	9.2.2		
管理评审	9.3	4.6	管理评审
改进(仅标题)	10		
总则	10.1		
不符合和纠正措施	10.2	4.5.3	不符合、纠正措施和预防措施
持续改进	10.3		
本标准使用指南	附录 A	附录 A	本标准使用指南
GB/T 24001—2016 与 GB/T 24001—2004 之间的对应情况	附录 B		
		附录 B	GB/T 24001—2004 与 GB/T 19001—2008 之间的联系
参考文献			参考文献
按字母顺序术语索引			

参考文献

[1] GB/T 24004 环境管理体系　原则、体系和支撑技术通用指南
[2] ISO 14006 Environmental management systems - Guidelines for incorporatingecodesign（环境管理体系　整合生态设计指南）
[3] GB/T 24031 环境管理 环境绩效评价　指南
[4] GB/T 24044 环境管理 生命周期评价　要求和指南
[5] GB/T 24063 环境管理 环境信息交流　指南和示例
[6] GB/T 19011 管理体系审核指南
[7] ISO 31000 Risk management - Principles and guidelines（风险管理　原则和指南）
[8] GB/T 23331 能源管理体系　要求
[9] ISO Guide 73 Risk management - Vocabulary（风险管理　术语）

附录二

GB/T 45001—2020/ISO 45001：2018
《职业健康安全管理体系　要求及使用指南》

前　言

本标准按照 GB/T 1.1—2009 给出的规则起草。

本标准代替 GB/T 28001—2011《职业健康安全管理体系　要求》和 GB/T 28002—2011《职业健康安全管理体系　实施指南》。

本标准与 GB/T 28001—2011 和 GB/T 28002—2011 相比，除编辑性修改外，主要技术变化如下：

——采用了《“ISO/IEC 导则　第 1 部分”的 ISO 补充合并本》附录 SL 所给出的 ISO 管理体系标准通用高层结构；

——修改了术语和定义；

——采用了基于风险的思维；

——更加强调组织环境以及工作人员和其他相关方的需求和期望；

——强化了领导作用；

——强调了工作人员协商和参与；

——细化了危险源辨识和风险评价的要求；

——对文件化信息的要求更加灵活；

——细化了运行控制要求；

——细化了采购控制、承包方控制、外包控制要求；

——强化了变更管理要求；

——更加关注职业健康安全绩效、绩效监视和测量。

本标准使用翻译法等同采用 ISO 45001：2018《职业健康安全管理体系　要求及使用指南》。

本标准做了下列编辑性修改：

——在引言 0.1 中增加了我国职业健康安全相关法律法规背景情况；

——在术语 3.19 中增加了注 2，以解释说明“危险源”“危害因素”和“危害来源”是我国职业健康安全领域实际存在的与英文“harzard”同义和密切相关的三个中文术语；

——在术语 3.35 的注 2 中，既列出了英文原文“near - miss”“near - hit”或“close call”，又增加了中文中与之对应的习惯用语“未遂事件”“未遂事故”或“事故隐患”；

——按照标准修订的相关规则要求，增加了附录 NA（资料性附录）本标准与 GB/T 28001—2011 之间的对应情况；

——为便于读者阅读和使用本标准，增加了按英文字母顺序排列的术语索引和按汉语拼音顺序排列的术语索引。

本标准由中国标准化研究院提出并归口。

本标准起草单位：中国标准化研究院、华夏认证中心有限公司、中国质量认证中心、北京中大华远认证中心、方圆标志认证集团有限公司、中国船级社质量认证公司、北京中建协认证中心有限公司、国家市场监督管理总局认可认证技术研究中心、中国认证认可协会、中国合格评定国家认可中心、北京毕塞特安全技术研究所、北京中设认证服务有限公司、兴原认证中心有限公司、新世纪检验认证股份有限公司、中质协质量保证中心、长城(天津)质量保证中心、北京东方易初标准技术有限公司、上海欧萨评价咨询股份有限公司、中国铁道建筑集团有限公司、上汽通用汽车有限公司、中铁十六局集团有限公司、中国十五冶金建设集团有限公司、中铁电气化局集团有限公司、合肥东方节能科技股份有限公司、山东京博石油化工有限公司。

本标准主要起草人：陈元桥、陈全、王顺祺、王瑜、李辰暄、刘江毅、王海山、张崇武、王新亭、彭新、林峰、吕艳、夏清、陆彩霞、张丛悦、吕福满、董晓红、赵巍巍、王丽、曹雅洁、王小兵、王珍琪、杨生荣、沈伟、白云飞、贾兆栋、郭宏、马栋、王忠俊、刘保顺、牛星、赵家柱、赵仕堂、史鲲。

本标准所代替标准的历次版本发布情况为：

——GB/T 28001—2001、GB/T 28001—2011；

——GB/T 28002—2002、GB/T 28002—2011。

引 言

0.1 背景

组织应对工作人员和可能受其活动影响的其他人员的职业健康安全负责，包括促进和保护他们的生理和心理健康。

采用职业健康安全管理体系旨在使组织能够提供健康安全的工作场所，防止与工作相关的伤害和健康损害，并持续改进其职业健康安全绩效。

在职业健康安全领域，国家专门制定了一系列职业健康安全相关法律法规(如劳动法、安全生产法、职业病防治法、消防法、道路交通安全法、矿山安全法等)。这些法律法规所确立的职业健康安全制度和要求是组织建立和保持职业健康安全管理体系所必须考虑的制度、政策和技术背景。

0.2 职业健康安全管理体系的目的

职业健康安全管理体系的作用是为管理职业健康安全风险和机遇提供一个框架。职业健康安全管理体系的目的和预期结果是防止对工作人员造成与工作相关的伤害和健康损害，并提供健康安全的工作场所；因此，对组织而言，采取有效的预防和保护措施以消除危险源和最大限度地降低职业健康安全风险至关重要。

组织通过其职业健康安全管理体系应用这些措施时，能够提高其职业健康安全绩效。如果及早采取措施以把握改进职业健康安全绩效的机会，职业健康安全管理体系将会更加有效和高效。

实施符合本标准的职业健康安全管理体系，能使组织管理其职业健康安全风险并提升其职业健康安全绩效。职业健康安全管理体系可有助于组织满足法律法规要求和其他要求。

0.3　成功因素

对组织而言，实施职业健康安全管理体系是一项战略和经营决策。职业健康安全管理体系的成功取决于领导作用、承诺以及组织各层次和职能的参与。

职业健康安全管理体系的实施和保持，其有效性和实现预期结果的能力取决于诸多关键因素。这些关键因素可包括：

a）最高管理者的领导作用、承诺、职责和担当；

b）最高管理者在组织内建立、引导和促进支持实现职业健康安全管理体系预期结果的文化；

c）沟通；

d）工作人员及其代表（若有）的协商和参与；

e）为保持职业健康安全管理体系而所需的资源配置；

f）符合组织总体战略目标和方向的职业健康安全方针；

g）辨识危险源、控制职业健康安全风险和利用职业健康安全机遇的有效过程；

h）为提升职业健康安全绩效而对职业健康安全管理体系绩效的持续监视和评价；

i）将职业健康安全管理体系融入组织的业务过程；

j）符合职业健康安全方针并必须考虑组织的危险源、职业健康安全风险和职业健康安全机遇的 职业健康安全目标；

k）符合法律法规要求和其他要求。

成功实施本标准可使工作人员和其他相关方确信组织已建立了有效的职业健康安全管理体系。然而，采用本标准并不能够完全保证防止工作人员受到与工作相关的伤害和健康损害，提供健康安全的工作场所和改进职业健康安全绩效。

为了确保组织职业健康安全管理体系成功，文件化信息的详略水平、复杂性和文件化程度以及所需资源取决于多方面因素，例如：

——组织所处的环境（如工作人员数量、规模、地理位置、文化、法律法规要求和其他要求）；

——组织职业健康安全管理体系的范围；

——组织活动的性质和相关的职业健康安全风险。

0.4　“策划—实施—检查—改进”循环

本标准中所采用的职业健康安全管理体系的方法是基于“策划—实施—检查—改进（PDCA）”的概念。

PDCA 概念是一个迭代过程，可被组织用于实现持续改进。它可应用于管理体系及其每个单独的 要素，具体如下：

——策划（P：Plan）：确定和评价职业健康安全风险、职业健康安全机遇以及其他风险和其他机遇，制定职业健康安全目标并建立所需的过程，以实现与组织职业健康安全方针相一致的结果。

——实施（D：Do）：实施所策划的过程。

——检查(C：Check)：依据职业健康安全方针和目标，对活动和过程进行监视和测量，并报告结果。

——改进(A：Act)：采取措施持续改进职业健康安全绩效，以实现预期结果。

本标准将 PDCA 概念融入一个新框架中，如图 1 所示。

注：括号内的数字是指本标准的相应章条号。

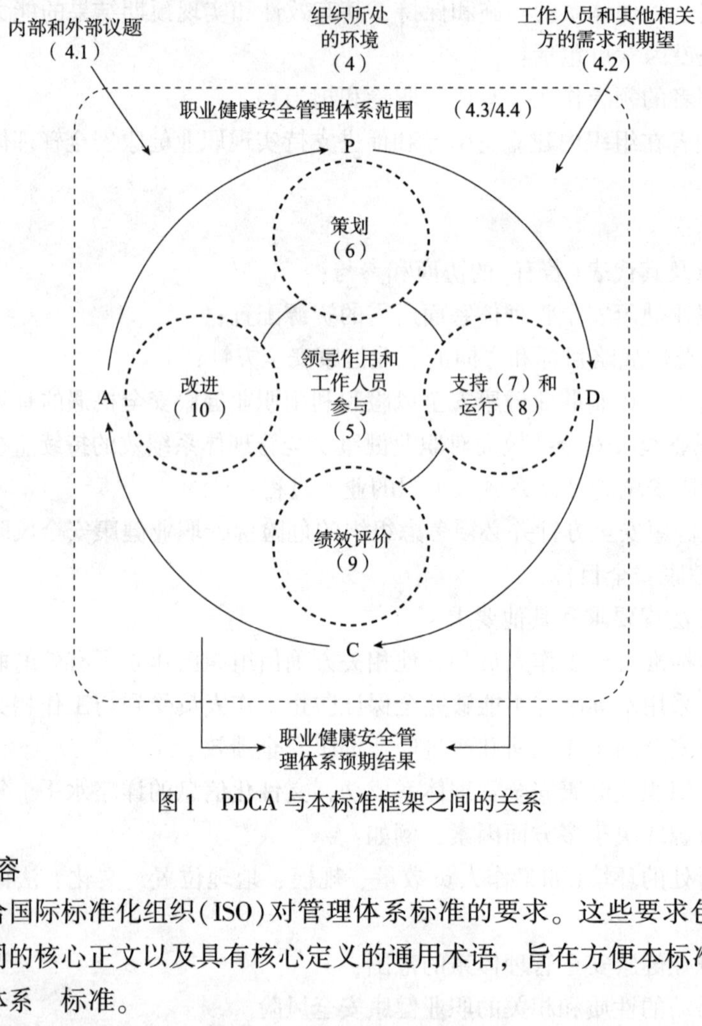

图 1 PDCA 与本标准框架之间的关系

0.5 本标准内容

本标准符合国际标准化组织(ISO)对管理体系标准的要求。这些要求包括一个统一的高层结构和相同的核心正文以及具有核心定义的通用术语，旨在方便本标准的使用者实施多个 ISO 管理体系 标准。

尽管本标准的要素可与其他管理体系兼容或整合，但本标准并不包含针对其他主题(如质量、社会责任、环境、治安保卫或财务管理等)的要求。

本标准包含了组织可用于实施职业健康安全管理体系和开展符合性评价的要求。希望证实符合本标准的组织可通过以下方式来实现：

——开展自我评价和声明；

——寻求组织的相关方(如顾客)对其符合性进行确认；

——寻求组织的外部机构对其自我声明的确认；

——寻求外部组织对其职业健康安全管理体系进行认证或注册。

本标准的第 1 章至第 3 章阐述了适用于本标准的范围、规范性引用文件以及术语和定义，第 4 章至第 10 章包含了可用于评价与本标准符合性的要求。附录 A 提供了这些要求的解释性信息。附录 NA 给出了本标准与 GB/T 28001—2011 之间的对应情况。第 3 章中的术语和定义按照概念的顺序进行编排。本标准给出了按英文字母顺序排列的术语索引和按汉语拼音顺序排列的术语索引。

本标准使用以下助动词：

——“应”(shall)表示要求；

——“宜”(should)表示建议；

——“可以”(may)表示允许；

——“可、可能、能够”(can)表示可能性或能力。

标记“注”的信息是理解或澄清相关要求的指南。第 3 章中的“注”提供了增补术语资料的补充信息，可能包括使用术语的相关规定。

职业健康安全管理体系
要求及使用指南

1　范围

本标准规定了职业健康安全(OH&S)管理体系的要求，并给出了其使用指南，以使组织能够通过 防止与工作相关的伤害和健康损害以及主动改进其职业健康安全绩效来提供安全和健康的工作场所。

本标准适用于任何具有以下愿望的组织：通过建立、实施和保持职业健康安全管理体系，以改进健康安全、消除危险源并尽可能降低职业健康安全风险(包括体系缺陷)、利用职业健康安全机遇，以及应对与其活动相关的职业健康安全管理体系不符合。

本标准有助于组织实现其职业健康安全管理体系的预期结果。依照组织的职业健康安全方针，其职业健康安全管理体系的预期结果包括：

a)持续改进职业健康安全绩效；

b)满足法律法规要求和其他要求；

c)实现职业健康安全目标。

本标准适用于任何规模、类型和活动的组织。它适用于组织控制下的职业健康安全风险，这些风险必须考虑到诸如组织运行所处环境、组织工作人员和其他相关方的需求和期望等因素。

本标准既不规定具体的职业健康安全绩效准则，也不提供职业健康安全管理体系的设计规范。

本标准使组织能够借助其职业健康安全管理体系整合健康和安全的其他方面，如工作人员的福利和(或)幸福等。

本标准不涉及对工作人员和其他有关的相关方的风险以外的议题，如产品安全、财产损失或环境影响等。

本标准能够全部或部分地用于系统改进职业健康安全管理。然而，只有当本标准的所有要求均被包含在了组织的职业健康安全管理体系中并全部得到满足，有关符合本标准的声明才能被认可。

2 规范性引用文件

本标准无规范性引用文件。

3 术语和定义

下列术语和定义适用于本文件。

3.1 组织 organization

为实现目标(3.16)，由职责、权限和相互关系构成自身功能的一个人或一组人。

注1：组织包括但不限于个体经营者、公司、集团、商行、企事业单位、行政管理机构、合伙制企业、慈善机构或社会机构，或者上述组织的某部分或其组合，无论是否为法人组织、公有或私有。

注2：该术语和定义是《"ISO/IEC 导则 第1部分"的ISO补充合并本》附录SL所给出的ISO管理体系标准的通用术语和核心定义之一。

3.2 相关方 interested party(首选术语)利益相关方 stakeholder(许用术语)

可影响决策或活动、受决策或活动所影响，或者自认为受决策或活动影响的个人或组织(3.1)。

注：该术语和定义是《"ISO/IEC 导则 第1部分"的ISO补充合并本》附录SL所给出的ISO管理体系标准的通用术语和核心定义之一。

3.3 工作人员 worker

在组织(3.1)控制下开展工作或与工作相关的活动的人员。

注1：在不同安排下，人员有偿或无偿地开展工作或与工作相关的活动，如定期的或临时的、间歇性的或季节性的、偶然的或兼职的等。

注2：工作人员包括最高管理者(3.12)管理类人员和非管理类人员；

注3：根据组织所处的环境，在组织控制下所开展的工作或与工作相关的活动可由组织雇佣的工作人员、外部供方的工作人员、承包方、个人、外部派遣工作人员，以及其工作或与工作相关的活动在一定程度上受组织共同控制的其他人员来完成。

3.4 参与 participation

参加决策。

注：参与包括使健康安全委员会和工作人员代表(若有)加入。

3.5 协商 consultation

决策前征询意见。

注：协商包括使健康安全委员会和工作人员代表(若有)加入。

3.6 工作场所 workplace

在组织(3.1)控制下，人员因工作需要而处于或前往的场所。

注：在职业健康安全管理体系(3.11)中，组织对工作场所的责任取决于其对工作场所的控制程度。

3.7 承包方 contractor

按照约定的规范、条款和条件向组织(3.1)提供服务的外部组织。

注：服务可包括建筑活动等。

3.8 要求 requirement

明示的、通常隐含的或必须满足的需求或期望。

注1："通常隐含的"是指，对组织(3.1)和相关方(3.2)而言，按惯例或常见做法，对这些需求或期望加以考虑是不言而喻的。

注2：规定的要求是指经明示的要求，如文件化信息(3.24)中所阐明的要求。

注3：该术语和定义是《"ISO/IEC 导则　第1部分"的 ISO 补充合并本》附录 SL 所给出的 ISO 管理体系标准的通用术语和核心定义之一。

3.9　法律法规要求和其他要求 legal requirements and other requirements

组织(3.1)必须遵守的法律法规要求，以及组织必须遵守或选择遵守的其他要求(3.8)。

注1：对本标准而言，法律法规要求和其他要求是与职业健康安全管理体系(3.11)相关的要求。

注2："法律法规要求和其他要求"包括集体协议的规定。

注3：法律法规要求和其他要求包括依法律、法规、集体协议和惯例而确定的工作人员(3.3)代表的要求。

3.10　管理体系 management system

组织(3.1)用于建立方针(3.14)和目标(3.16)以及实现这些目标的过程(3.25)的一组相互关联或相互作用的要素。

注1：一个管理体系可针对单个或多个领域。

注2：体系要素包括组织的结构、角色和职责、策划、运行、绩效评价和改进。

注3：管理体系的范围可包括：整个组织，组织中具体且可识别的职能或部门，或者跨组织的一个或多个职能。

注4：该术语和定义是《"ISO/IEC 导则　第1部分"的 ISO 补充合并本》附录 SL 所给出的 ISO 管理体系标准的通用术语和核心定义之一。为了澄清某些更广泛的管理体系要素，注2做了改写。

3.11　职业健康安全管理体系 occupational health and safety management system；OH&S management system

用于实现职业健康安全方针(3.15)的管理体系(3.10)或管理体系的一部分。

注1：职业健康安全管理体系的目的是防止对工作人员(3.3)的伤害和健康损害(3.18)，以及提供健康安全的工作场所(3.6)。

注2：职业健康安全(OH&S)与职业安全健康(OSH)同义。

3.12　最高管理者 top management

在最高层指挥和控制组织(3.1)的一个人或一组人。

注1：在保留对职业健康安全管理体系(3.11)承担最终责任的前提下，最高管理者有权在组织内授权和提供资源。

注2：若管理体系(3.10)的范围仅覆盖组织的一部分，则最高管理者是指那些指挥和控制该部分的人员。

注3：该术语和定义是《"ISO/IEC 导则　第1部分"的 ISO 补充合并本》附录 SL 所给出的 ISO 管理体系标准的通用术语和核心定义之一。为了澄清与职业健康安全管理体系有关的最高管理者的职责，注1做了改写。

3.13　有效性 effectiveness

完成策划的活动并得到策划结果的程度。

注：该术语和定义是《"ISO/IEC 导则　第1部分"的 ISO 补充合并本》附录 SL 所给出的 ISO 管理体系标准的通用术语和核心定义之一。

3.14　方针 policy

由组织最高管理者(3.12)正式表述的组织(3.1)意图和方向。

注：该术语和定义是《“ISO/IEC 导则　第 1 部分”的 ISO 补充合并本》附录 SL 所给出的 ISO 管理体系标准的通用术语和核心定义之一。

3.15　职业健康安全方针 occupational health and safety policy；OH&S policy

防止工作人员(3.3)受到与工作相关的伤害和健康损害(3.18)并提供健康安全的工作场所(3.6)的方针(3.14)。

3.16　目标 objective

要实现的结果。

注 1：目标可以是战略性的、战术性的或运行层面的。

注 2：目标可涉及不同领域(如财务的、健康安全的和环境的目标)，并可应用于不同层面[如战略层面、组织整体层面、项目层面、产品和过程(3.25)层面]。

注 3：目标可按其他方式来表述，例如：按预期结果、意图、运行准则来表述目标；按某职业健康安全目标(3.17)来表述目标；使用其他近义词(如靶向、追求或目的等)来表述目标。

注 4：该术语和定义是《“ISO/IEC 导则　第 1 部分”的 ISO 补充合并本》附录 SL 所给出的 ISO 管理体系标准的通用术语和核心定义之一。由于术语“职业健康安全目标”作为单独的术语在 3.17 中给出定义，原注 4 被删除。

3.17　职业健康安全目标 occupational health and safety objective；OH&S objective

组织(3.1)为实现与职业健康安全方针(3.15)相一致的特定结果而制定的目标(3.16)。

3.18　伤害和健康损害 injury and ill health

对人的生理、心理或认知状况的不利影响。

注 1：这些不利影响包括职业疾病、不健康和死亡。

注 2：术语“伤害和健康损害”意味着存在伤害和(或)健康损害。

3.19　危险源 hazard 危害因素 危害来源

可能导致伤害和健康损害(3.18)的来源。

注 1：危险源可包括可能导致伤害或危险状态的来源，或可能因暴露而导致伤害和健康损害的环境。

注 2：考虑到中国安全生产领域 现实存在的相关称谓，本标准视“危险源”“危害因素”和“危害来源”同义。但对于中国安全生产领域中那些仅涉及对“物”或“财产”的损害而不涉及对“人”的伤害和健康损害(3.18)的情况，本标准的术语“危险源”“危害因素”或“危害来源”则不适用。

3.20　风险 risk

不确定性的影响。

注 1：影响是指对预期的偏离——正面的或负面的。

注 2：不确定性是指对事件及其后果或可能性缺乏甚至部分缺乏相关信息、理解或知识的状态。

注 3：通常，风险以潜在“事件”(见(GB/T 23694—2013，4.5.1.3)和“后果”(见 GB/T 23694—2013，4.6.1.3)，或两者的组合来描述其特性。

注 4：通常，风险以某事件(包括情况的变化)的后果及其发生的“可能性”(见 GB/T 23694—2013，4.6.1.1)的组合来表述。

注 5：在本标准中，使用术语“风险和机遇”之处，意指职业健康安全风险(3.21)、职业健康安全机遇(3.22)以及管理体系的其他风险和其他机遇。

注 6：该术语和定义是《“ISO/IEC 导则　第 1 部分”的 ISO 补充合并本》附录 SL 所给出的 ISO 管理体系标准的通用术语和核心定义之一。为了澄清本标准内所使用的术语“风险和机遇”，在此增加了注 5。

3.21　职业健康安全风险 occupational health and safety risk；OH&S risk

与工作相关的危险事件或暴露发生的可能性与由危险事件或暴露而导致的伤害和健康损害(3.18)的严重性的组合。

3.22　职业健康安全机遇 occupational health and safety opportunity；OH&S opportunity

一种或多种可能导致职业健康安全绩效(3.28)改进的情形。

3.23　能力 competence

运用知识和技能实现预期结果的本领。

注：该术语和定义是《“ISO/IEC 导则　第 1 部分”的 ISO 补充合并本》附录 SL 所给出的 ISO 管理体系标准的通用术语和核心定义之一。

3.24　文件化信息 documented information

组织(3.1)需要控制并保持的信息及其载体。

注 1：文件化信息可以任何形式和载体存在，并可来自任何来源。

注 2：文件化信息可涉及：

a)管理体系(3.10)，包括相关过程(3.25)；

b)为组织运行而创建的信息(文件)；

c)结果实现的证据(记录)。

注 3：该术语和定义是《“ISO/IEC 导则　第 1 部分”的 ISO 补充合并本》附录 SL 所给出的 ISO 管理体系标准的通用术语和核心定义之一。

3.25　过程 process

将输入转化为输出的一系列相互关联或相互作用的活动。

注：该术语和定义是《“ISO/IEC 导则　第 1 部分”的 ISO 补充合并本》附录 SL 所给出的 ISO 管理体系标准的通用术语和核心定义之一。

3.26　程序 procedure

为执行某活动或过程(3.25)所规定的途径。

注：程序可以文件化或不文件化。

[GB/T 19000—2016，3.4.5，“注”被改写]

3.27　绩效 performance

可测量的结果。

注 1：绩效可能涉及定量或定性的发现。结果可由定量或定性的方法来确定或评价。

注 2：绩效可能涉及活动、过程(3.25)、产品(包括服务)、体系或组织(3.1)的管理。

注 3：该术语和定义是《“ISO/IEC 导则　第 1 部分”的 ISO 补充合并本》附录 SL 所给出的 ISO 管理体系标准的通用术语和核心定义之一。为了澄清结果的确定和评价所采用的方法的类型，注 1 被改写。

3.28　职业健康安全绩效 occupational health and safety performance；OH&S performance

与防止对工作人员(3.3)的伤害和健康损害(3.18)以及提供健康安全的工作场所(3.6)的有效性(3.13)相关的绩效(3.27)。

3.29　外包(动词)outsource(verb)

对外部组织(3.1)执行组织的部分职能或过程(3.25)做出安排。

注 1：虽然被外包的职能或过程处于组织的管理体系(3.10)范围之内，但外部组织则处于范围之外。

注2：该术语和定义是《“ISO/IEC 导则　第1部分”的ISO补充合并本》附录SL所给出的ISO管理体系标准的通用术语和核心定义之一。

3.30　监视 monitoring

确定体系、过程(3.25)或活动的状态。

注1：为了确定状态，可能需要检查、监督或批判地观察。

注2：该术语和定义是《“ISO/IEC 导则　第1部分”的ISO补充合并本》附录SL所给出的ISO管理体系标准的通用术语和核心定义之一。

3.31　测量 measurement

确定值的过程(3.25)。

注：该术语和定义是《“ISO/IEC 导则　第1部分”的ISO补充合并本》附录SL所给出的ISO管理体系标准的通用术语和核心定义之一。

3.32　审核 audit

为获得审核证据并对其进行客观评价，以确定满足审核准则的程度所进行的系统的、独立的和文件化的过程(3.25)。

注1：审核可以是内部(第一方)审核或外部(第二方或第三方)审核，也可以是一种结合(结合两个或多个领域)的审核。

注2：内部审核由组织(3.1)自行实施或由外部方代表其实施。

注3：“审核证据”和“审核准则”的定义见GB/T 19011。

注4：该术语和定义是《“ISO/IEC 导则　第1部分”的ISO补充合并本》附录SL所给出的ISO管理体系标准的通用术语和核心定义之一。

3.33　符合 conformity

满足要求(3.8)。

注：该术语和定义是《“ISO/IEC 导则　第1部分”的ISO补充合并本》附录SL所给出的ISO管理体系标准的通用术语和核心定义之一。

3.34　不符合 nonconformity

未满足要求(3.8)。

注1：不符合与本标准的要求和组织(3.1)自己确定的职业健康安全管理体系(3.11)附加的要求有关。

注2：该术语和定义是《“ISO/IEC 导则　第1部分”的ISO补充合并本》附录SL所给出的ISO管理体系标准的通用术语和核心定义之一。为了澄清不符合与本标准的要求和组织自身的职业健康安全管理体系要求之间的关系，增加了注1。

3.35　事件 incident

由工作引起的或在工作过程中发生的可能或已经导致伤害和健康损害(3.18)的情况。

注1：发生伤害和健康损害的事件有时被称为“事故”。

注2：未发生但有可能发生伤害和健康损害的事件在英文中称为“near – miss”“near – hit”或“close call”，在中文中也可称为“未遂事件”“未遂事故”或“事故隐患”等。

注3：尽管事件可能涉及一个或多个不符合(3.34)，但在没有不符合(3.34)时也可能会发生。

3.36　纠正措施 corrective action

为消除不符合(3.34)或事件(3.35)的原因并防止再次发生而采取的措施。

注：该术语和定义是《“ISO/IEC 导则　第1部分”的ISO补充合并本》附录SL所给出ISO管理体系标

准的通用术语和核心定义之一。由于“事件”是职业健康安全的关键因素，通过纠正措施来应对事件所需的活动与应对不符合所需的活动相同，因此，该术语和定义被改写为包括对“事件”的引用。

3.37　持续改进 continual improvement

提高绩效(3.27)的循环活动。

注1：提高绩效涉及使用职业健康安全管理体系(3.11)，以实现与职业健康安全方针(3.15)和职业健康安全目标(3.17)相一致的整体职业健康安全绩效(3.28)的改进。

注2：持续并不意味着不间断，因此活动不必同时在所有领域发生。

注3：该术语和定义是《“ISO/IEC 导则　第1部分”的 ISO 补充合并本》附录 SL 所给出的 ISO 管理体系标准的通用术语和核心定义之一。为了澄清在职业健康安全管理体系背景下“绩效”的含义，增加了注1。为了澄清“持续”的含义，增加了注2。

4　组织所处的环境

4.1　理解组织及其所处的环境

组织应确定与其宗旨相关并影响其实现职业健康安全管理体系预期结果的能力的内部和外部议题。

4.2　理解工作人员和其他相关方的需求和期望

组织应确定：

a)除工作人员之外的、与职业健康安全管理体系有关的其他相关方；

b)工作人员及其他相关方的有关需求和期望(即要求)；

c)这些需求和期望中哪些是或将可能成为法律法规要求和其他要求。

4.3　确定职业健康安全管理体系的范围

组织应界定职业健康安全管理体系的边界和适用性，以确定其范围。

在确定范围时，组织：

a)应考虑4.1中所提及的内部和外部议题；

b)必须考虑4.2中所提及的要求；

c)必须考虑所计划的或实施的与工作相关的活动。

职业健康安全管理体系应包括在组织控制下或在其影响范围内可能影响组织职业健康安全绩效的活动、产品和服务。

范围应作为文件化信息可被获取。

4.4　职业健康安全管理体系

组织应按照本标准的要求建立、实施、保持和持续改进职业健康安全管理体系，包括所需的过程及其相互作用。

5　领导作用和工作人员参与

5.1　领导作用和承诺

最高管理者应通过以下方式证实其在职业健康安全管理体系方面的领导作用和承诺：

a)对防止与工作相关的伤害和健康损害以及提供健康安全的工作场所和活动全面负责并承担责任；

b)确保职业健康安全方针和相关职业健康安全目标得以建立，并与组织战略方向相一致；

c)确保将职业健康安全管理体系要求融入组织业务过程之中；

d)确保可获得建立、实施、保持和改进职业健康安全管理体系所需的资源；

e)就有效的职业健康安全管理和符合职业健康安全管理体系要求的重要性进行沟通；

f)确保职业健康安全管理体系实现其预期结果；

g)指导并支持人员为职业健康安全管理体系的有效性做出贡献；

h)确保并促进持续改进；

i)支持其他相关管理人员证实在其职责范围内的领导作用；

j)在组织内建立、引导和促进支持职业健康安全管理体系预期结果的文化；

k)保护工作人员不因报告事件、危险源、风险和机遇而遭受报复；

l)确保组织建立和实施工作人员的协商和参与的过程(见5.4)；

m)支持健康安全委员会的建立和运行[见5.4e)l)]。

注：本标准所提及的“业务”可从广义上理解为涉及组织存在目的的那些核心活动。

5.2 职业健康安全方针

最高管理者应建立、实施并保持职业健康安全方针。职业健康安全方针应：

a)包括为防止与工作相关的伤害和健康损害而提供安全和健康的工作条件的承诺，并适合于组织的宗旨和规模、组织所处的环境，以及组织的职业健康安全风险和职业健康安全机遇的特性；

b)为制定职业健康安全目标提供框架；

c)包括满足法律法规要求和其他要求的承诺；

d)包括消除危险源和降低职业健康安全风险的承诺(见8.1.2)；

e)包括持续改进职业健康安全管理体系的承诺；

f)包括工作人员及其代表(若有)的协商和参与的承诺。

职业健康安全方针应：

——作为文件化信息而可被获取；

——在组织内予以沟通；

——在适当时可为相关方所获取；

——保持相关和适宜。

5.3 组织的角色、职责和权限

最高管理者应确保将职业健康安全管理体系内相关角色的职责和权限分配到组织内各层次并予以沟通，且作为文件化信息予以保持。组织内每一层次的工作人员均应为其所控制部分承担职业健康安全管理体系方面的职责。

注1：尽管职责和权限可以被分配，但最高管理者仍应为职业健康安全管理体系的运行承担最终责任。

注2：对于原国际标准中的单词“roles”，本标准译为“角色”，与GB/T 24001—2016相同；但在GB/T 19001—2016中，则译为“岗位”，与本标准的“角色”具有相同的含义。

最高管理者应对下列事项分配职责和权限：

a)确保职业健康安全管理体系符合本标准的要求；

b)向最高管理者报告职业健康安全管理体系的绩效。

5.4 工作人员的协商和参与

组织应建立、实施和保持过程，用于在职业健康安全管理体系的开发、策划、实施、绩效评价和改进措施中与所有适用层次和职能的工作人员及其代表(若有)的协商和参与。

组织应：

a)为协商和参与提供必要的机制、时间、培训和资源。

注1：工作人员代表可视为一种协商和参与机制。

b)及时提供对明确的、易理解的和相关的职业健康安全管理体系信息的访问渠道。

c)确定和消除妨碍参与的障碍或壁垒，并尽可能减少那些难以消除的障碍或壁垒。

注2：障碍和壁垒可包括未回应工作人员的意见和建议，语言或读写障碍，报复或威胁报复，以及不鼓励或惩罚工作人员参与的政策或惯例等。

d)强调与非管理类工作人员在如下方面的协商：

1)确定相关方的需求和期望(见4.2)；

2)建立职业健康安全方针(见5.2)；

3)适用时，分配组织的角色、职责和权限(见5.3)；

4)确定如何满足法律法规要求和其他要求(见6.1.3)；

5)制定职业健康安全目标并为其实现进行策划(见6.2)；

6)确定对外包、采购和承包方的适用控制(见8.1.4)；

7)确定所需监视、测量和评价的内容(见9.1)；

8)策划、建立、实施和保持审核方案(见9.2.2)；

9)确保持续改进(见10.3)。

e)强调非管理类工作人员在如下方面的参与：

1)确定其协商和参与的机制；

2)辨识危险源并评价风险和机遇(见6.1.1和6.1.2)；

3)确定消除危险源和降低职业健康安全风险的措施(见6.1.4)；

4)确定能力要求、培训需求、培训和培训效果评价(见7.2)；

5)确定沟通的内容和方式(见7.4)；

6)确定控制措施及其有效的实施和应用(见8.1、8.1.3和8.2)；

7)调查事件和不符合并确定纠正措施(见10.2)。

注3：强调非管理类工作人员的协商和参与，旨在适用于执行工作活动的人员，但无意排除其他人员，如受组织内工作活动或其他因素影响的管理者。

注4：需认识到，若可行，向工作人员免费提供培训以及在工作时间内提供培训，可以消除工作人员参与的重大障碍。

6　策划

6.1　应对风险和机遇的措施

6.1.1　总则

在策划职业健康安全管理体系时，组织应考虑4.1(所处的环境)所提及的议题、4.2(相关方)所提及的要求和4.3(职业健康安全管理体系范围)，并确定所需应对的风险和机遇，以：

a)确保职业健康安全管理体系实现预期结果；

b)防止或减少不期望的影响；

c)实现持续改进。

在确定所需应对的与职业健康安全管理体系及其预期结果有关的风险和机遇时，组织必须考虑：

——危险源(见6.1.2.1)；

——职业健康安全风险和其他风险(见6.1.2.2)；

——职业健康安全机遇和其他机遇(见6.1.2.3)；

——法律法规要求和其他要求(见6.1.3)。

在策划过程中，组织应结合组织及其过程或职业健康安全管理体系的变更来确定和评价与职业健康安全管理体系预期结果有关的风险和机遇。对于所策划的变更，无论是永久性的还是临时性的，这种评价均应在变更实施前进行(见8.1.3)。

组织应保持以下方面的文件化信息：

——风险和机遇；

——确定和应对其风险和机遇(见6.1.2至6.1.4)所需的过程和措施。其文件化程度应足以让人确信这些过程和措施可按策划执行。

6.1.2　危险源辨识及风险和机遇的评价

6.1.2.1　危险源辨识

组织应建立、实施和保持用于持续和主动的危险源辨识的过程。该过程必须考虑(但不限于)：

a)工作如何组织，社会因素(包括工作负荷、工作时间、欺骗、骚扰和欺压)，领导作用和组织的文化。

b)常规和非常规的活动和状况，包括由以下方面所产生的危险源：

1)基础设施、设备、原料、材料和工作场所的物理环境；

2)产品和服务的设计、研究、开发、测试、生产、装配、施工、交付、维护或处置；

3)人的因素；

4)工作如何执行。

c)组织内部或外部以往发生的相关事件(包括紧急情况)及其原因。

d)潜在的紧急情况。

e)人员，包括考虑：

1)那些有机会进入工作场所的人员及其活动，包括工作人员、承包方、访问者和其他人员；

2)那些处于工作场所附近可能受组织活动影响的人员；

3)处于不受组织直接控制的场所的工作人员。

f)其他议题，包括考虑：

1)工作区域、过程、装置、机器和(或)设备、操作程序和工作组织的设计，包括它们对所涉及 工作人员的需求和能力的适应性；

2)由组织控制下的工作相关活动所导致的、发生在工作场所附近的状况；

3)发生在工作场所附近、不受组织控制、可能对工作场所内的人员造成伤害和健康损害的 状况。

g)组织、运行、过程、活动和职业健康安全管理体系中的实际或拟定的变更(见

8. L3）。

h）危险源的知识和相关信息的变更。

6. 1. 2. 2　职业健康安全风险和职业健康安全管理体系的其他风险的评价

组织应建立、实施和保持过程，以：

a）评价来自已辨识的危险源的职业健康安全风险，同时必须考虑现有控制的有效性；

b）确定和评价与建立、实施、运行和保持职业健康安全管理体系相关的其他风险。

组织的职业健康安全风险评价方法和准则应在范围、性质和时机方面予以界定，以确保其是主动的而非被动的，并被系统地使用。有关方法和准则的文件化信息应予以保持和保留。

6. 1. 2. 3　职业健康安全机遇和职业健康安全管理体系的其他机遇的评价

组织应建立、实施和保持过程，以评价：

a）提升职业健康安全绩效的职业健康安全机遇，同时必须考虑所策划的对组织及其方针、过程或活动的变更，以及：

1）使工作、工作组织和工作环境适合于工作人员的机遇；

2）消除危险源和降低职业健康安全风险的机遇。

b）改进职业健康安全管理体系的其他机遇。

注：职业健康安全风险和职业健康安全机遇可能会给组织带来其他风险和其他机遇。

6. 1. 3　法律法规要求和其他要求的确定

组织应建立、实施和保持过程，以：

a）确定并获取最新的适用于组织的危险源、职业健康安全风险和职业健康安全管理体系的法律法规要求和其他要求；

b）确定如何将这些法律法规要求和其他要求应用于组织，以及所需沟通的内容；

c）在建立、实施、保持和持续改进其职业健康安全管理体系时，必须考虑这些法律法规要求和其他要求。

组织应保持和保留有关法律法规要求和其他要求的文件化信息，并确保及时更新以反映任何变化。

注：法律法规要求和其他要求可能会给组织带来风险和机遇。

6. 1. 4　措施的策划

组织应策划：

a）措施，以：

1）应对这些风险和机遇（见 6. 1. 2. 2 和 6. 1. 2. 3）；

2）满足法律法规要求和其他要求（见 6. 1. 3）；

3）对紧急情况做出准备和响应（见 8. 2）。

b）如何：

1）在其职业健康安全管理体系过程中或其他业务过程中融入并实施这些措施；

2）评价这些措施的有效性。

在策划措施时，组织必须考虑控制的层级（见 8. 1. 2）和职业健康安全管理体系的输出。

在策划措施时，组织还应考虑最佳实践、可选技术方案以及财务、运行和经营等要求。

6.2　职业健康安全目标及其实现的策划

6.2.1　职业健康安全目标

组织应在相关职能和层次上制定职业健康安全目标，以保持和持续改进职业健康安全管理体系和职业健康安全绩效(见10.3)。

职业健康安全目标应：

a)与职业健康安全方针一致；

b)可测量(可行时)，或能够进行绩效评价；

c)必须考虑：

1)适用的要求；

2)风险和机遇的评价结果(见6.1.2.2和6.1.2.3)；

3)与工作人员及其代表(若有)协商(见5.4)的结果。

d)得到监视；

e)予以沟通；

f)在适当时予以更新。

6.2.2　实现职业健康安全目标的策划

在策划如何实现职业健康安全目标时，组织应确定：

a)要做什么；

b)需要什么资源；

c)由谁负责；

d)何时完成；

e)如何评价结果，包括用于监视的参数；

f)如何将实现职业健康安全目标的措施融入其业务过程。

组织应保持和保留职业健康安全目标和实现职业健康安全目标的策划的文件化信息。

7　支持

7.1　资源

组织应确定并提供建立、实施、保持和持续改进职业健康安全管理体系所需的资源。

7.2　能力

组织应：

a)确定影响或可能影响其职业健康安全绩效的工作人员所必需具备的能力；

b)基于适当的教育、培训或经历，确保工作人员具备胜任工作的能力(包括具备辨识危险源的能力)；

c)在适用时，采取措施以获得和保持所必需的能力，并评价所采取措施的有效性；

d)保留适当的文件化信息作为能力证据。

注：适用措施可包括：向现有所雇人员提供培训、指导或重新分配工作；外聘或将工作承包给能胜任工作的人员等。

7.3　意识

工作人员应意识到：

a)职业健康安全方针和职业健康安全目标；

b)其对职业健康安全管理体系有效性的贡献作用，包括提升职业健康安全绩效的益处；

c)不符合职业健康安全管理体系要求的影响和潜在后果；

d)与其相关的事件和调查结果；

e)与其相关的危险源、职业健康安全风险和所确定的措施；

f)从其所认为的存在急迫且严重危及其生命或健康的工作状况中逃离的能力，以及为保护其免遭由此而产生的不当后果所做出的安排。

7.4　沟通

7.4.1　总则

组织应建立、实施并保持与职业健康安全管理体系有关的内外部沟通所需的过程，包括确定：

a)沟通什么；

b)何时沟通；

c)与谁沟通：

1)与组织内不同层次和职能；

2)与进入工作场所的承包方和访问者；

3)与其他相关方。

d)如何沟通。

在考虑沟通需求时，组织必须考虑到各种差异(如性别、语言、文化、读写能力、残障)。

在建立沟通过程中，组织应确保外部相关方的观点被考虑。

在建立沟通过程时，组织：

——必须考虑其法律法规要求和其他要求；

——应确保所沟通的职业健康安全信息与职业健康安全管理体系内所形成的信息一致且可靠。

组织应对有关其职业健康安全管理体系的沟通做出响应。

适当时，组织应保留文件化信息作为其沟通的证据。

7.4.2　内部沟通

组织应：

a)就职业健康安全管理体系的相关信息在其不同层次和职能之间进行内部沟通，适当时还包括职业健康安全管理体系的变更；

b)确保其沟通过程能够使工作人员为持续改进做出贡献。

7.4.3　外部沟通

组织应按其所建立的沟通过程就职业健康安全管理体系的相关信息进行外部沟通，并必须考虑法律法规要求和其他要求。

7.5　文件化信息

7.5.1　总则

组织的职业健康安全管理体系应包括：

a）本标准要求的文件化信息；

b）组织确定的实现职业健康安全管理体系有效性所必需的文件化信息。

注：对于不同组织而言，其职业健康安全管理体系的文件化信息的程度可能因以下方面存在差异而不同：

——组织的规模及其活动、过程、产品和服务的类型；

——证实满足法律法规要求和其他要求的需要；

——过程的复杂性及其相互作用；

——工作人员的能力。

7.5.2 创建和更新

创建和更新文件化信息时，组织应确保适当的：

a）标识和说明（如标题、日期、作者或文件编号）；

b）形式（如语言文字、软件版本、图表）与载体（如纸质载体、电子载体）；

c）评审和批准，以确保适宜性和充分性。

7.5.3 文件化信息的控制

职业健康安全管理体系和本标准所要求的文件化信息应予以控制，以确保：

a）在需要的场所和时间均可获得并适用；

b）得到充分的保护（如防止失密、不当使用或完整性受损）。

适用时，组织应针对下列活动来控制文件化信息：

——分发、访问、检索和使用；

——存储和保护，包括保持易读性；

——变更控制（如版本控制）；

——保留和处置。

组织应识别其所确定的、策划和运行职业健康安全管理体系所必需的、来自外部的文件化信息，适当时应对其予以控制。

注1：“访问”可能指仅允许查阅文件化信息的决定，或可能指允许并授权查阅和更改文件化信息的决定。

注2：“访问”相关文件化信息包括工作人员及其代表（若有）的“访问”。

8 运行

8.1 运行策划和控制

8.1.1 总则

为了满足职业健康安全管理体系要求和实施第6章所确定的措施，组织应策划、实施、控制和保持所需的过程，通过：

a）建立过程准则；

b）按照准则实施过程控制；

c）保持和保留必要的文件化信息，以确信过程已按策划得到实施；

d）使工作适合于工作人员。

在多雇主的工作场所，组织应与其他组织协调职业健康安全管理体系的相关部分。

8.1.2 消除危险源和降低职业健康安全风险

组织应通过采用下列控制层级，建立、实施和保持用于消除危险源和降低职业健康安全风险的过程：

a)消除危险源；

b)用危险性低的过程、操作、材料或设备替代；

c)采用工程控制和重新组织工作；

d)采用管理控制，包括培训；

e)使用适当的个体防护装备。

注：在许多国家，法律法规要求和其他要求包括了组织无偿为工作人员提供个体防护装备(PPE)的要求。

8.1.3　变更管理

组织应建立过程，用于实施和控制所策划的、影响职业健康安全绩效的临时性和永久性变更。这些变更包括：

a)新的产品、服务和过程，或对现有产品、服务和过程的变更，包括：

——工作场所的位置和周边环境；

——工作组织；

——工作条件；

——设备；

——劳动力。

b)法律法规要求和其他要求的变更；

c)有关危险源和职业健康安全风险的知识或信息的变更；

d)知识和技术的发展。

组织应评审非预期性变更的后果，必要时采取措施，以减轻任何不利影响。

注：变更可带来风险和机遇。

8.1.4　采购

8.1.4.1　总则

组织应建立、实施和保持用于控制产品和服务采购的过程，以确保采购符合其职业健康安全管理体系。

8.1.4.2　承包方

组织应与承包方协调其采购过程，以辨识由下列方面所产生的危险源并评价和控制职业健康安全风险：

a)对组织造成影响的承包方的活动和运行；

b)对承包方工作人员造成影响的组织的活动和运行；

c)对工作场所内其他相关方造成影响的承包方的活动和运行。

组织应确保承包方及其工作人员满足组织的职业健康安全管理体系要求。组织的采购过程应规定和应用选择承包方的职业健康安全准则。

注：在合同文件中包含选择承包方的职业健康安全准则是有益的。

8.1.4.3　外包

组织应确保外包的职能和过程得到控制。组织应确保其外包安排符合法律法规要求和其他要求，并与实现职业健康安全管理体系的预期结果相一致。组织应在职业健康安全管理体系内确定对这些职能和过程实施控制的类型和程度。

注：与外部供方进行协调可助于组织应对外包对其职业健康安全绩效的任何影响。

8.2 应急准备和响应

为了对6.1.2.1中所识别的潜在紧急情况进行应急准备并做出响应，组织应建立、实施和保持所需的过程，包括：

a)针对紧急情况建立所策划的响应，包括提供急救；

b)为所策划的响应提供培训；

c)定期测试和演练所策划的响应能力；

d)评价绩效，必要时(包括在测试之后，尤其是在紧急情况发生之后)修订所策划的响应；

e)与所有工作人员沟通并提供与其义务和职责有关的信息；

f)与承包方、访问者、应急响应服务机构、政府部门、当地社区(适当时)沟通相关信息；

g)必须考虑所有有关的相关方的需求和能力，适当时确保其参与制定所策划的响应。

组织应保持和保留关于响应潜在紧急情况的过程和计划的文件化信息。

9 绩效评价

9.1 监视、测量、分析和评价绩效

9.1.1 总则

组织应建立、实施和保持用于监视、测量、分析和评价绩效的过程。

组织应确定：

a)需要监视和测量的内容，包括：

1)满足法律法规要求和其他要求的程度；

2)与所辨识的危险源、风险和机遇相关的活动和运行；

3)实现组织职业健康安全目标的进展情况；

4)运行控制和其他控制的有效性。

b)适用时，为确保结果有效而所采用的监视、测量、分析和评价绩效的方法；

c)组织评价其职业健康安全绩效所依据的准则；

d)何时应实施监视和测量；

e)何时应分析、评价和沟通监视和测量的结果。

组织应评价其职业健康安全绩效并确定职业健康安全管理体系的有效性。

组织应确保监视和测量设备在适用时得到校准或验证，并被适当使用和维护。

注：法律法规要求和其他要求(如国家标准或国际标准)可能涉及监视和测量设备的校准或检定。

组织应保留适当的文件化信息：

——作为监视、测量、分析和评价绩效的结果的证据；

——记录有关测量设备的维护、校准或验证。

9.1.2 合规性评价

组织应建立、实施和保持用于对法律法规要求和其他要求(见6.1.3)的合规性进行评价的过程。组织应：

a)确定实施合规性评价的频次和方法；

b)评价合规性，并在需要时采取措施(见 10.2)；

c)保持对其关于法律法规要求和其他要求的合规状况的认识和理解；

d)保留合规性评价结果的文件化信息。

9.2　内部审核

9.2.1　总则

组织应按策划的时间间隔实施内部审核，以提供下列信息：

a)职业健康安全管理体系是否符合：

1)组织自身的职业健康安全管理体系要求，包括职业健康安全方针和职业健康安全目标；

2)本标准的要求；

b)职业健康安全管理体系是否得到有效实施和保持。

9.2.2　内部审核方案

组织应：

a)在考虑相关过程的重要性和以往审核结果的情况下，策划、建立、实施和保持包含频次、方法、职责、协商、策划要求和报告的审核方案；

b)规定每次审核的审核准则和范围；

c)选择审核员并实施审核，以确保审核过程的客观性和公正性；

d)确保向相关管理者报告审核结果；确保向工作人员及其代表(若有)以及其他有关的相关方报告相关的审核结果；

e)采取措施，以应对不符合和持续改进其职业健康安全绩效(见第 10 章)；

f)保留文件化信息，作为审核方案实施和审核结果的证据。

注：有关审核和审核员能力的更多信息参见 GB/T 19011。

9.3　管理评审

最高管理者应按策划的时间间隔对组织的职业健康安全管理体系进行评审，以确保其持续的适宜性、充分性和有效性。

管理评审应包括对下列事项的考虑：

a)以往管理评审所采取措施的状况；

b)与职业健康安全管理体系相关的内部和外部议题的变化，包括：

1)相关方的需求和期望；

2)法律法规要求和其他要求；

3)风险和机遇。

c)职业健康安全方针和职业健康安全目标的实现程度；

d)职业健康安全绩效方面的信息，包括以下方面的趋势：

1)事件、不符合、纠正措施和持续改进；

2)监视和测量的结果；

3)对法律法规要求和其他要求的合规性评价的结果；

4)审核结果；

5) 工作人员的协商和参与；

6) 风险和机遇。

e) 保持有效的职业健康安全管理体系所需资源的充分性；

f) 与相关方的有关沟通；

g) 持续改进的机会。

管理评审的输出应包括与下列事项有关的决定：

——职业健康安全管理体系在实现其预期结果方面的持续适宜性、充分性和有效性；

——持续改进的机会；

——任何对职业健康安全管理体系变更的需求；

——所需资源；

——措施(若需要)；

——改进职业健康安全管理体系与其他业务过程融合的机会；

——对组织战略方向的任何影响。

最高管理者应就相关的管理评审输出与工作人员及其代表(若有)进行沟通(见 7.4)。

组织应保留文件化信息，以作为管理评审结果的证据。

10　改进

10.1　总则

组织应确定改进的机会(见第 9 章)，并实施必要的措施，以实现其职业健康安全管理体系的预期结果。

10.2　事件、不符合和纠正措施

组织应建立、实施和保持包括报告、调查和采取措施在内的过程，以确定和管理事件和不符合。

当事件或不符合发生时，组织应：

a) 及时对事件和不符合做出反应，并在适用时：

1) 采取措施予以控制和纠正；

2) 处置后果。

b) 在工作人员的参与(见 5.4)和其他相关方的参加下，通过下列活动，评价是否采取纠正措施，以消除导致事件或不符合的根本原因，防止事件或不符合再次发生或在其他场合发生：

1) 调查事件或评审不符合；

2) 确定导致事件或不符合的原因；

3) 确定类似事件是否曾经发生过，不符合是否存在，或它们是否可能会发生。

c) 在适当时，对现有的职业健康安全风险和其他风险的评价进行评审(见 6.1)；

d) 按照控制层级(见 8.1.2)和变更管理(见 8.1.3)，确定并实施任何所需的措施，包括纠正措施；

e) 在采取措施前，评价与新的或变化的危险源相关的职业健康安全风险；

f) 评审任何所采取措施的有效性，包括纠正措施；

g) 在必要时，变更职业健康安全管理体系。

纠正措施应与事件或不符合所产生的影响或潜在影响相适应。

组织应保留文件化信息作为以下方面的证据：

——事件或不符合的性质以及所采取的任何后续措施；

——任何措施和纠正措施的结果，包括其有效性。

组织应就此文件化信息与相关工作人员及其代表(若有)和其他有关的相关方进行沟通。

注：及时报告和调查事件可有助于消除危险源和尽快降低相关职业健康安全风险。

10.3　持续改进

组织应通过下列方式持续改进职业健康安全管理体系的适宜性、充分性与有效性：

a)提升职业健康安全绩效；

b)促进支持职业健康安全管理体系的文化；

c)促进工作人员参与职业健康安全管理体系持续改进措施的实施；

d)就有关持续改进的结果与工作人员及其代表(若有)进行沟通；

e)保持和保留文件化信息作为持续改进的证据。

附录 A
(资料性附录)
本标准的使用指南

A.1　总则

本附录所给出的解释性信息旨在防止对本标准所包含要求的错误理解，这些信息的阐述与标准要求保持一致，不拟增加、减少或以任何方式修改本标准的要求。

本标准中的要求需以系统且非孤立的视角进行考虑，即某些章条中的要求可能与其他章条中的要求之间存在着相互联系。

A.2　规范性引用文件

本标准无规范性引用文件。使用者可从参考文献所列文件中获得有关职业健康安全指南和其他管理体系标准的进一步信息。

A.3　术语和定义

除了第 3 章给出的术语和定义外，以下还对所选概念进行了说明，以防止错误理解：

a)“持续(continual)”指发生在一段时期内的持续，但可能有间断；而“连续(continuous)”指不间断的持续，因此应当使用“持续(continual)”来描述改进。

b)“考虑(consider)”意指有必要考虑，但可拒绝考虑；“必须考虑(take into account)”意指有必要考虑，但不能拒绝考虑。

c)“适当的(appropriate)”与“适用的(applicable)”不得互换。“适当的”意指适合于或适于……的，并意味着某种程度的自由；而“适用的”意指与应用有关或有可能应用，且意味着如果能够做到，就应该要做。

d)本标准使用了术语“相关方(interested party)”，“利益相关方(stakeholder)”是其同义词，代表了相同的概念。

e)“确保(ensure)”一词意指：可将职责委派给他人，但仍承担确保措施得到实施的问责。

f)“文件化信息(documented information)”被用于包含“文件(documents)”和“记录(records)”。本标准使用短语“保留(retain)文件化信息作为……的证据”来表示记录，“应作为文件化信息予以保持(mamtain)”来表示文件，包括程序。短语“以保留文件化信息作为……的证据(to retain documented information as evidentiary of …)”并非要求所保留的信息将满足法律法规的证据要求，而旨在规定所需保留的记录的类型。

g)“在组织共同控制下(under the shared control of the organization)”的活动是指，按照法律法规要求和其他要求，对于所开展的工作，就其职业健康安全绩效方面，组织与他方共同控制工作的方式或方法，或者共同把握工作方向。

组织可按照职业健康安全管理体系的相关要求，批准使用特定的术语及其含义。但如果使用标准之外的这些术语，则仍需要符合本标准。

A.4　组织所处的环境

A.4.1　理解组织及其所处的环境

对组织所处环境的理解被用于建立、实施、保持和持续改进其职业健康安全管理体系。内部和外部议题可能是正面的或负面的，并包含了能够影响职业健康安全管理体系的条件、特征或变化情况，例如：

a)外部议题，如：

1)文化、社会、政治、法律、金融、技术、经济和自然环境以及市场竞争，无论是国际的、国内的、区域的，还是地方的；

2)新加入的竞争对手、承包方、分包方、供方、合作伙伴和供应商，以及新技术、新法律和新出现的职业；

3)有关产品的新知识及其对健康和安全的影响；

4)与行业或专业相关的、对组织有影响的关键驱动因素和趋势；

5)与其外部相关方之间的关系，以及外部相关方的观念和价值观；

6)与上述各项有关的变化。

b)内部议题，如：

1)治理、组织结构、角色和责任；

2)方针、目标及其实现的策略；

3)能力，可理解为资源、知识和技能(如资金、时间、人力资源、过程、系统和技术)；

4)信息系统、信息流及决策过程(正式的和非正式的)；

5)新的产品、材料、服务、工具、软件、场所和设备的引入；

6)与工作人员的关系，以及他们的观念和价值观；

7)组织文化；

8)组织所采用的标准、指南和模型；

9)合同关系的形式和范围，包括诸如外包活动；

10)工作时间安排；

11)工作条件；

12)与上述各项有关的变化。

A.4.2　理解工作人员和其他相关方的需求和期望

除工作人员之外，相关方还可包括：

a)法律法规监管机构(当地的、地区的、省/直辖市/自治区的、国家的或国际的)；

b)上级组织；

c)供方、承包方、分包方；

d)工作人员代表；

e)工作人员组织(工会)和雇主组织；

f)所有者、股东、客户、访问者、组织所在社区和邻居以及一般公众；

g)顾客、医疗和其他社区服务机构、媒体、学术界、商业协会和非政府组织；

h)职业健康安全组织、职业安全和健康护理方面的专业人员。

有些需求和期望具有强制性，如已被纳入法律法规的需求和期望。对于其他需求和期望，组织也可决定是否自愿接受或采纳(如签署自愿性倡议)。组织一旦采纳这些需求和期望，就要在策划和建立职业健康安全管理体系时予以应对。

A.4.3　确定职业健康安全管理体系的范围

组织可以自主灵活地界定职业健康安全管理体系的边界和适用性。边界和适用性可包括整个组 织，或组织的特定部分，只要该部分的最高管理者自身拥有建立职业健康安全管理体系的职能、职责和权限。

组织职业健康安全管理体系的可信度取决于边界的选定。范围不可用来排除影响或可能影响组织职业健康安全绩效的活动、产品和服务，或规避法律法规要求和其他要求。范围是对包含在职业健康安全管理体系边界内的组织运行的真实并具代表性的声明，不可对相关方造成误导。

A.4.4　职业健康安全管理体系

组织有权力、责任和自主性来决定如何满足本标准的要求，包括下列事项的详略水平和程度：

a)建立一个或多个过程，以确信它们按照策划得到控制和实施，并实现职业健康安全管理体系的预期结果；

b)将职业健康安全管理体系要求融入其各项业务过程(如设计和开发、采购、人力资源、营销和市场等)中。

如果在组织的一个或多个特定部分实施本标准，则可采用组织其他部分所建立的方针和过程来满足本标准要求，只要它们适用于该特定部分且符合本标准的要求。示例包括：公司的职业健康安全方针；教育、培训和能力方案；采购控制等。

A.5　领导作用和工作人员参与

A.5.1　领导作用和承诺

组织最高管理者的领导作用和承诺(包括意识、响应、积极的支持和反馈)是职业健康安全管理体系成功并实现其预期结果的关键，为此，最高管理者负有亲自参与或指导的特定职责。

支持组织职业健康安全管理体系的文化在很大程度上取决于最高管理者，它是个体和群体的价值观、态度、管理实践、观念、能力及活动模式的产物，而这些则决定了其职业健康安全管理体系的承诺、风格和水平。该文化具有(但不限于)下述特征：工作人员的积极参与；基于相互信任的合作与沟通；通过积极参与对职业健康安全机遇的探寻而达成对职业健康安全管理体系重要性的共识；对预防和保护措施的有效性的信心。最高管理者证实其领导作用的一个重要方式是鼓励工作人员报告事件、危险源、风险和机遇，并保护其免遭报复(例如，当他们这样做时会面临解雇或纪律处分的威胁)。

A.5.2　职业健康安全方针

职业健康安全方针是最高管理者作为承诺而声明的一组原则。它概述了组织支持和持续改进其职业健康安全绩效的长期方向。职业健康安全方针提供了一个总体方向，并为组织制定目标和采取措施以实现职业健康安全管理体系的预期结果提供了框架。

这些承诺体现在组织所建立的过程中，以确保职业健康安全管理体系坚实、可信和可靠(包括应对本标准的特定要求)。

术语“尽可能降低”用于与职业健康安全风险有关的方面，以阐明组织对其职业健康安全管理体系的愿望。术语“降低”用于描述实现的过程。

在建立职业健康安全方针时，组织宜考虑与其他方针的一致性和协调性。

A.5.3　组织的角色、职责和权限

为了实现职业健康安全管理体系的预期结果，组织职业健康安全管理体系所涉及的人员宜清晰理解其角色、职责和权限。

虽然最高管理者对职业健康安全管理体系拥有总体职责和权限，但工作场所中的每个人不仅必须考虑其自身的健康和安全，还须考虑他人的健康和安全。

“负有责任的最高管理者”，意味着最高管理者可为决策和活动接受组织治理机构、法律监管机构以及更广泛意义上的相关方的问责。这意味着最高管理者承担最终责任，并与因某事未完成、未妥善处置、不起作用或未实现其目标而被追究责任的人员一起承担连带责任。

工作人员宜能够报告危险情况，以便组织采取措施。工作人员宜能够按照要求向有关主管部门报告其关心的问题，而不会因此而遭受解雇、纪律处分或其他此类报复的威胁。

5.3中所确定的特定角色和职责可指派给某个人承担，也可由几个人共同分担，或指派给最高管理者中的某个成员。

A.5.4　工作人员的协商和参与

工作人员及其代表(若有)的协商和参与是职业健康安全管理体系取得成功的关键因素。组织宜通过建立过程而对此予以鼓励。

协商意味着一种涉及对话和交换意见的双向沟通。协商包括及时向工作人员及其代表(若有)提供必要信息，以使其给出知情的反馈意见，供组织在做出决策前加以考虑。

参与能使工作人员为与职业健康安全绩效测量和变更建议有关的决策过程做出贡献。

对职业健康安全管理体系的反馈依赖于工作人员的参与。组织宜确保鼓励各层次工作人员报告危险情况，以便预防措施落实到位和采取纠正措施。

如果工作人员在提供建议时无惧遭受解雇、纪律处分或其他类似报复的威胁，那么所收到的建议将会更为有效。

A.6　策划

A. 6. 1　应对风险和机遇的措施

A. 6. 1. 1　总则

策划并非单一事件，而是一个持续的过程。它既为工作人员也为职业健康安全管理体系预测环境变化并持续确定风险和机遇。

非预期的结果可包括与工作相关的伤害和健康损害、不符合法律法规要求和其他要求，或损害

声誉。

策划需整体考虑管理体系的活动与要求之间的关系和相互作用。

职业健康安全机遇涉及危险源辨识、如何沟通危险源，以及已知危险源的分析和减轻。其他机遇涉及体系改进策略。

改进职业健康安全绩效的机遇的示例：

a)发挥检查和审核作用；

b)工作危险源分析(工作安全分析)和相关任务评价；

c)通过减轻单调的工作或具有潜在危险的预设工作速率的工作来改进职业健康安全绩效；

d)工作许可及其他的认可和控制方法；

e)事件或不符合调查和纠正措施；

f)人类工效学和其他与伤害预防有关的评价。

改进职业健康安全绩效的其他机遇的示例：

——对于设施重置、过程重设，或机器和厂房的更换的策划，在设施、设备或过程的生命周期最早期阶段融入职业健康安全要求；

——对于设施重置、过程重设，或机器和厂房的更换，在策划的最早期阶段融入职业健康安全要求；

——应用新技术提升职业健康安全绩效；

——通过诸如扩展超越要求的与职业健康安全相关的能力，或鼓励工作人员及时报告事件等来改善职业健康安全文化；

——提高对最高管理者支持职业健康安全管理体系的感知度；

——强化事件调查过程；

——改进工作人员协商和参与的过程；

——标杆管理，包括考虑组织自身以往的绩效和其他组织的绩效；

——在职业健康安全专题论坛中寻求合作。

A. 6. 1. 2　危险源辨识及风险和机遇的评价

A. 6. 1. 2. 1　危险源辨识

持续主动的危险源辨识始于任何新工作场所、设施、产品或组织的概念设计阶段。它宜随着设计的细化及其随后的运行持续进行，并贯穿其整个生命周期，以反映当前的、变化的和未来的活动。

虽然本标准不涉及产品安全(即最终产品用户的安全)，但产品的制造、建造、装配或测试过程中所存在的危害工作人员的危险源宜予以考虑。

危险源辨识有助于组织认识和理解工作场所中的危险源及其对工作人员的危害，以便评价、优先排序并消除危险源或降低职业健康安全风险。

危险源可能是物理的、化学的、生物的、心理的、机械的、电的或基于运动或能量的。6.1.2.1 所列并非详尽无遗。

注：以下所列条目编号从 a) 到 f) 与 6.1.2.1 中所列条目的编号并非完全对应。

组织的危险源辨识过程宜考虑：

a) 常规和非常规的活动和状况：

1) 常规的活动和状况经由日常运行和正常工作活动产生危险源；

2) 非常规的活动和状况是指偶然出现的或非计划的活动和状况；

3) 短期的活动或长期的活动可产生不同的危险源。

b) 人的因素：

1) 与人的能力、局限性及其他特征有关；

2) 为了人能够安全和舒适地使用而应用于工具、机器、系统、活动或环境的信息；

3) 宜考虑三个方面：活动、工作人员和组织，以及它们之间是如何相互作用并对职业健康安全产生影响的。

c) 新的或变化的危险源：

1) 可在因过于熟悉环境或环境变化而导致工作过程恶化、被更改、被适应或被演变时产生；

2) 对工作实际开展情况的了解（如与工作人员一起观察和讨论危险源）能识别职业健康安全风险是否增加或降低。

d) 潜在紧急情况：

1) 需立即做出响应的、意外的或非计划的状况（如工作场所的机器着火；工作场所附近的自 然灾害；工作人员正在从事与工作有关活动的其他地点的自然灾害）；

2) 包括诸如在工作人员正从事与工作相关活动的地点发生了内乱而需要他们紧急疏散的情况。

e) 人员：

1) 工作场所附近、可能受组织活动影响的人员（如路人、承包方或近邻）；

2) 处于不在组织直接控制下的地点的工作人员，如从事流动工作的人员或前往其他地点从事与工作有关活动的人员（如邮政工作人员、公共汽车司机、前往客户现场工作的服务人员）；

3) 在家工作或独自工作的工作人员。

f) 有关危险源的知识或信息的变化：

1) 有关危险源的知识、信息和新的理解可能来自公开的文献、研究与开发、工作人员的反馈，以及组织自身运行经验的评审；

2) 这些来源能够提供有关危险源和职业健康安全风险的新信息。

A.6.1.2.2 职业健康安全风险和职业健康安全管理体系的其他风险的评价

组织可以采用不同方法来评价职业健康安全风险，作为其应对不同危险源或活动的总体战略的一部分。评价的方法和复杂程度并不取决于组织的规模，而取决于与组织的活动有关的危险源。

职业健康安全管理体系的其他风险也宜采用适当的方法进行评价。

职业健康安全管理体系的风险评价过程宜考虑日常运行和决策(如工作流程中的峰巅、重组)以及外部议题(如经济变化)。方法可包括：与受日常活动(如工作量的变化)影响的工作人员持续协商；对新的法律法规要求和其他要求(如监管改革、与职业健康安全有关的集体协议的修订)进行监视和沟通；确保资源满足当前和变化的需求(如针对新改进的设备或物料开展培训或采购)。

A. 6. 1. 2. 3　职业健康安全机遇和职业健康安全管理体系的其他机遇的评价

评价过程宜考虑所确定的职业健康安全机遇和其他机遇，以及它们的益处和改进职业健康安全绩效的潜力。

A. 6. 1. 3　法律法规要求和其他要求的确定

a)法律法规要求可包括：

1)法律法规(国家的、区域的或国际的)，包括法律、法规和规章；

2)法令和指令；

3)监管部门发布的命令；

4)许可、执照或其他形式的授权；

5)法院判决或行政裁决；

6)条约、公约、议定书；

7)集体协商协议。

b)其他要求可包括：

1)组织的要求；

2)合同条款；

3)雇佣协议；

4)与相关方的协议；

5)与卫生部门的协议；

6)非强制性标准、获得一致认可的标准和指南；

7)自愿性原则、行为守则、技术规范、章程；

8)本组织或其上级组织的公开承诺。

A. 6. 1. 4　措施的策划

所策划的措施宜主要通过职业健康安全管理体系进行管理，并宜与其他业务过程(如为管理环境、质量、业务连续性、风险、财务或人力资源而建立的过程)相融合。措施的实施旨在期待实现职业健康安全管理体系的预期结果。

当职业健康安全风险和其他风险的评价已识别了控制需求时，策划活动则要确定如何在运行(见第 8 章)中实施这些控制，如确定是否将这些控制纳入作业指导书或纳入提升能力的措施中。其他控制可采用测量或监视(见第 9 章)方式。

变更管理(见 8. 1. 3)也宜考虑应对风险和机遇的措施，以确保不产生非预期的后果。

A. 6. 2　职业健康安全目标及其实现的策划

A. 6. 2. 1　职业健康安全目标

制定目标是为了保持和改进职业健康安全绩效。目标宜与风险和机遇以及组织所识别的、实现职业健康安全管理体系预期结果所必需的绩效准则相关。

职业健康安全目标可与其他业务目标相融合，并宜在相关职能和层次设立。目标可以是战略性的、战术性的或运行层面的：

战略性目标可被设立为改进职业健康安全管理体系整体绩效(如消除噪声暴露)；

战术性目标可被设立在设施、项目或过程层面(如从源头降低噪声)；

运行层面的目标可被设立在活动层面(如围挡单台机器以降低噪声)。

职业健康安全目标的测量可以是定性的或定量的。定性测量可以是粗略的估计，例如那些从调查、访谈和观察中所获得的结果。组织不必为其所确定的每个风险和机遇均设立职业健康安全目标。

A.6.2.2 实现职业健康安全目标的策划

组织可为实现目标进行单独策划或整体策划。必要时，可针对多重目标进行策划。

组织宜审查实现其目标所需的资源(如财务、人员、设备、基础设施)。

可行时，每个目标宜对应一个指标，指标可以是战略性的、战术性的或运行层面的。

A.7 支持

A.7.1 资源

资源的示例包括人力资源、自然资源、基础设施、技术和财务资源。

基础设施的示例包括组织的建筑物、厂房、设备、公用设施、信息技术与通信系统、应急处置系统。

A.7.2 能力

工作人员的能力宜包括对与其工作和工作场所有关的危险源和职业健康安全风险进行恰当辨识和处置所需的知识和技能。

在确定每个角色的能力时，组织宜考虑如下内容：

a)承担该角色所必需的教育、培训、资格和经验，以及保持能力所必需的再培训；

b)工作环境；

c)产自风险评价过程的预防措施和控制措施；

d)适用于职业健康安全管理体系的要求；

e)法律法规要求和其他要求；

f)职业健康安全方针；

g)合规和不合规的潜在后果，包括对工作人员的健康和安全的影响；

h)工作人员基于其知识和技能参与职业健康安全管理体系的价值；

i)与其角色相关的义务和职责；

j)个人能力，包括经验、语言技能、读写能力和差异性；

k)因所处环境或工作变化而必需的相应能力的更新。

工作人员可协助组织确定角色所需的能力。

工作人员宜具备使自己摆脱紧迫和严重危险状况的必要能力。为此，为工作人员提供充分的、与其工作有关的危险源和风险方面的培训非常重要。

适当时，工作人员宜接受所需的培训，以使其能够有效地履行其职业健康安全方面的典型职责。

在许多国家，向工作人员无偿提供培训是法律法规要求。

A. 7. 3　意识

除工作人员（特别是临时工作人员）外，承包方、访问者和任何其他相关方也宜意识到其所面临的职业健康安全风险。

A. 7. 4　沟通

组织所建立的沟通过程宜规定信息的收集、更新和传播。该过程宜确保向所有有关的工作人员和相关方提供相关信息，并确保他们能接收到和易于理解这些信息。

A. 7. 5　文件化信息

重要的是，对于文件化信息，在尽可能降低其复杂性的同时确保有效、高效和简洁。

这宜包括关于满足法律法规要求和其他要求的策划，以及评价这些策划措施有效性的文件化信息。

7. 5. 3 所述的措施特用于防止作废的文件化信息被非预期使用。

保密信息的示例包括个人信息和医疗信息等。

A. 8　运行

A. 8. 1　运行策划和控制

A. 8. 1. 1　总则

组织有必要建立和实施过程的运行策划和控制，通过消除危险源，或当消除危险源不可行时将运行区域和活动的职业健康安全风险降低至最低合理可行水平，以增强职业健康安全。

过程的运行控制示例包括：

a）运用工作程序和系统；

b）确保工作人员的能力；

c）建立预防性或预测性的维护和检查方案；

d）货物和服务采购规范；

e）应用法律法规要求和其他要求，或制造商的设备说明书；

f）工程控制和管理控制；

g）使工作与工作人员相适宜，例如通过：

1）规定或重新规定工作的组织方式；

2）引进新工作人员；

3）规定或重新规定过程和工作环境；

4）在设计新的或改造已有的工作场所和设备等时应用人类工效学方法等。

A. 8. 1. 2　消除危险源和降低职业健康风险

控制层级旨在提供一种系统的方法来增强职业健康安全、消除危险源和降低或控制职业健康安全风险。每个层级的控制效果低于前一个层级。为了成功地将职业健康安全风险尽可能降低至最低合理可行水平，通常采用多个控制的组合。

以下示例说明了每个层级可以实施的措施：

a）消除：移除危险源；停止使用危险化学品；在规划新的工作场所时应用人类工效学方法；消除单调的工作或导致负面压力的工作；在某区域不再使用叉车；

b)替代：用低危险性替代高危险性；改用在线指南来回应顾客抱怨；从源头防止职业健康安全风险；适应技术进步(如用水性漆代替溶剂型漆)；更换光滑的地板材料；降低设备的电压要求；

c)工程控制、工作重组或两者兼用：将人与危险源隔离；实施集体防护措施(如隔离、机械防护装置、通风系统)；采用机械装卸；降低噪音；使用护栏防止高空坠落；采用工作重组以避免人员单独工作、有碍健康的工时和工作量，或防止重大伤害；

d)管理控制，包括培训：实施定期的安全设备检查；实施防止欺凌和骚扰的培训；通过协调分包方的活动来管理健康和安全；实施上岗培训；管理叉车驾驶证；指导工作人员如何报告事件、不符合和受害情况而不用担心遭到报复；改变工作人员的工作模式(如轮班)；为已确定处于危险状况(如与听力、手臂振动、呼吸系统疾病、皮肤病或暴露有关的危险)中的工作人员管理健康或医疗监测方案；给工作人员适当的指令(如入口控制过程)；

e)个人防护用品(PPE)：提供充足的PPE，包括服装以及PPE(如安全鞋、防护眼镜、听力保护装备、手套等)的使用和维护说明书。

A.8.1.3　变更管理

对变更过程进行管理的目标是，在变更(如技术、设备、设施、工作惯例和程序、设计规范、原材料、人员配备、标准或规则的变更)发生时，通过尽可能减少将新危险源和职业健康安全风险引入工作环境来增强工作中的职业健康安全。根据预期变更的性质，组织可以使用适当的方法(如设计评审)来评价职业健康安全风险和职业健康安全机遇的变化。变更管理的需求可能是策划(见6.1.4)的输出。

A.8.1.4　采购

A.8.1.4.1　总则

在诸如产品、危险材料或物质、原材料、设备或服务等被引入到工作场所前，采购过程宜用于确定、评价和消除危险源，并降低与之相关的职业健康安全风险。

组织的采购过程宜应对包括对诸如组织所购买的供给物、设备、原材料以及其他货物和相关服务等的要求，以符合组织的职业健康安全管理体系。该过程还宜应对协商(见5.4)和沟通(见7.4)的任何需求。

组织宜证实工作人员所用设备、装置和材料是安全的，通过确保：

a)设备按规范交付，并为确保其按预期工作而已经过测试；

b)装置得到调试，以确保其按照设计运行；

c)材料按规范交付；

d)任何使用要求、注意事项或其他防护措施已得到沟通并可获取。

A.8.1.4.2　承包方

之所以需要协调，是因为某些承包方(如外部供方)拥有专业知识、技能、方法和手段。

承包方的活动和运行的示例包括维护、施工、操作、安保、清洁和许多其他职能。承包方还可包括在行政、会计和其他职能方面的顾问或专家。将活动委派给承包方并不能免除组织对工作人员的职业健康安全责任。

组织可通过合同来清晰界定有关各方的责任，实现对承包方活动的协调。组织可以使用各种工具(例如：合同奖励机制，或对以往职业健康安全绩效、安全培训或职业健康安全能力加以考虑的资格预审准则；直接的合同要求)确保承包方在工作场所中的职业健康安全绩效。

当与承包方协调时，组织宜考虑对自身与其承包方之间的危险源的报告，对工作人员进入危险区域的控制，以及紧急情况下需执行的程序。组织宜规定承包方如何将其活动与组织自身的职业健康安全管理体系过程(如那些用于控制进入和受限空间进入、暴露评价和过程安全管理的过程)相协调，以及如何报告事件。

组织宜证实承包方在被允许开展工作前有能力执行其任务；例如，通过证实：

a)职业健康安全绩效的记录是令人满意的；

b)工作人员的资格、经验和能力准则已被规定并已得到满足(如通过培训)；

c)资源、设备和工作准备是充分的并准备开始工作。

A.8.1.4.3　外包

外包时，组织需对外包的职能和过程进行控制以实现职业健康安全管理体系的预期结果。对于外包的职能和过程，符合本标准要求仍是组织的责任。

组织宜基于诸如以下因素，确定对外包职能或过程的控制程度：

——外部组织满足组织职业健康安全管理体系要求的能力；

——组织确定适当的控制措施或评价控制措施的充分性的技术能力；

——外包的过程或职能对组织实现职业健康安全管理体系预期结果的能力的潜在影响；

——外包的过程或职能被分担的程度；

——组织通过应用其采购过程实现必要的控制的能力；

——改进的机遇。

在一些国家，法律法规要求中提出了对外包职能或过程的要求。

A.8.2　应急准备和响应

应急准备策划可包括正常工作时间内外发生的自然的、技术的和人为的事件。

A.9　绩效评价

A.9.1　监视、测量、分析和评价绩效

A.9.1.1　总则

为了实现职业健康安全管理体系的预期结果，过程宜予以监视、测量和分析：

a)监视和测量内容的示例可包括(但不限于)：

1)职业健康抱怨、工作人员的健康(通过监护)和工作环境；

2)与工作相关的事件、伤害和健康损害，以及抱怨，包括其趋势；

3)运行控制和应急演练的有效性，或者更改现有控制或引入新的控制的需求；

4)能力。

b)为了评价法律法规要求的满足情况，监视和测量内容的示例可包括(但不限于)：

1)已识别的法律法规要求(例如：所有法律法规要求是否已确定；组织有关法律法规要求的文件化信息是否保持最新)；

2)集体协议(当具有法律约束力时)；

3)已识别的合规差距的状况。

c)为了评价其他要求的满足情况，监视和测量内容的示例可包括(但不限于)：

1)集体协议(当不具有法律约束力时)；

2)标准和准则；

3)公司的和其他的方针、规则和制度；

4)保险要求。

d)准则是组织可用于比较其绩效的参照：

1)基准示例：

ⅰ)其他组织；

ⅱ)标准和规范；

ⅲ)组织自己的准则和目标；

ⅳ)职业健康安全统计数据。

2)对于测量准则，较为典型的是运用指标，例如：

ⅰ)如果准则是对事件的比较，则组织可选择考虑事件的频率、类型、严重程度或数量；此时，在每一项准则内，指标可以是确定的比率；

ⅱ)如果准则是对纠正措施完成情况的比较，则指标可以是按时完成的百分比。

监视可包含持续的检查、监督、严格观察或确定状态，以便识别所要求的或所期望的绩效水平的变化。监视可适用于职业健康安全管理体系、过程或控制。示例包括访谈、对文件化信息的评审和对正在执行的工作的观察。

测量通常涉及为目标或事件赋值。它是定量数据的基础，并通常与安全方案和健康监护的绩效评价有关。示例包括使用经校准或验证的设备来测量有害物质的暴露，或计算危险源安全距离。

分析是检查数据以揭示关系、模式和趋势的过程。这可能意味着采用统计运算，包括使用来自其他类似组织的信息，以有助于从数据中得出结论。该过程常常与测量活动相关。

绩效评价是为确定主题事项在实现所制定的职业健康安全管理体系目标方面的适宜性、充分性和有效性所开展的一项活动。

A. 9. 1. 2 合规性评价

合规性评价的频次和时机可能会发生变化，这取决于要求的重要性、运行状况的变化、法律法规要求和其他要求的变化以及组织以往的业绩。组织可以使用多种方法保持对其合规状况的认识和理解。

A. 9. 2 内部审核

审核方案的详略程度宜基于职业健康安全管理体系的复杂性和成熟度水平。

组织可通过创建过程将内部审核员的审核角色从其日常承担的职责中分离出来，或者使用外部人员承担内部审核职能，以建立内部审核的客观性和公正性。

A. 9. 3 管理评审

管理评审所用的有关术语应理解如下：

a)“适宜性”是指职业健康管理体系如何适合于组织、其运行、其文化及业务系统；

b)“充分性”是指职业健康安全管理体系是否得到恰当地实施；

c)“有效性”是指职业健康安全管理体系是否正在实现预期结果。

组织不必一次性地完成对9.3的a)至g)所列管理评审主题的全部评审，但宜确定何时和如何评审管理评审主题。

A.10　改进

A.10.1　总则

在采取措施进行改进时，组织宜考虑来自职业健康安全绩效的分析和评价、合规性评价、内部审核和管理评审的结果。

改进的示例包括纠正措施、持续改进、突破性变革、创新和重组。

A.10.2　事件、不符合和纠正措施

事件调查和不符合评审可以是分开的过程，也可合并为一个过程，这取决于组织的要求。

事件、不符合和纠正措施的示例可包括(但不限于)：

a)事件：平地跌倒(无论有无损伤)；腿部骨折；石棉肺；听力损伤；可能导致职业健康安全风险的建筑物或车辆的损坏；

b)不符合：防护设备不能正常工作；未满足法律法规要求和其他要求；或未执行规定的程序；

c)纠正措施(如控制层级所示；见8.1.2)：消除危险源；用低危险性材料替代；重新设计或改造设备或工具；制定程序；提升受影响的工作人员的能力；改变使用频率；使用个人防护用品。

根本原因分析是指通过询问发生了什么、如何发生以及为何发生，来探索与一个事件或不符合有关的所有可能因素的实践，以便如何防止其再次发生而提供输入。

当确定事件或不符合的根本原因时，组织宜使用与被分析的事件或不符合的性质相适宜的方法。根本原因分析的焦点是预防，该分析可以识别多个引起失效的因素，包括与沟通、能力、疲劳、设备或程序有关的因素。

纠正措施有效性的评审[见10.2 f)]是指对所实施的纠正措施充分控制根本原因的程度的评审。

A.10.3　持续改进

持续改进议题的示例包括(但不限于)：

a)新技术；

b)组织内部和外部的良好实践；

c)相关方的意见和建议；

d)职业健康安全相关议题的新知识和新理解；

e)新的或改进的材料；

f)工作人员能力或技能的变化；

g)用更少的资源(如简化、精简等)实现绩效改进。

附录 NA
（资料性附录）
本标准与 GB/T 28001—2011 之间的对应情况

表 NA.1 给出了本标准与 GB/T 28001—2011 之间的对应情况，表 NA.2 给出了 GB/T 28001—2011 与本标准之间的对应情况。需要注意的是，就同一议题而言，本标准与 GB/T 28001—2011 的要求之间可能并非完全对应，表 NA.1 和 NA.2 中仅给出了最接近的对应章条。

表 NA.1　本标准与 GB/T 28001—2011 之间的对应情况

GB/T 45001—2020		GB/T 28001—2011	
章条标题	章条号	章条号	章条标题
前言	—	—	前言
引言	—	—	引言
范围	1	1	范围
规范性引用文件	2	2	规范性引用文件
术语和定义	3	3	术语和定义
组织所处的环境(仅标题)	4	—	新要求 (也参见4.6管理评审中的“——客观环境的变化，包括与职业健康安全有关的法律法规和其他要求的发展”)
理解组织及其所处的环境	4.1		
理解工作人员和其他相关方的需求和期望	4.2	4.4.3.2	参与和协商(部分对应) [也参见4.6管理评审中的“——参与和协商的结果(参见4.4.3)； ——来自外部相关方的相关沟通信息，包括投诉；”]
确定职业健康安全管理体系的范围	4.3	4.1	总要求(部分对应)
职业健康安全管理体系	4.4	4	职业健康安全管理体系要求(仅标题)
		4.1	总要求
领导作用和工作人员参与(仅标题)	5	4.4.3	沟通、参与和协商(仅标题)
领导作用与承诺	5.1	4.4.1	资源、作用、职责、责任和权限
职业健康安全方针	5.2	4.2	职业健康安全方针
组织的角色、职责和权限	5.3	4.4.1	资源、作用、职责、责任和权限
工作人员的协商和参与	5.4	4.4.3.2	参与和协商
策划(仅标题)	6	4.3	策划(仅标题)
应对风险和机遇的措施(仅标题)	6.1	4.1	总要求
		4.3.1	危险源辨识、风险评价和控制措施的确定
总则	6.1.1	4.4.6	运行控制
危险源辨识及风险和机遇的评价(仅标题)	6.1.2	4.3.1	危险源辨识、风险评价和控制措施的确定
危险源辨识	6.1.2.1		
职业健康安全风险和职业健康安全管理体系的其他风险的评价	6.1.2.2		

续表

GB/T 45001—2020		GB/T 28001—2011	
章条标题	章条号	章条号	章条标题
职业健康安全机遇和职业健康安全管理体系的其他机遇的评价	6.1.2.3	—	新要求
法律法规要求和其他要求的确定	6.1.3	4.3.2	法律法规和其他要求
措施的策划	6.1.4	4.4.6	运行控制
职业健康安全目标及其实现的策划(仅标题)	6.2	4.3.3	目标和方案
职业健康安全目标	6.2.1		
实现职业健康安全目标的策划	6.2.2		
支持(仅标题)	7	4.4	实施和运行(仅标题)
资源	7.1	4.4.1	资源、作用、职责、责任和权限
能力	7.2	4.4.2	能力、培训和意识
意识	7.3		
沟通(仅标题)	7.4	4.4.3.1	沟通
总则	7.4.1		
内部沟通	7.4.2		
外部沟通	7.4.3		
文件化信息(仅标题)	7.5	4.4.4	文件
		4.5.4	记录控制
总则	7.5.1	4.4.4	文件
		4.5.4	记录控制
创建和更新	7.5.2	4.4.5	文件控制
		4.5.4	记录控制
文件化信息的控制	7.5.3	4.4.5	文件控制
		4.5.4	记录控制
运行(仅标题)	8	4.4	实施和运行(仅标题)
运行策划和控制(仅标题)	8.1	4.4.6	运行控制
总则	8.1.1		
消除危险源和降低职业健康安全风险	8.1.2	4.3.1	危险源辨识、风险评价和控制措施的确定
		4.4.6	运行控制
变更管理	8.1.3	4.3.1	危险源辨识、风险评价和控制措施的确定
		4.4.6	运行控制
采购	8.1.4	4.4.6	运行控制
总则	8.1.4.1	4.4.6	运行控制

续表

GB/T 45001—2020		GB/T 28001—2011	
章条标题	章条号	章条号	章条标题
承包方	8.1.4.2	4.3.1	危险源辨识、风险评价和控制措施的确定
		4.4.3.1	沟通
		4.4.6	运行控制
外包	8.1.4.3	4.3.2	法律法规和其他要求
		4.4.3.1	沟通
		4.4.6	运行控制
应急准备和响应	8.2	4.4.7	应急准备和响应
绩效评价(仅标题)	9	4.5	检查(仅标题)
监视、测量、分析和评价绩效(仅标题)	9.1	4.5.1	绩效测量和监视
总则	9.1.1		
合规性评价	9.1.2	4.5.2	合规性评价
内部审核(仅标题)	9.2	4.5.5	内部审核
总则	9.2.1		
内部审核方案	9.2.2		
管理评审	9.3	4.6	管理评审
改进(仅标题)	10		
总则	10.1		
事件、不符合和纠正措施	10.2	4.5.3	事件调查、不符合、纠正措施和预防措施(仅标题)
		4.5.3.1	事件调查
		4.5.3.2	不符合、纠正措施和预防措施
持续改进	10.3	4.2	职业健康安全方针
		4.3.3	目标和方案
		4.4.6	运行控制
(资料性附录)本标准的使用指南	附录A	—	—
—	—	附录A	(资料性附录)GB/T 28001—2011、GB/T 24001—2004 和 GB/T19001—2008 之间的对应关系
(资料性附录)本标准与 GB/T 28001—2011 之间的对应情况	附录NA	—	—
—	—	附录B	(资料性附录)GB/T 28001 系列标准与 ILO－OSH：2001 之间的对应关系
参考文献			参考文献
按英文字母顺序排列的术语索引		—	—
按汉语拼音字母顺序排列的术语索引		—	—

表 NA. 2　GB/T 28001—2011 与本标准之间的对应情况(略)

参考文献

[1] GB/T 19000—2016 质量管理体系基础和术语

[2] GB/T 19001 质量管理体系　要求

[3] GB/T 19011 管理体系审核指南

[4] GB/T 23694—2013 风险管理　术语

[5] GB/T 24001 环境管理体系　要求及使用指南

[6] GB/T 27921 风险管理　风险评估技术

[7] GB/T 36000 社会责任指南

[8] ISO 20400 Sustainable procurement—Guidance

[9] ISO 31000 Risk management—Guidelines

[10] ISO 37500 Guidance on outsourcing

[11] ISO 39001 Road traffic safety (RTS) management systems—Requirements with guidance for use

[12] ILO. Guidelines on occupational safety and health management systems, ILO - OSH 2001. 2nd ed. International Labour Office, Geneva, 2009. Available at: http://www.ilo.org/safework/info/standards-and-instruments/WCMS_107727/lang--en/index.htm

[13] ILO. International Labour Standards (including those on occupational safety and health). International Labour Office, Geneva. Available at: http://www.ilo.org/normlex (click on "instruments", then "Conventions and Recommendations by subject")

按英文字母顺序排列的术语索引(略)

按汉语拼音字母顺序排列的术语索引(略)

附录三

GB/T 33000—2016
《企业安全生产标准化基本规范》

中华人民共和国国家质量监督检验检疫总局
中国国家标准化管理委员会　　　　　　　　　　　　发布
2016－12－13 发布　　　　　　　　　　　　　　　　2017－04－01 实施

前　言

本标准按照 GB/T 1.1—2009 给出的规则起草。

本标准由国家安全生产监督管理总局提出。

本标准由全国安全生产标准化技术委员会(SAC/TC288)归口。

本标准起草单位：中国安全生产协会、中国安全生产科学研究院、中国建材检验认证集团股份有限公司、中钢集团武汉安全环保研究院有限公司。

本标准主要起草人：樊晶光、侯茜、贾世国、叶坚新、张雪中、邬开发、刘宝静、杨松柳。

企业安全生产标准化基本规范

1　范围

本标准规定了企业安全生产标准化管理体系建立、保持与评定的原则和一般要求，以及目标职责、制度化管理、教育培训、现场管理、安全风险管控及隐患排查治理、应急管理、事故管理和持续改进 8 个体系要素的核心技术要求。

本标准适用于工矿商贸企业开展安全生产标准化建设工作，有关行业制修订安全生产标准化标准、评定标准，以及对安全生产标准化工作的咨询、服务、评审、科研、管理和规划等。其他企业和生产经营单位可参照执行。

2　规范性引用文件

下列文件对本文件的应用是必不可少的。凡是注日期的引用文件，仅注日期的版本适用于本文件。凡是不注日期的引用文件，其最新版本(包括所有的修改单)适用于本文件。

GB 2893　安全色

GB 2894　安全标志及其使用导则

GB 5768(所有部分)　道路交通标志和标线

GB 6441　企业职工伤亡事故分类

GB 7231　工业管道的基本识别色、识别符号和安全标识

GB/T 11651　个体防护装备选用规范
GB 13495.1　消防安全标志　第1部分：标志
GB/T 15499　事故伤害损失工作日标准
GB 18218　危险化学品重大危险源辨识
GB/T 29639　生产经营单位生产安全事故应急预案编制导则
GB 30871　化学品生产单位特殊作业安全规范
GB 50016　建筑设计防火规范
GB 50140　建筑灭火器配置设计规范
GB 50187　工业企业总平面设计规范
AQ 3035　危险化学品重大危险源安全监控通用技术规范
AQ/T 9004　企业安全文化建设导则
AQ/T 9007　生产安全事故应急演练指南
AQ/T 9009　生产安全事故应急演练评估规范
GBZ 1　工业企业设计卫生标准
GBZ2.1　工作场所有害因素职业接触限值　第1部分：化学有害因素
GBZ2.2　工作场所有害因素职业接触限值　第2部分：物理因素
GBZ 158　工作场所职业病危害警示标识
GBZ 188　职业健康监护技术规范
GBZ/T 203　高毒物品作业岗位职业病危害告知规范

3　术语和定义

下列术语和定义适用于本文件。

3.1

企业安全生产标准化 China occupational safety and health management system

企业通过落实安全生产主体责任，全员全过程参与，建立并保持安全生产管理体系，全面管控生产经营活动各环节的安全生产与职业卫生工作，实现安全健康管理系统化、岗位操作行为规范化、设备设施本质安全化、作业环境器具定置化，并持续改进。

3.2

安全生产绩效 work safety performance

根据安全生产和职业卫生目标，在安全生产、职业卫生等工作方面取得的可测量结果。

3.3

企业主要负责人 key person(s) in charge of the enterprise

有限责任公司、股份有限公司的董事长、总经理，其他生产经营单位的厂长、经理、矿长，以及对生产经营活动有决策权的实际控制人。

3.4

相关方 related party

工作场所内外与企业安全生产绩效有关或受其影响的个人或单位，如承包商、供应商等。

3.5

承包商 contractor

在企业的工作场所按照双方协定的要求向企业提供服务的个人或单位。

3.6

供应商 supplier

为企业提供材料、设备或设施及服务的外部个人或单位。

3.7

变更管理 management of change

对机构、人员、管理、工艺、技术、设备设施、作业环境等永久性或暂时性的变化进行有计划的控制，以避免或减轻对安全生产的影响。

3.8

安全风险 risk；hazard

发生危险事件或有害暴露的可能性，与随之引发的人身伤害、健康损害或财产损失的严重性的组合。

3.9

安全风险评估 risk assessment；hazard assessment

运用定性或定量的统计分析方法对安全风险进行分析、确定其严重程度，对现有控制措施的充分性、可靠性加以考虑，以及对其是否可接受予以确定的过程。

3.10

安全风险管理 risk management；hazard management

根据安全风险评估的结果，确定安全风险控制的优先顺序和安全风险控制措施，以达到改善安全生产条件、减少和避免生产安全事故的目标。

3.11

工作场所 workplace

从业人员进行职业活动，并由企业直接或间接控制的所有工作点。

3.12

作业环境 working environment

从业人员进行生产经营活动的场所以及相关联的场所，对从业人员的安全、健康和工作能力，以及对设备(设施)的安全运行产生影响的所有自然和人为因素。

3.13

持续改进　continuous improvement

为了实现对整体安全生产绩效的改进，根据企业的安全生产和职业卫生目标，不断对安全生产和职业卫生工作进行强化的过程。

4　一般要求

4.1　原则

企业开展安全生产标准化工作，应遵循“安全第一、预防为主、综合治理”的方针，落实企业主体责任。以安全风险管理、隐患排查治理、职业病危害防治为基础，以安全生产责任制为核心，建立安全生产标准化管理体系，实现全员参与，全面提升安全生产管理水平，持续改进安全生产工作，不断提升安全生产绩效，预防和减少事故的发生，保障人身安全健康，保证生产经营活动的有序进行。

4.2　建立和保持

企业应采用“策划、实施、检查、改进”的“PDCA”动态循环模式，按照本标准的规定，结合企业自身特点，自主建立并保持安全生产标准化管理体系，通过自我检查、自我纠正和自我完善，构建安全生产长效机制，持续提升安全生产绩效。

4.3　自评和评审

企业安全生产标准化管理体系的运行情况，采用企业自评和评审单位评审的方式进行评估。

5　核心要求

5.1　目标职责

5.1.1　目标

企业应根据自身安全生产实际，制定文件化的总体和年度安全生产与职业卫生目标，并纳入企业总体生产经营目标。明确目标的制定、分解、实施、检查、考核等环节要求，并按照所属基层单位和部门在生产经营活动中所承担的职能，将目标分解为指标，确保落实。

企业应定期对安全生产与职业卫生目标、指标实施情况进行评估和考核，并结合实际及时进行调整。

5.1.2　机构和职责

5.1.2.1　机构设置

企业应落实安全生产组织领导机构，成立安全生产委员会，并应按照有关规定设置安全生产和职业卫生管理机构，或配备相应的专职或兼职安全生产和职业卫生管理人员，按照有关规定配备注册安全工程师，建立健全从管理机构到基层班组的管理网络。

5.1.2.2　主要负责人及领导层职责

企业主要负责人全面负责安全生产和职业卫生工作，并履行相应责任和义务。

分管负责人应对各自职责范围内的安全生产和职业卫生工作负责。

各级管理人员应按照安全生产和职业卫生责任制的相关要求，履行其安全生产和职业卫生职责。

5.1.3　全员参与

企业应建立健全安全生产和职业卫生责任制，明确各级部门和从业人员的安全生产和职业卫生职责，并对职责的适宜性、履行情况进行定期评估和监督考核。

企业应为全员参与安全生产和职业卫生工作创造必要的条件，建立激励约束机制，鼓励从业人员积极建言献策，营造自下而上、自上而下全员重视安全生产和职业卫生的良好氛围，不断改进和提升安全生产和职业卫生管理水平。

5.1.4　安全生产投入

企业应建立安全生产投入保障制度，按照有关规定提取和使用安全生产费用，并建立使用台账。

企业应按照有关规定，为从业人员缴纳相关保险费用。企业宜投保安全生产责任保险。

5.1.5　安全文化建设

企业应开展安全文化建设，确立本企业的安全生产和职业病危害防治理念及行为准则，并教育、引导全体从业人员贯彻执行。

企业开展安全文化建设活动，应符合 AQ/T 9004 的规定。

5.1.6　安全生产信息化建设

企业应根据自身实际情况，利用信息化手段加强安全生产管理工作，开展安全生产电子台账管理、重大危险源监控、职业病危害防治、应急管理、安全风险管控和隐患自查自报、安全生产预测预警等信息系统的建设。

5.2　制度化管理

5.2.1　法规标准识别

企业应建立安全生产和职业卫生法律法规、标准规范的管理制度，明确主管部门，确定获取的渠道、方式，及时识别和获取适用、有效的法律法规、标准规范，建立安全生产和职业卫生法律法规、标准规范清单和文本数据库。

企业应将适用的安全生产和职业卫生法律法规、标准规范的相关要求转化为本单位的规章制度、操作规程，并及时传达给相关从业人员，确保相关要求落实到位。

5.2.2　规章制度

企业应建立健全安全生产和职业卫生规章制度，并征求工会及从业人员意见和建议，规范安全生产和职业卫生管理工作。

企业应确保从业人员及时获取制度文本。

企业安全生产和职业卫生规章制度包括但不限于下列内容：

——目标管理；

——安全生产和职业卫生责任制；

——安全生产承诺；

——安全生产投入；

——安全生产信息化；

——四新（新技术、新材料、新工艺、新设备设施）管理；

——文件、记录和档案管理；

——安全风险管理、隐患排查治理；

——职业病危害防治；

——教育培训；

——班组安全活动；

——特种作业人员管理；

——建设项目安全设施、职业病防护设施“三同时”管理；

——设备设施管理；

——施工和检维修安全管理；

——危险物品管理；

——危险作业安全管理；
——安全警示标志管理；
——安全预测预警；
——安全生产奖惩管理；
——相关方安全管理；
——变更管理；
——个体防护用品管理；
——应急管理；
——事故管理；
——安全生产报告；
——绩效评定管理。

5.2.3　操作规程

企业应按照有关规定，结合本企业生产工艺、作业任务特点以及岗位作业安全风险与职业病防护要求，编制齐全适用的岗位安全生产和职业卫生操作规程，发放到相关岗位员工，并严格执行。

企业应确保从业人员参与岗位安全生产和职业卫生操作规程的编制和修订工作。

企业应在新技术、新材料、新工艺、新设备设施投入使用前，组织制修订相应的安全生产和职业卫生操作规程，确保其适宜性和有效性。

5.2.4　文档管理

5.2.4.1　记录管理

企业应建立文件和记录管理制度，明确安全生产和职业卫生规章制度、操作规程的编制、评审、发布、使用、修订、作废以及文件和记录管理的职责、程序和要求。

企业应建立健全主要安全生产和职业卫生过程与结果的记录，并建立和保存有关记录的电子档案，支持查询和检索，便于自身管理使用和行业主管部门调取检查。

5.2.4.2　评估

企业应每年至少评估一次安全生产和职业卫生法律法规、标准规范、规章制度、操作规程的适宜性、有效性和执行情况。

5.2.4.3　修订

企业应根据评估结果、安全检查情况、自评结果、评审情况、事故情况等，及时修订安全生产和职业卫生规章制度、操作规程。

5.3　教育培训

5.3.1　教育培训管理

企业应建立健全安全教育培训制度，按照有关规定进行培训。培训大纲、内容、时间应满足有关标准的规定。

企业安全教育培训应包括安全生产和职业卫生的内容。

企业应明确安全教育培训主管部门，定期识别安全教育培训需求，制定、实施安全教育培训计划，并保证必要的安全教育培训资源。

企业应如实记录全体从业人员的安全教育和培训情况，建立安全教育培训档案和从业人员个人安全教育培训档案，并对培训效果进行评估和改进。

5.3.2　人员教育培训

5.3.2.1　主要负责人和管理人员

企业的主要负责人和安全生产管理人员应具备与本企业所从事的生产经营活动相适应的安全生产和职业卫生知识与能力。

企业应对各级管理人员进行教育培训，确保其具备正确履行岗位安全生产和职业卫生职责的知识与能力。

法律法规要求考核其安全生产和职业卫生知识与能力的人员，应按照有关规定经考核合格。

5.3.2.2　从业人员

企业应对从业人员进行安全生产和职业卫生教育培训，保证从业人员具备满足岗位要求的安全生产和职业卫生知识，熟悉有关的安全生产和职业卫生法律法规、规章制度、操作规程，掌握本岗位的安全操作技能和职业危害防护技能、安全风险辨识和管控方法，了解事故现场应急处置措施，并根据实际需要，定期进行复训考核。

未经安全教育培训合格的从业人员，不应上岗作业。

煤矿、非煤矿山、危险化学品、烟花爆竹、金属冶炼等企业应对新上岗的临时工、合同工、劳务工、轮换工、协议工等进行强制性安全培训，保证其具备本岗位安全操作、自救互救以及应急处置所需的知识和技能后，方能安排上岗作业。

企业的新入厂(矿)从业人员上岗前应经过厂(矿)、车间(工段、区、队)、班组三级安全培训教育，岗前安全教育培训学时和内容应符合国家和行业的有关规定。

在新工艺、新技术、新材料、新设备设施投入使用前，企业应对有关从业人员进行专门的安全生产和职业卫生教育培训，确保其具备相应的安全操作、事故预防和应急处置能力。

从业人员在企业内部调整工作岗位或离岗一年以上重新上岗时，应重新进行车间(工段、区、队)和班组级的安全教育培训。

从事特种作业、特种设备作业的人员应按照有关规定，经专门安全作业培训，考核合格，取得相应资格后，方可上岗作业，并定期接受复审。

企业专职应急救援人员应按照有关规定，经专门应急救援培训，考核合格后，方可上岗，并定期参加复训。

其他从业人员每年应接受再培训，再培训时间和内容应符合国家和地方政府的有关规定。

5.3.2.3　外来人员

企业应对进入企业从事服务和作业活动的承包商、供应商的从业人员和接收的中等职业学校、高等学校实习生，进行入厂(矿)安全教育培训，并保存记录。

外来人员进入作业现场前，应由作业现场所在单位对其进行安全教育培训，并保存记录。主要内容包括：外来人员入厂(矿)有关安全规定、可能接触到的危害因素、所从事作业的安全要求、作业安全风险分析及安全控制措施、职业病危害防护措施、应急知识等。

企业应对进入企业检查、参观、学习等外来人员进行安全教育，主要内容包括：安全规定、可能接触到的危险有害因素、职业病危害防护措施、应急知识等。

5.4　现场管理

5.4.1　设备设施管理

5.4.1.1　设备设施建设

企业总平面布置应符合 GB 50187 的规定，建筑设计防火和建筑灭火器配置应分别符合 GB 50016 和 GB 50140 的规定；建设项目的安全设施和职业病防护设施应与建设项目主体工程同时设计、同时施工、同时投入生产和使用。

企业应按照有关规定进行建设项目安全生产、职业病危害评价，严格履行建设项目安全设施和职业病防护设施设计审查、施工、试运行、竣工验收等管理程序。

5.4.1.2　设备设施验收

企业应执行设备设施采购、到货验收制度，购置、使用设计符合要求、质量合格的设备设施。设备设施安装后企业应进行验收，并对相关过程及结果进行记录。

5.4.1.3　设备设施运行

企业应对设备设施进行规范化管理，建立设备设施管理台账。

企业应有专人负责管理各种安全设施以及检测与监测设备，定期检查维护并做好记录。

企业应针对高温、高压和生产、使用、储存易燃、易爆、有毒、有害物质等高风险设备，以及海洋石油开采特种设备和矿山井下特种设备，建立运行、巡检、保养的专项安全管理制度，确保其始终处于安全可靠的运行状态。

安全设施和职业病防护设施不应随意拆除、挪用或弃置不用；确因检维修拆除的，应采取临时安全措施，检维修完毕后立即复原。

5.4.1.4　设备设施检维修

企业应建立设备设施检维修管理制度，制定综合检维修计划，加强日常检维修和定期检维修管理，落实“五定”原则，即定检维修方案、定检维修人员、定安全措施、定检维修质量、定检维修进度，并做好记录。

检维修方案应包含作业安全风险分析、控制措施、应急处置措施及安全验收标准。检维修过程中应执行安全控制措施，隔离能量和危险物质，并进行监督检查，检维修后应进行安全确认。检维修过程中涉及危险作业的，应按照 5.4.2.1 执行。

5.4.1.5　检测检验

特种设备应按照有关规定，委托具有专业资质的检测、检验机构进行定期检测、检验。涉及人身安全、危险性较大的海祥石油开采特种设备和矿山井下特种设备，应取得矿用产品安全标志或相关安全使用证。

5.4.1.6　设备设施拆除、报废

企业应建立设备设施报废管理制度。设备设施的报废应办理审批手续，在报废设备设施拆除前应制定方案，并在现场设置明显的报废设备设施标志。报废、拆除涉及许可作业的，应按照 5.4.2.1 执行，并在作业前对相关作业人员进行培训和安全技术交底。报废、拆除应按方案和许可内容组织落实。

5.4.2 作业安全

5.4.2.1 作业环境和作业条件

企业应事先分析和控制生产过程及工艺、物料、设备设施、器材、通道、作业环境等存在的安全风险。

生产现场应实行定置管理，保持作业环境整洁。

生产现场应配备相应的安全、职业病防护用品(具)及消防设施与器材，按照有关规定设置应急照明、安全通道，并确保安全通道畅通。

企业应对临近高压输电线路作业、危险场所动火作业、有(受)限空间作业、临时用电作业、爆破作业、封道作业等危险性较大的作业活动，实施作业许可管理，严将履行作业许可审批手续。作业许可应包含安全风险分析、安全及职业病危害防护措施、应急处置等内容。作业许可实行闭环管理。

企业应对作业人员的上岗资格、条件等进行作业前的安全检查，做到特种作业人员持证上岗，并安排专人进行现场安全管理，确保作业人员遵守岗位操作规程和落实安全及职业病危害防护措施。

企业应采取可靠的安全技术措施，对设备能量和危险有害物质进行屏蔽或隔离。

两个以上作业队伍在同一作业区域内进行作业活动时，不同作业队伍相互之间应签订管理协议，明确各自的安全生产、职业卫生管理职责和采取的有效措施，并指定专人进行检查与协调。

危险化学品生产、经营、储存和使用单位的特殊作业，应符合 GB 30871 的规定。

5.4.2.2 作业行为

企业应依法合理进行生产作业组织和管理，加强对从业人员作业行为的安全管理，对设备设施、工艺技术以及从业人员作业行为等进行安全风险辨识，采取相应的措施，控制作业行为安全风险。

企业应监督、指导从业人员遵守安全生产和职业卫生规章制度、操作规程，杜绝违章指挥、违规作业和违反劳动纪律的“三违”行为。

企业应为从业人员配备与岗位安全风险相适应的、符合 GB/T 11651 规定的个体防护装备与用品，并监督、指导从业人员按照有关规定正确佩戴、使用、维护、保养和检查个体防护装备与用品。

5.4.2.3 岗位达标

企业应建立班组安全活动管理制度，开展岗位达标活动，明确岗位达标的内容和要求。

从业人员应熟练掌握本岗位安全职责、安全生产和职业卫生操作规程、安全风险及管控措施、防护用品使用、自救互救及应急处置措施。

各班组应按照有关规定开展安全生产和职业卫生教育培训、安全操作技能训练、岗位作业危险预知、作业现场隐患排查、事故分析等工作，并做好记录。

5.4.2.4 相关方

企业应建立承包商、供应商等安全管理制度，将承包商、供应商等相关方的安全生产和职业卫生纳入企业内部管理，对承包商、供应商等相关方的资格预审、选择、作业人员培训、作业过程检查监督、提供的产品与服务、绩效评估、续用或退出等进行管理。

企业应建立合格承包商、供应商等相关方的名录和档案，定期识别服务行为安全风险，并采取有效的控制措施。

企业不应将项目委托给不具备相应资质或安全生产、职业病防护条件的承包商、供应商等相关方。企业应与承包商、供应商等签订合作协议，明确规定双方的安全生产及职业病防护的责任和义务。

企业应通过供应链关系促进承包商、供应商等相关方达到安全生产标准化要求。

5.4.3 职业健康

5.4.3.1 基本要求

企业应为从业人员提供符合职业卫生要求的工作环境和条件，为接触职业病危害的从业人员提供个人使用的职业病防护用品，建立、健全职业卫生档案和健康监护档案。

产生职业病危害的工作场所应设置相应的职业病防护设施，并符合 GBZ 1 的规定。

企业应确保使用有毒、有害物品的工作场所与生活区、辅助生产区分开，工作场所不应住人；将有害作业与无害作业分开，高毒工作场所与其他工作场所隔离。

对可能导致发生急性职业危害的有毒、有害工作场所，应设置检测报警装置，制定应急预案，配置现场急救用品、设备，设置应急撤离通道和必要的泄险区，并定期检查监测。

企业应组织从业人员进行上岗前、在岗期间、特殊情况应急后和离岗时的职业健康检查，将检查结果书面告知从业人员并存档。对检查结果异常的从业人员，应及时就医，并定期复查。企业不应安排未经职业健康检查的从业人员从事接触职业病危害的作业；不应安排有职业禁忌的从业人员从事禁忌作业。从业人员的职业健康监护应符合 GBZ 188 的规定。

各种防护用品、各种防护器具应定点存放在安全、便于取用的地方，建立台账，并有专人负责保管，定期校验、维护和更换。

涉及放射工作场所和放射性同位素运输、贮存的企业，应配置防护设备和报警装置，为接触放射线的从业人员佩带个人剂量计。

5.4.3.2 职业危害告知

企业与从业人员订立劳动合同时，应将工作过程中可能产生的职业危害及其后果和防护措施如实告知从业人员，并在劳动合同中写明。

企业应按照有关规定，在醒目位置设置公告栏，公布有关职业病防治的规章制度、操作规程、职业病危害事故应急救援措施和工作场所职业病危害因素检测结果。对存在或产生职业病危害的工作场所、作业岗位、设备、设施，应在醒目位置设置警示标识和中文警示说明；使用有毒物品作业场所，应设置黄色区域警示线、警示标识和中文警示说明，高毒作业场所应设置红色区域警示线、警示标识和中文警示说明，并设置通讯报警设备。高毒物品作业岗位职业病危害告知应符合 GBZ/T 203 的规定。

5.4.3.3 职业病危害申报

企业应按照有关规定，及时、如实向所在地安全监管部门申报职业病危害项目，并及时更新信息。

5.4.3.4 职业病危害检测与评价

企业应改善工作场所职业卫生条件，控制职业病危害因素浓(强)度不超过 GBZ 2.1、GBZ 2.2 规定的限值。

企业应对工作场所职业病危害因素进行日常监测，并保存监测记录。存在职业病危害的，应委托具有相应资质的职业卫生技术服务机构进行定期检测，每年至少进行一次全面的职业病危害因素检测；职业病危害严重的，应委托具有相应资质的职业卫生技术服务机构，每 3 年至少进行一次职业病危害现状评价。检测、评价结果存入职业卫生档案，并向安全监管部门报告，向从业人员公布。

定期检测结果中职业病危害因素浓度或强度超过职业接触限值的，企业应根据职业卫生技术服务机构提出的整改建议，结合本单位的实际情况，制定切实有效的整改方案，立即进行整改。整改落实情况应有明确的记录并存入职业卫生档案备查。

5.4.4 警示标志

企业应按照有关规定和工作场所的安全风险特点，在有重大危险源、较大危险因素和严重职业病危害因素的工作场所，设置明显的、符合有关规定要求的安全警示标志和职业病危害警示标识。其中，警示标志的安全色和安全标志应分别符合 GB 2893 和 GB 2894 的规定，道路交通标志和标线应符合 GB 5768(所有部分)的规定，工业管道安全标识应符合 GB 7231 的规定，消防安全标志应符合 GB 13495.1 的规定，工作场所职业病危害警示标识应符合 GBZ 158 的规定。安全警示标志和职业病危害警示标识应标明安全风险内容、危险程度、安全距离、防控办法、应急措施等内容，在有重大隐患的工作场所和设备设施上设置安全警示标志，标明治理责任、期限及应急措施；在有安全风险的工作岗位设置安全告知卡，告知从业人员本企业、本岗位主要危险有害因素、后果、事故预防及应急措施、报告电话等内容。

企业应定期对警示标志进行检查维护，确保其完好有效。

企业应在设备设施施工、吊装、检维修等作业现场设置警戒区域和警示标志，在检维修现场的坑、井、渠、沟、陡坡等场所设置围栏和警示标志，进行危险提示、警示，告知危险的种类、后果及应急措施等。

5.5 安全风险管控及隐患排查治理

5.5.1 安全风险管理

5.5.1.1 安全风险辨识

企业应建立安全风险辨识管理制度，组织全员对本单位安全风险进行全面、系统的辨识。

安全风险辨识范围应覆盖本单位的所有活动及区域，并考虑正常、异常和紧急三种状态及过去、现在和将来三种时态。安全风险辨识应采用适宜的方法和程序，且与现场实际相符。

企业应对安全风险辨识资料进行统计、分析、整理和归档。

5.5.1.2 安全风险评估

企业应建立安全风险评估管理制度，明确安全风险评估的目的、范围、频次、准则和工作程序等。

企业应选择合适的安全风险评估方法，定期对所辨识出的存在安全风险的作业活动、设备设施、物料等进行评估。在进行安全风险评估时，至少应从影响人、财产和环境三个方面的可能性和严重程度进行分析。

矿山、金属冶炼和危险物品生产、储存企业，每3年应委托具备规定资质条件的专业技术服务机构对本企业的安全生产状况进行安全评价。

5.5.1.3　安全风险控制

企业应选择工程技术措施、管理控制措施、个体防护措施等，对安全风险进行控制。

企业应根据安全风险评估结果及生产经营状况等，确定相应的安全风险等级，对其进行分级分类管理，实施安全风险差异化动态管理，制定并落实相应的安全风险控制措施。

企业应将安全风险评估结果及所采取的控制措施告知相关从业人员，使其熟悉工作岗位和作业环境中存在的安全风险，掌握、落实应采取的控制措施。

5.5.1.4　变更管理

企业应制定变更管理制度。变更前应对变更过程及变更后可能产生的安全风险进行分析，制定控制措施，履行审批及验收程序，并告知和培训相关从业人员。

5.5.2　重大危险源辨识和管理

企业应建立重大危险源管理制度，全面辨识重大危险源，对确认的重大危险源制定安全管理技术措施和应急预案。

涉及危险化学品的企业应按照GB 18218的规定，进行重大危险源辨识和管理。

企业应对重大危险源进行登记建档，设置重大危险源监控系统，进行日常监控，并按照有关规定向所在地安全监管部门备案。重大危险源安全监控系统应符合AQ 3035的技术规定。

含有重大危险源的企业应将监控中心(室)视频监控资料、安全监控系统状态数据和监测数据与有关安全监管部门监管系统联网。

5.5.3　隐患排查治理

5.5.3.1　隐患排查

企业应建立隐患排查治理制度，逐渐建立并落实从主要负责人到每位从业人员的隐患排查治理和防控责任制。并按照有关规定组织开展隐患排查治理工作，及时发现并消除隐患，实行隐患闭环管理。

企业应依据有关法律法规、标准规范等，组织制定各部门、岗位、场所、设备设施的隐患排查治理标准或排查清单，明确隐患排查的时限、范围、内容、频次和要求，并组织开展相应的培训。隐患排查的范围应包括所有与生产经营相关的场所、人员、设备设施和活动，包括承包商、供应商等相关服务范围。

企业应按照有关规定，结合安全生产的需要和特点，采用综合检查、专业检查、季节性检查、节假日检查、日常检查等不同方式进行隐患排查。对排查出的隐患，按照隐患的等级进行记录，建立隐患信息档案，并按照职责分工实施监控治理。组织有关专业技术人员对本企业可能存在的重大隐患作出认定，并按照有关规定进行管理。

企业应将相关方排查出的隐患统一纳入本企业隐患管理。

5.5.3.2　隐患治理

企业应根据隐患排查的结果，制定隐患治理方案，对隐患及时进行治理。

企业应按照责任分工立即或限期组织整改一般隐患。主要负责人应组织制定并实施重大隐患治理方案。治理方案应包括目标和任务、方法和措施、经费和物资、机构和人员、时限和要求、应急预案。

企业在隐患治理过程中，应采取相应的监控防范措施。隐患排除前或排除过程中无法保证安全的，应从危险区域内撤出作业人员，疏散可能危及的人员，设置警戒标志，暂时停产停业或停止使用相关设备、设施。

5.5.3.3　验收与评估

隐患治理完成后，企业应按照有关规定对治理情况进行评估、验收。重大隐患治理完成后，企业应组织本企业的安全管理人员和有关技术人员进行验收或委托依法设立的为安全生产提供技术、管理服务的机构进行评估。

5.5.3.4　信息记录、通报和报送

企业应如实记录隐患排查治理情况，至少每月进行统计分析，及时将隐患排查治理情况向从业人员通报。

企业应运用隐患自查、自改、自报信息系统，通过信息系统对隐患排查、报告、治理、销账等过程进行电子化管理和统计分析，并按照当地安全监管部门和有关部门的要求，定期或实时报送隐患排查治理情况。

5.5.4　预测预警

企业应根据生产经营状况、安全风险管理及隐患排查治理、事故等情况，运用定量或定性的安全生产预测预警技术，建立体现企业安全生产状况及发展趋势的安全生产预测预警体系。

5.6　应急管理

5.6.1　应急准备

5.6.1.1　应急救援组织

企业应按照有关规定建立应急管理组织机构或指定专人负责应急管理工作，建立与本企业安全生产特点相适应的专(兼)职应急救援队伍。按照有关规定可以不单独建立应急救援队伍的，应指定兼职救援人员，并与邻近专业应急救援队伍签订应急救援服务协议。

5.6.1.2　应急预案

企业应在开展安全风险评估和应急资源调查的基础上，建立生产安全事故应急预案体系，制定符合 GB/T 29639 规定的生产安全事故应急预案，针对安全风险较大的重点场所(设施)制定现场处置方案，并编制重点岗位、人员应急处置卡。

企业应按照有关规定将应急预案报当地主管部门备案，并通报应急救援队伍、周边企业等有关应急协作单位。

企业应定期评估应急预案，及时根据评估结果或实际情况的变化进行修订和完善，并按照有关规定将修订的应急预案及时报当地主管部门备案。

5.6.1.3　应急设施、装备、物资

企业应根据可能发生的事故种类特点，按照有关规定设置应急设施，配备应急装备，储备应急物资，建立管理台账，安排专人管理，并定期检查、维护、保养，确保其完好、可靠。

5.6.1.4 应急演练

企业应按照 AQ/T 9007 的规定定期组织公司(厂、矿)、车间(工段、区、队)、班组开展生产安全事故应急演练，做到一线从业人员参与应急演练全覆盖，并按照 AQ/T 9009 的规定对演练进行总结和评估，根据评估结论和演练发现的问题，修订、完善应急预案，改进应急准备工作。

5.6.1.5 应急救援信息系统建设

矿山、金属冶炼等企业，生产、经营、运输、储存、使用危险物品或处置废弃危险物品的生产经营单位，应建立生产安全事故应急救援信息系统，并与所在地县级以上地方人民政府负有安全生产监督管理职责部门的安全生产应急管理信息系统互联互通。

5.6.2 应急处置

发生事故后，企业应根据预案要求，立即启动应急响应程序，按照有关规定报告事故情况，并开展先期处置：

发出警报，在不危及人身安全时，现场人员采取阻断或隔离事故源、危险源等措施；严重危及人身安全时，迅速停止现场作业，现场人员采取必要的或可能的应急措施后撤离危险区域。

立即按照有关规定和程序报告本企业有关负责人，有关负责人应立即将事故发生的时间、地点、当前状态等简要信息向所在地县级以上地方人民政府负有安全生产监督管理职责的有关部门报告，并按照有关规定及时补报、续报有关情况；情况紧急时，事故现场有关人员可以直接向有关部门报告；对可能引发次生事故灾害的，应及时报告相关主管部门。

研判事故危害及发展趋势，将可能危及周边生命、财产、环境安全的危险性和防护措施等告知相关单位与人员；遇有重大紧急情况时，应立即封闭事故现场，通知本单位从业人员和周边人员疏散，采取转移重要物资、避免或减轻环境危害等措施。

请求周边应急救援队伍参加事故救援，维护事故现场秩序，保护事故现场证据。准备事故救援技术资料，做好向所在地人民政府及其负有安全生产监督管理职责的部门移交救援工作指挥权的各项准备。

5.6.3 应急评估

企业应对应急准备、应急处置工作进行评估。

矿山、金属冶炼等企业，生产、经营、运输、储存、使用危险物品或处置废弃危险物品的企业，应每年进行一次应急准备评估。

完成险情或事故应急处置后，企业应主动配合有关组织开展应急处置评估。

5.7 事故管理

5.7.1 报告

企业应建立事故报告程序，明确事故内外部报告的责任人、时限、内容等，并教育、指导从业人员严格按照有关规定的程序报告发生的生产安全事故。

企业应妥善保护事故现场以及相关证据。

事故报告后出现新情况的，应当及时补报。

5.7.2 调查和处理

企业应建立内部事故调查和处理制度，按照有关规定、行业标准和国际通行做法，将造成人员伤亡(轻伤、重伤、死亡等人身伤害和急性中毒)和财产损失的事故纳入事故调查和处理范畴。

企业发生事故后，应及时成立事故调查组，明确其职责与权限，进行事故调查。事故调查应查明事故发生的时间、经过、原因、波及范围、人员伤亡情况及直接经济损失等。

事故调查组应根据有关证据、资料，分析事故的直接、间接原因和事故责任，提出应吸取的教训、整改措施和处理建议，编制事故调查报告。

企业应开展事故案例警示教育活动，认真吸取事故教训，落实防范和整改措施，防止类似事故再次发生。

企业应根据事故等级，积极配合有关人民政府开展事故调查。

5.7.3　管理

企业应建立事故档案和管理台账，将承包商、供应商等相关方在企业内部发生的事故纳入本企业事故管理。

企业应按照 GB 6441、GB/T 15499 的有关规定和国家、行业确定的事故统计指标开展事故统计分析。

5.8　持续改进

5.8.1　绩效评定

企业每年至少应对安全生产标准化管理体系的运行情况进行一次自评，验证各项安全生产制度措施的适宜性、充分性和有效性，检查安全生产和职业卫生管理目标、指标的完成情况。

企业主要负责人应全面负责组织自评工作，并将自评结果向本企业所有部门、单位和从业人员通报。自评结果应形成正式文件，并作为年度安全绩效考评的重要依据。

企业应落实安全生产报告制度，定期向业绩考核等有关部门报告安全生产情况，并向社会公示。

企业发生生产安全责任死亡事故，应重新进行安全绩效评定，全面查找安全生产标准化管理体系中存在的缺陷。

5.8.2　持续改进

企业应根据安全生产标准化管理体系的自评结果和安全生产预测预警系统所反映的趋势，以及绩效评定情况，客观分析企业安全生产标准化管理体系的运行质量，及时调整完善相关制度文件和过程管控，持续改进，不断提高安全生产绩效。

附录四

AQ 3013—2008《危险化学品从业单位安全标准化通用规范》

1. 范围

本标准规定了危险化学品从业单位(以下简称企业)开展安全标准化的总体原则、过程和要求。

本标准适用于中华人民共和国境内危险化学品生产、使用、储存企业及有危险化学品储存设施的经营企业。

2. 规范性引用文件

通过本标准的引用而成为本标准的条款。凡是注日期的引用文件，其随后所有的修改单(不包括勘误的内容)或修订版均不适用于本标准，然而，鼓励根据本标准达成协议的各方研究是否可使用这些文件的最新版本。

GB 2894　安全标志
GB 11651　劳动防护用品选用规则
GB 13690　常用危险化学品的分类及标志
GB 15258　化学品安全标签编写规定
GB 16179　安全标志使用导则
GB 16483　化学品安全技术说明书编写规定
GB 18218　重大危险源辨识
GB 50016　建筑设计防火规范
GB 50057　建筑物防雷设计规范
GB 50058　爆炸和火灾危险环境电力装置设计规范
GB 50140　建筑灭火器配置设计规范
GB 50160　石油化工企业设计防火规范
GB 50351　储罐区防火堤设计规范
GBZ 1　工业企业设计卫生标准
GBZ 2　作场所有害因素职业接触限值
GBZ 158　工作场所职业病危害警示标识
AQ/T 9002　生产经营单位安全生产事故应急预案编制导则
SH 3063—1999　石油化工企业可燃气体和有毒气体检测报警设计规范
SH 3097—2000　石油化工静电接地设计规范

3. 术语和定义

3.1 危险化学品从业单位　**chemical enterprise**

依法设立，生产、经营、使用和储存危险化学品的企业或者其所属生产、经营、使用和储存危险化学品的独立核算成本的单位。

3.2　安全标准化　safety standardization

为安全生产活动获得最佳秩序，保证安全管理及生产条件达到法律、行政法规、部门规章和标准等要求制定的规则。

3.3　关键装置　key facility

在易燃、易爆、有毒、有害、易腐蚀、高温、高压、真空、深冷、临氢、烃氧化等条件下进行工艺操作的生产装置。

3.4　重点部位　key site

生产、储存、使用易燃易爆、剧毒等危险化学品场所，以及可能形成爆炸、火灾场所的罐区、装卸台(站)、油库、仓库等；对关键装置安全生产起关键作用的公用工程系统等。

3.5　资源　resources

实施安全标准化所需的人力、财力、设施、技术和方法等。

3.6　相关方　interested party

关注企业职业安全健康绩效或受其影响的个人或团体。

3.7　供应商　supplier

为企业提供原材料、设备设施及其服务的外部个人或团体。

3.8　承包商　contractor

在企业的作业现场，按照双方协定的要求、期限及条件向企业提供服务的个人或团体。

3.9　事件　incident

导致或可能导致事故的情况。

3.10　事故　accident

造成死亡、职业病、伤害、财产损失或其他损失的意外事件。

3.11　危险、有害因素　hazardous elements

可能导致伤害、疾病、财产损失、环境破坏的根源或状态。

3.12　危险、有害因素识别　hazard identification

识别危险、有害因素的存在并确定其性质的过程。

3.13　风险　risk

发生特定危险事件的可能性与后果的结合。

3.14　风险评价　risk assessment

评价风险程度并确定其是否在可承受范围的过程。

3.15　安全绩效　safe performance

基于安全生产方针和目标，控制和消除风险取得的可测量结果。

3.16　变更 change

人员、管理、工艺、技术、设施等永久性或暂时性的变化。

3.17　隐患 potential accidents

作业场所、设备或设施的不安全状态，人的不安全行为和管理上的缺陷。

3.18　重大事故隐患　serious potential accidents

可能导致重大人身伤亡或者重大经济损失的事故隐患。

4　要求

4.1　概述

本规范采用计划(P)、实施(D)、检查(C)、改进(A)动态循环、持续改进的管理模式。

4.2　原则

4.2.1　企业应结合自身特点，依据本规范的要求，开展安全标准化。

4.2.2　安全标准化的建设，应当以危险、有害因素辨识和风险评价为基础，树立任何事故都是可以预防的理念，与企业其他方面的管理有机地结合起来，注重科学性、规范性和系统性。

4.2.3　安全标准化的实施，应体现全员、全过程、全方位、全天候的安全监督管理原则，通过有效方式实现信息的交流和沟通，不断提高安全意识和安全管理水平。

4.2.4　安全标准化采取企业自主管理，安全标准化考核机构考评、政府安全生产监督管理部门监督的管理模式，持续改进企业的安全绩效，实现安全生产长效机制。

4.3　实施

4.3.1　安全标准化的建立过程，包括初始评审、策划、培训、实施、自评、改进与提高等6个阶段。

4.3.2　初始评审阶段：依据法律法规及本规范要求，对企业安全管理现状进行初始评估，了解企业安全管理现状、业务流程、组织机构等基本管理信息，发现差距。

4.3.3　策划阶段：根据相关法律法规及本规范的要求，针对初始评审的结果，确定建立安全标准化方案，包括资源配置、进度、分工等；进行风险分析；识别和获取适用的安全生产法律法规、标准及其他要求；完善安全生产规章制度、安全操作规程、台账、档案、记录等；确定企业安全生产方针和目标。

4.3.4　培训阶段：对全体从业人员进行安全标准化相关内容培训。

4.3.5　实施阶段：根据策划结果，落实安全标准化的各项要求。

4.3.6　自评阶段：应对安全标准化的实施情况进行检查和评价，发现问题，找出差距，提出完善措施。

4.3.7　改进与提高阶段：根据自评的结果，改进安全标准化管理，不断提高安全标准化实施水平和安全绩效。

5　管理要素

本规范由10个一级要素53个二级要素组成(见下表)。

一级要素	二级要素
5.1 负责人与职责	5.1.1 负责人
	5.1.2 方针目标
	5.1.3 机构设置
	5.1.4 职责
	5.1.5 安全生产投入及工伤保险

续表

一 级 要 素	二 级 要 素
5.2 风险管理	5.2.1 范围与评价方法
	5.2.2 风险评价
	5.2.3 风险控制
	5.2.4 隐患治理
	5.2.5 重大危险源
	5.2.6 风险信息更新
5.3 法律法规与管理制度	5.3.1 法律法规
	5.3.2 符合性评价
	5.3.3 安全生产规章制度
	5.3.4 操作规程
	5.3.5 修订
5.4 培训教育	5.4.1 培训教育管理
	5.4.2 管理人员培训教育
	5.4.3 从业人员培训教育
	5.4.4 新从业人员培训教育
	5.4.5 其他人员培训教育
	5.4.6 日常安全教育
5.5 生产设施及工艺安全	5.5.1 生产设施建设
	5.5.2 安全设施
	5.5.3 特种设备
	5.5.4 工艺安全
	5.5.5 关键装置及重点部位
	5.5.6 检维修
	5.5.7 拆除与报废
5.6 作业安全	5.6.1 作业许可
	5.6.2 警示标志
	5.6.3 作业环节
	5.6.4 承包商与供应商
	5.6.5 变更
5.7 产品安全与危害告知	5.7.1 危险化学品档案
	5.7.2 化学品分类
	5.7.3 化学品安全技术说明书和安全标签
	5.7.4 化学事故应急咨询服务电话
	5.7.5 危险化学品登记
	5.7.6 危害告知

续表

一 级 要 素	二 级 要 素
5.8 职业危害	5.8.1 职业危害申报
	5.8.2 作业场所职业危害管理
	5.8.3 劳动防护用品
5.9 事故与应急	5.9.1 事故报告
	5.9.2 抢险与救护
	5.9.3 事故调查和处理
	5.9.4 应急指挥系统
	5.9.5 应急救援器材
	5.9.6 应急救援预案与演练
5.10 检查与自评	5.10.1 安全检查
	5.10.2 安全检查形式与内容
	5.10.3 整改
	5.10.4 自评

5.1 负责人与职责

5.1.1 负责人

5.1.1.1 企业主要负责人是本单位安全生产的第一责任人，应全面负责安全生产工作，落实安全生产基础和基层工作。

5.1.1.2 企业主要负责人应组织实施安全标准化，建设企业安全文化。

5.1.1.3 企业主要负责人应作出明确的、公开的、文件化的安全承诺，并确保安全承诺转变为必需的资源支持。

5.1.1.4 企业主要负责人应定期组织召开安全生产委员会(以下简称安委会)或领导小组会议。

5.1.2 方针目标

5.1.2.1 企业应坚持“安全第一，预防为主”的安全生产方针。主要负责人应依据国家法律法规，结合企业实际，组织制定文件化的安全生产方针和目标。安全生产方针和目标应满足：

1)形成文件，并得到本单位所有从业人员的贯彻和实施；

2)符合或严于相关法律法规的要求；

3)与企业的职业安全健康风险相适应；

4)与企业的其他方针和目标具有同等的重要性；

5)公众易于获得。

5.1.2.2 企业应签订各级组织的安全目标责任书，确定量化的年度安全工作目标，并予以考核。各级组织应制定年度安全工作计划，以保证年度安全目标的有效完成。

5.1.3 机构设置

5.1.3.1 企业应建立安全生产委员会(以下简称安委会)或领导小组，设置安全生产管理机构或配备专职安全生产管理人员，并按规定配备注册安全工程师。

5.1.3.2　企业应根据生产经营规模大小，设置相应的管理部门。

5.1.3.3　企业应建立、健全从安委会或领导小组到基层班组的安全生产管理网络。

5.1.4　职责

5.1.4.1　企业应制定安委会或领导小组和管理部门的安全职责。

5.1.4.2　企业应制定主要负责人、各级管理人员和从业人员的安全职责。

5.1.4.3　企业应建立安全责任考核机制，对各级管理部门、管理人员及从业人员安全职责的履行情况和安全生产责任制的实现情况进行定期考核，予以奖惩。

5.1.5　安全生产投入及工伤保险

5.1.5.1　企业应依据国家、当地政府的有关安全生产费用提取规定，自行提取安全生产费用，专项用于安全生产。

5.1.5.2　企业应按照规定的安全生产费用使用范围，合理使用安全生产费用，建立安全生产费用台账。

5.1.5.3　企业应依法参加工伤社会保险，为从业人员缴纳工伤保险费。

5.2　风险管理

5.2.1　范围与评价方法

5.2.1.1　企业应组织制定风险评价管理制度，明确风险评价的目的、范围和准则。

5.2.1.2　企业风险评价的范围应包括：

1)规划、设计和建设、投产、运行等阶段；

2)常规和异常活动；

3)事故及潜在的紧急情况；

4)所有进入作业场所的人员的活动；

5)原材料、产品的运输和使用过程；

6)作业场所的设施、设备、车辆、安全防护用品；

7)人为因素，包括违反操作规程和安全生产规章制度；

8)丢弃、废弃、拆除与处置；

9)气候、地震及其他自然灾害。

5.2.1.3　企业可根据需要，选择有效、可行的风险评价方法进行风险评价。常用的评价方法有：

1)工作危害分析(JHA)；

2)安全检查表分析(SCL)；

3)预危险性分析(PHA)；

4)危险与可操作性分析(HAZOP)；

5)失效模式与影响分析(FMEA)；

6)故障树分析(FTA)；

7)事件树分析(ETA)；

8)作业条件危险性分析(LEC)等方法。

5.2.1.4　企业应依据以下内容制定风险评价准则：

1)有关安全生产法律、法规；

2)设计规范、技术标准；

3)企业的安全管理标准、技术标准；

4)企业的安全生产方针和目标等。

5.2.2 风险评价

5.2.2.1 企业应依据风险评价准则，选定合适的评价方法，定期和及时对作业活动和设备设施进行危险、有害因素识别和风险评价。企业在进行风险评价时，应从影响人、财产和环境等三个方面的可能性和严重程度分析。

5.2.2.2 企业各级管理人员应参与风险评价工作，鼓励从业人员积极参与风险评价和风险控制。

5.2.3 风险控制

5.2.3.1 企业应根据风险评价结果及经营运行情况等，确定不可接受的风险，制定并落实控制措施，将风险尤其是重大风险控制在可以接受的程度。企业在选择风险控制措施时：

1)应考虑：(1)可行性；(2)安全性；(3)可靠性；

2)应包括：(1)工程技术措施；(2)管理措施；(3)培训教育措施；(4)个体防护措施。

5.2.3.2 企业应将风险评价的结果及所采取的控制措施对从业人员进行宣传、培训，使其熟悉工作岗位和作业环境中存在的危险、有害因素，掌握、落实应采取的控制措施。

5.2.4 隐患治理

5.2.4.1 企业应对风险评价出的隐患项目，下达隐患治理通知，限期治理，做到定治理措施、定负责人、定资金来源、定治理期限。企业应建立隐患治理台账。

5.2.4.2 企业应对确定的重大隐患项目建立档案，档案内容应包括：

1)评价报告与技术结论；

2)评审意见；

3)隐患治理方案，包括资金概预算情况等；

4)治理时间表和责任人；

5)竣工验收报告。

5.2.4.3 企业无力解决的重大事故隐患，除采取有效防范措施外，应书面向企业直接主管部门和当地政府报告。

5.2.4.4 企业对不具备整改条件的重大事故隐患，必须采取防范措施，并纳入计划，限期解决或停产。

5.2.5 重大危险源

5.2.5.1 企业应按照GB 18218辨识并确定重大危险源，建立重大危险源档案。

5.2.5.2 企业应按照有关规定对重大危险源设置安全监控报警系统。

5.2.5.3 企业应按照国家有关规定，定期对重大危险源进行安全评估。

5.2.5.4 企业应对重大危险源的设备、设施定期检查、检验，并做好记录。

5.2.5.5 企业应制定重大危险源应急救援预案，配备必要的救援器材、装备，每年至少进行1次重大危险源应急救援预案演练。

5.2.5.6 企业应将重大危险源及相关安全措施、应急措施报送当地县级以上人民政府安全生产监督管理部门和有关部门备案。

5.2.5.7 企业重大危险源的防护距离应满足国家标准或规定。不符合国家标准或规定的，应采取切实可行的防范措施，并在规定期限内进行整改。

5.2.6 风险信息更新

5.2.6.1 企业应适时组织风险评价工作，识别与生产经营活动有关的危险、有害因素和隐患。

5.2.6.2 企业应定期评审或检查风险评价结果和风险控制效果。

5.2.6.3 企业应在下列情形发生时及时进行风险评价：

1)新的或变更的法律法规或其他要求；

2)操作条件变化或工艺改变；

3)技术改造项目；

4)有对事件、事故或其他信息的新认识；

5)组织机构发生大的调整。

5.3 法律法规与管理制度

5.3.1 法律法规

5.3.1.1 企业应建立识别和获取适用的安全生产法律法规、标准及其他要求的管理制度，明确责任部门，确定获取渠道、方式和时机，及时识别和获取，并定期进行更新。

5.3.1.2 企业应将适用的安全生产法律、法规、标准及其他要求及时对从业人员进行宣传和培训，提高从业人员的守法意识，规范安全生产行为。

5.3.1.3 企业应将适用的安全生产法律、法规、标准及其他要求及时传达给相关方。

5.3.2 符合性评价

企业应每年至少1次对适用的安全生产法律、法规、标准及其他要求进行符合性评价，消除违规现象和行为。

5.3.3 安全生产规章制度

5.3.3.1 企业应制订健全的安全生产规章制度，规范从业人员的安全行为。

5.3.3.2 企业应制订的安全生产规章制度，至少包括：

1)安全生产职责；

2)识别和获取适用的安全生产法律法规、标准及其他要求；

3)安全生产会议管理；

4)安全生产费用；

5)安全生产奖惩管理；

6)管理制度评审和修订；

7)安全培训教育；

8)特种作业人员管理；

9)管理部门、基层班组安全活动管理；

10)风险评价；

11)隐患治理；

12)重大危险源管理；

13)变更管理；

14)事故管理；

15)防火、防爆管理，包括禁烟管理；

16)消防管理；

17)仓库、罐区安全管理；

18)关键装置、重点部位安全管理；

19)生产设施管理，包括安全设施、特种设备等管理；

20)监视和测量设备管理；

21)安全作业管理，包括动火作业、进入受限空间作业、临时用电作业、高处作业、起重吊装作业、破土作业、断路作业、设备检维修作业、高温作业、抽堵盲板作业管理等；

22)危险化学品安全管理，包括剧毒化学品安全管理及危险化学品储存、出入库、运输、装卸等；

23)检维修管理；

24)生产设施拆除和报废管理；

25)承包商管理；

26)供应商管理；

27)职业卫生管理，包括防尘、防毒管理；

28)劳动防护用品(具)和保健品管理；

29)作业场所职业危害因素检测管理；

30)应急救援管理；

31)安全检查管理；

32)自评等。

5.3.3.3 企业应将安全生产规章制度发放到有关的工作岗位。

5.3.4 操作规程

5.3.4.1 企业应根据生产工艺、技术、设备设施特点和原材料、辅助材料、产品的危险性，编制操作规程，并发放到相关岗位。

5.3.4.2 企业应在新工艺、新技术、新装置、新产品投产或投用前，组织编制新的操作规程。

5.3.5 修订

5.3.5.1 企业应明确评审和修订安全生产规章制度和操作规程的时机和频次，定期进行评审和修订，确保其有效性和适用性。在发生以下情况时，应及时对相关的规章制度或操作规程进行评审、修订：

1)当国家安全生产法律、法规、规程、标准废止、修订或新颁布时；

2)当企业归属、体制、规模发生重大变化时；

3)当生产设施新建、扩建、改建时；

4)当工艺、技术路线和装置设备发生变更时；

5)当上级安全监督部门提出相关整改意见时；

6)当安全检查、风险评价过程中发现涉及规章制度层面的问题时；

7)当分析重大事故和重复事故原因，发现制度性因素时；

8)其他相关事项。

5.3.5.2 企业应组织相关管理人员、技术人员、操作人员和工会代表参加安全生产规章制度和操作规程评审和修订，注明生效日期。

5.3.5.3　企业应及时组织相关管理人员和操作人员培训学习修订后的安全生产规章制度和操作规程。

5.3.5.4　企业应保证使用最新有效版本的安全生产规章制度和操作规程。

5.4　培训教育

5.4.1　培训教育管理

5.4.1.1　企业应严格执行安全培训教育制度，依据国家、地方及行业规定和岗位需要，制定适宜的安全培训教育目标和要求。根据不断变化的实际情况和培训目标，定期识别安全培训教育需求，制定并实施安全培训教育计划。

5.4.1.2　企业应组织培训教育，保证安全培训教育所需人员、资金和设施。

5.4.1.3　企业应建立从业人员安全培训教育档案。

5.4.1.4　企业安全培训教育计划变更时，应记录变更情况。

5.4.1.5　企业安全培训教育主管部门应对培训教育效果进行评价。

5.4.1.6　企业应确立终身教育的观念和全员培训的目标，对在岗的从业人员进行经常性安全培训教育。

5.4.2　管理人员培训教育

5.4.2.1　企业主要负责人和安全生产管理人员应接受专门的安全培训教育，经安全生产监管部门对其安全生产知识和管理能力考核合格，取得安全资格证书后方可任职，并按规定参加每年再培训。

5.4.2.2　企业其他管理人员，包括管理部门负责人和基层单位负责人、专业工程技术人员的安全培训教育由企业相关部门组织，经考核合格后方可任职。

5.4.3　从业人员培训教育

5.4.3.1　企业应对从业人员进行安全培训教育，并经考核合格后方可上岗。从业人员每年应接受再培训，再培训时间不得少于国家或地方政府规定学时。

5.4.3.2　企业特种作业人员应按有关规定参加安全培训教育，取得特种作业操作证，方可上岗作业，并定期复审。

5.4.3.3　企业从事危险化学品运输的驾驶员、船员、押运人员，必须经所在地设区的市级人民政府交通部门考核合格(船员经海事管理机构考核合格)，取得从业资格证，方可上岗作业。

5.4.3.4　企业应在新工艺、新技术、新装置、新产品投产前，对有关人员进行专门培训，经考核合格后方可上岗。

5.4.4　新从业人员培训教育

5.4.4.1　企业应按有关规定，对新从业人员进行厂级、车间(工段)级、班组级安全培训教育，经考核合格后，方可上岗。

5.4.4.2　企业新从业人员安全培训教育时间不得少于国家或地方政府规定学时。

5.4.5　其他人员培训教育

5.4.5.1　企业从业人员转岗、脱离岗位一年以上(含一年)者，应进行车间(工段)、班组级安全培训教育，经考核合格后，方可上岗。

5.4.5.2　企业应对外来参观、学习等人员进行有关安全规定及安全注意事项的培训教育。

5.4.5.3　企业应对承包商的作业人员进行入厂安全培训教育，经考核合格发放入厂证，保存安全培训教育记录。进入作业现场前，作业现场所在基层单位应对施工单位的作业人员进行进入现场前安全培训教育，保存安全培训教育记录。

5.4.6 日常安全教育

5.4.6.1 企业管理部门、班组应按照月度安全活动计划开展安全活动和基本功训练。

5.4.6.2 班组安全活动每月不少于2次，每次活动时间不少于1学时。班组安全活动应有负责人、有计划、有内容、有记录。企业负责人应每月至少参加1次班组安全活动，基层单位负责人及其管理人员应每月至少参加2次班组安全活动。

5.4.6.3 管理部门安全活动每月不少于1次，每次活动时间不少于2学时。

5.4.6.4 企业安全生产管理部门或专职安全生产管理人员应每月至少1次对安全活动记录进行检查，并签字。

5.4.6.5 企业安全生产管理部门或专职安全生产管理人员应结合安全生产实际，制定管理部门、班组月度安全活动计划，规定活动形式、内容和要求。

5.5 生产设施及工艺安全

5.5.1 生产设施建设

5.5.1.1 企业应确保建设项目安全设施与建设项目的主体工程同时设计、同时施工、同时投入生产和使用。

5.5.1.2 企业应按照建设项目安全许可有关规定，对建设项目的设立阶段、设计阶段、试生产阶段和竣工验收阶段规范管理。

5.5.1.3 企业应对建设项目的施工过程实施有效安全监督，保证施工过程处于有序管理状态。

5.5.1.4 企业建设项目建设过程中的变更应严格执行变更管理规定，履行变更程序，对变更全过程进行风险管理。

5.5.1.5 企业应采用先进的、安全性能可靠的新技术、新工艺、新设备和新材料。

5.5.2 安全设施

5.5.2.1 企业应严格执行安全设施管理制度，建立安全设施台账。

5.5.2.2 企业应确保安全设施配备符合国家有关规定和标准，做到：

1)宜按照SH 3063在易燃、易爆、有毒区域设置固定式可燃气体和/或有毒气体的检测报警设施，报警信号应发送至工艺装置、储运设施等控制室或操作室；

2)按照GB 50351在可燃液体罐区设置防火堤，在酸、碱罐区设置围堤并进行防腐处理；

3)宜按照SH 3097在输送易燃物料的设备、管道安装防静电设施；

4)按照GB 50057在厂区安装防雷设施；

5)按照GB 50016、GB 50140配置消防设施与器材；

6)按照GB 50058设置电力装置；

7)按照GB 11651配备个体防护设施；

8)厂房、库房建筑应符合GB 50016、GB 50160；

9)在工艺装置上可能引起火灾、爆炸的部位设置超温、超压等检测仪表、声和/或光报警和安全联锁装置等设施。

5.5.2.3 企业的各种安全设施应有专人负责管理，定期检查和维护保养。

5.5.2.4　安全设施应编入设备检维修计划，定期检维修。安全设施不得随意拆除、挪用或弃置不用，因检维修拆除的，检维修完毕后应立即复原。

5.5.2.5　企业应对监视和测量设备进行规范管理，建立监视和测量设备台账，定期进行校准和维护，并保存校准和维护活动的记录。

5.5.3　特种设备

5.5.3.1　企业应按照《特种设备安全监察条例》管理规定，对特种设备进行规范管理。

5.5.3.2　企业应建立特种设备台账和档案。

5.5.3.3　特种设备投入使用前或者投入使用后30日内，企业应当向直辖市或者设区的市特种设备监督管理部门登记注册。

5.5.3.4　企业应对在用特种设备进行经常性日常维护保养，至少每月进行1次检查，并保存记录。

5.5.3.5　企业应对在用特种设备及安全附件、安全保护装置、测量调控装置及有关附属仪器仪表进行定期校验、检修，并保存记录。

5.5.3.6　企业应在特种设备检验合格有效期届满前1个月向特种设备检验检测机构提出定期检验要求。未经定期检验或者检验不合格的特种设备，不得继续使用。企业应将安全检验合格标志置于或者附着于特种设备的显著位置。

5.5.3.7　企业特种设备存在严重事故隐患，无改造、维修价值，或者超过安全技术规范规定使用年限，应及时予以报废，并向原登记的特种设备监督管理部门办理注销。

5.5.4　工艺安全

5.5.4.1　企业操作人员应掌握工艺安全信息，主要包括：

1)化学品危险性信息：物理特性、化学特性、毒性、职业接触限值；

2)工艺信息：流程图、化学反应过程、最大储存量、工艺参数安全上下限值；

3)设备信息：设备材料、设备和管道图纸、电气类别、调节阀系统、安全设施。

5.5.4.2　企业应保证下列设备设施运行安全可靠、完整：

1)压力容器和压力管道，包括管件和阀门；

2)泄压和排空系统；

3)紧急停车系统；

4)监控、报警系统；

5)联锁系统；

6)各类动设备，包括备用设备等。

5.5.4.3　企业应对工艺过程进行风险分析：

1)工艺过程中的危险性；

2)工作场所潜在事故发生因素；

3)控制失效的影响；

4)人为因素等。

5.5.4.4　企业生产装置开车前应组织检查，进行安全条件确认。安全条件应满足下列要求：

1)现场工艺和设备符合设计规范；

2)系统气密测试、设施空运转调试合格；

3)操作规程和应急预案已制订；

4)编制并落实了装置开车方案；

5)操作人员培训合格；

6)各种危险已消除或控制。

5.5.4.5　企业生产装置停车应满足下列要求：

1)编制停车方案；

2)操作人员能够按停车方案和操作规程进行操作。

5.5.4.6　企业生产装置紧急情况处理应遵守下列要求：

1)发现或发生紧急情况，应按照不伤害人员为原则，妥善处理，同时向有关方面报告；

2)工艺及机电设备等发生异常情况时，采取适当的措施，并通知有关岗位协调处理，必要时，按程序紧急停车。

5.5.4.7　企业生产装置泄压系统或排空系统排放的危险化学品应引至安全地点并得到妥善处理。

5.5.4.8　企业操作人员应严格执行操作规程，对工艺参数运行出现的偏离情况及时分析，保证工艺参数控制不超出安全限值，偏差及时得到纠正。

5.5.5　关键装置及重点部位

5.5.5.1　企业应加强对关键装置、重点部位安全管理，实行企业领导干部联系点管理机制。

5.5.5.2　联系人对所负责的关键装置、重点部位负有安全监督与指导责任，包括：

1)指导安全承包点实现安全生产；

2)监督安全生产方针、政策、法规、制度的执行和落实；

3)定期检查安全生产中存在的问题；

4)督促隐患项目治理；

5)监督事故处理原则的落实；

6)解决影响安全生产的突出问题等。

5.5.5.3　联系人应每月至少到联系点进行一次安全活动，活动形式包括参加基层班组安全活动、安全检查、督促治理事故隐患、安全工作指示等。

5.5.5.4　企业应建立关键装置、重点部位档案，建立企业、管理部门、基层单位及班组监控机制，明确各级组织、各专业的职责，定期进行监督检查，并形成记录。

5.5.5.5　企业应制定关键装置、重点部位应急预案，至少每半年进行一次演练，确保关键装置、重点部位的操作、检修、仪表、电气等人员能够识别和及时处理各种事件及事故。

5.5.5.6　企业关键装置、重点部位为重大危险源时，还应按5.2.5条执行。

5.5.6　检维修

5.5.6.1　企业应严格执行检维修管理制度，实行日常检维修和定期检维修管理。

5.5.6.2　企业应制订年度综合检维修计划，落实“五定”，即定检修方案、定检修人员、定安全措施、定检修质量、定检修进度原则。

5.5.6.3　企业在进行检维修作业时，应执行下列程序：

1）检维修前：

（1）进行危险、有害因素识别；

（2）编制检维修方案；

（3）办理工艺、设备设施交付检维修手续；

（4）对检维修人员进行安全培训教育；

（5）检维修前对安全控制措施进行确认；

（6）为检维修作业人员配备适当的劳动保护用品；

（7）办理各种作业许可证；

2）对检维修现场进行安全检查；

3）检维修后办理检维修交付生产手续。

5.5.7　拆除和报废

5.5.7.1　企业应严格执行生产设施拆除和报废管理制度。拆除作业前，拆除作业负责人应与需拆除设施的主管部门和使用单位共同到现场进行对接，作业人员进行危险、有害因素识别，制定拆除计划或方案，办理拆除设施交接手续。

5.5.7.2　企业凡需拆除的容器、设备和管道，应先清洗干净，分析、验收合格后方可进行拆除作业。

5.5.7.3　企业欲报废的容器、设备和管道内仍存有危险化学品的，应清洗干净，分析、验收合格后，方可报废处置。

5.6　作业安全

5.6.1　作业许可

5.6.1.1　企业应对下列危险性作业活动实施作业许可管理，严格履行审批手续，各种作业许可证中应有危险、有害因素识别和安全措施内容：

1）动火作业；

2）进入受限空间作业；

3）破土作业；

4）临时用电作业；

5）高处作业；

6）断路作业；

7）吊装作业；

8）设备检修作业；

9）抽堵盲板作业；

10）其他危险性作业。

5.6.2　警示标志

5.6.2.1　企业应按照GB 16179规定，在易燃、易爆、有毒有害等危险场所的醒目位置设置符合GB 2894规定的安全标志。

5.6.2.2　企业应在重大危险源现场设置明显的安全警示标志。

5.6.2.3　企业应按有关规定，在厂内道路设置限速、限高、禁行等标志。

5.6.2.4　企业应在检维修、施工、吊装等作业现场设置警戒区域和安全标志，在检修现场的坑、井、洼、沟、陡坡等场所设置围栏和警示灯。

5.6.2.5　企业应在可能产生严重职业危害作业岗位的醒目位置，按照 GBZ 158 设置职业危害警示标识，同时设置告知牌，告知产生职业危害的种类、后果、预防及应急救治措施、作业场所职业危害因素检测结果等。

5.6.2.6　企业应按有关规定在生产区域设置风向标。

5.6.3　作业环节

5.6.3.1　企业应在危险性作业活动作业前进行危险、有害因素识别，制定控制措施。在作业现场配备相应的安全防护用品(具)及消防设施与器材，规范现场人员作业行为。

5.6.3.2　企业作业活动的负责人应严格按照规定要求科学指挥；作业人员应严格执行操作规程，不违章作业，不违反劳动纪律。

5.6.3.3　企业作业人员在进行 5.6.1 中规定的作业活动时，应持相应的作业许可证作业。

5.6.3.4　企业作业活动监护人员应具备基本救护技能和作业现场的应急处理能力，持相应作业许可证进行监护作业，作业过程中不得离开监护岗位。

5.6.3.5　企业应保持作业环境整洁。

5.6.3.6　企业同一作业区域内有两个以上承包商进行生产经营活动，可能危及对方生产安全时，应组织并监督承包商之间签订安全生产协议，明确各自的安全生产管理职责和应当采取的安全措施，并指定专职安全生产管理人员进行安全检查与协调。

5.6.3.7　企业应办理机动车辆进入生产装置区、罐区现场相关手续，机动车辆应佩戴标准阻火器、按指定线路行驶。

5.6.3.8　企业应严格执行危险化学品储存、出入库安全管理制度。危险化学品应储存在专用仓库、专用场地或者专用储存室(以下统称专用仓库)内，并按照相关技术标准规定的储存方法、储存数量和安全距离，实行隔离、隔开、分离储存，禁止将危险化学品与禁忌物品混合储存；危险化学品专用仓库应当符合相关技术标准对安全、消防的要求，设置明显标志，并由专人管理；危险化学品出入库应当进行核查登记，并定期检查。

5.6.3.9　企业的剧毒化学品必须在专用仓库单独存放，实行双人收发、双人保管制度。企业应将储存剧毒化学品的数量、地点以及管理人员的情况，报当地公安部门和安全生产监督管理部门备案。

5.6.3.10　企业应严格执行危险化学品运输、装卸安全管理制度，规范运输、装卸人员行为。

5.6.4　承包商与供应商

5.6.4.1　企业应严格执行承包商管理制度，对承包商资格预审、选择、开工前准备、作业过程监督、表现评价、续用等过程进行管理，建立合格承包商名录和档案。企业应与选用的承包商签订安全协议书。

5.6.4.2　企业应严格执行供应商管理制度，对供应商资格预审、选用和续用等过程进行管理，并定期识别与采购有关的风险。

5.6.5　变更

5.6.5.1　企业应严格执行变更管理制度，履行下列变更程序：

1)变更申请：按要求填写变更申请表，由专人进行管理；

2)变更审批：变更申请表应逐级上报主管部门，并按管理权限报主管领导审批；

3)变更实施：变更批准后，由主管部门负责实施。不经过审查和批准，任何临时性的变更都不得超过原批准范围和期限；

4)变更验收：变更实施结束后，变更主管部门应对变更的实施情况进行验收，形成报告，并及时将变更结果通知相关部门和有关人员。

5.6.5.2　企业应对变更过程产生的风险进行分析和控制。

5.7　产品安全与危害告知

5.7.1　危险化学品档案

企业应对所有危险化学品，包括产品、原料和中间产品进行普查，建立危险化学品档案，包括：

1)名称，包括别名、英文名等；

2)存放、生产、使用地点；

3)数量；

4)危险性分类、危规号、包装类别、登记号；

5)安全技术说明书与安全标签。

5.7.2　化学品分类

企业应按照国家有关规定对其产品、所有中间产品进行分类，并将分类结果汇入危险化学品档案。

5.7.3　化学品安全技术说明书和安全标签

5.7.3.1　生产企业的产品属危险化学品时，应按 GB 16483 和 GB 15258 编制产品安全技术说明书和安全标签，并提供给用户。

5.7.3.2　企业采购危险化学品时，应索取危险化学品安全技术说明书和安全标签，不得采购无安全技术说明书和安全标签的危险化学品。

5.7.4　化学事故应急咨询服务电话

生产企业应设立 24 小时应急咨询服务固定电话，有专业人员值班并负责相关应急咨询。没有条件设立应急咨询服务电话的，应委托危险化学品专业应急机构作为应急咨询服务代理。

5.7.5　危险化学品登记

企业应按照有关规定对危险化学品进行登记。

5.7.6　危害告知

企业应以适当、有效的方式对从业人员及相关方进行宣传，使其了解生产过程中危险化学品的危险特性、活性危害、禁配物等，以及采取的预防及应急处理措施。

5.8　职业危害

5.8.1　职业危害申报

企业如存在法定职业病目录所列的职业危害因素，应及时、如实向当地安全生产监督管理部门申报，接受其监督。

5.8.2　作业场所职业危害管理

5.8.2.1　企业应制定职业危害防治计划和实施方案，建立、健全职业卫生档案和从业人员健康监护档案。

5.8.2.2 企业作业场所应符合 GBZ1、GBZ2。

5.8.2.3 企业应确保使用有毒物品作业场所与生活区分开，作业场所不得住人；应将有害作业与无害作业分开，高毒作业场所与其他作业场所隔离。

5.8.2.4 企业应在可能发生急性职业损伤的有毒有害作业场所按规定设置报警设施、冲洗设施、防护急救器具专柜，设置应急撤离通道和必要的泄险区，定期检查，并记录。

5.8.2.5 企业应严格执行生产作业场所职业危害因素检测管理制度，定期对作业场所进行检测，在检测点设置标识牌，告知检测结果，并将检测结果存入职业卫生档案。

5.8.2.6 企业不得安排上岗前未经职业健康检查的从业人员从事接触职业病危害的作业；不得安排有职业禁忌的从业人员从事禁忌作业。

5.8.3 劳动防护用品

5.8.3.1 企业应根据接触危害的种类、强度，为从业人员提供符合国家标准或行业标准的个体防护用品和器具，并监督、教育从业人员正确佩戴、使用。

5.8.3.2 企业各种防护器具应定点存放在安全、方便的地方，并有专人负责保管、检查，定期校验和维护，每次校验后应记录、铅封。

5.8.3.3 企业应建立职业卫生防护设施及个体防护用品管理台账，加强对劳动防护用品使用情况的检查监督，凡不按规定使用劳动防护用品者不得上岗作业。

5.9 事故与应急

5.9.1 事故报告

5.9.1.1 企业应明确事故报告制度和程序。发生生产安全事故后，事故现场有关人员除立即采取应急措施外，应按规定和程序报告本单位负责人及有关部门。情况紧急时，事故现场有关人员可以直接向事故发生地县级以上人民政府安全生产监督管理部门和负有安全生产监督管理职责的有关部门报告。

5.9.1.2 企业负责人接到事故报告后，应当于1小时内向事故发生地县级以上人民政府安全生产监督管理部门和负有安全生产监督管理职责的有关部门报告。

5.9.1.3 企业在事故报告后出现新情况时，应按有关规定及时补报。

5.9.2 抢险与救护

5.9.2.1 企业发生生产安全事故后，应迅速启动应急救援预案，企业负责人直接指挥，积极组织抢救，妥善处理，以防止事故的蔓延扩大，减少人员伤亡和财产损失。安全、技术、设备、动力、生产、消防、保卫等部门应协助做好现场抢救和警戒工作，保护事故现场。

5.9.2.2 企业发生有害物大量外泄事故或火灾事故现场应设警戒线。

5.9.2.3 企业抢救人员应佩戴好相应的防护器具，对伤亡人员及时进行抢救处理。

5.9.3 事故调查和处理

5.9.3.1 企业发生生产安全事故后，应积极配合各级人民政府组织的事故调查，负责人和有关人员在事故调查期间不得擅离职守，应当随时接受事故调查组的询问，如实提供有关情况。

5.9.3.2 未造成人员伤亡的一般事故，县级人民政府委托企业负责组织调查的，企业应按规定成立事故调查组组织调查，按时提交事故调查报告。

5.9.3.3　企业应落实事故整改和预防措施，防止事故再次发生。整改和预防措施应包括：

1）工程技术措施；

2）培训教育措施；

3）管理措施。

5.9.3.4　企业应建立事故档案和事故管理台账。

5.9.4　应急指挥与救援系统

5.9.4.1　企业应建立应急指挥系统，实行分级管理，即厂级、车间级管理。

5.9.4.2　企业应建立应急救援队伍。

5.9.4.3　企业应明确各级应急指挥系统和救援队伍的职责。

5.9.5　应急救援器材

5.9.5.1　企业应按国家有关规定，配备足够的应急救援器材，并保持完好。

5.9.5.2　企业应建立应急通信网络，保证应急通信网络的畅通。

5.9.5.3　企业应为有毒有害岗位配备救援器材柜，放置必要的防护救护器材，进行经常性的维护保养并记录，保证其处于完好状态。

5.9.6　应急救援预案与演练

5.9.6.1　企业宜按照 AQ/T 9002，根据风险评价的结果，针对潜在事件和突发事故，制定相应的事故应急救援预案。

5.9.6.2　企业应组织从业人员进行应急救援预案的培训，定期演练，评价演练效果，评价应急救援预案的充分性和有效性，并形成记录。

5.9.6.3　企业应定期评审应急救援预案，尤其在潜在事件和突发事故发生后。

5.9.6.4　企业应将应急救援预案报当地安全生产监督管理部门和有关部门备案，并通报当地应急协作单位，建立应急联动机制。

5.10　检查与自评

5.10.1　安全检查

5.10.1.1　企业应严格执行安全检查管理制度，定期或不定期进行安全检查，保证安全标准化有效实施。

5.10.1.2　企业安全检查应有明确的目的、要求、内容和计划。各种安全检查均应编制安全检查表，安全检查表应包括检查项目、检查内容、检查标准或依据、检查结果等内容。

5.10.1.3　企业各种安全检查表应作为企业有效文件，并在实际应用中不断完善。

5.10.2　安全检查形式与内容

5.10.2.1　企业应根据安全检查计划，开展综合性检查、专业性检查、季节性检查、日常检查和节假日检查；各种安全检查均应按相应的安全检查表逐项检查，建立安全检查台账，并与责任制挂钩。

5.10.2.2　企业安全检查形式和内容应满足：

1）综合性检查应由相应级别的负责人负责组织，以落实岗位安全责任制为重点，各专